广州市轨道交通产业人力资源发展报告

2023

广州市轨道交通产业联盟　组编

清华大学出版社
北京交通大学出版社
·北京·

本书封面贴有清华大学出版社防伪标签，无标签者不得销售。
版权所有，侵权必究。侵权举报电话：010-62782989　13501256678　13801310933

图书在版编目（CIP）数据

广州市轨道交通产业人力资源发展报告.2023 / 广州市轨道交通产业联盟组编. —北京：北京交通大学出版社 ：清华大学出版社，2024.4
ISBN 978-7-5121-5221-2

Ⅰ．①广… Ⅱ．①广… Ⅲ．①轨道交通-交通运输业-人力资源管理-研究报告-广州-2023　Ⅳ．①F532.865.1

中国国家版本馆 CIP 数据核字（2024）第 085206 号

广州市轨道交通产业人力资源发展报告·2023
GUANGZHOUSHI GUIDAO JIAOTONG CHANYE RENLI ZIYUAN FAZHAN BAOGAO·2023

责任编辑：刘　蕊
出版发行：清 华 大 学 出 版 社　邮编：100084　电话：010-62776969　http://www.tup.com.cn
　　　　　北京交通大学出版社　邮编：100044　电话：010-51686414　http://www.bjtup.com.cn
印 刷 者：北京虎彩文化传播有限公司
经　　销：全国新华书店
开　　本：185 mm×260 mm　印张：17.75　字数：454 千字
版 印 次：2024 年 4 月第 1 版　2024 年 4 月第 1 次印刷
定　　价：180.00 元

本书如有质量问题，请向北京交通大学出版社质监组反映。对您的意见和批评，我们表示欢迎和感谢。
投诉电话：010-51686043，51686008；传真：010-62225406；E-mail：press@bjtu.edu.cn。

顾 问

总顾问：丁建隆　刘智成
顾　问：曹晓军　韩松龄　何　霖　张桂海　刘晓峰　马仁听　曾　威

编委会

主　　　任：张贻兵
副 主 任：姚世峰
编委会委员（按姓氏笔画排序）：
　　　　　王亚妮　叶　磊　乔西铭　任惠霞　伊晓浏　许爱军　余　伟
　　　　　张　谦　张竹筠　张建博　周　吉　钟　飞　梁　登　鲍清岩
　　　　　蔡德敏　谭　林　黎新华　黎昌宏

主　　　编：蔡德敏
副 主 编：周　吉　谭　林
参 编 单 位：广州铁路职业技术学院
　　　　　广州市交通技师学院
　　　　　广州市轨道交通产业发展有限公司
　　　　　广州轨道教育科技股份有限公司
　　　　　广州统计师事务所
编 纂 组：张浩良　杨　林　耿　丽　李　良　杨维国　张春凤　黄麒铭
　　　　　胡英芹　刘红梅　吴月琴　郭军平　刁幸华　詹永瑞　李俊辉
　　　　　李春炫　莫淑妍　陈　菁　叶　微

序

在广州市白云新城金园路与云城东路的交汇处，毗邻广州市体育馆，矗立着一座造型别致、颇具现代欧式简约风格的绿色建筑。该建筑由A、B、C三个区域连体而成，体量不小却不高，地面部分仅有三层楼，这就是云集了广州城市轨道交通领域众多企业和机构的云胜广场。广州市轨道交通产业联盟（以下简称联盟）就设在B2区，其中一楼是主体办公区域，由员工工作区、交流中心以及展示中心三部分组成。

两年前，当我有缘初次踏入联盟时，首先感受到的是冲击和震撼，接着体验到的是活力与实力。印象中，简陋狭促的办公场所、游离不定的人员和年老的会长，这几乎是对多数地区性行业社团组织的标准描述。然而在这里，映入眼帘的则是工作区内一张张年轻自信的面孔和忙碌的身影；布置井然可同时容纳三百人会议的交流中心散发着随时准备迎接思维脉动与碰撞的浓浓气息；宽阔明亮的展示中心在声光电的交织变换中述说和描绘着广州市轨道交通产业发展的磅礴气势和美好愿景。

在不久前一次交流中，我问一名实习后留在联盟工作的文理双料硕士毕业生，当初面对各种机会，为何偏偏选择联盟这样服务性的行业机构。他说，一是觉得联盟是个有目标、有作为的地方；二是联盟的团队年轻有朝气，都在脚踏实地地干活；三是他在实习期间发现联盟做的每件事几乎都是一种从"0"到"1"的挑战。这番话虽然出自一位涉世不久的青年员工之口，但作为一名时刻关注广州市轨道交通产业发展的学人，我觉得别有深意，因为他无意间做了一种概括：磅礴奋进的事业，务实肯干的队伍，勇于直面从"0"到"1"的精神。我在想，如果把这些特点从联盟这样一个机构推及到它所服务的产业，不也正是广州市轨道交通产业发展的一个写照吗？特别是最后一句从"0"到"1"的说法令我印象尤为深刻，因为我目睹了这些年联盟经历过无数从"0"到"1"的挑战。而眼前这本绿皮书，作为联盟首次组织编写的《广州市轨道交通产业人力资源发展报告》，我认为它应该是又一个从"0"到"1"的历程。

决定组织编写《广州市轨道交通产业人力资源发展报告》并非出于某种宏大构想，而是源于联盟实务工作中的触及。随着落实国家高质量发展战略部署的不断推进和粤港澳大湾区一体化发展一路高歌，广州市轨道交通产业发展迎来了更多的机遇和挑战。任何事业和产业的高质量发展自然都离不开高质量的人才以及人力资源队伍的整体发展，这几乎是不言自明的道理。为更好发挥服务平台功能，2022年联盟决定成立人力资源开发和利用分会。围绕这一任务，联盟持续对广州市轨道交通产业链中34家重点或骨干企业以及8家在穗轨道交通产业相关的培养单位进行走访和调研，了解了业内企业对人力资源和人才发展的诸多现实需求，感受到企业和培养单位对联盟在加强信息沟通交流、贯通人力资源供需、协同促进产业人才培育等方面的共同期待。然而，联盟成立时间并不长，还没有涉足产业人力资源服务领域，如果要切实开展好这方面的工作，就必须对产业人力资源情况先有个基本了解，在搜集和利用好有关信息数据的基础上，对广州市轨道交通产业人力资源发展现状进行观察和评析，做出准确的判断。于是，"开展一场调查，撰写一份报告，推出一部书籍"，这三部曲便成为联盟在产业人力资源服务促进工作从"0"到"1"的开篇之作。

所谓"开展一场调查"，就是联盟对目前可触及的广州市轨道交通产业链企业首次开展人力资源有关情况的专项统计调查，同时为了满足特定需要，调查还设计和实施了对企业人力资源相关具体问题的调查问卷。事实上，联盟自 2020 年起便会同有关机构对九百多家广州市轨道交通产业内的企业生产经营情况开展统计，获取了七百多家企业常态化的有效数据，至 2024 年已持续了近四年。不过首次开展的产业人力资源统计调查因为更具专业性，聚焦问题更为集中，相对而言只选取了半数企业作为有效数据的来源。由于其中包含相当部分的龙头和骨干企业，再辅以问卷和实地调研，这次调查在效果上已足以达到窥探产业人力资源发展基本状况的目的。

所谓"撰写一份报告"，就是利用统计调查和相关调研获得的数据和信息资料进行综合分析，把对广州市轨道交通产业人力资源发展状况和趋势做出的评价和判断综合汇集成完整、独立的书面报告。统计调查与撰写报告其实是一项工作相辅相成的两个方面。要撰写好广州市轨道交通产业人力资源发展报告，必须有较为充分的数据做依托和支撑，而开展调查的目的和内容设计也只有在对形势进行分析把握和判断的情况下才有意义，两者缺一不可。

所谓"推出一部书籍"，就是眼前以公开出版绿皮书的形式，更大范围、更有成效地把报告的观察和思考成果推送给广大业界和社会，一同分享和交流在促进轨道交通产业人力资源发展实践中的关切与经验。

毫无疑问，奏响以上三部曲需要凝聚多人的智慧和劳动。如果说，这部《广州市轨道交通产业人力资源发展报告》绿皮书体现和代表着三部曲的完整乐章，那么，作为本领域一种初创式的探索，它的成功实现则全然离不开联盟各部门和分会以及各参编单位的大力支持，更有赖于编纂组成员近一年来的同心协力和各自的分工付出。作为本书的主编，在本书出版之际，我对所有各方的支持与鼓励深致谢意，为有幸与一支成员来自不同单位和岗位的敬事忘我的编纂团队一起工作感到欣悦和受益。

虽然离完美还有距离，但起好步、开好头、继续努力加油干，应该是绿皮书每位参与者接下来的共同信念。

广州市轨道交通产业联盟产业经济首席专家
蔡德敏
2024 年 3 月

前 言

党的二十大报告提出要深入实施人才强国战略，强化现代化建设人才支撑。习近平总书记在中央人才工作会议上对粤港澳大湾区建设高水平人才高地作出重要指示。广州要全面落实"制造业当家"和"制造业立市"，不断提升轨道交通产业竞争力，持续推动轨道交通产业实现高质量发展，首先必须依靠一支优良的人力资源大军和高素质的人才队伍。《广州市轨道交通产业"十四五"发展规划》以及近年来广州市出台的有关产业链高质量发展系列文件，均对产业人才队伍建设和保障提出了相关部署和要求。随着广州市轨道交通产业的快速发展，目前已明确的广州城市轨道交通产业链上企业达九百多家，全面涵盖轨道交通设计规划、建设施工、装备制造、运营维护、增值服务5大领域，并已形成规模十分庞大的产业大军。根据广州市轨道交通产业联盟有关调查，目前广州市轨道交通产业可纳入统计的企业有744家（有效数据），从业人员近50万人，相当于国内一座小城市的人口规模。随着广州区域和粤港澳大湾区城际新线路的不断建成和投入运营，以及广州轨道交通发展实施"走出去"战略的深化，其行业从业人员和人才需求量还将逐年快速增长。关注这支产业大军，审视广州市轨道交通产业人力资源发展状况，紧密围绕新形势下产业发展的新要求和新挑战，推出一份反映该产业人力资源开发利用领域的发展报告，体现产业在人力资源"引用稳育"的关切，提出具有启发意义的应对思路建议和经验做法，促进广州乃至全国业界对轨道交通产业人力资源发展的重视，是广州市轨道交通产业联盟组织编写本书的立意所在。

本书以2023年广州市轨道交通产业联盟首次开展的广州市轨道交通产业人力资源调查为依托，结合对产业链龙头和骨干企业以及人才培养重点单位开展的调研，在掌握第一手资料的基础上，以综合与分领域发展为重点内容，对广州市轨道交通产业人力资源发展状况进行分析和研判。全书设立综合篇、领域篇、专题篇和交流篇，以广州轨道交通事业及其产业发展历程巡礼和愿景展望为开篇，从产业人力资源的规模和结构、供需矛盾及其解决路径、人力资本双效、人力资源管理体系、企业培训和开发、薪酬与激励机制、企业文化建设、在穗相关院校轨道交通产业人才培养和学科建设、校企合作和产教融合实践等不同维度，通过综合和分领域观察分析，阐述广州市轨道交通产业人力资源发展取得的成就、面临的问题与挑战，并结合新形势下产业发展对人力资源和人才提出的新要求和新趋势，提出切合广州市轨道交通产业发展实际的人力资源和人才队伍建设高质量发展的有关建议。本书还选取产业发展普遍面临和关心的问题或一些难点痛点作为专题，结合本次调查多维度地进行深入务实探讨，同时通过典型案例介绍，为企业和培育单位加强互相交流和借鉴提供参考和助益。

本书编纂组（研究团队）结构十分丰富合理，有产业链龙头企业的人力资源管理实际工作者，有省市政府研究部门的研究人员，也有普通高校的专家以及处在人才培养一线的职业教育领域的教师，力争使本书充分体现多角度、宽视野、重实效的特色。

编者

2024年1月

目 录

一、综 合 篇

激扬奋进的广州轨道交通与轨道交通产业发展 ……………… 广州市轨道交通产业联盟 / 3
广州市轨道交通产业人力资源发展报告 …………………… 广州市轨道交通产业联盟 / 10
广州市轨道交通产业人才发展报告 ………………………… 广州市轨道交通产业联盟 / 35

二、领 域 篇

广州市轨道交通产业规划设计人力资源发展报告 …………… 广州市轨道交通产业联盟 / 51
广州市轨道交通产业建设施工人力资源发展报告 …………… 广州市轨道交通产业联盟 / 63
广州市轨道交通产业装备制造人力资源发展报告 …………… 广州市轨道交通产业联盟 / 76
广州市轨道交通产业运营维护人力资源发展报告 …………… 广州市轨道交通产业联盟 / 93
广州市轨道交通产业增值服务人力资源发展报告 …………… 广州市轨道交通产业联盟 / 105

三、专 题 篇

数字化转型背景下城市轨道交通企业人才发展报告
　……………………………………… 洪洁桦　李　坤　徐克杨　陈　洁 / 117
广州地铁不同阶段人才培养与实践 ………………………………… 周　吉　黄麒铭 / 151
广州市轨道交通产业人力资源供需矛盾主要表现和成因 ………………… 杨　林 / 164
广州市轨道交通产业一线人员不稳定主要因素及对策 …………………… 耿　丽 / 173
以软环境促广州市轨道交通产业队伍高质量发展 ………………………… 耿　丽 / 186
广州市轨道交通产业人才培养标准体系现状与发展方向 ………………… 张春凤 / 199
产教融合视域下轨道交通专业群建设探索与实践 ………………………… 郭军平 / 215
广州市轨道产业发展的校企合作人才培养模式探索
　——基于典型院校和企业的调查分析 …………………………………… 刁幸华 / 222
高职院校轨道交通专业人才培养与产业需求对接模式新探
　——以广州铁路职业技术学院为例 …………………………… 刘红梅　胡英芹 / 229

四、交 流 篇

打造多主体产业学院，多元协同培养技能人才 ·················· 广州铁路职业技术学院 / 241

立足长远可持续发展，激活创新人才"蓄水池"
　　——佳都科技干部人才培养实践 ·················· 佳都科技集团股份有限公司 / 248

白云电器技能型人才培育经验浅谈 ·················· 广州白云电器设备股份有限公司 / 252

十年磨一剑，打造盾构施工专业队伍 ·················· 粤水电轨道交通建设有限公司 / 256

"产业需求侧引领，全过程协同互动"培养轨道交通产业人才的探索与实践
　　 ·················· 广东南方职业学院 / 259

中国建筑轨道交通建设领域多元化人才队伍建设经验分享
　　 ·················· 中建八局轨道交通建设有限公司　中建华南建设投资有限公司 / 262

技以载道，匠心筑梦
　　——广交特色轨道交通类专业课程思政育人模式探索与实践
　　 ·················· 广东交通职业技术学院 / 267

一、综合篇

激扬奋进的广州轨道交通与轨道交通产业发展

广州市轨道交通产业联盟

广州轨道交通的建设与发展，筚路蓝缕，波澜壮阔，始终与时代同呼吸，与国家共命运。从规划筹建到建成开通地铁 1 号线，从单一线路运营到形成覆盖广州各区、横跨广佛两地，并逐步辐射粤港澳大湾区乃至"一带一路"沿线重要节点，实现了从无到有、自小及大、由弱向强的历史跨越，走出了一条改善交通条件、引导城市发展、促进产业集聚相兼顾的富有广州特色的轨道交通发展道路，堪称广州政治、经济、文化和社会发展的历史缩影，折射出中国轨道交通事业蓬勃发展的历史轨迹，也为我国由交通大国向交通强国迈进增添了浓墨重彩的一笔。

一、服务城市发展，幸福人民生活

1993 年 12 月 28 日，历经"五落六起"，承载羊城市民殷切期盼的广州地铁破冰启航，在花地湾擂响了 1 号线工程全面动工的战鼓。自此，广州跨入了现代化城市轨道交通建设新纪元，成功穿越了石灰岩、溶洞区、黄岗岩、孤石及残积土地层，解决了在富水砂层、深厚淤泥、坚硬岩石等各种复杂地质条件下修建地铁工程的难题，在素有"世界地质博物馆"之称的广州大地，建成开通 16 条轨道交通线路，总里程达 621 km，搭建起广州城市公共交通的主骨架，衔接起广州白云机场、高铁广州南站、南沙客运港等重要交通枢纽，实现了城市交通与重大基础设施、重大支柱产业、土地开发区域的配套。自 2018 年起广州市实现 11 个市辖区"区区通地铁"的新格局。

城市轨道交通的延伸，拉近了城市时空距离，推动了城市化进程，为广州实现"南拓、北优、东进、西联、中调"的城市发展战略，完善多中心、组团式的城市空间发展格局奠定了坚实基础。如 1 号线建成开通，使曾经偏处一隅的天河成为广州新的中心城区；2 号线过珠江，成就了"河南"海珠区的繁荣；3 号线贯穿广州新中轴，拉近了番禺和中心区的距离；4 号线南延段使南沙客运港直通广州市区，缩短了沿线各组团及南沙自贸区与中心城区之间的时空距离；9 号线横穿花都区，为花都空港经济区域的发展提供了坚实的交通保障；13 号线填补了增城轨道交通的空白，实现了从城市外围副中心 60 min 内到达市中心的时空目标；14 号线落实广州城市"北优"发展战略，实现从化与中心城区的快速联系，服务于从化区域经济发展引导功能；11 号线为广州首条地铁环线，建成后可有效缓解中心区交通压力；18 号线和 22 号线，最高时速为 160 km，实现了从南沙 30 min 到达广州市中心的时空目标。

图 1 所示为施工中的 10 号线东湖站。

图 1　施工中的 10 号线东湖站

城市轨道交通的延伸，也改变着市民的出行模式。线网建设初期，线路少、通达性弱，对于市民来说，出行选择轨道交通属于"可选项"。随着线网发展，通达性增强，加上其固有的安全、准点、快捷等特点，城市轨道交通的作用日益显著，并逐步成为出行选择的"必选项"。广州地铁 1 号线刚开通时，每天的客运量不足 10 万人次；2005 年国庆期间，最高日客流首次突破百万人次大关；2010 年亚运期间，地铁最高日客流高达 784 万人次；2019 年日客流突破千万，达 1 156 万人次，创历史最高纪录。截至 2022 年底，地铁线网累计行车 42.5 亿车·km，累计运送乘客 334.8 亿人次，承担了全市 60% 以上的公交客流运送任务。可以说，城市轨道交通网络卓越的运营表现，正使"信赖变成依赖"，城市轨道交通已发展成为市民生活的"习惯"。

图 2 所示为 3 号线嘉禾望岗站大客流现场。

图 2　3 号线嘉禾望岗站大客流现场

二、提速湾区建设，推动一体化协同发展

粤港澳大湾区是世界四大湾区之一，是国家参与全球竞争的重要空间载体。《粤港澳大湾区规划纲要》明确提出要推进多种轨道网络融合发展，打造轨道上的大湾区。广州作为大湾

区发展的核心引擎,通过轨道交通这个湾区建设的"起步工程",全面增强国际商贸中心、综合交通枢纽功能,辐射、带动大湾区都市圈一体化协同发展。

在地铁跨市互联互通上,广、佛两市已先后开通广佛线、佛山地铁2号线、广州地铁7号线西延线等3条线路。从数据来看,线路通勤功能凸显,换乘客流比例高,客流增长较快,实现了佛山中心与广州中心快速通达,为大湾区轨道交通协同发展提供了范例。远期规划18条地铁通道,将形成单区域同城化向全市域同城化转变的格局。

在国铁、城际、地铁深度融合上,2019年广东省政府正式授权广州地铁接管珠三角城际运营。2020年11月衔接广州新白云国际机场、广州北站重大交通枢纽以及清远中心城区的广清、广州东环城际开通运营,形成城际铁路公交化运营的新模式,地铁城际一体化运营迈出历史性的一步。此外,在广清与广花城际、佛肇与佛穗莞城际、广佛江珠与佛穗莞城际均设置联络线,并采用车载CBTC和CTC2双制式信号装备,通过贯通运营、通道共用,深入落实外围城际进中心、互联枢纽、衔接地铁、公交化运营的需求。建设中的广花城际与芳白城际通过与广州地铁18号线、22号线互通运行,深入广州东站、珠江新城等地,实现"进枢纽、进中心"。

图3所示为广清城际列车。

图3 广清城际列车

截至2023年底,广州市已开通运营佛肇城际、莞惠城际、广清城际等7条城际铁路,正在推进佛莞城际、广花城际、芳白城际等13条(15段)城际铁路建设工作,以广州为中心1 h通达珠三角各城市的城际圈网络正在加速形成,"一张网、一张票、一串城"的轨道交通互联互通体系逐步完善,实现"轨道上的大湾区"指日可待。

三、聚焦强链补链,打造千亿产业集群

广州是国内第一个推动轨道交通装备国产化的城市,基于轨道交通多年来的知识沉淀和工程实践经验积累,形成了强大的知识输出能力,广州市轨道交通产业快速发展。

推动广州市轨道交通产业"走出去"。通过共建、代建等模式,从规划设计起步,涵盖建设运营以及培训等产业链优势环节,依托广州地铁集团、地铁设计院等龙头企业,在国内外重点城市开展全产业链拓展。目前已向国内外超过100个城市输出了包括规划设计、咨询、监理、培训等各种轨道交通专业服务,为全球提供完备的城市交通解决方案。与国内8个城市轨道交通企业共同成立了全国首家城市轨道交通培训学院,为国内外多个城市地铁同行培

养了大批技能型、管理型人才和高端人才。

自 2017 年开始，广州加大对整体型外拓项目的开拓力度，加快布局国内重点城市。先后开发长沙 6 号线 PPP 项目、重庆 4 号线二期 PPP 项目、南昌 3 号线 PPP 项目、丽江有轨电车、三亚有轨电车等整体型城市轨道交通项目。2020 年 10 月，由广州地铁联合体运营维护的巴基斯坦拉合尔轨道交通橙线开通运行，是"一带一路"倡议框架下中巴经济走廊首个轨道交通项目，实现了城市轨道交通全产业链"中国方案"的整体输出，并带动当地增加 2 000 多个高技术技能岗位。此外，也为澳门、马来西亚、埃塞俄比亚、尼日利亚等多个地区提供轨道交通设计、监理、咨询服务。

图 4 所示为拉合尔橙线开通仪式。

图 4　拉合尔橙线开通仪式

"引进来"打造千亿级轨道交通产业集群。"走出去"的基础来自于广州轨道交通的软实力，而广州市轨道交通产业联盟的成立，使得这一实力得到壮大和延伸。广州市轨道交通产业联盟，以广州轨道交通多年沉淀、行业领先的用户体验和系统集成能力为核心，以广州本地的城市轨道交通建设和运营市场为依托，形成行业优秀的企业集群，不断通过科研创新和产品/服务集成，打造城市轨道交通整体综合服务能力，借助资本的纽带和市场化运作，在国内乃至国际轨道交通市场，创建"广州智造"的行业第一品牌地位。

据统计，截至 2020 年底，广州市从事轨道交通产业产品生产（服务）的企业约为 590 家，包括广州地铁、白云电气、佳都科技、铁科智控、广智集团、广电运通等，在规划设计咨询、建设施工、运营与增值服务、装备制造等细分行业，各领域龙头企业产值占比在 70% 以上。通过引导企业入园集群发展等措施，区域差异化布局日趋明显，如白云区依托白云神山轨道交通装备产业园区，形成了以机电装备为主的产业；番禺区、花都区初步形成了以车辆修造基地等特色园区为依托的整车和维保基地；南沙区以中铁隧道局等建筑企业为主体，重点布局以工程建设为主的产业；海珠区发展形成了以广州地铁集团为代表的轨道交通总部经济集聚区，形成运营服务和智慧轨交基地。

2022 年广州全市轨道交通产业产值规模突破 2 200 亿元，已形成从规划设计咨询、建设施工、装备制造到运营及增值服务的全产业链。

四、实施"地铁+物业"，促进区域共融发展

"建设安全、便捷、高效、绿色、经济、包容、韧性的可持续交通体系，是支撑服务经济

社会高质量发展、实现'人享其行、物畅其流'美好愿景的重要举措。"就广州轨道交通而言，可持续发展的关键在于"地铁+物业"综合发展模式的探索与实践。

广州市自地铁 1 号线筹建以来就开始谋划地铁沿线用地综合开发工作，通过场站综合体交储收益、土地出让净收益、房地产二级开发筹集资金，反哺轨道交通建设运营。自"十二五"以来，广州市不断优化沿线土地综合开发配套政策，目前轨道交通沿线地块（含综合体）共出让 34 宗，出让用地规模 344.48 km^2。

同时，采用自主开发和合作开发相结合，大力推进轨道交通重点交通枢纽及周边重点功能片区的场站综合体开发，形成具有广州特色的"场站综合体与主线工程协同"模式，打造一批高标准、高品质 TOD 项目典范，使轨道交通站场综合体 TOD 项目逐步成为城市空间发展的核心载体和重要经济增长极。目前，广州轨道交通综合开发项目共 16 个，总开发建筑面积约 747 万 m^2，现 10 个项目已开展销售。

图 5 所示为白云站综合枢纽项目。

图 5　白云站综合枢纽项目

五、交通先行，构建高效畅达的活力之城

党的十九大报告首次提出建设交通强国战略，为我国交通发展的未来描绘了宏伟蓝图，也为建设新时代轨道交通指明了方向。其后，国家相继出台了《粤港澳大湾区发展规划纲要》《交通强国建设纲要》《国家综合立体交通网规划纲要》《关于培育发展现代化都市圈的指导意见》等政策。

《粤港澳大湾区发展规划纲要》提出建设充满活力的世界级城市群、具有全球影响力的国际科技创新中心、宜居宜业宜游的优质生活圈，并提出构建以高速铁路、城际铁路和高等级公路为主体的城际快速交通网络，力争实现大湾区主要城市间 1 h 通达，推进城市轨道交通等各种运输方式的有效对接。

《交通强国建设纲要》提出推动交通发展由追求速度、规模向注重质量、效益转变，由各种交通方式相对独立发展向更加注重一体化融合转变；到 2035 年，基本形成"全国 123 出行交通圈"（都市区 1 h 通勤、城市群 2 h 通达、全国主要城市 3 h 覆盖）。

《国家综合立体交通网规划纲要》要求构建便捷顺畅、经济高效、绿色集约、智能先进、安全可靠的现代化高质量国家综合立体交通网，加快建设交通强国，为全面建设社会主义现代化国家当好先行。

《关于培育发展现代化都市圈的指导意见》提出打造轨道上的都市圈。到 2022 年，都市圈同城化取得明显进展，基础设施一体化程度大幅提高，阻碍生产要素自由流动的行政壁垒和体制机制障碍基本消除，成本分担和利益共享机制更加完善。到 2035 年，形成若干具有全球影响力的都市圈。

在上述国家战略和发展政策的指引下，大湾区内广州、深圳两大都市圈将快速聚合发展，进而带动首个"双核驱动型"的世界级湾区经济区形成，同时推动湾区轨道交通由"重要节点间的商旅出行功能"向"区域通勤功能"快速升级转变，最终实现大湾区内轨道交通线网互通互联、资源共享，重要枢纽同质化服务共享，轨道交通技术与管理跨界融合，"一张网、一张票、一串城"的发展目标。

此外，为牢牢把握广州门户枢纽的优越区位以及在综合交通领域的领先优势，强化中心城市门户枢纽功能，《广州面向 2049 的城市发展战略规划》提出，不断提升国际综合交通枢纽能级和服务能力，高标准建设世界级铁路枢纽、轨道体系，突出更高效的对外链接与更人本的城市交通，建设全球重要综合交通枢纽，打造高效畅达的枢纽之城。

同时，在城际铁路规划上，根据《国家发展改革委关于珠江三角洲地区城际轨道交通网规划（2009 年修订）的批复》（发改基础〔2009〕2975 号），珠三角城际轨道交通网共规划 16 条线路、总里程约 1 478 km；《国家发展改革委关于粤港澳大湾区城际铁路建设规划的批复》（发改基础〔2020〕1238 号），近期规划建设 13 个城际项目，总里程约 724 km。在地铁线网规划上，根据《广州市轨道交通线网规划（2018—2035 年）》，城市轨道快线 A+快线 B+普线多层级轨道交通网络规划线路 53 条，总里程超 2 000 km。

预计到 2030 年，广州地铁承接的轨道交通（含地铁、城际）运营里程将超 2 000 km，轨道交通前景远大，发展大步向前。

六、展望未来，广州市轨道交通产业发展大有可为

根据《广州市轨道交通产业"十四五"发展规划》部署，"十三五"期间，广州市轨道交通产业支撑体系不断完善，全产业链发展加快推进，创新成果不断涌现，企业实力显著增强，区域差异化布局日趋明显，"走出去"初显成效，产业发展进入新阶段。"十四五"时期，我国步入新发展阶段，加快构建新发展格局，广州市轨道交通产业发展迎来重要机遇期。

从国际看，"十四五"时期，全球轨道交通产业装备制造方面，市场仍是产业空间分布的关键影响因素。欧洲轨道交通装备制造龙头企业阿尔斯通、西门子等装备制造龙头企业在资源整合层面显著体现了产业集中度提高、产业地域分布全球化的特征。在轨道交通运营服务方面，产业经验模式外溢日趋显著。现已形成纽约、伦敦、东京、巴黎等城市城际轨道交通服务标杆。其中，东京已成为全球城市轨道交通典范。东京首都圈人口接近 4 000 万，乘坐轨道交通成为解决东京首都圈大量人口公共交通出行最主要的方式，2019 年东京轨道交通客流量超过 40 亿人次，排名全球第一。其在都市圈轨道交通线网规划、TOD 模式探索等方面的经验受到广泛关注，有效提高城市基础设施的使用效率与商业活力。

从国内看，"十四五"期间，我国将重点打造城市群和都市圈轨道交通体系，轨道交通产业将大有可为。《粤港澳大湾区发展规划纲要》提出建设"轨道上的大湾区"，尤其是广东省将市域内新建城际铁路项目建设审批权限下放，为产业发展提供合作基础和市场空间。"新基建"将带动智慧轨道交通的量质双向提升，城际轨道交通作为"新基建"的重点领域之一，

城际新制式整车将迎来重大市场机遇融合5G、大数据、人工智能，推动轨道交通全生命周期的智能化发展，轨道交通"数字化、网络化、智能化"技术演进趋势凸显，行业发展迎来政策红利期。

从广州看，《广州市国民经济和社会发展第十四个五年规划和2035年远景目标纲要》把发展壮大战略性新兴产业作为经济工作的"首要工程"，要求推动智能装备与机器人、轨道交通、新能源与节能环保、新材料与精细化工、数字创意等新兴优势产业跨越式发展，成为经济高质量发展的重要支撑。其中，轨道交通产业重要领域为：重点发展轨道交通关键技术研发、设计咨询、工程施工、零部件及配套设备、新制式整车、智慧轨道交通、检验检测、运营服务、以公共交通为导向的综合开发（TOD）、维保服务、教育培训等领域。

对此，广州将抢抓粤港澳大湾区都市圈城际轨道交通发展机遇，大力推动轨道交通产业基础高级化与产业链现代化，以"智慧+集群"为发展主线，以智慧化运维、数字化管理、智能化生产等为方向，构建"投资—规划设计—建设施工—装备制造运营维保与增值服务"全产业链集群，形成一个龙头牵引、若干骨干企业支撑的"1+N"供应链体系，打造我国轨道交通领域重要的建设施工、智慧运营、轨道交通控制软件等产业集聚地，发挥轨道交通产业对保持全市制造业比重基本稳定、构建现代化产业体系的重要作用，积极培育轨道交通先进制造业集群，形成"全产业链位居前列、若干重点环节最强、创新意识氛围最浓"的高质量产业发展新格局，加快打造全市新兴优势产业，塑造世界级轨道交通品牌，增强对广州实现老城市新活力、"四个出新出彩"的支撑作用。

风劲帆满图新志，砥砺奋进正当时。未来轨道交通产业的市场规模与发展潜力是巨大的，作为粤港澳大湾区规模最大的城市轨道交通主体，要紧紧围绕高质量发展这一主题，牢牢把握粤港澳大湾区建设重要战略机遇期，打造全链条产业创新发展平台，培育新增长点，形成产业新动能，提高产业核心竞争力和持续生命力，推动轨道交通产业做强做优做大，共同为中国式现代化建设而不懈奋斗。

》》》执笔：李良

广州市轨道交通产业人力资源发展报告

广州市轨道交通产业联盟

广州轨道交通经过多年稳步持续发展，已形成覆盖广州全域、延伸周边城市并逐步连通起粤港澳大湾区各市的城市轨道交通线网格局。截至 2023 年上半年，广州轨道交通运营线路共计 16 条，线网运营里程达 620 km。轨道交通作为我国都市迅速兴起的公共交通领域，在广州建设者们踔厉奋进下已从市民出行选择的"可选项"逐步成为"必选项"。伴随着城市轨道交通规模不断壮大，广州立足以事业发展带动产业发展，着力培育城市轨道交通产业，经过多年的不懈努力，已逐步构建起包括规划设计、建设施工、装备制造、运营维护和增值服务五大领域的完整的城市轨道交通产业体系，并向着高质量发展迈进。

任何产业的健康、可持续发展始终离不开人的因素，离不开产业人力资源的支撑与贡献。所谓产业人力资源，就是产业中从事生产经营和管理的企业人力资源的总和，而企业人力资源则是对企业中具备一定的智力、体力、知识、经验、技术技能等人力素质且能够为企业创造价值的员工的总称。作为最重要的生产要素，人力资源的发展质量必然直接关系到企业乃至整个产业的创新能力和高质量发展[1]。广州市轨道交通产业的高质量发展同样离不开一支默默奉献、不断进取的产业大军。

本报告依托 2023 年广州市轨道交通产业联盟（简称"产业联盟"或"联盟"）面向广州市轨道交通产业链 409 家主要企业首次开展的人力资源统计数据和问卷调查结果，结合联盟此前开展的产业统计有关数据和人力资源相关调研结果，从人力资源规模发展、素质发展、效能发展、能力发展、管理发展等五个维度，对近年来广州市轨道交通产业人力资源的发展状况进行全景式分析和评价，为进一步推动广州市轨道交通产业人力资源高质量发展提供参考。

一、人力资源规模发展

（一）人力资源规模保持基本稳定

根据产业联盟 2023 年对 409 家企业开展的产业人力资源专项统计调查，截至 2022 年末，广州轨道交通企业在岗职工总人数为 20.2 万人[2]，与 2021 年末持平，连续三年保持在 18 万人以上的规模。

另据产业联盟组织编撰的《2021 年度广州市轨道交通产业链分析报告》，2021 年纳入联盟产业统计的全市 744 家轨道交通企业从业人数合计为 49.76 万人。

上述两种统计覆盖面有所不同，加上时间差距的动态影响，两者的从业人员数量相差了一倍

---

[1] 问卷调查结果显示，认为人力资源工作对于企业长久、可持续发展而言"非常重要"的企业占到 69.6%，认为"比较重要"的企业占到 25.3%，二者合计占比为 94.9%。

[2] 填报"年末在岗职工总人数"指标的企业数，2019—2021 年分别为 321 家、348 家、368 家。

多。必须说明的是，本次广州市轨道交通产业人力资源专项统计调查将产业统计时的744家企业先作为对象总量，回收后经过筛选，最终确定了409家有效样本的企业数据纳入本次考察范围。尽管本次人力资源统计调查的有效统计样本总量仅占产业统计企业总数的一半多，约55%，营业收入合计占产业规模的54.6%，轨道交通从业人数占40.6%，但是上述有效填报的409家企业囊括了绝大部分的产业链龙头企业和骨干企业，基于对数据稳定性和代表性的考虑，基本可以满足对广州市轨道交通产业人力资源基本状况、趋势和总体规律的了解和把握，对本报告的有效观察和分析能够起到同样的效果。在此特意把产业统计744家企业相关数据拿来比照，是为了进一步表明，即使从保守的角度看，目前广州市轨道交通产业人力资源规模也是十分可观的。

人力资源专项统计显示（以下除注明外，均以此统计为依据），2019—2022 年，随着填报企业的增加，人力资源总量也在增加。广州市轨道交通产业在岗职工总人数变化如图1所示。但略去各年度填报企业数量出现的差异，若从连续填报的企业获取的数据进行测算，以两年为分期，则显示近四年来平均每家企业用人规模反而呈轻微下降趋势，从2019年的565人降至2020年的542人、2021年的546人、2022年的519人。综合考虑以上两方面情况以及技术革新下"机器替人"造成部分领域用人缩减等因素，总体上广州市轨道交通产业人力资源保持基本稳定态势。

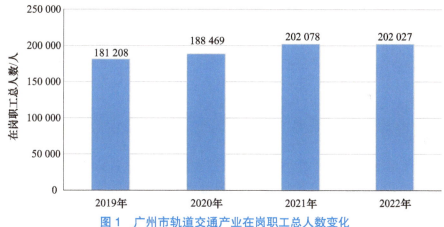

图 1　广州市轨道交通产业在岗职工总人数变化

从领域集中度看，2022年在岗职工规模最大、最为集中的是建设施工领域，达7.35万人，装备制造领域为4.85万人，增值服务领域为4.72万人，运营领域为2.73万人，而规划设计领域为5 497人。

从区域分布看，在全市轨道交通产业"一核三区"空间布局下，白云区作为广州市轨道交通产业链核心聚集区，2022年在岗职工总人数达3.69万人；番禺区和花都区初步形成以车辆修造基地等特色园区为依托的整车和维保基地，在岗职工总人数合计接近4万人；南沙区以轨道交通建设施工及工程设备产业为主，相关企业发展迅速，在岗职工总人数为1.39万人。

从企业人力规模看，在岗职工规模为100～499人、49人及以下的企业数量占比最大，分别占到企业总数的33.1%、32.5%，500～999人的企业占比最低，仅占到8.5%，而1 000人及以上的企业也仅占10.1%，如图2所示。由此可见，500人以下规模的企业占据多数，超过65%，成为广州市轨道交通产业吸收就业的主体企业，且分布在建设施工、装备制造、增值服务等三大领域。由于轨道交通产业运营领域企业主体较为集中和单一，与庞大的轨道交通线网规模直接关联，因此，千人以上人力规模的企业主要集中在运营维护领域。该领域纳入有效统计的企业6家,其中参与问卷调查的2家企业员工数量均为1 000人以上。

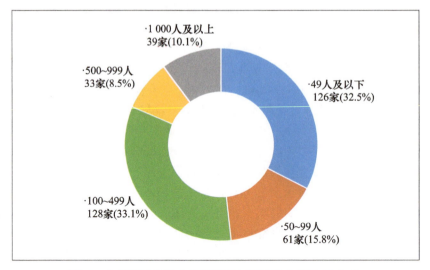

图2　广州轨道交通企业在岗职工规模分布（2022年）

此外,通过重点分析广州轨道交通龙头骨干50家企业情况显示,除个别链主类企业如广州地铁集团以及领域内的珠三角城际轨道公司、中铁广州工程局等总部类企业变动不大外,一些领域内的标志性企业在岗职工总数均保持较快增长,如2019—2022年广州地铁设计院从1 249人扩大至1 655人,年均增长9.8%；白云电器从2 271人扩大至2 918人,年均增长8.7%；佳都科技从2 336人扩大至2 685人,年均增长4.8%。

（二）技术技能人员和一线职工占比较高

从岗位构成看,广州市轨道交通产业人力资源队伍中规模最大、占比最高的是技能人员,2022年规模达8.46万人,占比41.9%；技术人员次之,规模达6.80万人,占比33.7%；管理人员占比最低,仅为12.9%,如图3所示。2022年在8.46万人的技能人员中,主要是一线岗位的生产操作类和服务类人员,分别为5.28万人、1.84万人,合计占到技能人员总数的84.2%。

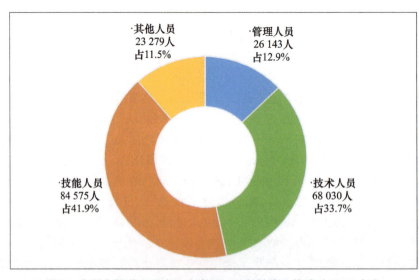

图3　广州市轨道交通产业在岗职工总数的岗位构成（2022年）

考虑到轨道交通行业人力资源的行业特点和用人规律，技能人员特别是一线职工已成为轨道交通产业发展的重要支撑，分布结构比较符合现代企业"金字塔"管理模式。但和中国城市轨道交通协会提出的管理、技术、技能型人员"金字塔"比例结构（分别占到10%、15%、75%）相比，目前广州市轨道交通产业的技术人员占比显然高出不少，与之较为接近的是广州地铁集团，管理、技术、技能人员占比分别为5.6%、16.7%和78.9%。同时值得注意的是，不同专业类型由于工作性质和工作内容的不同，对人才结构比例要求也有所不同，特别是不同领域之间企业的职业岗位性质和特点差异巨大，决定着技术和技能人员的不同分布和密度，极大程度上具有不可比性，如规划设计领域从密度来说，其专业技术人员占比最高，2021年和2022年分别达80.9%和81.5%，而技能型员工占比不到5%。而在装备制造领域的企业，生产操作型技能人员则占较高比例，2021年和2022年分别为42.1%和44.1%。

（三）离职员工规模大、流动性高

员工离职是雇员和雇主之间结束雇佣关系、员工离开原公司的行为。员工正常、合理的流动对增强企业活力、改善人力资源配置能够起到一定的积极作用。然而，员工流失过快、过高则会对企业正常生产经营产生不利影响。因此，企业离职率也是衡量企业人员队伍稳定性的重要指标，过高的离职率不仅影响企业的健康发展，甚至还会危及企业的生存。

员工离职在性质上可划分为自愿离职（辞职、退休）和非自愿离职（辞退员工、集体性裁员）。据统计，疫情三年广州市轨道交通产业链企业自主离（辞）职员工规模有所扩大，2020年为2.26万人，到2022年已扩大至2.79万人，离职情况如表1所示。2022年离职率为13.8%。一般而言，一家企业的员工离职率合理水平在5%左右，但也要注意区分不同岗位、不同领域的离职率差异。此外，按填报企业数量计算，近3年平均每家企业的员工自主离（辞）职员工数量约为104人。

表1　2019—2022年广州轨道交通企业员工离职情况

单位：人

指标	2022年	2021年	2020年	2019年
全年自主离（辞）职员工	27 865	25 666	22 611	26 942
其中：中级以上专业技术员工	872	911	685	768
中级工或技师以上等级员工	339	358	354	405
管理人员	1 772	1 912	1 501	1 417
技术人员	4 300	4 144	3 136	3 001
技能人员（生产操作类）	12 810	11 307	10 699	14 640
技能人员（服务类）	1 118	1 145	945	1 105
技能人员（其他类）	636	765	570	683

分岗位看，生产操作类技能人员最容易流失。2022年生产操作类技能人员的离职规模高达1.28万人，占离职员工总数的45.9%，离职率高达24.3%；而人员最为稳定的是中级以上专业技术岗位、中级工或技师以上等级岗位，离职率低至0.9%、3.6%，在一定程度上反映出专业技术职业资格、技能等级的提升对稳定企业职工队伍的重要性。

图 4 所示为 2022 年广州市轨道交通产业分岗位员工离职率。

图 4　广州市轨道交通产业分岗位员工离职率（2022 年）

分领域看，离职最集中的领域是增值服务，离职员工规模逾 1.50 万人，占离职员工总数的 54.9%，离职率高达 32.4%。人员最为稳定的是运营领域，企业员工离职率低至 2.1%。装备制造、建设施工、规划设计等领域企业的员工离职率分别 12.3%、7.4% 和 7.4%。

图 5 所示为 2022 年广州市轨道交通产业分领域员工离职率。

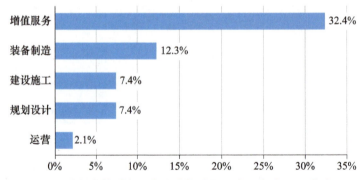

图 5　广州市轨道交通产业分领域员工离职率（2022 年）

问卷调查结果显示，近年来员工离职的前三项主观原因依次为：生活和家庭因素（占 49.3%）、对薪酬待遇不满意（占 44.8%）、觉得个人没发展（占 39.8%），如表 2 所示。近年来一线生产或服务员工离职的前三项主观原因与之相近，如表 3 所示。企业认为能够有效稳定人才队伍的前三项主要手段依次为：定期绩效奖励（占 64.0%）、员工福利（占 57.7%）、公司发展前景（占 47.0%）。为此，企业需要从多方面考虑，制定出更有市场竞争力的薪酬方案，以积极应对员工流动性过高的挑战。

表 2　近年来员工离职的主观原因调查　　　　　　　　　　　　　　　单位：%

选项	全部	规划设计	建设施工	装备制造	运营	增值服务
对薪酬待遇不满意	44.8	43.8	49.7	44.1	14.3	34.1
觉得个人没发展	39.8	56.3	34.5	40.9	28.6	52.3
对岗位不适应	30.4	18.8	30.9	31.5	0.0	34.1

续表

选项	全部	规划设计	建设施工	装备制造	运营	增值服务
嫌工作苦脏累	16.7	12.5	20.0	15.0	0.0	13.6
与职场人际不合	3.9	0.0	3.6	5.5	0.0	2.3
生活和家庭因素	49.3	37.5	52.1	47.2	28.6	52.3
其他	7.0	0.0	4.8	6.3	28.6	15.9
合计	100	100	100	100	100	100

表3 近年来一线生产或服务员工离职的主观原因调查　　　　　单位：%

选项	全部	规划设计	建设施工	装备制造	运营	增值服务
对薪酬待遇不满意	44.5	37.5	45.7	47.5	16.7	37.8
觉得个人没发展	34.6	43.8	29.9	36.9	16.7	44.4
对岗位不适应	28.6	18.8	25.0	34.4	16.7	31.1
嫌工作苦脏累	17.8	6.3	20.7	16.4	16.7	15.6
与职场人际不合	3.4	0.0	5.5	2.5	0.0	0.0
生活和家庭因素	46.7	37.5	48.8	45.1	33.3	48.9
对行业和公司没信心	5.4	6.3	6.7	4.1	0.0	4.4
其他	5.4	0.0	3.0	5.7	16.7	13.3
合计	100	100	100	100	100	100

（四）外招员工规模有所减少

招聘工作是保证企业正常运转的重要手段，有利于企业规模的扩大和离职人员的补充。员工外招规模大小会受外部市场环境、企业经营状况等因素的影响。近几年广州轨道交通企业的外部招聘计划和外招员工规模均出现一定程度的缩减，大中院校应届毕业生就业压力增大，相应地也对学校培养质量提出了更高的要求。2022年，广州市轨道交通产业外部招聘计划为1.60万人，低于2021年的1.76万人；外招员工规模为1.71万人，低于2021年的1.98万人，如表4所示。从实际外招情况看，按填报企业数量计算，平均每家企业外招员工数量从2019年的95.0人、2020年的83.7人、2021年的85.4人减少至2022年的67.0人。

表4 广州市轨道交通产业外招员工情况变化　　　　　单位：人

指标	2022年	2021年	2020年	2019年
全年外招员工	17 148	19 808	18 245	18 896
其中：招录省外应届毕业生	4 017	3 915	3 742	3 237
向社会招聘省外人员	6 419	7 189	5 937	7 085

续表

指标	2022 年	2021 年	2020 年	2019 年
其中：管理人员	2 067	1 932	1 908	1 768
技术人员	6 585	7 346	6 626	6 273
技能人员（生产操作类）	2 053	2 970	3 382	4 111
技能人员（服务类）	1 516	1 959	1 577	1 780
技能人员（其他类）	441	652	519	530

从来源地看，企业对省外人员需求旺盛。2022 年招录省外应届毕业生 4 017 人，向社会招聘省外人员 6 419 人，合计约 1.05 万人，占全部外招员工数量的 60.9%。分岗位看，外招员工数量最集中的岗位是技术人员，2022 年达 6 585 人，占全部外招员工数量的 38.4%，反映出企业对技术型人才需求的提升。

从招聘渠道看，互联网招聘能够突破时间、地域限制，覆盖面广，是企业最常用的招聘渠道。问卷调查结果显示，目前企业人员招聘的主要渠道的前三项分别为：招聘网站（占75.8%）、校园招聘（占 57.6%）、员工推介（占 51.0%），如图 6 所示。企业招用工最关注的人力资源信息平台的前三项分别是：互联网招聘信息平台（占 79.2%）、院校毕业生就业信息平台（占 47.4%）、社会人力资源服务机构（占 25.5%），如图 7 所示。但也要看到，只有 19.1%的企业表示招用工最关注的是行业组织信息服务平台，这对于下一步广州市轨道交通产业相关行业组织和社会团体在人力资源服务方面提出了更高的要求。

图 6　企业人员招聘的主要渠道调查

此外，综合考虑员工离职和外招情况，2022 年技能人员（生产操作类）、技能人员（其他类）为净流出 10 757 人、195 人，其他岗位均为员工净流入状态。分领域看，2022 年增值服务、运营两个领域为员工净流出，分别为 12 178 人、346 人，建设施工、装备制造、规划设计为净流入，分别为 1 109 人、656 人、42 人。

图 7　企业招用工最关注的人力资源信息平台

二、人力资源素质发展

（一）本科及以上学历员工比例逐年提高

在岗职工的学历水平是考量企业人力资源素质的重要因素之一。广州市轨道交通产业企业在职员工的学历总体结构呈现为本科毕业生占比最高，其次是大专及中专以下毕业生，较少的是硕士及以上人员。2022 年，广州轨道交通企业在岗职工学历构成中，硕士及以上学历、本科学历、大专学历、中专及以下学历员工分别为 7 392 人、77 957 人、58 848 人和 47 983 人，占比分别为 3.8%、40.6%、30.6% 和 25.0%，如图 8 所示。整体上看，广州轨道交通企业的员工学历水平以本科学历为主，形成两头小中间大的"菱形"结构。从近几年的趋势看，本科学历人员的比重逐年提升，2019—2022 年提高了 3.7 个百分点。但是，目前中专及以下学历员工仍占到 1/4，这主要是受到行业自身特点的影响，轨道交通产业多数领域以技能人员为多，这些员工群体的学历水平普遍不高，在不少企业的生产技能人员学历分布中，高职专科毕业生和中职毕业生约占到八成。

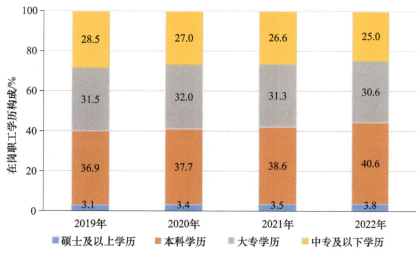

图 8　广州市轨道交通产业在岗职工学历构成变化

分领域看，本科及以上学历员工占比最高的是规划设计领域，高达 88.8%，其次是建设施工（58.3%）、增值服务（37.2%）、运营（36.5%）、装备制造（29.5%），如图9所示。

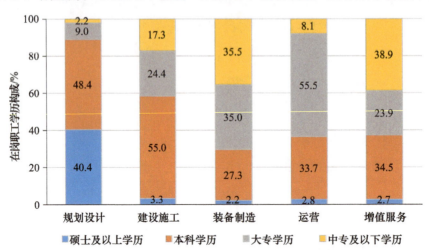

图9 广州市轨道交通产业分领域在岗职工学历构成（2022年）

（二）中高级专业技术人员比例有所提高

专业技术人员，通常指的是拥有特定的专业技术知识和能力（不论是否得到有关部门的认定），并以其专业技术从事专业工作的人员，如注册建造师、注册建筑师、注册结构工程师、注册安全工程师、注册设备工程师、造价工程师等的工程技术人员，以及经济类、会计类等的专业技术人员。近年来，广州市轨道交通产业技术人员规模不断扩大，从2019年的5.33万人扩大到2022年的6.80万人，占年末在岗职工总数的比重从29.4%提高到33.7%。在技术人员构成上，2022年具有中级专业技术职称的员工为2.52万人，占技术人员的37.0%，具有高级专业技术职称的员工为1.17万人，占技术人员的17.3%，中高级专业技术人员占比情况如图10所示。从纵向上看，2022年广州市轨道交通产业中级以上职称专业技术人员合计占技术人员的44.3%，较2020年的43.7%有一定程度的提高。

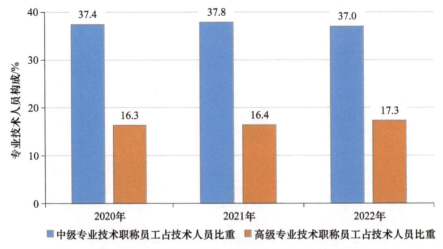

图10 2020—2022年广州市轨道交通产业中高级专业技术人员占比

（三）产业已形成一支稳定的高技能人才队伍

高技能人才是指在特定的职业岗位和工种领域具备高水平的实操技艺或实施特定工艺能

力的高等级人员，通常包括高级技师、技师、高级工。2022年广州市轨道交通产业高技能人才合计1.24万人，有33家企业的高技能人才超过50人，其中19家超过100人。近四年高技能人才合计占技能人员比重稳定在15%左右，具体到高级技师、技术、高级工各自的占比也都相对稳定，如表5所示。与此同时，广州市轨道交通产业仍有超过一半的技能人员不具备技能等级，解决这一状况仍需要企业进一步提高和加强技能人才意识，积极参与和开展职业技能鉴定工作，建立相关机制，推动专业技术人才与技能人才双向均衡和共同发展。

表5 广州市轨道交通产业各等级技能人员占技能人员比重

单位：%

指标	2019年	2020年	2021年	2022年
高级技师	1.1	1.1	1.1	1.1
技师	2.8	2.9	2.9	3.1
高级工	10.6	10.9	10.3	10.4
中级工	13.8	12.9	13.2	13.8
初级工	16.7	17.1	15.6	14.8
合计	45.0	44.9	43.1	43.2

（四）员工年龄结构呈现年轻化特征

2022年末，广州轨道交通企业员工中，30岁及以下、31~40岁员工分别占36.7%、38.6%，41~50岁员工占16.6%，51岁及以上占8.1%，如图11所示。总体来看，广州轨道交通企业从业人员是一支发展中的年轻队伍，40岁以下员工占到3/4。问卷调查结果显示，有62.6%的企业表示企业一线或服务的员工平均年龄是30~40岁，还有25.4%的企业表示一线生产或服务的员工平均年龄是20~30岁，这些均表明广州轨道交通企业用人结构偏向年轻化。此外，考虑员工流动因素，即近几年员工外招规模（以应届毕业生为主）低于员工自主离（辞）职规模，未来企业员工平均年龄将逐步增长。

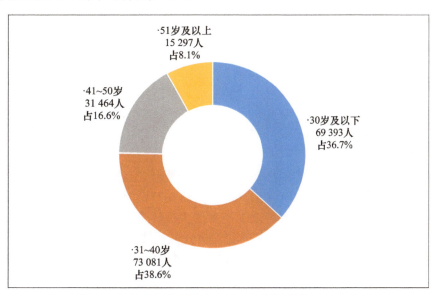

图11 广州市轨道交通产业员工年龄构成（2022年）

分领域看，五个领域企业员工构成均集中在 40 岁及以下员工，其中增值服务、运营领域这一比例分别为 83.9%、81.7%，最低的是建设施工领域，这一比例仅为 66.6%。尤其值得关注的是，由于新业态的冲击、家庭生活的干预以及快速城镇化对人口结构和就业观念的影响等诸多因素，当前越来越多的年轻人对建设施工现场工作和苦脏累险工种存在较大的排斥心理，轨道交通建设施工领域企业出现一线人员青黄不接、流失率高和招工难等问题已屡见不鲜，这也导致目前广州市轨道交通产业建设施工领域员工"老龄化"的特征十分明显，41 岁及以上员工占到 1/3。

图 12 所示为 2022 年广州市轨道交通产业分领域员工年龄构成。

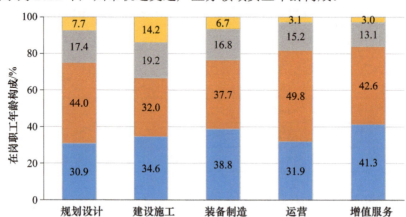

图 12　广州市轨道交通产业分领域员工年龄构成（2022 年）

对在岗员工数量 100 人及以上的 193 家企业进行的统计显示，30 岁及以下员工占比的中位数是 30.9%，31~40 岁员工占比的中位数是 34.3%，41~50 岁员工的中位数是 18.5%，51 岁及以上员工占比的中位数是 9.5%。

三、人力资源效能发展

（一）人力资源综合效益明显提升

劳动生产率，是指根据产品的价值量指标计算的平均每一个从业人员在单位时间内的产品生产量，是考核企业经济活动的重要指标。劳动生产率的计算公式为：增加值/从业人员总数。但考虑到广州市轨道交通产业人力资源统计中仅获取到总产值数据，本报告关于广州市轨道交通产业的劳动生产率计算，采用的是总产值/在岗职工总数，可在一定意义上反映出广州市轨道交通产业劳动生产率的纵向时序变化。需要指出的是，这一权宜之策并不能简单地和其他行业作横向比较。

据统计，2022 年广州市轨道交通产业劳动生产率为 235.0 万元/人，2019 年为 170.8 万元/人，2020 年、2021 年分别为 180.8 万元/人、228.8 万元/人，近三年来累计增长 37.6%，如图 13 所示。广州市轨道交通产业劳动生产率的大幅提高，是员工技术技能熟练程度、企业生产技术水平、经营管理水平和员工劳动积极性共同提升的综合表现。要进一步提升劳动生产率，一方面可通过技术的改善来提高企业生产力水平，另一方面可通过人力资源调整包括组织结构优化、职工技能提升、通过推进企业数字化和智能化来减少用工规模等方式来实现。

图 13　广州市轨道交通产业劳动生产率和人均营业收入变化

在人均营业收入方面,广州市轨道交通产业人均营收与劳动生产率之间呈正相关性,2022年人均营收(营业收入/在岗职工总数)为217.4万元/人,2019年为163.4万元/人,近三年来累计增长33.1%。从全市纳入产业监测分析的744家轨道交通企业看,对应的人均营业收入为182.0万元/人。

(二)人均薪酬略高于社平工资水平

广州市轨道交通产业的平稳发展为工资增长提供了坚实基础。据统计,2022年广州市轨道交通产业年人均薪酬为15.2万元/人,较2019年的13.4万元/人累计增长了13.4%,保持较快增长态势,如图14所示。我国劳动法规定,平均工资由当地政府按照实际情况来计算确定。根据广州市统计部门公开数据,2019—2022年广州市城镇非私营单位在岗职工年平均工资(简称"社平工资")折算为年平均工资分别为12.4万元/人、13.5万元/人、14.4万元/人、15.2万元/人。可以看出,广州市轨道交通产业人均薪酬不仅同步增长,而且整体上高于全市社平工资水平。尽管广州市轨道交通产业持续稳定发展,平均工资平稳增长,但仍存在不同岗位、不同领域平均工资差距较大等客观现象。

图 14　广州市轨道交通产业人均薪酬水平变化

问卷调查结果显示,目前绝大部分企业招用高校应届毕业生给予的薪酬待遇每月平均在4 000~8 000元之间,具体为:50.7%的企业是"4 000~6 000元",31.5%的企业是"6 000~

8 000元",合计占到82.2%;9.6%的企业是"8 000～10 000元";而"4 000元及以下""10 000元以上"的企业分别仅占5.6%、2.6%。

（三）人力资源成本稳定在较低水平

企业人力资源成本的高低，一般来说考量的是人力资源自身的成本，即人力成本占比，计算公式为：（在岗职工工资薪金总额/营业成本）×100%。2019—2022年广州市轨道交通产业人力成本占比稳定在7%左右的水平，如表6所示。目前广州市轨道交通产业链的五大领域，包括建设施工、装备制造、运营、增值服务、规划设计，均属于工业和服务业范畴。与广州规上工业企业、规上服务业企业进行对比发现，广州市轨道交通产业人力成本占比不仅低于规上工业，和规上服务业的差值更是高达20个百分点。当一个行业逐步发展壮大后，人力成本占比也随之进入窄幅波动区间，但考虑到行业特点等因素，广州市轨道交通产业人力成本也有进一步提升的空间，其合理水平应该介于规上工业和规上服务业之间，根据经验一般在10%以上。

表6　广州市轨道交通产业人力成本占比变化及对比

单位：%

人力成本占比	指标公式	2019年	2020年	2021年	2022年
轨道交通产业	（在岗职工工资薪金总额/营业成本）×100%	7.9	7.1	6.5	7.1
规模以上工业	（应付职工薪酬/营业成本）×100%	9.3	9.1	9.4	—
规模以上服务业	（应付职工薪酬/营业成本）×100%	27.2	27.7	27.4	—

从企业内部管理看，管理人员占比可从另一个维度反映出企业综合管理效能。近几年广州市轨道交通产业链企业的管理人员数占在岗职工总数的比重稳定在13%左右，分别为2019年的13.4%、2020年的13.6%、2021年的13.1%、2022年的13.2%。具体到企业人力资源规模的差异上，49人及以下的企业，管理人员占比的中位数是20%；50～99人的企业，管理人员占比的中位数是15.7%；100～499人的企业，管理人员占比的中位数是11.9%；500～999人的企业，管理人员占比的中位数是10.9%；1 000人及以上的企业，管理人员占比的中位数是10.6%。分析表明，轨道交通产业企业人力资源规模与管理人员占比之间表现为负相关的规律性变化，即在企业管理人员规模化效应的作用下，企业人力资源规模越大，管理人员占比就越小；反之亦然。

四、人力资源能力发展

（一）企业人力培训能力进一步提升

员工培训工作作为企业人力资源开发和能力建设的重要环节，需要长期、稳定的投入，包括员工培训经费和员工能力提升计划所需的各类软硬件投入。企业通常会以内训和外培两大方式实施员工能力提升计划。在问卷调查七项可选的培养途径中，企业内部培训方式是首选，占比最高，为59.8%，内训成为促进员工专业技术技能提升最主要的方式。这反映出轨道交通领域的企业更加注重公司对自身培训能力的运用。在外培方面，校企合作，与学校共同培养员工是最受青睐的方式，比例为52.2%，表明在利用外部资源培训员工方面，校企合作是一条被普遍认可和实践的培养模式。不过在相关调研中也发现，一方面企业十分重视和看好校企合作的培养模式和前景，但另一方面则对目前广州校企合作的具体操作和实际效果持一定保留态度，认为供与需（校与企）、产与教之间的匹配和融合仍需进一步探索和务实改善。

图 15 所示为广州轨道交通企业在实践中认为能有效促进员工专业技能的方式调查。

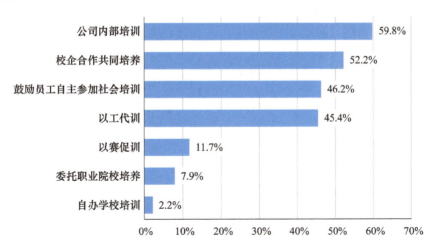

图 15 广州轨道交通企业在实践中认为能有效促进员工专业技能的方式调查

数据显示，近几年广州轨道交通企业在人力资源能力投入和能力提升计划实施方面出现了一些喜乐参半的现象，值得关注。

一是职工培训费用总体有所下降。近几年广州市轨道交通产业职工教育经费实际支出额出现一定程度的下降，2022 年比 2021 年减少 5.9%。按填报企业数量计算，平均每家企业的职工教育经费平均支出也从 2019 年的 49.3 万元减少至 2022 年的 39.4 万元，累计减少近 10 万元。职工教育经费支出占职工薪金总额的比重也从 2019 年的 0.42%降至 2022 年的 0.2%，下降幅度超过 50%。根据有关调研推测，近年出现的这一变化似乎与职工培训经费投入的政策刚性逐步减弱有关。

表 7 所示为广州轨道交通企业职工教育经费支出情况。

表 7 广州轨道交通企业职工教育经费支出情况

指标	2019 年	2020 年	2021 年	2022 年
职工教育经费实际支出额/元	75 919 682	66 597 122	76 143 760	71 674 111
填报企业数/家	154	157	164	182
单家企业职工教育经费支出/元	492 985	424 185	464 291	393 814
经费支出占职工薪金总额的比重/%	0.42	0.33	0.35	0.20

二是员工培训密度明显增大。2019—2022 年，广州市轨道交通产业人均每年培训学时从 17.7 学时提高到 27.2 学时，累计增幅达 53.7%；人均每年培训次数也从 4.2 次提高到 6.9 次，累计增幅达 64.3%，如表 8 所示。

表 8 广州轨道交通企业培训密度情况

指标	2019 年	2020 年	2021 年	2022 年
人均培训学时/[学时/（人·年）]	17.7	24.7	26.1	27.2
人均培训次数/[次/（人·年）]	4.2	5.9	5.4	6.9

三是企业培训培养体系逐步完善。用人单位自有培训基地或中心从2019年的53个增加至2022年的85个。截至2022年末，具备职业技能鉴定资格的岗位工种共计4 741个。以头部企业广州地铁集团为例，在积极发挥运营、维保及相关院校专业门类齐全、培训资源丰富的优势基础上，广州地铁集团已建立和培养起一支具有专业知识和实训能力的企业培训师队伍，并通过校企合作、资源共享共用，集约高效建设了多类型的实训基地，包括培训场所、实训线（站）、仿真系统、国家级与省（市）级职业技能鉴定所（站）等。

问卷调查结果显示，对于目前广州轨道交通企业员工培训工作中存在的问题，企业认为"缺乏对培训效果的评价及跟踪"的占43.5%，认为"开展的培训数量不够"的占34.3%，认为"培训没有针对性，对提升工作能力帮助不大"的占29.0%，如表9所示，这些问题应引起企业管理层的足够重视。具体到五个领域，建设施工、装备制造整体保持一致，但增值服务领域最集中的问题企业认为"培训没有针对性，对提升工作能力帮助不大"，规划设计领域最集中的问题是企业认为"缺乏对培训效果的评价及跟踪"，运营领域最集中的问题是企业认为"培训没有针对性，对提升工作能力帮助不大"和"开展的培训数量不够"。

表9 企业员工培训工作中存在的问题调查   单位：%

选项	全部	规划设计	建设施工	装备制造	运营	增值服务
培训没有针对性，对提升工作能力帮助不大	29.0	23.5	27.7	26.4	42.9	40.9
开展的培训数量不够	34.3	35.3	33.1	35.2	42.9	34.1
培训工作没有系统的规划，随意性很强	27.3	17.6	27.1	27.2	28.6	31.8
开展的培训质量比较差	11.4	0.0	12.7	8.0	14.3	20.5
以入职培训为主，其他培训不多	26.5	17.6	22.3	31.2	14.3	34.1
缺乏对培训效果的评价及跟踪	43.5	64.7	44.0	43.2	14.3	38.6
其他	5.6	0.0	7.2	4.8	0.0	4.5
合计	100	100	100	100	100	100

（二）院校培养输送能力取得长足发展

校企合作是企业人力资源培养的重要方式。据统计，广州轨道交通企业已建立校企合作的院校数量从2019年的254所扩大至2022年的428所。2022年，校企合作定向或委托培育人数为751人，这一指标的最大值出现在2020年，达到1 657人。按填报企业数计算，2022年平均每家企业的校企合作定向或委托培育数平均为25人。另据问卷调查结果，61.1%的企业表示合作的院校在2家以上。

广州轨道交通类学校分布广、专业布点多，专业群覆盖轨道交通全产业链，人才培养供给侧与企业需求侧有序衔接。经过多年发展，广州已建立起涵盖中专、技校、职中、高职、本科等在内的院校群、专业群，基本覆盖轨道交通的各个领域。据不完全统计，全省共有15所院校设置与轨道交通相关的专业学科（普通高校2所、高职6所、中职6所、中专1所），办学地址位于广州市内的院校有14所，具体的专业目录如表10所示，培养模式从早期简单的订单合作、冠名班培养，逐步发展到"人才共育、资源共享、文化共融"的一体化育人模式。总体而言，广州轨道交通学历教育所必须具备的基本知识、素质和能力要求明确，以职业能力培养为主线，开设专业基础课程、专业核心课程以及专业拓展课程等，将素质教育和创新创业教育贯穿于人才培养全过程，符合轨道交通技术技能人才培养的发展目标。近几年，广州在多项轨道交通领域技能竞赛活动中成绩斐然，获奖情况如表11所示。以广州铁路职业技术学院为例，该校作为广东省唯一的轨道交通类高职院校,全校 35 个专业中有 20 个和轨道交通直接相关,平均每年为轨道交通产业输送的人才超过 1 万名,毕业生初次毕业去向落实率平均达 98%,毕业生工作与专业相关度达 90%,区域轨道交通龙头企业"订单"比例达 60%以上,用人单位满意度达 98%,毕业生专业对口率和薪酬水平位列广东省同类专科院校前茅。

表 10 广东省内轨道交通产业相关院校及专业目录

学校类型	学校名称	相关专业设置
普通高等院校	华南理工大学（公办）	工程力学、机械类、工业设计、智能制造工程、材料类、高分子材料与工程、材料科学与工程、能源与动力工程、电气工程及其自动化、信息工程、光电信息科学与工程、集成电路设计与集成系统、人工智能、自动化、计算机科学与技术、土木工程、交通运输、交通工程、工科试验班
	广东工业大学（公办）	工业设计、机械设计制造及其自动化、机械电子工程、智能制造工程、车辆工程、测控技术与仪器、高分子材料与工程、金属材料工程、新能源材料与器件、能源与动力工程、电气工程及其自动化、光电信息科学与工程、信息工程、集成电路设计与集成系统、通信工程、电子信息工程、人工智能、自动化、机器人工程、数据科学与大数据技术、物联网工程、计算机科学与技术、土木工程、城市地下空间工程、交通运输
高等职业院校	广州铁路职业技术学院（公办）	供用电技术、机械设计与制造、数控技术、机械制造及自动化、电气自动化技术、机电一体化设计、铁道交通运营管理、铁道供电技术、铁道工程技术、铁道通信与信息化技术、铁道信号自动控制、动车组检修技术、铁道机车运用与维护、铁道车辆设计、高速铁路综合维修技术、城市轨道交通机电技术、城市轨道交通运营管理、城市轨道车辆应用技术、应用电子技术、铁路物流管理等
	广东交通职业技术学院（公办）	建筑工程技术、制冷与空调技术、机电一体化技术、电气自动化技术、智能机电技术、轨道交通工程机械制造与维护、动车组检修技术、高速铁路施工与维护、城市轨道交通工程技术、城市轨道车辆应用技术、城市轨道交通运营管理
	广州科技贸易职业学院（公办）	电气自动化技术、机电一体化技术、城市轨道交通运营管理、城市轨道车辆应用技术
	广东南方职业学院（民办）	电力系统自动化技术、机械制造及自动化、数控技术、机电一体化技术、智能控制技术、高速铁路综合维修技术、城市轨道交通运营管理
	广东工贸职业技术学院（公办）	数控技术、工业设计、机械制造及自动化、机电一体化技术、电气自动化技术
	广州涉外经济职业技术学院（民办）	城市轨道交通运营管理、物联网应用技术
中等职业学校	广州市交通技师学院（公办）	城市轨道交通运输与管理、机电一体化技术、城市轨道交通车辆运用与维修
	广州市轻工技师学院（公办）	城市轨道交通车辆运用与检修、城市轨道交通运输与管理、机电一体化、电气自动化设备安装与维修、制冷设备制造安装与维修
	广州市工贸技师学院（公办）	电气自动化设备安装与维修、数控编程与现代加工技术、城市轨道交通运输与管理、城市轨道、机电与数控技术、机电一体化
	广州市机电技师学院（公办）	机电一体化技术、工业设计、消防工程技术、制冷设备制造安装与维修、电气自动化设备安装与维修、新能源应用技术、城市轨道交通运营管理
	广东省城市技师学院（公办）	物联网应用技术、机械操作与维修、城市交通运输管理、数控加工、电气自动化设备安装与维修、楼宇自动控制设备安装与维护
	广州市交通运输职业学校（公办）	城市轨道交通车辆运用与检修、城市轨道交通运营管理、城市交通运输管理、电气运行与控制
中等专业学校	广州市公用事业技师学院（公办）	机电一体化技术、城市轨道交通车辆运用与维修

表 11　近几年轨道交通领域技能竞赛广州获奖情况

类别	序号	技能竞赛名称	举办地	获奖人/团体	获奖名次
全国	1	城市轨道交通列车司机职业技能大赛	成都	王征	竞赛第四名
				卢泽鸿	竞赛第六名
	2	"新誉杯"全国城市轨道交通行业职业技能竞赛城轨交通通信工决赛	南京	广州地铁集团有限公司	团体总分第三名
				黎佐坚	总成绩第六名
				温嘉华	总成绩第十四名
	3	2019年第十一届全国交通运输行业"捷安杯"城市轨道交通服务员（运营管理）项目广东省选拔赛	天津	广州铁路职业技术学院	团体第二名
	4	2023年全国电力行业电力电缆安装运维职业技能竞赛	广州	南方电网	团体一等奖
	5	2020年全国行业职业技能竞赛——"五羊杯"全国首届汽车焊装生产线操作工（汽车智能焊装）职业技能竞赛	广汽本田增城工厂	池诚增	个人优胜奖第一名、竞赛一等奖
				钟毓军	个人优胜奖第二名、竞赛一等奖
				黄杰鹏	个人优胜奖第三名、竞赛一等奖
广东	6	广东省第一届职业技能大赛	广州	梁鑫、邓志航	轨道车辆技术第一名
	7	广东省电机检修工职业技能竞赛	广州	陈紫奇、黎勇团队	竞赛一等奖
	8	2020—2021年度广东省职业院校学生专业技能大赛（高职组）	中山职业技术学院	李宇、刘珂、刘烽艺	"数控机床装调与技术改造"技能竞赛一等奖（第二名）、竞赛一等奖
				陈新权、颜涛、余规划	"通信与控制系统集成与维护"竞赛一等奖
	9	2021年轨道交通信号技术职业技能竞赛	广州市交通技师学院	李志平、杨速林	职工组第一名
				黎国铭、谢恩伟	职工组第二名
				陈展鹏、姚漳培、沈键雯、廖莹霜	学生组第一名
	10	全国轨道交通安全应急职业技能竞赛	重庆	广州市交通技师学院	城市轨道交通信号工赛项二等奖
	11	第四届广东省技工院校技能大赛	韶关	广州市工贸技师学院	城市轨道交通运输与管理项目第一名
	12	2020年广东省职业技能大赛电力二次接线工职业技能竞赛	广东火电承建广东阳西沙扒二至五期海上风电项目现场	缪新平	竞赛第一名

续表

类别	序号	技能竞赛名称	举办地	获奖人/团体	获奖名次
广东	13	广东省2020年盾构机操作职工职业技能大赛	广州	刘治文	综合成绩第二名、掘进仿真操作第一名
				单培	综合成绩第三名、掘进仿真操作第二名
				吴春赟	综合成绩第五名
				李燕平	机液故障排除第一名
	14	2020年广东省职业技能大赛（CAD机械设计赛项）	广东轻工职业技术学院	陈尚荣、辜润熙、欧俊业、叶孙强、杨柏基、袁胜稳、詹泽平、朱子燊、钟敏欢	团体一等奖
	15	2022—2023年度广东省职业院校学生专业技能大赛城市轨道交通运营与维护赛项	广州市交通运输学校	吴振智、詹佳态	竞赛第一名
	16	2022—2023年度广东省职业院校学生专业技能大赛城轨智能运输赛项	广东交通职业技术学院	侯文静、段淑玉、钱泉收、王栋	竞赛第一名
	17	2022—2023年度广东省职业院校学生专业技能大赛（高职组）	广州工程技术职业学院	范峻铭、黄炜豪、艾平、周毅	零部件测绘及CAD成图技术二等奖
				黎鸿星、赖林汉	机电一体化设备组装与调试一等奖
				李侠春、冯敖天	制冷与空调设备组装与调试一等奖
	18	2021—2022年度广东省职业院校学生技能大赛	中山	林传川、戴庆煌	轨道车辆技术三等奖
				陈晓锋、林梓康	CAD机械设计三等奖
广州	19	"羊城工匠杯"第四届BIM劳动和技能竞赛（市政交通工程BIM技术应用）	广州大厦	"一种基于BIM技术的市政轨道交通三维设计方法研究"组	设计组金奖
				"广州市轨道交通琶洲西区站基于BIM的探索与实践"组	设计组铜奖
	20	2019年南沙区维修安装电工技能竞赛	广州南沙	梁灼林	竞赛第一名

但是，广州轨道交通企业招聘省外应届毕业生规模从2019年的3 237人扩大到2022年的4 317人，占外招员工规模的比重也从17.1%增至25.1%，一方面与广州市轨道交通产业较快发展引致的新增用人需求相关，另一方面也反映出广州本市院校培养能力仍需进一步提升，供给结构仍需进一步优化。

对于院校培养体系的产业适应性方面，问卷调查结果显示，认为院校培养输送的毕业生与企业实际需求之间"大致符合"的广州轨道交通企业比例并不乐观，仅占一半多点儿，为53.0%；而在五大领域中，对此持最高肯定态度的是运营领域，达到71.4%，但还有23.8%的企业认为"有较大差距"，特别是建设施工领域企业认为"有较大差距"的企业比例是26.3%，如表12所示。院校输出的"产品"毕业生与企业实际需求之间的适配度问题涉及校企关系和信息互通、教学模式、办学体制机制以及政策环境等多重因素。同时，产业不同领域的工作场景、作业条件以及技术进步导致专业工种需求的快速变化等诸多现实，也对院校构建灵活适配的教学体系和软硬件投入提出了更高要求。相关调研表明，如何更加有效提升学校对产业发展的适配性已然成为广州市轨道交通产业人才培养院校不断探索的一项重要课题。

表12 院校培养毕业生与企业实际需求的契合度调查　　　　单位：%

选项	全部	规划设计	建设施工	装备制造	运营	增值服务
非常符合	0.8	0.0	1.2	0.8	0.0	0.0
比较符合	20.2	35.3	21.6	16.9	14.3	20.0
大致符合	53.0	52.9	47.9	57.7	71.4	55.6
有较大差距	23.8	11.8	26.3	23.8	14.3	20.0
有非常大差距	2.2	0.0	3.0	0.8	0.0	4.4
合计	100	100	100	100	100	100

具体来看，对于差距的原因，85.1%的企业认为院校培养的学生与企业实际需求存在差距的主要原因是教学重理论、轻实操（其中规划设计、增值服务领域分别高达93.3%、90.7%），另外还有47.0%的企业认为教学设施和场景跟不上产业发展，如表13所示，这反映出院校对企业用人需求的了解还不够全面，部分高职院校、应用型本科仍存在"理论大于实践"的弊端，导致学生进入社会后难以适应企业的用人需求，对企业发展产生一定的负面影响。

表13 院校培养毕业生与企业实际需求存在差距的主要原因调查　　　　单位：%

选项	全部	规划设计	建设施工	装备制造	运营	增值服务
专业设置不合理	13.5	0.0	14.5	12.8	14.3	16.3
教学重理论、轻实操	85.1	93.3	83.0	84.8	85.7	90.7
课程老套陈旧	17.5	6.7	18.8	14.4	14.3	25.6
教学设施和场景跟不上产业发展	47.0	13.3	43.6	52.8	42.9	55.8
师资和教学水平较低	1.7	0.0	1.2	3.2	0.0	0.0

调研发现，院校师资力量薄弱问题较为突出，缺少高学历、业务技能强的"双师型"教师；特别是职业院校教师的实践技能及专业知识跟不上轨道交通企业实际业务的发展，与前沿技术脱节严重，亟须加强现有教师的在职培训，畅通企业工程技术人员和高技能人才到学校担任教师的通道，学校可通过双向选择、考核和择优等办法选聘优秀企业工程技术人员任

教，缩小学校教学和企业需求的差距。与此同时，学校教学实训环节与企业生产实际差距较大，原因主要有两点：一是实训室实训设备与企业真实现场使用的设备存在差异，学生毕业到企业后都要接受岗位再培训。二是学校教学实施中部分专业课程的理论学时和实训学时分配不合理。由于实训设备功能不全、实训场地受限、师资专业性滞后等问题，造成部分实训学时存在不同程度的缩减，业务实操能力与企业实际需求存在差距。

（三）产业联盟桥梁纽带功能得到较好发挥

广州市轨道交通产业联盟作为广州市政府"链长制"工作机制下的轨道交通产业链促进和服务平台，十分重视产业人力资源发展工作。2022年6月，联盟人力资源开发利用分会（为联盟秘书处下设的内设机构）正式成立，标志着联盟促进产业人力资源发展工作全面铺开并纳入专门化轨道。一年多来，人力分会积极发挥广州市轨道交通产业服务促进平台作用，为产业人力资源发展贡献力量。

一是团结协作，积极做好扩盟和服务工作。人力分会共引入广州市轻工技师学院、广州科技贸易职业学院、广州市工贸技师学院、广州市公用事业技师学院、广州市交通技师学院、广东南方职业学院等6所院校入盟，为广州地铁、白云电器、华能机电等会员单位提供了员工学历继续教育培训服务，为中建四局量身定做专题培训。

二是以赛促训，成功筹办"羊城杯"劳动技能竞赛。牵头组织相关会员单位开展"羊城工匠杯"2022年度轨道交通信号技术和车辆技术劳动技能竞赛，首次采用校企同台竞技的模式，尝试通过专业比赛促进高职院校对口专业学生就业，为促进就业、人才选拔提供了一种新路径。

三是畅通渠道，高效举办人才供需对接会。2023年4月举办广州市轨道交通产业校企人才对接招聘活动，广州地铁、白云电器、中铁隧道局、佳都科技、华能机电等35家轨道交通产业链主企业、分链主企业和龙头企业提供工程师、技术员、监理员、预算员、项目经理、信号检修等126个岗位。在活动中，广州南方人才市场有限公司授予产业联盟"人才驿站"牌匾。

四是务实合作，面向全国开展教育培训活动。2023年3—4月，成功举办了城市轨道交通网络安全技术专题高研班，来自广州、长春、苏州、郑州、佛山、重庆等16家全国各地轨道交通企业从事网络安全、信息安全、质量安全、通信技术等岗位的管理人员和技术人员参加学习，参会人员参加CCSC认证考试的通过率达96%。同年5—6月，在广州铁路职业技术学院开展了特种作业操作证—低压电工作业培训班。

五是创新推动，开展品牌工程技术人才职称评审服务。积极响应和配合国家开展品牌工程技术人才职称评定工作试点，联合广东省品牌工程技术人才职称评定机构，为各会员及其他相关单位提供品牌工程技术人才职称评审服务。在白云区人社局的指导下，首次开通产业联盟职称申报资格，为联盟自有员工参加职称评审打通路径。

也要客观看到，产业联盟正式成立不足五年，人力资源开发利用分会成立时间更短，对产业人力资源工作涉足不多，经调研，不少企业特别是轨道交通产业链龙头和骨干企业对人力资源发展的需求十分强烈，联盟在人力资源信息及服务方面还有较大的提升空间。

五、人力资源管理发展

（一）企业人力资源管理工作得到不断加强

人力资源管理是指企业为确保生产经营需要和实现发展战略目标，通过员工招聘、培训、使用、考核、薪酬、激励、调整、岗位设置等系列环节和手段，有计划地对企业人力资源进行合理配置所实施的各种行为和制度。此外，人力资源管理也是调动企业员工积极性，发挥员工潜能，更有效地为企业创造价值的必要途径。就此而言，旨在改善提高企业内部软环境的企业文化建设也属于人力资源管理范畴。调研发现，目前广州市轨道交通产业链上下游企业大多建立起人力资源管理制度体系并逐步优化，已制定相对完善的企业工资总额及工资分配等管理办法，为企业人力资源管理奠定了良好的制度基础。

人力资源管理部门在人才规划与实现人力资源发展战略方面扮演着越来越重要的角色。调查结果显示，65%的企业已设置独立的人力资源管理部门（机构），这主要是由于员工数量49人及以下的企业占到32.6%，出于成本效益等因素考量没有设置独立的人力资源部门，因此这一比例大体上是合理的。随着轨道交通企业的不断发展壮大，预计设立独立的人力资源管理部门（机构）的企业比例会有较大幅度的提升。

企业人力资源管理队伍较为稳定。2022年，广州轨道交通企业人力资源管理人员数量为2 435人，其中专职管理人员数量达2 225人，如表14所示，专职人力资源管理人员占全部人力资源管理人员数量的比重达到91.4%。按填报企业计算，平均每家企业的人力资源管理人员数稳定在8.1人左右的水平。按企业用工规模划分，49人及以下企业的人力资源管理人员中位数是1人，50~99人企业的中位数是2人，100~499人企业的中位数是3人，500~999人企业的中位数是5人，而1 000人及以上企业的中位数是11人。但也要注意到，广州市轨道交通产业人力资源规模扩张，带来招聘、面试、入职、考核、薪酬、培训、发展等事务性工作比重加大，人员管理难度增加，人力资源管理工作仍需不断进行创新与变革。

表14　广州轨道交通企业人力资源管理人员情况　　　　　　　　　　　　　　单位：人

指标	2019年	2020年	2021年	2022年
人力资源管理人员数量	1 892	2 039	2 118	2 435
其中：专职人员	1 717	1 846	1 912	2 225
兼职人员	154	171	187	195
填报企业数	234	252	267	299
单家企业人力资源管理人员	8.1	8.1	7.9	8.1

总的来看，在不断健全优化的企业人力资源管理体系下，目前广州轨道交通企业人力资源供需匹配度较高，问卷调查结果显示，关于人力资源管理实践中企业所在行业的人力资源供需匹配情况，有46.3%的企业认为"供需基本匹配"，但仍须看到的是，有31.0%的企业还认为"供需存在结构性矛盾"，如表15所示，特别是面对广州轨道交通新形势新任务，专业、高素质的职业人力资源管理人员队伍还相对匮乏，企业绩效评估、工资分配等基本人力资源管理业务还有待完善，与广州市轨道交通产业高质量发展还有较大的差距。

表15　企业所在行业的人力资源供需匹配情况调查　　　　　　　　　　　　　单位：%

选项	全部	规划设计	建设施工	装备制造	运营	增值服务
供大于需	14.8	5.9	17.5	12.3	0.0	17.8
供不应求	14.0	5.9	17.5	12.3	0.0	11.1

续表

选项	全部	规划设计	建设施工	装备制造	运营	增值服务
供需基本平衡	46.3	52.9	45.2	49.2	42.9	40.0
结构性矛盾	31.0	29.4	31.3	26.9	28.6	42.2
情况不明	19.5	5.9	17.5	21.5	28.6	24.4

（二）企业文化和软环境建设受到普遍重视

企业软环境一般以企业文化为重要标志。企业文化的形成，一方面是通过企业有意识地主动建构，另一方面也是企业在经营管理和业务运作中逐步积淀而成。引人向上、富有人文关怀的健康的企业文化不仅是企业一笔无形的财富，也是企业人力管理向人文管理深化的重要体现。企业文化对于增强企业员工凝聚力和归属感、提高员工积极性和创造性、促进人力资源队伍和谐稳定，甚至对于企业最终能否有效实现人力资源"引育管用留"目标等，常常发挥着不可忽视的独特作用。

调查发现，关于企业软环境建设对吸引和稳定人才的重要性，认为"非常重要""比较重要"的企业分别达45.3%和44.2%，合计占比接近90%，如表16所示。除薪酬和劳动保障外，企业认为有利于人才职工队伍稳定的企业软环境的因素还应包括：员工福利（占66.1%）、公司文化（占61.7%）、职场气氛和风气（占55.4%），如表17所示。

表16 企业软环境建设对吸引和稳定人才的意义调查　　　　单位：%

选项	全部	规划设计	建设施工	装备制造	运营	增值服务
非常重要	45.3	35.3	42.8	43.4	57.1	62.2
比较重要	44.2	47.1	46.4	45.7	42.9	31.1
一般	9.3	17.6	9.6	9.3	0.0	6.7
不太重要	0.8	0.0	0.6	1.6	0.0	0.0
非常不重要	0.3	0.0	0.6	0.0	0.0	0.0
合计	100	100	100	100	100	100

表17 有利于职工队伍稳定的企业软环境的因素调查　　　　单位：%

选项	全部	规划设计	建设施工	装备制造	运营	增值服务
领导力	44.1	50.0	39.8	45.7	42.9	53.3
公司文化	61.7	50.0	59.6	61.2	57.1	75.6
管理机制	49.3	56.3	45.8	50.4	57.1	55.6
员工福利	66.1	50.0	66.3	69.0	71.4	62.2
培训提升机会	35.3	43.8	31.3	33.3	57.1	48.9
职场氛围和风气	55.4	56.3	56.0	61.2	14.3	42.2
心理关怀	24.2	31.3	21.1	25.6	14.3	31.1

（三）人力资源管理数字化转型取得积极进展

在全球数字经济发展的浪潮下，包括轨道交通在内的各行业数字化科技发展势不可当，人力资源工作作为企业管理的重要组成部分，也正经历着数字化时代带来的深刻变革。与此同时，轨道交通产业的人力资源发展呈现出人员规模大、结构复杂、岗位类型多样、管理难度大等特点。伴随轨道交通产业持续高速扩张带来的人力资源数量需求与质量要求的不断提高，对企业人力资源基础管理水平和效率也提出了更高的要求，企业希望通过人力资源数字化转型来提升人力资源管理运营能力水平，进而改善员工体量大与人力资源管理效能偏低的矛盾。因此，建立行之有效的人力资源管理模式，以数字化技术和智能化管理手段加速提升人力资源管理效能尤为重要。据调研发现，大部分轨道交通企业均持有通过人力资源数字化提升业务分析、预警及决策能力的发展诉求，这些企业对于人力资源管理数字化的定位与目标主要包括赋能战略发展、提升管理效率、促进人才发展、优化员工体验等，并涉及了管理层、HR 专业层与员工服务层多个视角的业务目标。

通过确立数字化人力资源管理思维，打造数字化人力资源生态系统，激活组织、赋能员工、创造价值，能够有效地将人力资源优势转化为推动广州轨道交通企业改革发展优势。问卷调查结果显示，目前只有 15.4%的轨道交通企业在人力资源管理方面面临的问题与挑战之一是"人力资源数字化转型"，在 8 个选项中排在第 6 位，即有超过八成的企业不认为人力资源管理数字化成为企业的一个挑战，这从另一个侧面反映出企业对广州轨道交通企业人力资源数字化转型保持良好的信心。

当前轨道交通企业人力资源管理对数字化的需求主要集中在员工的选用育留和人事核心管理方面，核心需求仍处于招聘、薪酬、培训和组织人事等偏事务性的模块。问卷调查结果显示，广州轨道交通企业人力资源管理已实现信息化、数字化的领域多集中在招聘和入职管理、薪资管理等业务环节，如表 18 所示。在未来较长一段时间内，轨道交通企业及内设人力资源部门（如有）将会以更加积极的姿态面对数字化转型并接受转型后人力资源管理方式上的转变。

表 18 人力资源管理实现信息化、数字化的环节调查

单位：%

选项	全部	规划设计	建设施工	装备制造	运营	增值服务
人力资源管理全过程	35.6	40.0	38.3	33.3	16.7	33.3
岗位动态管理	36.8	26.7	39.5	34.1	16.7	40.5
招聘和入职管理	47.6	60.0	40.7	50.8	16.7	64.3
绩效管理	37.6	6.7	30.2	46.8	33.3	50.0
培训和职业能力管理	21.7	6.7	19.8	23.0	16.7	31.0
薪资管理	45.9	53.3	45.1	42.1	33.3	59.5
劳动关系管理	21.1	26.7	18.5	23.0	33.3	21.4

从长远看，广州市轨道交通产业数字化转型，特别是人力资源数字化转型仍处于起步阶段，仍受到组织内部支持、技术能力、数据处理能力等诸多因素的制约，但同时人力资源数字化也是广州轨道交通企业抓住时代机遇、立足长远发展的关键一步。

六、总体评价

以上分析和评价表明，近年来广州市轨道交通产业人力资源发展整体水平保持良好局面，为广州市轨道交通产业高质量发展提供了有力保障。尽管三年疫情对广州市轨道交通产业发展产生一定的冲击，波及轨道交通产业人力资源和人才供需，但人力资源发展基本面仍处于平稳、健康状态。广州轨道交通人力资源规模和人才队伍建设基本稳定，甚至出现略微增长势头。疫情之后，随着社会生活的回归和各行各业陆续实现恢复性增长，预计在广州市和大湾区城市轨道交通建设加快推进的带动下，广州市轨道交通产业人力资源规模将持续扩大，人才需求更趋旺盛。

在广州市轨道交通产业人力资源大军中，技术和技能人员对产业发展尤为重要，成为产业生力军和人才的主体，并在总体上继续保持着年轻化优势。同时，轨道交通产业人力资源队伍的学历水平、技术技能水平和年龄结构也在持续得到提升和改善，使人力资源整体素质不断提高，为推动广州市轨道交通产业高质量发展夯实了基础，增强了后劲。

人力资源效能作为反映企业综合效益和发展质量的重要指标，目前越来越受到各界关注和重视。分析显示，广州市轨道交通产业人力资源总体效能发挥良好，人均薪酬水平呈稳步增长态势，人力资源成本相对稳定，人力资源综合效益得到明显提升，体现出产业劳动生产率的提高和朝着高质量发展迈进的有利格局。产业人力资源综合效益的改善提高，既是企业提升包括人力资源管理在内的经营管理水平和技术创新能力的综合反映，也折射出广州市轨道交通产业人力资源能力建设的重要成果。而产业人力资源能力建设无不有赖于企业自我完善和外部支撑体系的构建与发展。近年来，在政府、企业、院校和产业服务促进平台等多方联动和共同促进下，广州市轨道交通产业人力资源能力发展取得一定的成效，企业更加重视人才培养和软环境建构，人力资源管理体系建设稳步推进，企业人力资源管理数字化转型与时俱进，内部培训和外部合作成为人才培养的重要途径；同时，人力资源信息资源供给渠道丰富多样，本地院校对轨道交通产业人才培养能力不断增强，培养方式和手段不断贴近企业需求，并在不断探索和推进产教融合新模式。总而言之，现阶段广州市轨道交通产业人力资源和人才队伍建设正处在一个良好的发展时期和有利的发展环境，发展状况与产业发展需要基本保持协调一致，有力推动着广州市轨道交通产业发展目标的顺利实现。

不过应该看到，虽然着眼于宏观层面，广州市轨道交通产业人力资源发展表现出积极向好的态势，但若要深入到中观层面的产业各领域之中，或者微观到特定的企业层面，则依然能够发现不少问题和痛点，且表现各异，不仅对企业发展壮大形成一定的困扰，对产业健康可持续发展也尤为不利。这些问题在本书的其他篇章中将会有所反映。造成这些问题的原因是多方面的，有些是体制性的，有些是结构性的，有些是企业内部建设欠缺，也有不少是与教育培养资源配置欠合理、产教不匹配等因素有关。有些问题是阶段性的，也有些问题则是长期性的，需要持续关注、具体应对和破解。

综合起来，面对广州市轨道交通产业高质量发展对人力资源发展提出的要求，应协同相关力量和资源，综合施策，着力做好解决企业员工流失严重问题，特别是做好生产和服务一线人员的稳定工作，把重点置于流失率较为突出的增值服务、装备制造等领域。加强对产业发展及其人力资源状态监测分析，进一步畅通人才和人力资源信息和渠道，把握和解决好广州市轨道交通产业重点领域人力资源结构性供需矛盾。切实保障人力资源发展各项投入，发挥薪酬激励机制和企业软环境作用，加强和完善企业培训体制机制，鼓励和监督企业落实和合理使用职工培训经费，并保持适度增长。采取措施，加强产业教育培训资源合理配置，切实提高广州本地轨道交通人才自主培养能力，在实践中不断创新校企合作新模式。营造优质政策环境，坚持人力资源发展与产业发展两手抓，统筹谋划，共同推进。要更大发挥产业联盟连接企业、政府、院校的桥梁作用，加强轨道交通产业人力资源大数据和信息平台建设，助力解决企业"缺人""等人""用人难"等现实问题。

》》》执笔：张浩良

广州市轨道交通产业人才发展报告

广州市轨道交通产业联盟

人才是第一资源。现代企业之间的竞争，归根结底是人才的竞争。发现人才、聚集人才、用好人才，对广州市轨道交通产业高质量发展意义重大。人才通常泛指高层次、高水平、高素质的人力资源，本报告重点围绕中高级专业技术人才、高技能人才两类人才展开分析，前者大多从事的是科研/管理岗工作，如实验、工程、会计、经济等序列的中高级专业技术人员；后者大多从事的是生产/操作岗工作，能够熟练掌握专门知识和技术，具备精湛的操作技能，并在工作实践中能够解决关键技术和工艺的操作性难题的人员，主要包括高级技师、技师和高级工[①]。

一、基本情况

近几年来，广州市轨道交通产业的人才基石不断夯实，人才规模、结构与效能逐步实现由"匹配适应"向"引领支撑"转变，轨道交通人才队伍建设正在往更深层次、更高水平发展，为轨道交通产业高质量发展提供了强劲的动力。

（一）人才密度接近四分之一

本报告的人才密度是指中高级专业技术人才和高技能人才在轨道交通产业人力资源总量中的比例。一般情况下，人才密度越高，产业发展潜力就越大。据统计，2022年末广州市轨道交通产业中高级专业技术人才和高技能人才合计4.93万人，占全市轨道交通产业在岗职工总人数的比重接近1/4。具体来看，中高级专业技术人才3.69万人，占比18.26%；高技能人才合计1.24万人，占比6.12%。从变化趋势看，近三年广州市轨道交通产业两类人才合计占比整体得到提升，2020年为22.4%，到2022年提升至24.4%，两年提高了2个百分点，如表1所示。

表1 广州市轨道交通产业人才主要构成（2022年末）

指标	年末数/人	占比/%
在岗职工总人数	202 027	100.00
中高级技术人才	36 893	18.26
其中：高级专业技术人才	11 742	5.81
中级专业技术人才	25 151	12.45

---

① 2022年4月，人社部印发《关于健全完善新时代技能人才职业技能等级制度的意见（试行）》，在原有的"五级"技能等级基础上，往下补设学徒工，往上增设特级技师和首席技师，延伸和发展为新"八级工"制度。考虑到制度落地仍需一定时间，本报告的"高技能人才"包括高级工、技师、高级技师，对特级技师、首席技师暂不作统计。

续表

指标	年末数/人	占比/%
高技能人才	12 368	8.53
其中：高级技师	952	0.47
技师	2 615	1.29
高级工	8 801	4.36
两类人才合计	49 261	24.38

图 1 所示为 2019—2022 年广州市轨道交通产业两类技术技能人才占比变化。

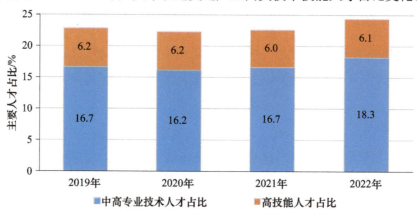

图 1　广州市轨道交通产业两类技术技能人才占比变化（2019—2022 年）

（二）人才平台加快建设

广州轨道交通企业高度重视各类内外部培训平台建设。从内部平台看，据统计，截至 2022 年末广州市轨道交通产业用人单位自有培训基地或中心共 85 个，具备职业技能鉴定资格的岗位工种共 4 741 个，其中，初级 2 989 个，中级 2 405 个，高级 743 个。从外部平台看，与本单位建立校企合作的院校共 428 所（填报企业 95 家），平均每家企业和 4.5 所院校建立校企合作关系，这一数值和 2021 年基本持平，但高于 2020 年的 4.1 所、2019 年的 3.7 所。单位自有培训基地或中心数量最多的前 3 家企业分别是广州铁道车辆公司（6 个）、南方测绘科技公司（5 个）、花都通用集团（4 个）。广州轨道交通领域相关企业通过各类内外部培训平台和方式，为企业人才提供"量体裁衣"式自主培训，特别是对劳模、首席技师等较为重视，为他们配备专门的场地、实训设备和团队等资源，支持专注地开展培养传承、创新攻关任务。

专栏：广州城市轨道交通培训的"企企联盟"合作模式

广州轨道教育科技股份有限公司（简称"教科公司"），原名为广州城市轨道交通培训学院股份有限公司，成立于 2010 年 11 月，是由广州地铁联合苏州地铁、重庆地铁、宁波地铁、无锡地铁、佛山地铁、南宁地铁和南昌地铁 8 家城市轨道交通企业共同投资设立的国内第一家"企企联盟"合作模式的城市轨道交通专业培训机构，为轨道交通行业提供上岗培训、岗位能力提升培训、行业交流、咨询辅助和线上培训等全价值链人才培养服务，

> 早在2016年就被授予"全国高技能人才培训基地"称号。教科公司是国内城轨行业第一家获批教育部1+X职业技能等级证书第三方评价组织，负责城市轨道交通乘务、站务、变电检修、信号检修共四个1+X职业技能等级证书的运营管理。
>
> 教科公司已累计为46家城市轨道交通企业、140所职业院校、100余家城轨上下游企业等300余家单位提供人才服务，实现已开通运营城轨企业的全覆盖，培训总量累计超过170万人天。

"水积而鱼聚，木茂而鸟集"。广州轨道交通领域部分"链主"或骨干企业通过搭建博士后科研工作站、多层次实验室、院士专家工作站、新型研发机构等各类一流创新平台，对高水平人才团队招引起到重要的作用。广州地铁集团城市轨道交通系统安全与运维保障国家工程实验室（2022年纳入新序列国家工程研究中心）[①]，广州计量检测技术研究院正在筹建的"国家城市轨道交通运输服务产业计量测试中心"，中铁隧道局广东省隧道结构智能监控与维护重点实验室，佳都科技集团建立的2个人工智能研究院、4个国家级研发机构（3个国家级联合实验室、1个国家企业技术中心）、2个省级工程技术中心、2个省级企业技术中心等，这些平台载体不仅为推动广州市轨道交通产业高质量发展奠定了坚实基础，同时为面向全球招才引智搭建了广阔舞台。

（三）人才集聚效应凸显

近年来，广州积极推进轨道交通产业高层次人才队伍建设，通过构建"近悦远来"人才生态，向一批领军人才、创新团队抛出"橄榄枝"，人才链与产业链、创新链深度融合，广州已成为全国轨道交通产业高层次人才高地。2022年，列入广州市及以上高层次人才计划人数[②]达172人，按填报企业数计算，平均每家企业高达96人；享受国务院政府专家人数达48人，如中铁隧道局集团10人、广州地铁集团5人，按填报企业数计算，平均每家企业高达2.4人。同其他行业相比，广州市轨道交通产业高层次人才比重处于一个较高的水平。广州地铁设计研究院自2021年成立院士专家工作站以来，集聚了一支高水平科研团队围绕轨道交通重大技术问题及行业共性关键技术进行攻关。

（四）人才效能持续增强

中高级专业技术人才和高技能人才是轨道交通企业生产经营任务得以顺利达成的精英和骨干，对企业创效盈利等发挥着重要的积极作用。以研发人才为例，同其他产业相比，广州市轨道交通产业骨干企业的研发投入强度和研发人员占比均保持在较高水平，有效地提升企业的科技进步率、技术自给率。根据2021年广州市轨道交通产业链分析报告，全市轨道交通企业研发费用为33.9亿元[③]，研发投入强度（研发费用/营业收入）为1.65%，接近同期全市平均水平（3.12%）的1/2，这与轨道交通行业特点、样本企业构成关系较大。具体而言，研

[①] 2016年获国家发展改革委批复同意组建，是国内轨道交通行业首个国家工程实验室，参与该实验室建设的高级专业技术人员有26名。

[②] 列入广州市及以上高层次人才计划，指通过广州市及以上人力资源部门认定产生的高层次人才，依其业绩与贡献不同，广州市高层次人才可划分为"广州市杰出专家""广州市优秀专家""广州市青年后备人才"三个层次，此外还包括入选"岭南英杰工程"后备人才、"121人才梯队工程"后备人才、"百千万人才工程"等高层次人才计划的人才。

[③] 2021年，广州地铁集团有限公司、佳都科技集团股份有限公司、中铁广州工程局集团有限公司、广州智能装备产业集团有限公司、广东水电二局股份有限公司、广州杰赛科技股份有限公司、广州市机电安装有限公司、广东省第四建筑工程有限公司和广州地铁设计研究院股份有限公司等9家企业共计研发费用19.89亿元，占2021年纳入监测分析的744家轨道交通企业相关研发费用的58.7%。

发投入强度最高的是装备制造领域的高新兴科技集团，高达 13.21%，其研发人员占公司员工总数的比重也达到 32.6%，而研发人员占比最高的同是装备制造领域的佳都科技，高达 37%，每 3 名员工中就有 1 名为研发人员。

表 2 所示为广州市轨道交通产业部分骨干企业研发情况。

表 2 广州市轨道交通产业部分骨干企业研发情况

公司简称	研发投入金额/万元	研发投入强度/%	研发人员/人	研发人员占比/%
佳都科技	30 741.43	4.94	960	37.00
白云电器	11 698.55	3.38	379	12.99
地铁设计	11 167.33	4.51	558	25.02
高新兴	30 809.07	13.21	983	32.60
三雄极光	5 633.17	2.49	257	6.65

企业研发产出在一定程度上能够反映研发人员效能的发挥。据 2021 年产业链分析报告，全市轨道交通企业新增集群发明专利授权量 1 146 项，其中获得 10 个以上专利的企业有 30 家。上述涉及的研发投入较大的企业中，佳都科技持续高比例的研发投入，自研核心产品比例达 50%以上，研发形成"华佳 Mos 地铁智慧大脑"和"IDPS 城市交通大脑"两个交通数字底座和系列数字化产品方案，并在 2022 年申请专利 116 项，获得专利授权 33 项，取得软件著作权 103 项，进一步夯实知识产权壁垒；白云电器在 2022 年共参编行业标准 2 项，新增专利 26 件，其中发明 10 件；高新兴科技集团牵头制定了电子标识 13 项国家标准，相关核心专利数百项；广州地铁设计研究院主编或参编了《地铁设计规范》《城市轨道交通结构安全保护技术规范》《城市轨道交通直线电机牵引系统设计规范》等 30 多项国家和行业技术标准，荣获国家科技进步奖、国家环境工程奖、国家优质工程奖等各级奖项 1 000 多项，专利技术高达 450 多项。此外，广州市轨道交通产业集聚的一批技能大师、工匠人才，除了在承担企业技术技能革新、工艺流程改进、解决重大技术难题外，还在带徒传技方面发挥着显著的示范引领作用。

（五）人才政策不断优化

国家、省、市各级政府和行业组织均高度重视人才对包括轨道交通在内的交通运输事业的支撑作用，出台多项人才支持政策，运用总体规划、政策引导、立法保障、财政支持、行业组织引导等手段，为轨道交通产业人才培养创造了良好的政策环境。

在国家层面，中共中央、国务院印发《交通强国建设纲要》，率先就培育高水平交通科技人才、打造素质优良的交通劳动者大军等作出总体部署。国务院印发《"十四五"现代综合交通运输体系发展规划》，明确提出"大力培养使用战略科学家，造就规模宏大的青年科技人才队伍。加强创新型、应用型、技能型人才培养，壮大高技能人才队伍，培养大批卓越工程师"，并在领军人才发现机制、项目团队遴选机制、科研经费管理改革、人才评价体系等方面提出了有关配套措施。2017 年出台的《国家发展改革委 教育部 人力资源社会保障部关于加强城市轨道交通人才建设的指导意见》，是我国首个城市轨道交通人才建设的专项指导文件。以适应城市轨道交通快速发展和技术进步对人才需求为目标，2021 年中国城市轨道交通协会发布

《城市轨道交通"十四五"人才培养规划》,为行业人才培养工作提供了一个既有战略统筹又有战术设计的指导性文件[①]。与此同时,政府主管部门陆续颁布了《城市轨道交通服务员》《城市轨道交通列车司机》《城市轨道交通信号工》等国家职业技能标准,中国城市轨道交通协会组织编制并发布了信号工等8个工种职业技能标准、培训标准和鉴定标准(团标),为城市轨道交通企业开展职业教育培训和人才技能鉴定评价提供了基本依据。

在地方层面,《广东省综合交通运输体系"十四五"发展规划》提出加强交通运输人才队伍建设,聚焦创新领军人才、经营管理领军人才和工匠大师以及专业人才技能培训、技能型人才培养等方面作出了整体部署。《广州市交通运输"十四五"规划》提出"探索人才驱动的交通发展模式",聚焦培育高水平交通科技人才、打造素质优良的交通劳动者大军(多为技能型人才)等方面提出了更为明确的要求。《广州市推动轨道交通产业发展三年行动计划(2019—2021年)》从引、育两个方面对加大高层次人才引进力度、强化人才培育作出具体部署。《广州市重点产业紧缺人才目录》中的"十一、轨道交通"部分明确了建筑设计岗、结构设计岗等11个紧缺岗位(工种),提高了广州轨道交通人才引进培养工作的针对性和有效性。

表3所示为轨道交通产业人才发展有关政策文件。

表3 轨道交通产业人才发展有关政策文件

层级	政策文件	出台机构	出台时间
国家层面	交通强国建设纲要	中共中央、国务院	2019年9月
	"十四五"现代综合交通运输体系发展规划	国务院	2021年12月
	关于加强城市轨道交通人才建设的指导意见	国家发改委、教育部、人社部	2017年1月
	城市轨道交通"十四五"人才培养规划	中国城市轨道交通协会	2021年10月
省级层面	广东省综合交通运输体系"十四五"发展规划	广东省政府办公厅	2021年9月
市级层面	广州市交通运输"十四五"规划	广州市交通运输局	2021年10月
	广州市推动轨道交通产业发展三年行动计划(2019—2021年)	广州市人民政府办公厅	2019年4月
	广州市重点产业紧缺人才目录(轨道交通)	广州市人社局	2023年1月

二、主要问题与挑战

过去一段时间以来,广州市轨道交通产业人才队伍建设取得了较好成绩,但问题和挑战仍较突出,人才发展仍然滞后于轨道交通产业快速和高质量发展需要,特别是一系列创新技术和高端设备在轨道交通领域广泛应用,使得轨道交通企业对专业技术技能人才的数量和质量提出了更高需求。

---

① 广州地铁集团、广州城市轨道交通培训学院、深圳市地铁集团等广东省内有关单位参与了规划编制工作。

（一）人才紧缺形势更为严峻，人才供需不平衡状况短期内难以发生根本改善

在轨道交通产业的技术人员构成中，具备中高级专业技术职称的员工占比为54.3%，在技能人员中，具备高级工、技师、高级技师资格的员工占比14.6%，可见技术技能人才在行业中的稀缺性，且随着技术技能等级的提升呈现出人数减少趋势。根据有关报告分析，目前国内轨道交通行业企业高技能人才平均年龄约为40岁，比员工整体年龄高出10岁，在某种程度上表明高技能人才培养需要较长周期。

随着轨道交通产业的不断发展和丰富，技术技能人才成为制约行业高质量发展的首要问题，企业对技术技能人才知识更新提出更高要求。轨道交通技术制式多元化，大量新型科技应用城市轨道交通中，出现了许多新型的城市轨道交通车辆及智能化运维模式，迫切需要有大量懂技术、懂管理、懂政策法规的复合型人才。随着新技术、新设备在轨道交通行业的应用越来越广泛，自动化、智能化的轨道交通是未来的发展趋势，不但要求轨道交通企业不断创新管理模式和运营模式，对高层次、复合型人才的需求数量与质量也提出了更高的要求。在传统城市轨道交通向新型轨道交通发展的过程中，也需要能够快速适应新模式的高适应性人才。这几年广州加大城市轨道交通投资建设力度，新线开通时间紧、任务重，企业往往将精力集中放在对新员工和员工换线调配培训上，而企业现有技术技能人才的专业能力往往原地踏步，得不到有效提升。

随着未来广州市轨道交通产业的蓬勃发展，技术技能人才的稀缺性更为凸显，各企业间对人才的竞争也越发激烈。这几年很多大中专院校轨道交通相关专业的毕业生基本供不应求，甚至很多刚考入院校就已经被企业"预订"，占比高、补充量大的低技能员工尚且如此，更不用说高技能人才在人才市场上的稀缺程度，如列车驾驶、车辆检修、车厂车辆调度和管理、列车运行控制等核心工种的高素质技能型人才。据调研，有的企业考虑到人才培养周期长、费用高、过程复杂，难以保证企业短期用人需求，因此采取形式各样的互挖墙脚方式，进而造成企业间的紧张甚至是恶性关系，也导致部分企业离职率偏高。

表4所示为广州市人力资源和社会保障局发布的广州轨道交通紧缺人才目录。

表4 广州轨道交通紧缺人才目录

序号	岗位名称	职业能力要求	学历	工作经验要求	紧缺指数	紧缺等级
1	建筑设计岗	数量掌握建筑设计规范和流程；熟练掌握相关专业设计工作的业务知识，对项目的整体规划及单体设计具有较强的把控能力	本科及以上	四年及以上	6.80	★★★★
2	结构设计岗	熟悉地铁车站、隧道、高速公路路面及桥梁相关结构专业设计；数量操作Solidworks或Proe或CATIA等3D软件、熟练操作CAD 2D绘图软件	本科及以上	三年及以上	6.80	★★★★
3	轨道设计岗	熟悉城市轨道交通线路设计相关标准、规范要求，具有扎实的数学功底，掌握最优化方法并能够熟练运用；具有较强的主动性和解决问题的能力	硕士研究生及以上	三年及以上	4.81	★★★
4	交通规划工程师	具有城市规划、交通运输规划与管理、轨道交通工程等相关工作经验；具有轨道交通线网规划，轨道车站规划设计和轨道沿线综合开发项目经验；具备独立完成项目的能力	本科及以上	三年及以上	4.81	★★★

续表

序号	岗位名称	职业能力要求	学历	工作经验要求	紧缺指数	紧缺等级
5	工程技术岗	具有高级工程师职称/资格；熟悉高速公路新建或改扩建等建设项目工程管理相关要求，对项目施工现场管理有较强把控能力	本科及以上	五年级以上	4.54	★★★
6	电气设计岗	熟悉电缆生产设备；掌握张力控制；熟练运用设计和测试软件；能够独立进行电气控制和监控系统的开发；熟悉电路设计、电机等设备及产品的选型；会编制电气接线图；能独立承担自动化设备电气设计	本科及以上	两年及以上	4.42	★★★
7	给排水设计岗	精通市政给排水、熟悉管网系统；熟悉水文、水动力、水质及管网等相关模型；具有多项海绵城市、黑臭水体整治、河湖生态修复、河道治理、雨水综合利用、排水防涝、湿地规划设计及市政管网设施等项目经验；熟练使用CAD软件	本科及以上	三年及以上	4.36	★★★
8	桥梁设计岗	熟悉图纸设计、三维建模、防撞力模拟计算、成本计算，熟悉Rhino、Sketchup等三维软件；有美学基础、桥梁方案设计经验	本科及以上	两年及以上	4.01	★★★
9	轨道交通检测工程师	熟悉ISA、RAMS、SIL、CURC等认证和评估业务流程，熟悉轨道交通领域检测及认证项目；了解行业情况，对于大客户的开发和维护有丰富的经验	本科及以上	一年及以上	4.01	★★★
10	轨道交通工程师	熟悉交通工程的设计流程、业务流程；对交通行业的管理模式、道路交通等交通信息化有深刻理解；熟悉GPS原理与位置服务（LBS）应用，具备GPS数据处理、车载GPS项目、相关智能交通等经验	本科及以上	三年及以上	4.01	★★★
11	安全管理岗	具有注册安全师资格；熟悉高速公路新建或改扩建等建设项目安全管理相关要求；具有全面把控项目过程中各项安全节点、措施、现场处理等方面能力	本科及以上	五年及以上	4.01	★★★

注：1. 紧缺指数分值区间为0~10分，分值越高，表示该岗位（工种）紧缺程度越高；
2. 根据"岗位紧缺指数"划分为五个等级，用1~5个"★"表示，"★"数量越多，紧缺程度越高。

（二）人才培养与产业需求存在一定程度脱节，院校人才培养能力亟须进一步提升

在大中专院校中，据广州市内调研了解，这些学校具备理论教学和实践教学能力的"双师型"教师和教学团队短缺，校企人员双向流动渠道尚待建设完善，双师结构需要进一步改善，教育实践环节薄弱，学生实操能力较弱，与行业企业实际需求脱节，培养出的人才和实际岗位的适配度较低。此外，近几年学校大量开设运营管理、交通工程等专业，招生规模和就业人数不断扩张，而随着远郊与市域线路增加、智能化与社会化（外包）发展、岗位融合与集约化用人，运营企业相关岗位，尤其是站务、列车司机等需求的缩减，导致了有关专业毕业生出现结构性过剩现象。

在普通高等院校中，目前广东省内没有一所以"交通大学"命名的大学，广州交通大学是在原来的广州航海学院基础上筹建的，尚未正式挂牌，也不具备条件设置轨道交通有关专业。目前广州市内的大学对轨道交通产学研合作的支撑相对有限。通过分析国内轨道交通领

域创新活跃的科研团队情况，北京市和成都市在轨道交通领域涉及产学研合作申请的专利数量较多，北京市主要依托的院校为北京交通大学，成都市主要依托的院校为西南交通大学，国内创新活跃的轨道交通科研团队所在高校还包括西南交通大学、同济大学、北京工业大学等。如北京交通大学拥有轨道交通控制与安全国家重点实验室，对外合作领域主要包括通信系统、信号与控制系统、工务工程和供电系统等；西南交通大学建有牵引动力国家重点实验室等国家级实验室，轨道交通领域获得的国家科技奖励总数居全国高校、科研院所和行业企业第一。

表 5 所示为全国交通运输职业教育教学指导委员会发布的城市轨道交通专业群主要岗位的典型职业活动和职业能力要求。

表 5 城市轨道交通专业群主要岗位的典型职业活动和职业能力要求

岗位群	职业岗位	典型职业活动变化	典型职业能力
运营管理岗位群	站务员	1. 扫描微信、支付宝等进站	1. 新支付方式的应用能力 2. 新购票设备故障应急处理能力
		2. 站台接发车	全自动驾驶模式下的接发车能力
		3. 人脸识别	人脸识别设备应用及故障处理能力
	车站值班员	1. 全自动驾驶接发列车	1. 全自动驾驶的接发车能力 2. 故障应急处理能力
		2. 与全自动驾驶的联动	与全自动驾驶的联动能力
车辆技术岗位群	全自动驾驶技术的电客车司机	1. 全自动驾驶作业的监控	自动驾驶作业的监控能力
		2. 全自动驾驶与人工驾驶的切换	全自动驾驶与人工驾驶的转换能力
		3. 自动驾驶作业情况下的故障处理	自动驾驶作业情况下的故障分析与处理能力
	车辆检修专业	1. 全自动驾驶车辆的维护	全自动驾驶车辆的维护能力
		2. 全自动驾驶车辆的故障分析与处理	全自动驾驶车辆的故障分析与处理能力
通信信号岗位群	通信检修工	1. 对高架段的监控	无人机数据分析能力
		2. 5G 技术对信号和通信设备带来新的技术和影响	5G 新技术和新设备应用能力
		3. AI/VR 的应用对设备操作、应急演练的影响	AI/VR 新技术和新设备应用能力
		4. 模拟实训设备的全面应用	新技术和新设备应用能力
	信号检修工	1. 全自动驾驶系统信号传输设备应用	新设备的应用和维护能力
		2. 故障分析与处理	故障分析与处理能力
		3. 大数据新技术的应用	常规维护能力
供电岗位群	供电检修工	1. 供电检修工与电客车司机合作分析与处理故障	馈线发生短路故障判断处理能力
		2. 刚性接触网的普及	接触网的维护与故障处理能力
		3. 自动接地和触网监察带来的影响	故障处理能力
		4. 大数据新技术的应用	1. 常规设备维护能力 2. 常规设备故障处理能力

续表

岗位群	职业岗位	典型职业活动变化	典型职业能力
综合机电岗位群	机电检修工	1. 机电设备监控系统的集成程度	集成监控系统的理解能力
		2. 机电设备的自动化报警	监视系统提示下的故障处理能力
		3. 大数据新技术应用	1. 常规设备维护能力 2. 常规设备故障处理能力
线路工程岗位群	线路检修工	1. 大型轨检车	1. 大型轨检车的操作能力 2. 大型轨检车的维护检修能力
		2. 大数据新技术的应用	病害分析能力
		3. 常规巡视和手工检查	常规巡视能力

(三)人才知识储备相对不足,培训资源亟须补足、方式方法亟待提优

广州城市轨道交通发展初期,由于设备国产化程度不高,企业层面尚未掌握设备核心技术,一线设备维保多以周期检查和直接更换为主,故对技能人才和技术攻关人才的要求不高。随着新一轮科技革命和产业变革的快速推进,站在新经济周期、新技术周期、新产业周期"三期叠加"的新起点上,新技术、新设备、智慧化、智能化在轨道交通产业应用越来越广泛,智慧城轨产业处在爆发前夜,围绕着"人工智能+交通数据要素"的城市轨道交通新基建建设方兴未艾,将极大地促进越来越多的数智化创新场景广泛落地,未来诸多传统技能都面临着被数字化、替代化、量化的风险,亟须培养具备终身学习能力、适应科技革命和产业变革需要的轨道领域技术技能人才。

从岗位变化看,新技术和新设备会直接带来新岗位和原有岗位的复合,在全自动线路情况下,形成了多职能岗位,包括站控、列控、巡站等岗位,其职能是列车司机、车站值班员、站务员、车站机电设备维修工及信号、供电、车辆等工作内容的重新划分组合,这对于技能员工的工作技术能力要求更高,工作内容更复杂。尤其是近几年在绿色环保、国产化技改、智慧运维、控本增效等新的要求下,设备迭代速度明显加快,且不断向维保智慧化、无人化方向转型,但企业人才知识更新、复合能力培养等方面并没有得到及时的跟进。据有关机构估算,目前国内轨道交通企业满足数字化技能条件的员工仅占30%。据调研,目前轨道领域有关企业为提升内部人才的适应性适配性,更多是从经营方式、管理架构、业务模式等方面进行宏观考虑,往往忽略了就特定的工种、岗位技能优化而制定出专项定制课程和操作指引,不足以支撑企业人才综合能力的进一步提升。

人才培养支撑条件与资源建设仍然不足。据统计,目前广州市轨道交通产业企业采取校企合作定向或委托培育人数共751人,按填报企业数量计算,平均每家企业25人,这一数值要低于2021年的42.3人、2020年的72人、2019年的61人。目前行业仍存在工种岗位分类及定义不统一、在职人员培训认证体系尚存在缺位、标准规范和管理制度尚待完善的现状。企业专职培训师数量较少,教学能力水平有待提升,员工培训尚需统筹规划,参与率有待进一步提高。行业人才培养统一标准的制定尚不完善,应用范围滞后。根据《城市轨道交通人才培养计划(2016—2020年)中期评估报告》和《城市轨道交通"十四五"人才培养规划》,拟定17个城市轨道行业特有工种中目前仅发布了8个工种岗位的团体职业技能标准,且应用范围较窄,未在行业内形成广泛影响,还有9个工种岗位需要开发制定岗位职业技能标准、培训标准和鉴定标准。

（四）人才发展体制机制障碍仍较突出，人才政策的力度、精准度和实效性亟待增强

整体上看，广州轨道交通人才发展体制机制改革"破"得不够、"立"得也不够，既有广州特色又有国际竞争比较优势的人才发展体制机制还没真正建立，同广州轨道交通事业新形势新任务相比还有很多不适应的地方。2008年1月1日施行的《广州市城市轨道交通管理条例》，乃至2023年3月对外公开的《广州市城市轨道交通管理条例（修订草案征求意见稿）》，均未体现轨道交通人才培养或人才引进的内容，当然这也是每个城市轨道交通条例的通病。

目前中国城市轨道交通协会发布的轨道交通人才"十四五"培养规划更多体现的是行业组织的引导性功能，而政府主管部门编制的交通运输五年规划所涉及的人才培养与引进，为综合性表述，对轨道交通产业人才政策精准化程度不高。问卷调查结果显示，67.6%的轨道交通企业认为广州市在轨道交通产业人才培养引进政策方面应该重点做好的是"出台更大力度的优扶政策"，42.2%的企业认为要"制定对轨道交通产业更有针对性的新政策"，36.6%的企业认为要"调整和完善现有政策"。人才发展体制机制改革"最后一公里"不畅通的问题亟待解决。

人才激励机制亟待健全，技术技能人才职业发展通道设计、薪酬分配制度设计以及领军人才薪酬待遇制度设计等尚需跟上行业发展。在国有企业的技术、技能、管理三类岗位中，受发展前景欠明晰等因素的影响，"技而优"则想"做官"的思想较为明显，不少技术技能人才认为做管理人员更体面，导致一些人才转岗甚至宁愿降薪也要转聘至管理岗位，目前这一现象短期内很难得到根本改变和消解。在轨道交通企业内部的劳模、首席技师等的光环下，高技能员工很难展现出自身亮点，企业自身的"惰性"也间接导致"赢者通吃"效应的出现，不愿花精力挖掘、培育新的明星员工，人才激励性有待进一步提升。

三、对策建议

将人才视为广州市轨道交通产业发展的根本，坚持目标导向与问题导向相统一，深入推进轨道交通产业人才供给侧结构性改革，发挥好企业、学校、政府和产业促进服务平台协同联动的合力，努力打造适配广州市轨道交通产业高质量发展、数量充足、结构合理、专业高效、能力全面的人才队伍，确保人才引进来、干得好、留得住、有前途，助力轨道交通产业打造成为广州支柱产业，广州作为国内轨道交通规划设计服务、核心装备制造和系统集成以及衍生增值服务产业集聚地的影响力得到进一步提升。

（一）持续发力，坚定不移推动轨道交通产业做大做强

人才依产而聚，产业因才而兴。要加快做大做强广州市轨道交通产业，以产业聚集人才，持续增强广州轨道交通人才"磁场"的吸引力。坚持培育与引进相结合，推动产业加快发展。在机电装备、通信信号等领域，依托龙头企业，抓好产业园区规划建设，加快形成产业集群效应。在车辆装备领域，强化整车生产企业的带动作用，推动形成整车配套产业集群。在土建施工领域，着力打造总部经济集群，积极推动轨道交通高端咨询服务业以及衍生增值服务业形成规模效应。

轨道交通企业是广州市轨道交通产业链的微观主体。按照广州市有关部署，全市计划培育1家在国内外轨道交通以及综合交通枢纽领域具有较强投融资、先进建设运营管理经验的国有龙头企业，1家具备在国内外市场投标及总承包资质的骨干企业，2家具有自主研发生产能力的车辆和关键总成骨干企业，1家具有全价值链信号系统解决方案提供能力的骨干企业，1支具有行业影响力的产业发展基金。在产业配套方面，培育和引进2～3家具有总承包能力

和技术资质的大型施工企业、2~3家在车辆信号及通信领域具有关键技术的骨干企业，机电设备与信息服务等优势产业集群效应显现，规划设计咨询、检验检测以及认证评估、教育培训等现代服务业链条进一步完善。

（二）纵横结合，不断拓展优化人才拓展路径

用人主体要把人才提升到第一资源乃至唯一资源的认识高度，识才、爱才、敬才、用才，编制企业人才建设体系，量化人才建设各项目标，提升人才素质水平。推动建立纵向晋升、横向互通的技术技能人才拓展路径。

在纵向晋升方面，要提高中高专业技术人才、高技能人才的岗位比例，如按照中高专业技术人才占技术人才比例的50%（目前为43.6%）、高技能人才占技能人才比例的30%（目前为20.8%），设置人才引进和培养的目标，留有留足人才纵向流动的空间。聚焦在技能大赛、科技创新以及培训师队伍中涌现出来的拔尖技能人才，分层次建立技能大师工作室。落实好"新八级工"职业技能等级序列，有条件的企业可通过设立特级技师、首席技师技术职务（岗位），将技能技术水平特别优秀、问题解决能力特别突出、创新意识特别强的顶尖人才安排到相应岗位，让他们更好地发挥作用。

在横向互通方面，可通过内部选拔和管理岗位晋升程序转岗至相应的技术类、职能类或管理类岗位。具体来讲，一是建立技术技能人才双轨评价，做好高技能人才与专业技术人才职业发展的双向贯通，支持鼓励高技能人才积极参与技术管理工作。为高技能人才打通专业工程师发展通道，选拔优秀的高技能人才到工程师队伍，发挥他们在科研和技术攻关中的创新作用。二是为有团队管理潜质的高水平技术技能人才提供转任管理类岗位的补充路径，但要控制好这一补充路径的管理岗数量和占比。

（三）聚集资源，协同多方力量全面培养人才

发挥多方协同效应，推动建立校企合作、企企协同、企内提升的人才全面培养体系。

一是加强校企合作。在校培养是技术技能人才成长的第一步，推动学校和企业成为技术技能人才培养的"双主体"。积极推动组建广州市交通类本科院校，优化现有职业院校学科专业设置，培育本地轨道交通专业技术人才队伍。重点通过"企中校"和"校中企"两条路径，搭建校企合作新平台。要打造校企命运共同体，可由广州市轨道交通产业联盟牵头遴选一批企业，通过联合办学、委托培养、订单班培养等校企合作方式来"按需定教"，如城轨企业可以派出管理或专业技术人员参与各大中专院校专业指导委员会，对教学计划和课程体系进行重新分解与组合，从师资、教材、实习安排等方面进行全面参与和管理。校企合作的另一个重点是推行"岗位+培养"学徒就业新形式，构建以岗位标准为引领、院校人才培养为基础、技能人才评价为纽带的"产教评"技能生态链[①]。

二是加强企企合作。广州在这一方面已有较多积累，要进一步发挥教科公司（原广州城市轨道交通培训学院）的作用。粤港澳大湾区开通地铁的还有香港、深圳、佛山、东莞，如可联合香港铁路工会联合会、香港工会联合会职业再训练中心等筹建人才培养与技术交流中心。同时要继续加强广州企业与上海、北京、重庆、成都等地轨道交通企业的对接协作，将我国现有成熟城轨企业中的各类资源有效整合、充分利用，发挥最大作用。

---

① 2023年8月，广东省人力资源和社会保障厅、广东省财政厅联合印发《广东省职业技能培训补贴管理办法》，明确企业新型学徒制培训按照每人每年5 000~8 500元标准予以补贴。同时，为精准匹配人才培养和产业需求，省人力资源和社会保障厅还开展了"产教评"技能生态链建设对接活动，第一批"岗位+培养"学徒计划将提供10.3万个学徒岗位。

三是发挥好企内力量。除广州地铁集团外，其他条件成熟的企业，要积极推动设立自己的培训学校或培训中心，专门负责人才培训的组织管理工作，有针对性地培养人才，并实现"教学相长"、企业人才自生的良性循环，建立企业自己的人才"蓄水池"。分层级推动建立一支知识结构合理、工作经验丰富、培训技能娴熟的初、中、高级内训师队伍。

（四）积极进取，加快推动创新人才队伍建设

广州市轨道交通产业涵盖多个产业链环节，涉及多个学科，在智能数据采集设备、高精尖传感器等"卡脖子"风险较高的领域，要立足推动轨道交通产业的原始性创新、颠覆性创新来谋划对创新人才的培养，协同培养创新型科技工程师等专业技术人才。

一是搭建一流平台引人才。根据广州市有关工作安排，要坚持创新驱动，增强高校、新型研发机构、国家工程实验室在创新中的带动作用，联合有实力的轨道交通企业打造创新平台。为此，加强与国内外知名轨道交通院校以及科研机构的合作，引进一批轨道交通关键技术领域人才和团队。加强高层次人才、技术高管及科技企业家等人才的培养和引进力度，并加快在先进技术领域组建跨学科、跨领域的新型研发机构、协作创新平台，包括国家重点实验室、国家产业创新中心（国家发展改革委主管）、国家技术创新中心（科技部主管）、国家制造业创新中心（工业和信息化部主管），汇聚国际一流高端人才和智力资源。探索推行技术经理人制度，打破不同部门之间的科技成果、技术等创新要素的壁垒，有效推动科技成果的转化应用。

二是发挥市场优势引人才。利用以广州、深圳为核心的珠三角城市轨道交通市场优势，鼓励支持在穗进行科研和创新成果转化，用好产业领军人才政策，择优对高端人才团队给予资助补贴。为更好对接广州与全球一流人才，积极推介广州市轨道交通产业，并加强对轨道交通全球人才链、高科技项目、初创企业的信息以及与人才相关的资本流向、技术趋势等情况的跟踪分析，编制轨道交通产业的全球高端创新人才图谱。

（五）改革探索，完善人才评价激励机制

人才是企业价值创造的力量源泉，价值分配应当把人才放在首位。要进一步完善人才评价激励机制，全力创造价值、科学评价价值、合理分配价值，充分调动人才的积极性和创造性。

在人才评价方面，完善以市场为导向、以任职资格为基础、以业绩评价为依据的技术技能人才岗位评价制度，坚持评聘分离，在固定周期内按照岗位"能上能下"要求组织评价和考核，让技术技能人才充分匹配"高岗高配"，实现人才价值最大化。要建立起对企业有较大促进作用且对个人富有激励效果的 KPI 指标和结果应用体系，如对攻关"卡脖子"技术、解决重大工艺技术难题和重大质量问题、技术创新成果获得省部级以上奖项业绩的高水平技术技能人才，可给予破格晋升的机会，为年轻、能力强的人才打造展示才华的舞台。

在人才激励方面，问卷调查结果显示，轨道交通企业认为能够有效稳定人才队伍的主要手段是：定期绩效奖励（占比 64%）、员工福利（占比 57.7%）、公司发展前景（占比 47%）。企业要建立起有效调动人才积极性的激励方式，完善技术技能要素参与分配的方式，根据专业技术等级、技能水平设置合理的"宽带"薪酬区间，适当拉开薪酬差距，实现"多劳多得、技高者多得"，牵引人才发展。探索研究对高水平技术技能人才的多样激励方式，如支持业绩突出、政治素质过硬的高水平技术技能人才挂职干部岗位；企业内部设立专项的、表彰技术技能人才的奖项，并对其优秀事迹予以大力宣扬，引导高水平技术技能人才在岗位上建功立业，成为企业标杆；积极推荐符合条件的技术技能人才参加五一劳动奖章、青年五四奖章、

三八红旗手等荣誉评选，增强高水平技术技能人才的成就感和获得感。

（六）统筹协调，更好发挥政府职能作用

轨道交通产业被列为广州市八大新兴产业之一，无论是轨道交通产业的发展，还是轨道交通产业人才队伍的建设，城市政府都要发挥出宏观指导作用，结合轨道交通建设方面的规划，从宏观上形成相关人才队伍建设的目标和任务。组织、人社、发改等部门要形成合力，打通育才、引才、成才各环节政策壁垒，推动轨道交通人才培养、引进、发展的系统集成，建立起轨道交通人才全生命周期的政策支持体系。

目前关于轨道交通产业的人才政策基本为空白，要着力推动人才政策由"大水漫灌"向精准施策转变。聚焦广州市轨道交通产业急需紧缺的中高级专业技术人才、高技能人才，动态跟踪、定期调整广州市重点产业紧缺人才目录（轨道交通），并出台与《目录》配套衔接的人才专项计划和专项政策，实现"一业一策"。广州市有关部门、各区要抓紧细化相关措施，集中解决制约轨道交通产业人才培养的突出问题，在住房、医疗、子女就学等方面向紧缺人才适当倾斜，营造人才汇聚、落地生根的良好政策环境。

（七）牵线搭桥，切实发挥好产业联盟平台作用

广州市轨道交通产业联盟作为广州市政府"链长制"工作机制下的轨道交通产业链促进和服务平台，要加强对产业联盟的指导，支持其建设成为产业协同发展的实体平台。更好发挥联盟人力资源开发利用分会的人才培养协作平台作用，结合行业生产、技术发展趋势，做好技术技能人才供需预测和培养规划，定期开展高水平技术技能人才跟踪研究与评估，根据产业发展、企业需求情况，制订年度轨道交通产业人才培养指南。问卷调查结果显示，关于目前广州市有关招才引智的各项人才政策了解程度，47.2%的轨道交通企业为"一般了解"，24.9%的企业为"熟悉"，20.4%的企业为"不太清楚"，只有5.5%的企业为"非常熟悉"。建议依托产业联盟，构建全市统一的轨道交通产业人才政策发布平台，定期搜集、动态更新国家和地方各层级的轨道交通人才政策。

支持产业联盟参与行业职业标准规范制定，组织开展技术技能水平评价工作，通过行业自律保证评价的权威性和社会认可度。支持产业联盟组织"三标"和统编教材的开发，联合各相关单位、企业共同开发精品课程；协助会员单位申报"1+X"证书培训评价组织，推动"1+X"证书制度在轨道交通行业落地。支持产业联盟组织开展区域性乃至全国性的职业技能竞赛活动，促进人才技术技能交流，提升示范效应。产业联盟要"牵线搭桥"，增进企业和学校的沟通衔接，指导职业院校相关专业设置与广州市轨道交通产业人才需求结构、区域发展相适应，科学调整专业结构和招生数量，实现供需平衡，缩小院校教学和企业需求的差距。此外，在优化提升人才招聘会、人才职业教育培训、职称评审等服务的基础上，创新人才服务内容和方式，把政府不一定亲自做、营业性企业不愿做的人才服务承担起来，擦亮轨道交通人才服务的"广州品牌"。

》》》执笔：张浩良

二、领域篇

广州市轨道交通产业规划设计人力资源发展报告

广州市轨道交通产业联盟

城市轨道交通规划设计是根据轨道交通设计任务书提出的交通路线或按照城市规划所拟定的城市道路路线，进行查勘与测量，取得必要的勘测设计资料，以便按照规定编制设计文件，包括规划咨询、勘察设计等。规划设计在城市轨道交通建设中处于非常关键的位置，是整个轨道交通建设和运营的基础和保证，对城市发展有极强的引导作用，直接影响着城市的基本布局和功能定位。科学、合理、先进的规划设计，有利于提升轨道交通的商业价值、运营效益和城市品质。推动广州市轨道交通产业规划设计领域人力资源的高质量发展，对于广州市轨道交通产业规划设计领域乃至整个产业的发展都具有非常重要的意义。本报告在 2022 年广州市轨道交通产业联盟有关广州市轨道交通产业人力资源统计调查和问卷调查结果开发的基础上，结合典型企业访谈和专家访谈，剖析广州市轨道交通规划设计领域人力资源发展的现状，展望该领域人力资源发展趋势，进而提出相应的人力资源发展策略，以期为规划设计领域相关企业的人力资源发展和管理提供参考。

一、广州市轨道交通产业规划设计及其人力资源概述

（一）规划设计领域总体情况

规划设计处于城市轨道交通产业链的前端，是一项涉及城市规划、交通工程、建筑工程以及社会经济等多种学科理论的系统工程，专业性强，安全性要求极高，是典型的知识和技术密集型行业。因而，城市轨道交通项目的规划设计招标对设计单位资质的要求都很高，通常要求具备综合甲级或专业甲级资质，且具备一定的项目业绩，这也导致了规划设计人员的培养周期较长（根据经验，培养一名设计人员往往需要 5 年左右的时间）。正是因为这个行业的资质、技术、人才和项目经验门槛较高，具有高等级资质尤其是拥有多项专业甲级资质的综合型设计企业在市场竞争中占有较大优势，行业内企业呈现"金字塔式"竞争格局，过去六年头部 7 家企业轨交设计中标数量占比约 89%。此外，城市轨道交通建设周期较长，设计接口多，为了便于管理，从项目一开始，建设单位就要求设计院在当地成立设计项目部，并要求项目负责人及各专业负责人常驻现场向工程施工单位解释设计意图，在施工过程中给予设计配合和指导工作，提供从投资决策到建设实施及运营维护全过程、专业化的技术服务，这使得规划设计服务贯穿整个轨道交通建设期。

在城市轨道交通产业的规划设计领域，国内领军企业/院所主要有铁一院、铁二院、中国铁设、铁四院、铁六院、北京城建院、成都西交设计院和广州地铁设计院等。城市轨道交通规划设计领域是广州传统优势领域，其中广州地铁设计院在广州城轨领域占有率第一，是广州规划设计环节城市轨道设计领域分链主，在城市轨道勘察设计方面已从地方设计院走向全国，开拓了多个地方市场。此外，广州本地也集聚了一批规划设计配套企业，其中规划环节

主要有市城规院、市城规公司、市交研院等企业/院所，勘察设计环节则主要有市城规院、省建筑院、华阳国际、省城规院、省物探院、省有色勘察院、中水珠江勘测、广州地质勘察、市政设计总院、省地质勘察院、广东南海院、珠江水利等企业/院所。其中，广东省建筑设计研究院、广州市交通规划研究院与广州市规划院等设计院在轨道线网规划、枢纽与 TOD 规划设计方面具备全国布局的实力。城市轨道交通规划设计领域重点企业如表 1 所示。

表 1　城市轨道交通规划设计领域重点企业

地位		核心企业
国内领军企业/院所		铁一院、铁二院、中国铁设、铁四院、铁六院、北京城建院、成都西交设计院和广州地铁设计院
广州总承包企业/院所		广州地铁设计院
广州本地核心配套企业	规划	市城规院、市城规公司、市交研院
	勘察设计	市城规院、省建筑院、华阳国际、省城规院、省物探院、省有色勘察院、中水珠江勘测、广州地质勘察、市政设计总院、省地质勘察院、广东南海院、珠江水利

（二）规划设计领域人力资源主要特点

1. 规划设计领域职位体系构成

一般来说，轨道交通规划设计领域相关企业只有非常少的工勤技能岗位人员，大多采取外包形式，因而典型的职位体系大多分成管理序列、技术序列和项目管理序列，这三个序列都有自己的职业晋升通道，而且这几个序列的晋升通道已经打通。其中管理序列包括行政管理、技术管理和生产管理三个子序列，如总经理（副总经理、总建筑师、总工程师、总规划师）、职能部门部长（专业院总建筑师和总工程师等、专业院院长）、职能部门副部长（专业院副总建筑师和总工程师等、副院长、院长助理）、主管、干事和文员等职级。技术序列主要包括首席设计师、资深设计师（主任勘测师、主任工程师）、高级设计师（高级勘测师、高级工程师）、中级设计师（中级勘测师、中级工程师）、助理设计师（助理勘测师、助理工程师）等职级。项目管理序列则主要包括一、二、三级项目经理。轨道交通规划设计企业典型职位体系如表 2 所示。

表 2　轨道交通规划设计企业典型职位体系

职级	管理序列			技术序列	项目管理序列
	行政管理	技术管理	生产管理		
1	总经理、副总经理、总监、总经理助理	总建筑师、总规划师、总工程师		首席设计师	
2	职能部门部长	专业院总建筑师（总工程师等）	专业院院长		一级项目经理
3	职能部门副部长	专业院副总建筑师（总工程师等）	副院长、院长助理	资深设计师	
4	职能部门部长助理、专业院综合部正副主任	所总师、所副总师	生产所所长、副所长、所长助理	高级设计师	二级项目经理

续表

职级	管理序列			技术序列	项目管理序列
	行政管理	技术管理	生产管理		
5	职能部门室主任、职能部门业务主管	主任建筑师、主任规划师、主任工程师等	与生产经营相关的岗位人员	中级设计师	三级项目经理
6	专业院综合部干事、职能部门干事			初级设计师	
7	统计员、文员、工勤辅助人员			助理设计师	

2. 规划设计领域人力资源的特点

（1）技术人员占主体。在轨道交通规划设计领域中，为了适应市场需求，提高企业灵活性和效益，一些企业采取劳动法框架内日趋多样灵活的用工形式，如劳务派遣用工、退休返聘、零散用工等。这样，企业人力资源除了 20%～30%的职能管理人员和工勤辅助人员外，其余的各层级管理人员和技术人员都是专业技术人才，或由技术向技术管理和职能管理转变而来。在广州轨道交通规划设计领域的相关企业中，规划设计方面的职位以技术序列为主，占到人力资源总数的 80%以上。

（2）技术易随着人员的流失而流失。轨道交通规划设计属于知识和技术密集型行业，知识、技术、经验几乎完全由员工本人控制，能发挥多大的作用在很大程度上由员工本人意愿和受激励的程度而定。在规划设计人员垄断相关技术的情况下，技术依存于员工本人，员工流动则技术随之流动。

（3）人力资源的价值观日益多元化。目前 80 后、90 后已经成为广州轨道交通规划设计领域相关企业的重要人力资源主体。这些新生代员工的自我意识更加强烈，倾向于拥有自主的工作环境，强调自我引导、自我控制、自我发展，更倾向于接受平等和说服性的沟通方式。面对生产压力，一些新生代的规划设计人员宁愿不要奖金也不愿意加班、加点工作，甚至在一些企业还会出现"批评不脸红、表扬不激动、罚款不心痛"的"橡皮人"。

（4）人力资源的需求更倾向于职业发展机会。目前轨道交通规划设计领域的新生代员工大多是独生子女，家庭物质条件较好，对工作的理解不同，认为工作是其发挥个性的舞台、促进未来发展的平台。他们追求来自工作本身的满足感，忠诚感更多是针对自己的专业而不是企业，对职业感觉和发展前景有着强烈追求。这就需要企业合理设置专业技术人员的职业发展通道，为规划设计人员创造良好的晋升成长平台。

（5）人力资源注重专业技能的持续提高。专业技能是规划设计人员最宝贵的资本，随时面临知识价值贬值的风险，为了持续保持在技术上的领先水平，规划设计人员必须不断学习，以保持人力资本价值。

二、广州市轨道交通产业规划设计人力资源发展状况分析

（一）人力资源总体情况

广州轨道交通规划设计领域人力资源规模保持稳定增长态势，呈现出年轻化、高学历化的特征，技术人员已经占到总体的 80%以上，人力资源发展平台已初具雏形，高层次人才增长较快。但技能人员以初级工和中级工为主，技能人员的整体素质有待提升，技术人员和技

能人员的流失率偏高，员工培训强度偏低，人力资源的效能有待进一步激发。

（二）人力资源发展现状分析

1. 人力资源规模稳步增长，技术人员占主体

近些年来，随着广州轨道交通建设规模的不断扩大，其对轨道交通规划设计的需求也在不断增加，而且很多轨道交通规划设计领域的企业也在积极向集规划、咨询、设计、工程总承包、项目全过程管理的大型综合性工程公司方向转型，这些都推动了广州市轨道交通产业规划设计领域相关企业的人力资源保持稳定增长态势。在纳统的12家轨道交通规划设计企业中，2022年受广州疫情大暴发影响，年末在岗员工数为5 311人，比2021年末少了8人，但较2020年末增加了343人，年均增长3.39%。2019—2022年末广州轨道交通规划设计领域人力资源规模如图1所示。

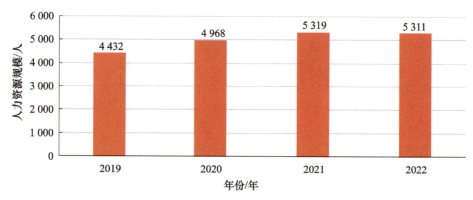

图1　2019—2022年末广州轨道交通规划设计领域人力资源规模

轨道交通规划设计的专业特性决定了其人力资源发展格局以设计人员为主、管理人员为辅。目前，技术人员已成为广州轨道交通规划设计领域最大的群体，2020—2022年技术人员占人力资源的比重均保持在80%以上，至2022年达到81.49%。据问卷调查反馈，在2023年计划招聘的人员中，技术人员占到了86.51%，也从侧面反映了技术人员在轨道交通规划设计领域的主体地位。2020—2022年广州轨道交通规划设计领域人力资源岗位结构如表3所示。

表3　2020—2022年广州轨道交通规划设计领域人力资源岗位结构

指标	2020年		2021年		2022年	
	人数/人	占比/%	人数/人	占比/%	人数/人	占比/%
在岗员工	4 968	—	5 319	—	5 311	—
其中：管理人员	581	11.69	607	11.41	631	11.88
技术人员	4 065	81.82	4 304	80.92	4 328	81.49

2. 人力资源年轻化、高学历化特征明显

随着广州市轨道交通产业的快速发展和规划设计领域薪酬的不断提升，轨道交通规划设计领域吸纳了大量的年轻人力资源，人力资源年轻化特征明显。2022年，40岁以下员工占到了近75%，51岁以上的员工占比不足8%。由于年轻员工相对而言比较容易学习新知识和接

纳新事物,他们的整体素质水平得到提升的机会和空间都相对比较大,这为轨道交通规划设计业务的发展注入了活力,有利于提高规划设计人力资源群体的创造性。2022年末广州轨道交通规划设计领域人力资源年龄构成如图2所示。

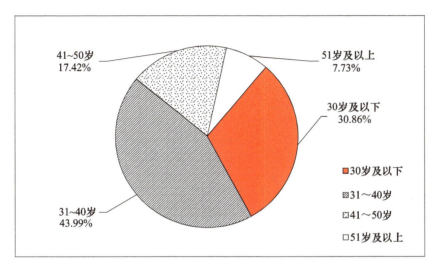

图2 2022年末广州轨道交通规划设计领域人力资源年龄构成

同时,由于规划设计领域的业务特性及可观的收入,该领域也吸引了大量高学历人力资源的加入。2020—2022年广州轨道交通规划设计领域本科及以上人力资源占比均保持在85%以上,呈不断上升的态势,至2022年本科及以上人力资源占到了88.80%;其中硕士及以上人力资源占比保持在35%以上且保持上升态势,至2022年,硕士及以上人力资源占到了40.38%。人力资源学历相对较高,接受过较高的教育,有较好的规划设计基础,在未来工作中的潜力巨大,为广州轨道交通规划设计领域的高质量发展打下了坚实的人力资源基础。2020—2022年广州轨道交通规划设计领域人力资源学历构成如表4所示。

表4 2020—2022年广州轨道交通规划设计领域人力资源学历构成

	2020年		2021年		2022年	
	人数/人	占比/%	人数/人	占比/%	人数/人	占比/%
本科及以上	4 257	86.56	4 582	87.58	4 695	88.80
其中:硕士及以上	1 760	35.79	1 951	37.29	2 135	40.38
本科	2 497	50.77	2 631	50.29	2 560	48.42
大专	526	10.70	521	9.96	475	8.98
中专及以下	135	2.75	129	2.47	117	2.21

3. 人力资源发展平台初具规模、高层次人才缓慢增长

人力资源发展平台建设是人力资源开发的有效途径。近年来,广州市轨道交通规划设计企业不断拓展人力资源发展平台建设,已初显成效。2022年,广州轨道交通规划设计领域12家纳统企业已经与多所院校建立了校企合作关系,校企合作定向或委托培育人数达3人;此外，广州轨道交通规划设计企业还积极争取职业技能鉴定资格，搭建员工价值认可平台，2022年12家纳统企业具备职业技能鉴定资格的岗位工种合计有15个，其中高级3个、中级4个、初级8个。

与此同时，这些企业具有高级专业技术职称和中级专业技术职称的人力资源数量和占比均呈现缓慢增长态势，其中高级专业技术职称人员由2020年的1 086人增长到2022年的1 352人，占总员工的比重由2020年的21.86%增长到2022年的25.46%。此外，这些企业还拥有6名享受国务院政府特殊津贴专家和29名广州市及以上高层次人才计划的高层次人才。2020—2022年广州轨道交通规划设计领域技术人员职称构成如表5所示。

表5　2020—2022年广州轨道交通规划设计领域技术人员职称构成

年份/年	总员工/人	高级专业技术职称		中级专业技术职称	
		人数/人	占比/%	人数/人	占比/%
2020	4 968	1 086	21.86	1 557	31.34
2021	5 319	1 152	21.66	1 621	30.48
2022	5 311	1 352	25.46	1 675	31.54

4. 员工培训重视不够，技能人员整体素质有待提升

目前，部分广州轨道交通规划设计企业对人力资源管理的重视程度不够，对内部人力资源培养特别是员工培训的投入不足，对人力资源整体素质的提升产生了不利影响。问卷调查显示，有29.4%的企业没有单独设置人力资源管理部门，轨道交通企业的人力资源管理人员中，有4.5%的兼职人力资源管理人员。在纳统的12家轨道交通规划设计企业中，2022年员工教育经费实际支出额为772 279元，人均教育经费支出额仅为145元，低于疫情之前2019年的242元，这说明轨道交通规划设计相关企业对员工培训非常不重视，严重影响到员工的能力提升。此外，2022年人均培训时长也只有40个小时左右，时长严重不足，这进一步说明员工接受培训的强度不够，也从侧面说明企业对员工培训的重视程度有待提升。调查结果显示，员工培训工作也存在一系列的问题影响到人力资源培养效果，分别有35.29%、23.53%和64.71%的企业认为开展的培训数量不够，培训没有针对性、对提升工作能力帮助不大，缺乏对培训效果的评价及跟踪。2020—2022年广州轨道交通规划设计领域人力资源教育培训情况如表6所示。广州轨道交通规划设计领域员工培训工作中存在的问题如图3所示。

表6　2020—2022年广州轨道交通规划设计领域人力资源教育培训情况

年份/年	年末在岗职工/人	教育经费实际支出额/元	教育经费人均支出额/元	全年开展培训总学时/h	年人均培训时长/h	全年开展培训总人次/人次	人均培训次数/次
2020	4 968	1 059 728.60	213.31	204 168.04	41.10	26 633.00	5.36
2021	5 319	1 062 785.59	199.81	218 703.77	41.12	30 663.00	5.76
2022	5 311	772 279.07	145.41	222 135.87	41.83	42 491.00	8.00
平均	5 199	964 931.09	185.60	215 002.56	41.35	33 262.33	6.40

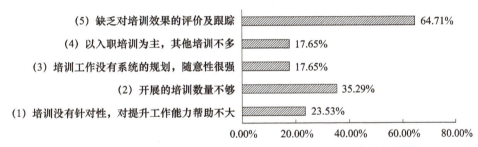

图3　广州轨道交通规划设计领域员工培训工作中存在的问题

人力资源培训时长和投入经费的不足,直接影响到人力资源特别是技能人员素质的提升。在广州轨道交通规划设计领域的技能人员中,中级工及以下技能人员占主导地位,其中初级工就占到了技能人员的68.75%,中级及以下员工则占到了近80%。虽然勘查现场第一线对技能人员的熟练程度要求不会太高,但从目前的实践来看,生产操作类和服务类技能人员只占到了技能人员总数的59.58%,生产操作类技能人员也只占到了技能人员总数的21.28%,这说明还有相当一部分初级工从事着其他工种,这明显不利于规划设计品质的把控和行业的高质量发展。2022年末广州轨道交通规划设计领域技能人员的等级结构如图4所示。2020—2022年广州轨道交通规划设计领域技能人员构成如表7所示。

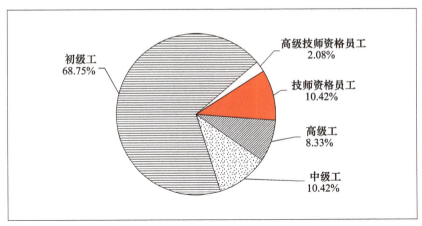

图4　2022年末广州轨道交通规划设计领域技能人员的等级结构

表7　2020—2022年广州轨道交通规划设计领域技能人员构成　　　　单位：人

指标	2020年	2021年	2022年	2022年比2020年增长/%	2022年占比/%
技能人员	214	222	235	9.81	100.00
其中：生产操作类	46	41	50	8.70	21.28
服务类	85	83	90	5.88	38.30

5. 技术技能人员流失比较严重,整体效能尚待激发

人力资源是企业发展的重要财富,人力资源的稳定对企业来说至关重要。适度的人力资源流动,有利于企业团队建设与优化,而偏高甚至过高的人力资源流失,将给企业带来诸多问题,如人力资源离（辞）职带来的人员调整和招聘成本、经验和知识的流失、团队稳定性的下降等。从2020—2022年广州轨道交通规划设计企业的人力资源自主离（辞）职情况来看,技术人员自主离（辞）职人数均占到自主离（辞）职总人数的60%以上，成为单位里面人员流失的主要群体；而从每年的自主离（辞）职率来看，每年的人员流失率都在7%以上，2022年达到7.40%，这也主要集中在技术人员和技能人员这块，管理人员的流失率非常低。这一方面可能与技术人员和技能人员的薪酬激励不够有关，另一方面与其他城市从广州轨道交通规划设计领域大量吸引人才有着密不可分的联系。2022—2022年广州轨道交通规划设计领域人力资源自主离（辞）职情况如表8所示，2020—2022年广州轨道交通规划设计领域人力资源自主离（辞）职率如表9所示。

表8 2022—2022年广州轨道交通规划设计领域人力资源自主离（辞）职情况

指标	2020年		2021年		2022年	
	离职数/人	占比/%	离职数/人	占比/%	离职数/人	占比/%
自主辞（离）员工人数	373	—	432	—	393	—
其中：管理人员	3	0.80%	5	1.16%	5	1.27%
技术人员	231	61.93%	297	68.75%	237	60.31%
技能人员（生产操作类）	3	0.80%	3	0.69%	0	0.00%
技能人员（服务类）	2	0.54%	2	0.46%	4	1.02%

表9 2020—2022年广州轨道交通规划设计领域人力资源自主离（辞）职率　　单位：人

指标	2020年			2021年			2022年		
	在职数	离职数	离职率/%	在职数	离职数	离职率/%	在职数	离职数	离职率/%
总员工	4 968	373	7.51	5 319	432	8.12	5 311	393	7.40
管理人员	581	3	0.52	607	5	0.82	631	5	0.79
技术人员	4 065	231	5.68	4 304	297	6.90	4 328	237	5.48
技能人员（生产操作类）	46	3	6.52	41	3	7.32	50	0	0.00
技能人员（服务类）	85	2	2.35	83	2	2.41	90	4	4.44

人力资源的流失较快和内部培养不足，直接影响到人力资源的整体素质和效能。2022年，广州轨道交通规划设计领域的人均薪酬达35.16万元，是2020年的1.19倍；人均营业收入118.02万元，是2020年的0.96倍；人均利润达12.59万元，是2020年的1.07倍。无论是从营业收入来看，还是从利润来看，人力资源的效能都没有跟上薪酬，说明人力资源的效能尚待激发。2020—2022年广州轨道交通规划设计领域人力资源效能如表10所示。

表10 2020—2022年广州轨道交通规划设计领域人力资源效能　　单位：万元

年份/年	职工人数/人	薪金总额	人均薪酬	营业收入	人均营业收入	利润总额	人均利润
2020	4 968	147 088.03	29.61	609 823.12	122.75	58 322.7	11.74
2021	5 319	174 376.17	32.78	694 091.37	130.49	58 322.7	10.96
2022	5 311	186 759.55	35.16	626 783.78	118.02	66 891.25	12.59
平均	5 199	169 407.92	32.58	643 566.09	123.78	61 178.88	11.77

三、广州市轨道交通产业规划设计人力资源发展展望

（一）规划设计领域发展趋势

1. 规划设计需求仍将保持较快增长

国家发展改革委印发的《"十四五"新型城镇化实施方案》提出，有序培育现代化都市圈，发展城际铁路和市域（郊）铁路，加快推进粤港澳大湾区城际铁路和市域（郊）铁路建设，到 2025 年，轨道上的粤港澳大湾区基本建成。《广东省综合交通"十四五"规划》提出"十四五"期间将安排 8 800 亿元用于轨道交通基础设施建设，全省城市轨道交通运营和城际铁路运营里程将由 2020 年的 1 455 km 增加到 2025 年的 2 500 km。轨道交通产业已成为广州市五大新兴优势产业之一，预计广州市轨道交通产业在未来较长一段时间内仍将处于快速发展期，在此领域的规划和勘察设计需求较大，这为轨道交通规划设计领域相关企业的发展提供了良好的产业发展基础和发展空间。

2. 数字化、智能化转型提升发展空间

轨道交通规划设计作为技术密集型行业，在 5G、大数据、人工智能、云计算、北斗应用等技术革命和产业变革的影响下，云计算和大数据是轨道交通规划设计领域的大势所趋，行业发展将面临数字化、智能化转型的新机遇。建筑信息模型（BIM）、综合项目协同和信息移动化正在成为行业发展新趋势，给轨道交通规划设计发展带来了前所未有的能力。"十四五"时期，轨道交通规划设计领域绿色化、工业化、数字化转型全面提速，推进 BIM 全过程应用。轨道交通规划设计领域数字化发展正在进入快车道，数字技术与轨道交通规划设计行业广泛融合和深度渗透，为行业高质量发展提供了新动能。未来，伴随需求场景的变化，轨道交通建设面临着空间、产业、数据的全面协同、打通，轨道交通规划设计领域企业将围绕"战略—战术—执行—组织"四个层次深化数字化转型策略，推动以工程技术为内核的商业模式与盈利模式创新，探索差异化发展道路，实现可持续成长。

3. 跨区域跨行业的竞争日趋激烈

随着轨道交通产业市场规模的不断扩大，需要大量规划设计企业为之服务，从相对市场容量小的行业向市场容量大的行业转型。轨道交通领域之外的企业在工程勘察设计行业资质弱化的背景下，会借助资本力量加强对轨道交通规划设计领域的渗透，并凭借其资本优势和价值链，构建闭环业务。部分有前瞻性眼光的公路设计、建筑设计企业也正在谋求向轨道交通规划设计领域转型。此外，国内大中型的工程设计企业正在由传统的单一设计业务向覆盖轨道交通工程建设产业链全过程的设计、咨询、监理、项目管理等多元化的业务模式升级，行业集中度逐步提高，企业核心能力也从过去的以技术能力为主逐步向包括技术、管理、资本运作等全面的综合能力转变。未来，轨道交通规划设计领域的企业竞争对手逐渐增多，竞争日益激烈。

（二）规划设计领域人力资源发展展望

1. 需求将继续保持较快增长

目前全国轨道交通建设如火如荼，多地城市轨道交通建设正在密集推进中，"十四五"时期乃至更长的时期内，轨道交通建设规模将更大。广州正在打造"轨道上的广州都市圈"，对轨道交通规划设计领域人力资源的需求将保持高景气度，给排水设计师、道路设计师、结构工程师、施工图设计师等设计类人力资源的需求将攀升，项目总工、项目经理/项目负责人、项目助理等工程/项目管理类人力资源将继续保持增长。

2. 高端人才、复合型人才需求旺盛

随着轨道交通规划设计领域绿色化、工业化、数字化转型，以及建筑信息模型（BIM）、综合项目协同和信息移动化的应用，轨道交通规划设计人才也将向高端化发展。此外，目前很多轨道交通规划设计领域的相关企业都在向多元化方向拓展延伸，行业"内卷"现象严重，对复合型人才的需求将增加。在相关技术更新换代日益频繁的背景下，规划设计类的人力资源要在学习掌握传统专业技能的同时，需要不断更新自己的知识储备使自己能够适应行业的发展需求。

3. 专业技术人才缺口进一步扩大

轨道交通规划设计领域的人才培养周期比较长，一般毕业5年以后才真正算是"入了门"，10年左右才算"骨干"。随着广州市轨道交通产业的快速发展，规划设计类专业技术人才需求不断扩大，行业内拥有高级资质和丰富项目经验的高端专业人才较为稀缺，市场对这些人才的争夺也更为激烈，而轨道交通规划设计人才培养周期又无法缩短，还面临着外地相关企业的专业技术人才竞争和其他新兴产业对此领域专业技术人才的吸引，这势必会导致轨道交通规划设计领域出现明显的专业技术人才缺口。行业内拥有高级资质和丰富项目经验的高端规划设计人才及多元背景的复合型人才的短缺将在一定程度上限制行业的稳健发展。

4. 人力资源管理将向数字化转型

随着数字化技术的不断发展和普及，更多的公司将积极推进人力资源管理的数字化转型，人力资源管理的方式和方法将发生重大变化，人力资源管理数字化将覆盖直线经理、员工、管理高层等各个角色的综合应用，人力资源管理将更加依赖数字化技术和人工智能技术，从而实现自动化、智能化的管理。

四、广州市轨道交通产业规划设计人力资源发展策略

（一）总体策略

牢固树立和贯彻落实人力资源是第一资源的理念，围绕公司发展战略和业务特点，以战略性人力资源规划编制和实施为切入点，紧紧抓住培养、吸引、使用、激励等重点环节，以创新人力资源管理机制为动力，以加强人力资源能力提升为核心，以优化人力资源结构为主线，努力畅通人力资源的成长通道和晋升通道，加大人力资源引进和培育力度，建立健全人力资源绩效考核和薪酬激励机制，充分挖掘人力资源潜能，积极打造一支规模适度、结构合理、永葆青春活动的高素质、复合型人力资源队伍，为推动广州市轨道交通产业规划设计领域高质量发展提供强有力的人力资源保障。

（二）分项策略

1. 加大优秀人力资源的招引力度

充分利用好校园招聘和社会招聘等平台，适当加大对高等院校、职业院校应届毕业生和社会优秀人才的招引力度。借助外部专业化的人才引进团队，紧跟行业的发展特点与发展趋势以及目前行业人力资源市场的现状，不断跟踪和更新行业人才资源库，在企业发展需要时适时网罗优秀的高端专业人才。

2. 强化人力资源的内部培育力度

聚焦公司核心业务高质量发展，在引进"新鲜血液"的同时，建立健全以价值提升为核心的人力资源培育体系。以优化人才发展为主线，不断加大人才队伍建设力度，构建育人选人广阔平台，多措并举培养人才，形成与公司发展战略相适应的多层次人才体系。采取内部

培训、外部交流、专家讲座及岗位交流等方式，对现有人力资源进行有计划、有组织、多层次的培训，不断提升员工的胜任力。提高全员培训效率，形成覆盖各层级的一体化培训管理机制，建成覆盖主要职位类别的培训课程体系。持续加大对技术人员和技能人员的培养力度，通过开展名师带徒、岗位练兵、技能大赛、国家职业技能鉴定、送外学习、兄弟企业挂职锻炼等方式，助推各类优秀人力资源成长成才。积极营造"学习型企业"的良好氛围，加强员工的培训考核，努力提升培训效果。将关键人才的培养、发展、激励作为人力资源工作的重中之重。推动复合型人才的培养和储备，促进合理的人才结构和人才梯队的形成。

3. 建立健全人力资源晋升机制

轨道交通规划设计人员基本属于高学历、高素质人员，个人价值的体现和职业发展空间是其选择就职的重要因素之一。问卷调查也发现，有82.35%的企业认为职业发展机会是企业吸引人才的主要优势。专业技术人才是推动轨道交通规划设计企业发展的关键因素，建立符合企业特点的晋升机制，可以有效激励员工，增强员工归属感，促进企业的可持续发展。因此，轨道交通规划设计企业应以深化人力资源发展体制机制改革为动力，破解束缚人力资源健康发展的各种藩篱，不断优化组织架构、健全制度体系，并根据规划设计行业特点，将企业的发展目标和员工的职业发展规划相结合，建立健全适用于规划设计人员发展的员工职业晋升"多通道"机制。同时，有针对性地设定岗位任职资格，建立基于能力的、适合各类型人才的多层次、多元化、可双向选择的晋升通道，构建起若干个任职级别的分层分级递进通道，促进管理通道、专业技术通道和工勤技能通道之间的衔接。广州轨道交通规划设计企业公司吸引人才的主要优势如图5所示。

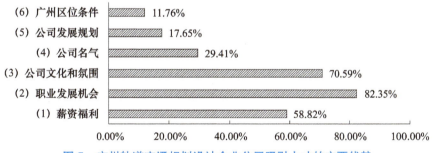

图5　广州轨道交通规划设计企业公司吸引人才的主要优势

4. 创建有归属感的企业文化

优秀的企业文化可以提高员工的自豪感、成就感和归属感，激发员工的向心力和凝聚力，最大化地发挥员工潜能。本次问卷调查也发现，有70.59%的企业认为公司文化和氛围是企业吸引人才的主要优势（见图5）。因此，在促进广州轨道交通规划设计领域人力资源发展过程中，要以人为出发点和中心，尊重人、吸引人、培养人、激励人与留住人，充分激发和调动人的主动性、积极性和创造性。广州轨道交通规划设计领域相关企业应积极构建符合本企业战略发展的企业文化，充分利用公司宣传栏、公司内刊、公司内网、公司微信公众号等文化载体，宣扬企业愿景、企业使命、企业精神、人才理念、经营理念等企业文化内容，明确企业的发展方向，形成浓厚的企业文化建设氛围。引导员工将个人的职业生涯规划和企业的目标统一起来，在实现个人价值的同时助力企业发展，实现人力资源与企业共同发展和双赢。

5. 健全科学的绩效管理体系

作为人力资源管理中重要的一部分，绩效管理是对员工完成绩效目标的情况所进行的考察、评价和反馈，是实现人力资源优化配置的重要保障。调查发现，有 58.82% 的企业认为薪资福利是企业吸引人才的主要优势（见图 5）。因此，广州轨道交通规划设计相关企业应加快深化改革，建立完善员工与企业的利益共享机制，充分调动员工积极性和创造力，吸引和保留企业发展所需的优秀人才，实现企业可持续、高质量发展。根据规划设计人员不同的岗位性质、职务等级、工作模块等内容，来制定明确的考核标准和有针对性的绩效考核激励方案，从而对员工的综合素质做出客观评估。

6. 推动人力资源管理的数字化转型

聚焦公司经营发展战略，进一步加强人力资源工作顶层设计和长远谋划，创新人力资源管理理念、管理模式和管理方法，着力强化薄弱环节，推动人力资源管理的数字化转型和人力资源效能持续提升。立足于人力资源数字化赋能业务，制定清晰的数字化建设策略，探索把人力资源数字化与项目的人效管理相结合。将人力资源清查过程中所产生的员工关键履历、能力素质和工作技能等信息进行数据化并建立数字标签，并利用大数据对员工个人基本信息、发展信息、工作数据、能力数据等进行职业全周期画像，通过大数据的挖掘和关联来穿透员工的选用、去留、薪酬考核整个过程，助力轨道交通规划设计企业的管理层、技术层和工勤技能层之间的人力资源管理链条彻底打通，进而激发人力资源全生命周期的活力。

》》》执笔：杨林

广州市轨道交通产业建设施工人力资源发展报告

广州市轨道交通产业联盟

城市轨道交通建设施工主要包括建设管理、工程施工、工程监理、工程检测监测、工程机械、工程材料等环节，属于轨道交通产业链的中游，其产值约占整体轨道交通产业链的30%～35%。目前广州市轨道交通产业已进入高质量发展阶段，对建设施工领域提出了更高的要求，如何推动该领域人力资源的规模和结构的优化、素质和效能的提升，对广州市轨道交通产业乃至整个经济社会的高质量发展都具有非常重要的意义。本报告在统计调查和典型企业现场访谈的基础上，摸清广州市轨道交通产业建设施工领域人力资源发展的现状，并通过广州市轨道交通产业建设施工领域的发展趋势分析，对未来一段时期建设施工领域人力资源的发展进行展望，进而提出相应的人力资源发展策略，为推动广州轨道交通建设施工领域高质量发展提供借鉴和参考。

一、广州市轨道交通产业建设施工及其人力资源概述

（一）建设施工领域总体情况

建设施工是城市轨道交通建设的重要环节之一，涉及线路、车辆、界限、轨道、给排水、供电、通信、信号、环控系统等多个系统，地质地形复杂多变，安全管控技术复杂，安全管控难度大，既需要规划局、交通局、公安局和环保局等政府机构，供电、供水、供气和排水等管线单位及附近居民的配合，还需要多个专业的技术人员共同参与、协同合作，以确保轨道建设施工的质量和效果。而且，城市轨道交通建设施工投资额大，对项目建设施工承包单位的资质要求非常高，建设周期长，从开始施工到正式运营，一般至少也都需要4年，甚至更长。正是因为城市轨道交通建设施工的进入门槛高，且随着大型复杂工程日益增多，对技术要求更高，目前城市轨道交通建设施工领域呈现出以中国中铁、中国铁建为主导的双寡头结构。

在城市轨道交通产业建设施工领域，建设管理环节的国际领军企业/院所主要有中国国家铁路集团、上海地铁、广州地铁等，施工总承包环节的国际领军企业/院所主要有中铁、中铁建、中建、中交、中电建等，工程机械环节的国际领军企业/院所主要有海瑞克、Speno公司、MATISA公司等。轨道交通工程监理环节的国内领军企业/院所主要有西安铁一院、中铁华铁、北京赛瑞斯、广州轨交监理等，工程机械环节的国内领军企业/院所主要有中铁工程装备、中铁建重工、中交天和等；工程材料环节的国内领军企业/院所主要有东方雨虹、惠州亚龙、浙江天铁、道尔道等。城市轨道交通产业建设施工领域重点企业如表1所示。

表 1 城市轨道交通产业建设施工领域重点企业

地位	领域	重点企业
国际领军企业/院所	建设管理	中国国家铁路集团、上海地铁、广州地铁
	施工总承包	中铁、中铁建、中建、中交、中电建
	工程机械	海瑞克、Speno公司、MATISA公司
国内领军企业/院所	工程监理	西安铁一院、中铁华铁、北京赛瑞斯、广州轨交监理
	工程机械	中铁工程装备、中铁建重工、中交天和
	工程材料	东方雨虹、惠州亚龙、浙江天铁、道尔道
总承包商、总承包管理企业	建设管理	中国铁路广州局集团、广州地铁
	工程总承包及施工	中铁系（中铁广州投资、中铁隧道局、中铁广州工程局、中铁电气化局、中铁武汉电气化局、中铁一局、中铁二局、中铁三局、中铁四局、中铁六局、中铁七局、中铁十局、中铁上海工程局、中铁北京工程局、中铁建工）、中铁建系（中铁建华南建设、中铁建电气化局、中铁十一局、中铁十二局、中铁十五局、中铁十六局、中铁十八局、中铁二十局、中铁二十一局、中铁二十五局、中铁城建）、中建系（中建华南投资、中建一局、中建二局、中建三局、中建四局、中建五局、中建六局、中建七局、中建八局、中建装饰、中建交通、中建科技、中建西部、深圳海外装饰）、中交系［中交轨建设（广州）、中交四航局］、中电建系（中电建轨交设）、中铁通号系（中铁通号上海工程局）、中国水利电系（水电七局、水电十一局、水电十四局）、广东建工集团（广东华隧、粤水电轨道）、广州建筑集团（广州盾建）
	工程监理	广州轨交监理
本地核心配套企业	建设管理	珠三角城际、市铁投、白云高新投、开发区交投、大湾区产投
	工程监理	珠江监理、广东工程监理、广东重工监理
	工程检测监	广州地铁设计院、市城规院、盛通监测、隧道局测量公司
	工程机械	广州海瑞克、中铁山河装备、广州广重、广州盾达
	工程材料	中铁建华南建材、广钢新材、华缘新材、台实防水、中铁建华南高科技、九州一轨、东方雨虹、合信方园、广州至高、广州景圣、广东信力、广东安铁、天源混凝土、广东长美、广东积木、广州安境迩、增城全安、广州建材发展、广东华隧威、广州盾之构、广东奔达、广州叁加叁、广州远泰、广州电力士

目前广州市轨道交通产业建设施工领域产值接近千亿元，产业规模位居全国前列，其中建设管理、工程施工、工程监理、工程材料等环节的企业实力相对较强，但工程检测监测环节的企业实力处于中等水平，工程机械主要依赖外地供应，施工材料方面则缺乏生产装配式预制构件的企业。在广州轨道交通建设施工领域，建设管理由中国铁路广州局集团、广州地铁两家承担，其中广州地铁为全球城轨建成里程第二公司。广州地铁采用施工总承包模式，工程总承包及施工单位较为聚集，主要由中铁、中铁建、中电建、中交建、中建五大央企牵头主导，实际施工环节则由施工央企外地的二、三级子公司负责。工程监理则由广州轨道交通建设监理有限公司承担，广州轨道交通建设监理有限公司为城轨领域前十的监理单位。此外，广州本地也集聚了一批轨道交通建设施工配套企业，其中建设管理环节主要有珠三角城际、市铁投、白云高新投、开发区交投、大湾区产投等企业，工程监理环节有珠江监理、广东工程监理、广东重工监理等企业，工程检测监环节有广州地铁设计院、市城规院、盛通监

测、隧道局测量公司等企业，工程机械环节有广州海瑞克、中铁山河装备、广州广重、广州盾达等企业，工程材料有中铁建华南建材、广钢新材、华缘新材、台实防水、中铁建华南高科技、九州一轨、东方雨虹等企业。

（二）建设施工领域人力资源主要特点

1. 建设施工领域职位体系构成

在国内的轨道交通产业建设施工领域，代表性企业有中国铁建、中国中铁和中国交建等，其中中国铁建和中国中铁占广州轨道交通建设施工总业务量的 70%～80%。鉴于广州地铁采取施工总承包模式，中国铁建和中国中铁都在广州设立建设公司或投资公司，代表集团参与广州轨道交通建设工程的招投标，而具体的建设施工环节则交由下属的建设工程局承建。广州轨道交通建设施工企业典型职位体系如表 2 所示。

表 2 广州轨道交通建设施工企业典型职位体系

职层	集团总部			分公司			
	管理序列	专业技术序列		管理序列	专业技术序列		专业技能序列
		职能类	技术类		职能类	技术类	
总经理级	企业主要负责人			—			
副总级	副总经理	首席专家					
部长级	部长	资深经理	资深专家	企业主要负责人	—	—	—
	副部长	高级经理	专家	副总经理			
		经理	资深工程师				
主管级		高级主管	—	部长/经理	高级主管	高级工程师	首席技师
							高级技师
		主管	—	副部长/副经理	主管	中级工程师 A	技师
专员级	—	高级专员	—	高级专员	中级专员	中级工程师 B	
			—			助理工程师 A	高级工
		专员		专员		助理工程师 B	
助理级		助理		助理		技术员	中级工
							初级工
	—						其他技工
							普工、谈判制工人

其中集团总部或广州公司设有管理序列和专业技术序列，专业技术序列又分为职能类和技术类；各个工程建设局或分公司的职位体系则包括管理序列、专业技术序列和专业职能序列，这里的专业技术序列同样又分为职能类和技术类。这些职位之间有着明确的晋升通道和薪资体系，为企业内部的发展提供了良好的支持。同时，在招聘时也会按照这个标准进行分类筛选，并且针对不同类型的岗位设定相应要求，以确保招到最适合企业需要的优秀人才。

此外，由于广州地铁采取施工总承包模式，对项目经理的要求比较高，既有资质要求，又有相应的年限和业绩要求，因此，项目经理被很多企业列为一个单独的职位，与表 2 中分公司管理序列相当。

2. 建设施工领域人力资源的特点

（1）人力资源层次呈现多样化特征。目前广州市轨道交通建设施工企业以中国铁建、中国中铁等央企子公司为主，这类国企的人力资源构成主要由三种类型的员工构成，一是从大中专院校招聘的高校毕业生，他们具有较高的学历但工作经验相对不足，二是一些具有较强实践操作能力和施工管理经验的老员工，他们学历相对不高，三是外招和内部成长起来的复合型管理人员和专业技术人员。这三类人员的价值目标不同，人力资源的层次多样化特征明显。

（2）一线基层人员的流动性较大。目前很多轨道交通建设施工企业在轨道交通建设项目中采取"项目部+劳务分包"模式，依据每个工程项目的具体情况，灵活变化其组织管理机构来适应地域情况、规模大小等的变化，其生命周期随项目的变化而变化，这导致一线建设施工人力资源没有非常固定的生产场地和生产部门，人员流动性比较高，布局相对分散。

（3）人力资源培训开发相对缺乏。目前轨道交通建设施工企业对人力资源的培训开发大多以适应性岗位培训、技能培训、取证培训为主，重专业技能，轻整体素质。此外，轨道交通建设施工企业经常因为施工期生产紧张，企业人员分散，培训工作难度较大，培训时间少且不固定，有些员工为了完成培训任务而参加培训，有些忙于施工生产无暇顾及培训，员工对培训只是应付，培训效果差。

（4）项目经理培养周期长，比较短缺。据《广州市交通运输局关于印发广州市轨道交通建设工程项目经理和总监理工程师管理若干规定的通知》（穗交运规字〔2023〕1 号）的规定，只有注册建造师才可以担任轨道交通建设项目经理，注册建造师不得同时在两个及两个以上独立报监的轨道交通建设工程担任项目经理；参加投标的项目经理须为投标单位的正式员工，其执业资格证明书、注册证书证明材料中的工作单位名称应与投标单位名称一致。而且在具体的招标过程中，一般还要求项目经理具有 8～10 年的项目经验和一定的项目业绩，这就意味着培养一个合格的轨道交通项目经理需要一个较长的周期。因而，在很多轨道交通建设施工企业里，具备资质的职业项目经理人严重不足，项目经理配备难的问题十分突出。

二、广州市轨道交通产业建设施工人力资源发展状况分析

（一）人力资源总体情况

广州轨道交通建设施工领域人力资源规模保持缓慢增长态势，员工以中青年和大学本专科学历为主，技术人员占比已经过半，技能人员的结构比较合理。但高层次人才占比偏低，人员的流失问题比较严重，员工培训强度偏低，人力资源的效能有待进一步激发。

（二）人力资源发展现状分析

1. 人力资源总量在波动中增长，年轻化特征较明显

近些年来，随着广州市轨道交通建设规模的不断扩大，广州市轨道交通建设施工领域相关企业的人力资源保持着增长态势，在纳统的 150 家轨道交通建设施工企业中，2022 年末在岗员工数为 69 853 人，受 2022 年广州疫情大暴发影响，在岗员工总数比 2021 年末回落了 1 931

人，但较 2020 年末增加了 1 850 人，年均增长 1.35%。2020—2022 年广州轨道交通建设施工领域人力资源规模如图 1 所示。

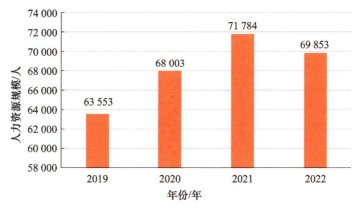

图 1　2020—2022 年广州轨道交通建设施工领域人力资源规模

在广州市轨道交通产业快速发展的同时，广州轨道交通建设施工企业也吸纳了大量的年轻人力资源。2022 年末，在纳统的 150 家轨道交通建设施工企业中，30 岁及以下员工占到了 34.64%。31～40 岁员工占到了 32.04%，合计达 66.68%。由于年轻人接受新知识和新技能的能力强，年轻人力资源的加入，有利于提高建设施工人力资源群体的创造性。但很多年轻人不愿意从事艰苦行业，自我意识比较强，这也将导致轨道交通建设施工领域一线基层年轻人力资源容易流动。2022 年末广州轨道交通建设施工领域人力资源年龄构成如图 2 所示。

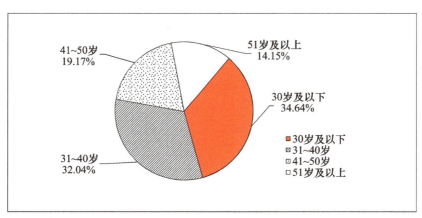

图 2　2022 年末广州轨道交通建设施工领域人力资源年龄构成

2. 人力资源学历层次较高，技术人员占据半壁江山

随着近些年广州轨道交通建设施工领域薪酬的不断提升，吸引了一批高学历人力资源的加入，但由于建设施工领域的业务特性，目前该领域人力资源以大学本科和专科为主。在纳统的 150 家轨道交通建设施工企业中，2020—2022 年具有本科和专科学历的人力资源占到了 70%以上，呈不断上升的态势，至 2022 年本科和专科人力资源达到 79.44%；但硕士及以上人力资源占比却相对偏低，2022 年轨道交通建设施工领域硕士及以上人力资源仅有 3.27%。2020—2022 年广州轨道交通建设施工领域人力资源学历构成如表 3 所示。

表3 2020—2022年广州轨道交通建设施工领域人力资源学历构成

	2020年		2021年		2022年	
	人数/人	占比/%	人数/人	占比/%	人数/人	占比/%
员工总数	68 003	—	71 784	—	69 853	—
其中：本科	32 175	48.79	35 816	51.28	37 860	55.01
大专	16 904	25.63	17 511	25.07	16 813	24.43
本科和大专	49 079	74.42	53 327	76.35	54 673	79.44

在人员构成中，轨道交通建设施工的专业特性决定了其人力资源发展格局以技术人员为主、管理人员为辅。2020—2022年，广州轨道交通建设施工领域的技术人员占人力资源总量的比重呈逐年上升态势，至2022年达到52.73%。显然，技术人员已成为广州轨道交通建设施工领域最大的群体。2020—2022年广州轨道交通建设施工领域人力资源岗位结构如表4所示。

表4 2020—2022年广州轨道交通建设施工领域人力资源岗位结构

指标	2020年		2021年		2022年	
	人数/人	占比/%	人数/人	占比/%	人数/人	占比/%
在岗员工	68 003	—	71 784	—	69 853	—
其中：管理人员	16 708	24.57	16 925	23.58	15 969	22.86
技术人员	32 449	47.72	35 107	48.91	36 833	52.73

此外，广州轨道交通建设施工企业还有相当一部分技能人员从事生产操作类和服务类工作，且以生产操作类为主。在纳统的150家轨道交通建设施工企业中，2022年生产操作类技能人员因受疫情影响流失较多，但仍占到技能人员总量的56.24%。在技能人员中，各个等级的技能人员呈现比较合理的结构，以技师和中高级工为主，高级技师和初级工占比都相对偏低。2022年，在纳统的150家轨道交通建设施工企业中，技师和中级工占到20%左右，高级工则占到40%左右，高级技师主要起指导作用，占到7.58%，而初级工起辅助作用，占12.37%。2020—2022年广州轨道交通建设施工领域技能人员构成如表5所示。2022年末广州轨道交通建设施工领域技能人员的等级结构如图3所示。

表5 2020—2022年广州轨道交通建设施工领域技能人员构成　　　　　　　　　单位：人

指标	2020年	2021年	2022年	2022年比2020年增长/%	2022年占比/%
技能人员	13 310	13 586	13 093	−1.63	—
其中：生产操作类	8 508	8 439	7 363	−13.46	56.24
服务类	1 292	1 478	1 458	12.85	11.14

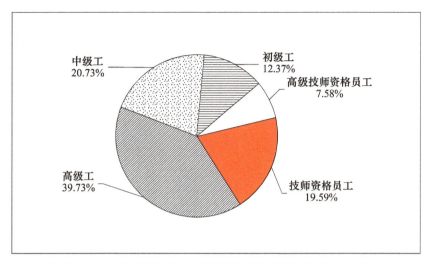

图3 2022年末广州轨道交通建设施工领域技能人员的等级结构

3. 员工培训效果有待提升，高层次人才占比偏低

培训是提升人力资源素质的重要途径。在纳统的150家广州轨道交通建设施工企业中，2022年员工教育经费实际支出额为5 043.6万元，人均教育经费支出额仅为722元，低于疫情之前2019年的912元，这说明轨道交通建设施工相关企业对员工培训非常不重视，严重影响到员工的能力提升。此外，年人均培训时长也只有24个小时，时长严重不足，人均年培训人次也只有3.25人次，这进一步说明员工接受培训的强度不够，也从侧面说明企业对员工培训的重视程度有待提升。2022年末广州轨道交通建设施工领域人力资源教育培训情况如表6所示。

表6 2022年末广州轨道交通建设施工领域人力资源教育培训情况

年份/年	年末在岗职工/人	教育经费实际支出额/元	教育经费人均支出额/元	全年开展培训总学时/h	年人均培训时长/h	全年开展培训总人次/人次	人均培训次数/次
2020	68 003	48 227 804.66	709.20	1 493 803.76	21.97	252 808.00	3.72
2021	71 784	55 157 289.57	768.40	1 547 938.00	21.56	176 021.00	2.45
2022	69 853	50 435 997.93	722.00	1 685 516.50	24.13	252 173.00	3.61
平均	69 880	51 273 697.39	733.70	1 575 752.75	22.55	227 000.70	3.25

在员工培训投入不足的同时，企业也没有系统的培训规划，随意性很强；以入职培训为主，其他培训不多；培训没有针对性，对提升工作能力帮助不大；缺乏对培训效果的评价及跟踪，这都直接影响到人力资源素质的提升。问卷调查结果显示，有33.13%的企业认为目前公司员工培训工作中存在的问题为开展的培训数量不够；有43.98%的企业认为目前公司员工培训工作中存在的问题为缺乏对培训效果的评价及跟踪；有27.71%的企业认为目前公司员工培训工作中存在的问题为培训没有针对性，对提升工作能力帮助不大。员工培训工作中存在的问题如图4所示。

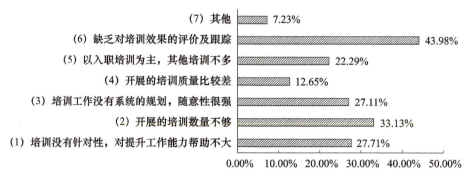

图 4　员工培训工作中存在的问题

内部培训的不重视和投入的不足，导致广州轨道交通建设施工领域具有高级专业技术职称和中级专业技术职称的人力资源严重短缺。截至 2022 年末，在纳统的 150 家轨道交通建设施工企业中，拥有 29 名享受国务院政府特殊津贴专家和 33 名广州市及以上高层次人才计划的高层次人才，但具有高级专业技术职称的人员仅有 568 人，占人力资源总量的 0.81%，具有中级专业技术职称的人员有 1 467 人，占人力资源总量的 2.10%，二者相加，也仅占人力资源总量的 3%。2020—2022 年广州轨道交通建设施工领域技术人员职称构成如表 7 所示。

表 7　2020—2022 年广州轨道交通建设施工领域技术人员职称构成

年份/年	总员工/人	高级专业技术职称		中级专业技术职称	
		人数/人	占比/%	人数/人	占比/%
2020	68 003	568	0.84	1 265	1.86
2021	71 784	601	0.84	1 335	1.86
2022	69 853	568	0.81	1 467	2.10

4. 人员流失问题比较严重，供求矛盾比较突出

目前，包括广州在内的国内多个城市正在大规模推进城市轨道交通建设，轨道交通建设施工人力资源需求比较强劲，而轨道交通建设施工人力资源特别是高层次人才的培养周期较长，这直接导致很多城市直接从广州等城市吸引人才。同时，轨道交通建设施工工作地点不稳定、流动性强，工作环境艰苦，劳动强度相对较大等原因，也容易造成青年员工特别是新入职 3~5 年员工的流失，在新业态、新职业对年轻人吸引力增加的情况下，广州轨道交通建设施工领域的人力资源流失率比较高。从 2020—2022 年纳统的 150 家广州轨道交通建设施工企业的人力资源自主离（辞）职情况来看，技术人员自主离（辞）职均占到 45%以上，成为单位里面人员流失的主体。而从每年的自主离（辞）职率来看，在岗人员的整体流失率都比较高，在 7%左右，2022 年达到 7.40%；从人员类别来看，管理人员、技术人员和技能人员的流失也都比较高，都在 6%以上。2022—2022 年广州轨道交通建设施工领域人力资源自主离（辞）职情况如表 8 所示。2020—2022 年广州轨道交通建设施工领域人力资源自主离（辞）职率如表 9 所示。

表 8 2022—2022 年广州轨道交通建设施工领域人力资源自主离（辞）职情况

指标	2020 年		2021 年		2022 年	
	离职数/人	占比/%	离职数/人	占比/%	离职数/人	占比/%
自主辞（离）员工人数	4 375		5 232		5 408	
其中：管理人员	894	20.43	1 195	22.84	1 032	19.08
技术人员	2 022	46.22	2 404	45.95	2 498	46.19
技能人员（生产操作类）	479	10.95	659	12.60	593	10.97
技能人员（服务类）	95	2.17	113	2.16	146	2.70

表 9 2020—2022 年广州轨道交通建设施工领域人力资源自主离（辞）职率   单位：人

指标	2020 年			2021 年			2022 年		
	在职数	离职数	离职率/%	在职数	离职数	离职率/%	在职数	离职数	离职率/%
总员工	68 003	4 375	6.43	71 784	5 232	7.29	69 853	5 408	7.74
管理人员	16 708	894	5.35	16 925	1 195	7.06	15 969	1 032	6.46
技术人员	32 449	2 022	6.23	35 107	2 404	6.85	36 833	2 498	6.78
技能人员（生产操作类）	8 508	479	5.63	8 439	659	7.81	7 363	593	8.05
技能人员（服务类）	1 292	95	7.35	1 478	113	7.65	1 458	146	10.01

在人力资源大量流失的情况下，广州轨道交通建设施工企业面临着人才短缺、难以招到合适的一线生产或服务人员、内部员工断层青黄不接等供求矛盾问题。本次问卷调查显示，有 38.79%的企业认为公司生产经营面临的挑战与困难是人才短缺；有 44.41%的企业认为人力资源管理方面面临的问题与挑战是招工难招工贵、一线生产或服务人员保留难；有 44.74%的企业认为常态下一线生产或服务人员出现用工短缺是因为难以招到合适的一线生产或服务人员，另有 38.16%的企业则认为是内部员工断层青黄不接，28.29%的企业则认为是被同行竞争挖人。

5. 人力资源管理不够重视，人力资源的效能尚待激发

目前，广州市轨道交通建设施工领域的部分企业对人力资源管理不够重视，人力资源管理人员有不少属于兼职人员，甚至有些单位没有单独设立人力资源管理部门。据本次问卷调查和统计，有 13%的人力资源管理人员属于兼职人员，有 35.71%的企业没有单独设立人力资源管理部门。由于没有单独的人力资源管理部门，兼职人力资源管理人员偏多，给企业的人力资源管理带来了一系列挑战，如员工考核与激励、员工的用与留等。据问卷调查，有 45.45%的企业认为人力资源管理方面面临的问题与挑战是员工考核与激励，各有 44.24%的企业认为是一线生产或服务人员保留难和招工难招工贵，还有 32.12%的企业认为是员工培训培养。广州轨道交通建设施工企业人力资源管理方面面临的问题与挑战如图 5 所示。

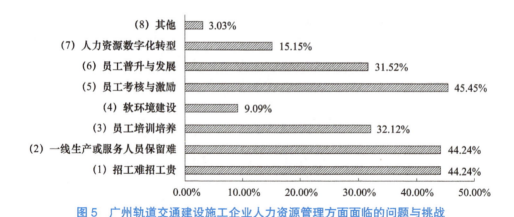

图 5 广州轨道交通建设施工企业人力资源管理方面面临的问题与挑战

人力资源管理跟不上企业发展需要，培训培养不足导致人力资源素质提升慢，优秀人才流失等，给轨道交通建设施工企业的经济效益带来了不利的影响，人力资源的效能也相对偏低。2022 年，广州轨道交通建设施工领域的人均薪酬达 15.76 万元，是 2020 年的 1.13 倍；人均营业收入 364.56 万元，是 2020 年的 1.10 倍；人均利润达 6.45 万元，是 2020 年的 0.94 倍。无论是从营业收入来看，还是从利润来看，人力资源的效能都没有跟上薪酬，说明人力资源的效能尚待激发。2020—2022 年广州轨道交通建设施工领域人力资源效能如表 10 所示。

表 10 2020—2022 年广州轨道交通建设施工领域人力资源效能　　　单位：万元

年份/年	职工人数/人	薪金总额	人均薪酬	营业收入	人均营业收入	利润总额	人均利润
2020	68 003	949 937.7	13.97	22 488 369.3	330.70	465 431.9	6.84
2021	71 784	1 071 225.5	14.92	26 908 066.8	374.85	481 735.6	6.71
2022	69 853	1 100 587.0	15.76	25 465 528.8	364.56	450 575.8	6.45

三、广州市轨道交通产业建设施工人力资源发展展望

（一）建设施工领域发展展望

1. 有望继续保持较高景气度

轨道交通产业是广州"十四五"期间重点打造的产业链之一，现正在推进多条城际、地铁及一批综合交通枢纽建设，到"十四五"末，广州轨道交通建设总投资将达到 5 000 亿元；到 2035 年有望超万亿元。2022 年 8 月 2 日公示的《广州市轨道交通线网规划（2018—2035 年）》也指出，广州将构建由高速地铁、快速地铁、普速地铁组成的城市轨道交通系统，总规模达到 53 条、2 029 km，与上一轮规划对比，新增 30 条、1 004 km 线路。因此，未来一段时间，广州城市轨道交通将继续处于规模扩展、完善结构、提高质量、快速扩充运输能力、不断提高装备水平的加速发展时期。而建设施工是轨道交通产业链中最先受益环节，也是资金投入最多的一个环节，建立期为 4 年甚至更长时间，资金投入和行业受益期较为确定，行业景气度将会呈现直线上升趋势。

2. 新技术应用迎来新的变革

轨道交通已经成为大中型城市加强人员分流能力的重点发展对象，未来的发展趋势必然是安全稳定、绿色节能和智慧互联。随着大数据、物联网、人工智能、5G、区块链等新兴信

息技术在城市轨道交通行业的落地应用，列车全自动运行、智慧车站建设、依托物联网技术的地铁云应用，及其带动的产业创新，正在引领城市轨道交通行业进入"智慧城轨"的崭新阶段，打造绿色智慧轨道交通是轨道交通行业发展的必然路径。在科技强国、交通强国战略背景下，加速推进新兴信息技术、新材料、新能源等领域前沿技术与轨道交通基础设施深度融合，这些都将导致轨道交通建设施工迎来新变革。

3. "双碳"建设带来新的挑战

2030年前实现碳达峰、2060年前实现碳中和目标，是党中央统筹国内国际两个大局做出的重大战略决策。2022年8月科技部等九部门联合印发了《科技支撑碳达峰碳中和实施方案（2022—2030年）》，提出城乡建设与交通低碳零碳技术攻关行动。《"十四五"全国城市基础设施建设规划》明确了面向绿色低碳、安全韧性的城市高质量发展方向，提出推行城市基础设施的绿色低碳发展新模式。其中，交通是城市碳减排的重点领域，轨道交通是大容量公共交通基础设施，是城市引导承载绿色低碳出行的骨干交通方式。2022年，中国城市轨道交通协会印发了《中国城市轨道交通绿色城轨发展行动方案》，提出重点推进绿色规划先行行动、节能降碳增效行动、出行占比提升行动、绿色能源替代行动、绿色装备制造行动、全面绿色转型行动，全面倡导轨道交通绿色发展。创新城市轨道交通低碳用能模式，在建筑材料、施工设备、施工方式等轨道交通建设施工方面实现绿色低碳发展，是未来城市轨道交通建设的重点发展方向和历史性任务，也是城市交通领域实现"双碳"目标的重要举措，这些都将给轨道交通建设施工带来新的挑战。

（二）建设施工领域人力资源发展展望

1. 人力资源总量将继续保持增长态势

我国城市轨道交通的建设正在如火如荼地进行中，广州地铁集团正全面推进21条、约613 km的地铁和城际线路建设。随着新增轨道交通工程建设的不断推进，广州轨道交通建设施工企业需要配套一定数量的电气设计师、道路/桥梁设计师、交通规划师等人力资源，整个建设施工期也将投入大量的施工类、安全类、项目管理类人力资源，这意味着未来广州轨道交通建设施工领域的人力资源将继续保持增长态势。

2. 人力资源的素质要求越来越高

城市轨道交通工程建设面临工期紧、任务重、施工环境复杂的特点，要求建设施工管理人员具备扎实的专业知识和良好的综合素质，同时具备较强的实践能力。随着广州轨道交通建设施工过程中新技术、新工艺的不断应用，对建筑设计师、工程师和施工管理人才的技术技能的要求将越来越高。此外，对随着工程总承包业务的不断成熟，对项目管理、规划策划、投融资等复合型人才的素质要求也将更高。

3. 人力资源结构性短缺将持续一段时间

"十四五"期间乃至更长一段时间内，我国轨道交通建设将维持较高景气度，轨道交通建设施工企业对人力资源的需求将也比较大，项目职业经理、高级建筑设计师、高级工程师和复合型人才的需求将更为紧俏。而轨道交通建设施工类的人力资源培养时间较长，项目职业经理、高级建筑师、高级设计师、高级工程师和高级管理人才等人才的培养时间就更长。因此，在高层次人才和复合型人才短期内无法大幅增加的情况下，轨道交通建设施工领域人力资源结构短缺的状况将在相当长的时期内存在。

四、广州市轨道交通产业建设施工人力资源发展策略

（一）总体策略

牢固树立人力资源是企业第一资源的意识，围绕战略导向、市场导向和问题导向，以加强人力资源能力建设为核心，以创新人力资源管理机制为抓手，以优化人力资源结构为主线，以培养高层次、复合型人才为重点，以强化人力资源激励机制为突破口，紧紧抓住人才的引、育、用、留等关键环节，紧抓机遇、深化改革、大胆探索、主动作为，努力构建人人能够成才、人人得到发展的人才培养开发机制，建立以岗位职责要求为基础，以品德、能力和业绩为导向的科学化人力资源评价发现机制，形成有利于各类人才脱颖而出、充分展示才能的选人用人机制，健全与工作业绩密切联系、充分体现人力资源价值、有利于激发人资源活力和维护人力资源合法权益的激励保障机制，打造一支符合公司发展需要的规模适度、结构合理、专业互补、素质优良、效能突出的优秀人力资源队伍。

（二）分项策略

1. 建立健全人力资源发展战略规划

广州市轨道交通建设施工企业要高度重视人力资源发展战略规划在引领人力资源发展特别是人才发展中的重要作用。从企业发展战略和发展目标出发，客观分析公司未来的业务结构、区域布局、人力资源规模、结构、能力素质及管理现状，建立健全具有前瞻性的人力资源发展战略规划。要把人力资源发展规划纳入企业发展战略中，强化人力资源发展规划的战略引领作用，与企业发展战略规划同步，并对人力资源的规划的实施给予足够的保障，推动公司人力资源的高质量发展。

2. 畅通更加宽广的职业发展通道

着力把握在员工引进与吸纳、培训与开发、培养与使用、薪酬与福利等方面的基本底数，积极寻找在员工职业发展、绩效考评和岗位名称规范等方面的薄弱环节。加强顶层设计和整体规划，打破专业之间的任职、晋升壁垒，打通等级晋升纵向通道，畅通绩效晋档横向通道，进一步拓展覆盖全员多维度的职业发展空间。设立清晰的技术晋升通道和专门的职业经理人通道，为"市场闯将"型职业经理和"科技强人型"技术人员等核心人才设立多向、互通的职业发展通道。注重员工的多元化需求和职业发展方向，建立健全"以岗位为基础、任职资格为核心、考核评价为导向"的多元化人力资源职业发展通道机制。推动总部和项目部管理人员之间的岗位轮转，让人员流动起来，提高人员综合素质。

3. 建立富有竞争力的薪酬激励体系

建立健全以价值创造为导向、以市场为核心、以岗位价值评估为基础的宽带化薪酬激励机制，实现"同岗可不同薪，不同岗也可同薪，不升职也可增薪"的差异化激励效果。努力构建薪资能升能降的分级管控、动态调配的富有竞争力的薪酬激励体系，在员工自身薪酬构成与岗位需要之间建立合理联系，在员工价值创造与所得环节之间寻求合适链接。积极探索适合企业发展的薪酬管理模式，匹配人力资源职业发展通道，保证公司能够招得到、付得起、用得好、留得住优秀的人力资源。

4. 加大重点领域人力资源引育力度

适应企业高质量可持续发展需要，聚焦价值创造，统筹做好人力资源发展规划顶层设计，构建复合型人力资源引育体系。围绕公司发展战略和业务开拓需要，多措并举加强人力资源"引""育""用""留"力度，不断提高人力资源队伍的充足性和稳定性。结合企业转型发展

需要，突出"高精尖缺"导向，建立分梯队培养制度，为公司储备人才队伍建设汇智聚力。建立健全对内可跨职能边界、对外可跨组织边界的现代供应链人力资源培育机制，采取针对性调岗、轮岗、定向培训等方式，形成个性化的内外部人力资源培育提升方案。高度重视项目职业经理队伍建设，着力培养造就一支职业素养高、精通项目管理、善于团结协作、创效创誉能力强的职业化项目经理队伍。大力实施人力资源培训工程，积极组织注册建筑师、建造师、结构师、造价师、监理师等注册执业人员和施工员等技能人员参加专业技术技能培养。引进一批企业紧缺性人力资源，重点引进一些具有相关行业工作和管理经验、掌握行业技术技能的"能工巧匠"型的管理人员和技术骨干，不断优化人力资源结构，提高人力资源素质。

5. 强化企业文化对人力资源的凝聚力

要站在发展战略高度谋划推进企业文化建设，以文化支撑战略，实现企业文化和发展战略"双引领"。在公司本部、分子公司和重点工程项目的施工场所，全方位、立体化持续深入宣贯企业文化，积极塑造温馨的企业文化氛围。在人力资源管理和发展中，要加强人文关怀，从职业发展、薪酬待遇等方面激发人力资源的潜力和能效。通过文艺会演、体育竞赛、技能比武、书画摄影展、趣味运动会等丰富多彩的活动形式和内容，进一步增强企业文化的凝聚力、向心力和人力资源的忠诚度、归属感和幸福感。

》》》执笔：杨林

广州市轨道交通产业装备制造人力资源发展报告

广州市轨道交通产业联盟

轨道交通装备制造业是指生产轨道交通设备及其相关产品的工业领域，包括机车车辆、零部件和配套设备等，是轨道交通产业链的重要组成部分。广州轨道交通装备制造领域从业人员占产业链总人数的24%，如何建设和发展一支高素质专业化人力资源队伍，对广州轨道交通装备制造领域乃至轨道交通产业的高质量发展都具有十分重要的意义。

本报告立足2023年广州市轨道交通产业联盟对广州市轨道交通产业相关企业开展的人力资源专项统计调查结果，结合有关调研，考察和评析广州市轨道交通产业装备制造领域人力资源发展状况，为促进该领域人力资源高质量发展提供建议和参考。

一、广州市轨道交通产业装备制造及其人力资源概述

（一）领域总体情况

经过多年发展，广州市轨道交通产业已初步形成了集设计规划、建设施工、装备制造、运营维保及增值服务于一体的全产业链条，产值超2 000亿元，从业人员达数十万人，产业规模和综合实力稳居全国前列。

装备制造领域处于广州市轨道交通产业链的中间环节，负责轨道交通的机车车辆、零部件和配套设备的生产制造，是广州市轨道交通产业的重要组成部分。机车车辆包括铁路机车/客车/货车、动车和城轨交通车辆等；零部件包括牵引系统、制动系统、转向架、自动防护系统、自动驾驶系统、车门系统和轴承；配套设备包括牵引供电设备、轨道建设设备、通信信号设备、轨道养护设备和运维设备等。

广州市轨道交通产业装备制造领域涉及企业262家，其中，参与2023年人力资源专项统计调研的146家，营收情况如表1所示。统计调查数据显示，2022年，146家装备制造企业总营收717.33亿元，较2021年下滑3.3%，占广州市轨道交通产业总营收的16.7%。装备制造领域龙头骨干企业共10家，2022年总营收为385.17亿元，较2021年下滑4.8%，占装备制造领域总营收的53.7%。

表1 装备制造领域企业营收情况

2022年营收排名	装备制造领域龙头企业	分链类别	2022年总营收/亿元	2021年总营收/亿元	2020年总营收/亿元
1	日立电梯（中国）有限公司	车站及配套设备	385.17	404.45	331.30
2	佳都科技集团股份有限公司	车站及配套设备			
3	广州白云电器设备股份有限公司	供电系统及配套			
4	中电科普天科技股份有限公司	通信信号系统			

续表

2022年营收排名	装备制造领域龙头企业	分链类别	2022年总营收/亿元	2021年总营收/亿元	2020年总营收/亿元
5	广州电力机车有限公司	整车及配套设备	385.17	404.45	331.30
6	广州中车轨道交通装备有限公司	整车及配套设备			
7	广东华能机电集团有限公司	整车及配套设备			
8	广州铁科智控有限公司	通信信号系统			
9	广州中车时代电气技术有限公司	整车及配套设备			
10	广州康尼轨道交通装备有限公司	整车及配套设备			
	同比增长/%		−4.8	22.1	9.7
	全领域（146家企业）/亿元		717.33	741.43	628.92
	同比增长/%		−3.3	17.9	6.7

（二）领域发展特点

一是本地市场规模大，政府支持力度强。广州作为中国最早建设和运营城市轨道交通的大城市之一，拥有庞大的轨道交通需求市场，广州轨道交通目前已开通运营线路超过1 000 km，包括本地地铁线网 621 km，有轨电车 22.1 km，城际铁路 380.8 km，在建线路超过 500 km。广州地铁、广佛地铁、穗莞深城际铁路等轨道交通线路的规划和建设，以及大湾区轨道交通市场的不断扩大，都为广州轨道交通装备制造业的发展提供了广阔的市场空间。

相关数据显示，2022 年广州市轨道交通产业产值规模达到 2 266 亿元，2023 年预计突破 2 500 亿元，依托本地市场优势，广州轨道交通装备制造市场规模不断扩大。纳入统计调查的广州轨道交通装备制造领域 146 家企业，2022 年工业总产值达 241.41 亿元，较 2021 年有所下滑，仍处于较高水平。表 2 所示为装备制造领域工业总产值。

表 2　装备制造领域工业总产值

指标	2022 年	2021 年	2020 年
工业总产值/亿元	241.41	247.44	233.68
同比增长/%	−2.4	5.9	19.7

同时，广州政府也在积极推动轨道交通装备制造业的发展，加强产业规划、政策支持、资金扶持等方面的力度，为轨道交通装备制造业的发展创造了良好的环境。如政府出台《广州市轨道交通产业"十四五"发展规划》、组建广州市轨道交通产业联盟，通过打造和引导企业入园集群发展等措施，形成了白云神山轨道交通装备产业园、番禺车辆修造基地等轨道交通产业园区。

二是研发投入强度大，技术创新能力强。轨道交通装备制造业涉及多个领域的技术，如电气、机械、自动化、通信信号等，是典型的技术密集型产业，也是我国高端制造的重要组成部分。广州市轨道交通装备制造企业非常注重技术创新和研发投入，不断引进和吸收先进技术，提高产品质量和竞争力，为广州乃至全国的轨道交通建设提供了强大的技术支持。统计调查数据显示，2021 年，广州市轨道交通产业 262 家装备制造企业中，高新技术企业达 128 家，获得专利 438 个，研发投入占轨道交通年度营收 8.4%，如高新兴科技集团研发投入高达 13.21%，佳都科技研发投入达 5.79%。"十三五"期间，以白云电气、佳都科技为代表的装备制造企业，在技术创新上取得喜人成果。表 3 为装备制造领域部分企业技术成果。

表 3　装备制造领域部分企业技术成果

企业	技术成果
白云电气	首创城市轨道交通供电全寿命周期智能运维管理系统，通过自主研发数据采集装置、集成成熟传感等设备采集大量反映设备本体的数据，搭建大数据平台自主开发在线监测系统实现实时报警和趋势分析
佳都科技	代表性项目如城市轨道交通垂直行业工业互联网平台—佳都科技华佳 MOS、智慧车辆—天河智慧城站、掌握自动售检票系统、站台门系统、综合监控系统、CBN 通信系统等智慧轨道交通领域核心产品
铁科智控	探索轨道交通全自动驾驶系统、加强智能运维领域研究
广电运通	领先的人工智能金融及城市智能解决方案提供商，国内自动售检票设备市场占有率第一，智慧交通解决方案应用于全国 40 多个城市、10 多个国家的 100 多条线路
广州杰赛科技	利用 5G 网络技术提供专网通信应用，可提供稳定可靠的专业语音、视频调度通信，实现海量多业务数据传输，为地铁智慧运营提供有力支撑

三是产业链相对完整，整车制造环节薄弱。轨道交通装备制造业涉及上游的零部件制造和采购，中游的组装和调试，下游的销售和服务等环节，是一个产业链比较长的产业。广州轨道交通装备制造领域企业数量众多，业务涵盖了轨道交通车辆制造、零部件生产、维修服务等各个环节，形成了较为完整的产业链，为广州轨道交通装备制造业的发展奠定了良好的基础。从全国产业布局来看，广州市轨道交通产业装备制造领域企业多为电缆、电气设备、列车控制系统等配套设备生产企业，相对于青岛、株洲、长春等轨道交通整车及关键零部件生产基地，广州在整车及关键装备制造环节相对薄弱。中国轨道交通网相关数据显示，目前我国城市轨道交通装备制造市场竞争格局较为集中，中国中车一家独大，装备制造市场占有率超过了 50%，整车制造市场占有率超过 90%，旗下主要车辆制造企业包括中车四方、中车长客、南京浦镇、中车株机等公司，分布于青岛、长春、南京、株洲等地。

受限于中国中车的产能布局规划，广州在城轨车辆整车制造环节几乎空白，仅有广州中车轨道交通装备有限公司和广州电力机车有限公司涉及城轨车辆检修、改造、组装及部分电力机车的制造，主要服务客户为广州本地轨道交通运营企业，外部市场拓展能力有限。如广州中车轨道交通装备有限公司由广州地铁集团有限公司和中国中车株洲电力机车有限公司共同出资组建，主要承接广州城市轨道交通车辆修理、改造、组装、销售、租赁及配套零部件销售，有轨电车、轨道交通装备专业服务等。规划产能为新造 200 辆/年、维修 150 辆/年；广州电力机车有限公司由中国中车股份有限公司、国铁广州局集团公司、广州交通投资集团有限公司共同出资组建，是全路规划新建的和谐型大功率交流电力机车检修基地之一。除承担检修任务外，还兼具制造和谐型大功率交流电力机车的能力。

四是产业集中度较低，企业规模普遍较小。广州轨道交通装备制造领域涉及企业 262 家，但多为电缆、电气设备、列车控制系统等配套设备生产企业，规模普遍较小，产业集中度较低，尚未形成大型企业集团，在一定程度上影响了广州轨道交通装备制造业的整体竞争力和发展水平。装备制造领域企业营收规模如表4所示。数据显示，2023年参与专项调研的146家装备制造企业，2022年总营收717.33亿元，占产业总营收的16.7%，户均营收规模较小，为5.52亿元，不足产业户均营收规模的一半，营收在1亿元以上企业仅有47家，接近七成的企业营收规模不足1亿元，10亿元以上企业13家，占领域企业9%，30亿元以上企业5家，除日立电梯（中国）有限公司外，其余企业营收规模均不足100亿元。

表4　装备制造领域企业营收规模

指标	全产业	装备制造领域	产业占比/%	领域占比/%
2022总营收/亿元	4 297.71	717.33	16.7	—
最高/亿元	311.57	236.98	76.1	—
平均/亿元	11.62	5.52	47.5	—
1亿元及以上企业/家	210	47	22.4	32.2
10亿元以上企业/家	74	13	17.6	8.9
30亿元以上企业/家	36	5	13.9	3.4

（三）领域人力资源特点

1. 职位体系构成

同大多数企业一样，轨道装备制造企业岗位体系一般也分为管理、技术和技能三类，其核心职位体系通常围绕产品的研发、生产、销售、维护全生命周期主线设计。装备制造领域典型岗位如表5所示，包括设计研发、生产制造、质量检测、销售管理、维修维护等岗位，根据岗位性质与胜任要求细分不同类别和层级，如设计研发岗位按照产品分为车身设计、内部装潢设计、电气设备设计、自动控制系统设计等类别，根据任职要求又分为工程师、高级工程师、科学家等层级。

表5　装备制造领域企业典型岗位

典型岗位	任职要求
研发工程师	较高的专业知识、创新能力和团队精神，能够独立完成某个产品设计的过程
设备装配工	一定的技能和经验，能够按照生产工艺和质量标准完成生产制造任务
质量检测员	丰富的质量管理专业技能和检测经验，能够独立完成或参与完成产品质量检测和把关的过程，确保产品质量符合相关标准和要求
销售员	一定的市场分析能力和沟通协调能力，能够制定合理的销售策略，拓展市场，与客户建立良好的合作关系
设备维修工	丰富的专业技能和经验，掌握轨道交通装备的结构和原理，能够独立完成或参与完成轨道交通装备的维修维护任务，确保轨道交通装备的正常运行和使用

2. 人力资源特点

轨道交通装备制造业涉及众多高科技领域，同时产业链涉及零部件生产、组装、调试、维护等多个环节，是一个技术含量高、产业关联性强、劳动密集、技术密集和技能密集型产业，需要大量具备较高的专业知识和技能的技术人员和生产工人，同时也需要企业具备较好的人力资源管理和培训体系。

人力资源一般具有以下特点。

一是专业技术性强，涉及领域多。轨道交通装备制造业涉及多个专业领域，如机械、电子、电气、计算机、通信等，因此对员工的专业技能和知识要求较高。企业需要招聘和培养大量的专业技术人才和技能工人，以满足研发、设计、生产等需求。

二是人才需求量大，种类丰富。轨道交通装备制造业是国民经济的支柱产业之一，一方面，轨道交通装备市场的蓬勃发展，推动企业的人才需求不断增长。另一方面，轨道交通装备制造业涉及面广、产业链长，需要大量的设计研发、生产制造、质量检测、销售管理、维修维护等人才来支撑。

三是环节流程复杂，管理要求高。一方面，轨道交通装备制造业员工结构相对复杂，包括生产人员、研发人员、技术人员、管理人员、销售人员等，企业需要建立完善的人力资源管理体系，促进不同岗位之间的协作和沟通，提高整体运营效率。另一方面，轨道交通装备制造业具有技术技能密集属性，对员工的素质要求较高，包括专业技能、协作能力、沟通能力、创新能力等，也需要企业建立完善的管理和培训体系，以提高员工的综合素质和竞争力。

二、广州市轨道交通产业装备制造人力资源发展状况分析

（一）人力资源总体情况

1. 从业人员规模大，且保持连续增长

统计显示，2022 年末广州市轨道交通产业在岗职工总人数为 20.2 万人，与 2021 年持平，连续三年保持在 18 万人以上的规模，人员队伍建设总体保持稳定。装备制造领域从业人员规模如表 6 所示，2022 年末在岗职工总人数 48 536 人，占产业在岗职工总人数的 24.0%，较 2021 年增长 1.9%，从业人员整体规模大，且连续三年保持增长，为装备制造领域的健康发展提供有力人才支撑。

表 6　装备制造领域从业人员规模

指标	2022 年	2021 年	2020 年
产业年末在岗职工总人数/人	202 027	202 078	188 469
领域年末在岗职工总人数/人	48 536	47 643	44 130
占比增长/%	24.0	23.6	23.4
同比增长/%	1.9	8.0	3.0

2. 一线技能人员和技术人员为主体

广州市轨道交通产业装备制造领域 2022 年末在岗职工中，管理人员、技术人员、技能人员占比分别为 9.6%、20.9%、69.5%，呈现较为标准的金字塔结构，以一线技术和技能人员为主体的队伍结构，为装备制造企业的技术创新和产业进步奠定了基础。装备制造领域员工队伍结构如图 1 所示。

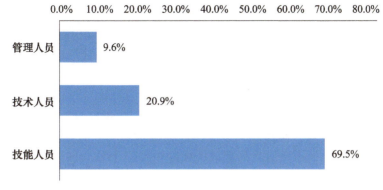

图 1 装备制造领域员工队伍结构

3. 员工队伍年轻富有活力

广州市轨道交通产业装备制造领域 2022 年末在岗职工中，30 岁及以下、31～40 岁、41～50 岁、51 岁以上员工，占比分别为 38.8%、37.7%、16.8%、6.7%。40 岁及以下青壮年员工占比达 76.5%，队伍充满活力。装备制造领域员工队伍年龄结构如图 2 所示。

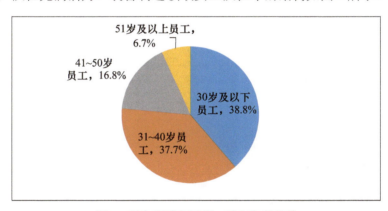

图 2 装备制造领域员工队伍年龄结构

4. 本科及以上高学历占比逐年提升

广州市轨道交通产业装备制造领域 2022 年末在岗职工中，硕士及以上、本科、大专、中专及以下学历员工占比分别为 2.2%、27.3%、35.0%、35.5%。高、中、初学历结构均衡，其中本科及以上高学历占比 29.5%，较 2021 年提升 1.1 个百分点，且连续三年保持增长，中专及以下低学历员工占比则持续下降，学历结构逐年优化。装备制造领域从业人员学历结构如表 7 所示。

表 7 装备制造领域从业人员学历结构

单位：%

指标	2022 年	2021 年	2020 年
硕士及以上学历员工占比	2.2	2.2	2.0
本科学历员工占比	27.3	26.2	24.4
大专学历员工占比	35.0	34.6	33.2
中专及以下学历员工占比	35.5	37.0	40.3

5. 中高级技术人员总量少，高技能人员下降快

广州市轨道交通产业装备制造领域从业人员职称/技能等级结构如表 8 所示，2022 年末技术人员中，高级职称、中级职称占比分别为 6.0%、18.1%，合计 24.1%，参照国内外优秀实践（高级、中级、初级人才结构 1:3:6)，中高级专业技术人员占比整体偏低，但保持增长。尤其是高级专业技术人员占比，连续三年提升，技术人员结构持续优化。

技能人员中，高级技师、技师、高级工、中级工、初级工占比分别为 3.2%、10.6%、23.1%、37.4%、25.6%，高级工及以上高技能人员占比合计 37.0%，较 2021 年下滑 4.4 个百分点，连续三年下降。对照广东省"十四五"高技能人才队伍建设 35% 的规划目标，高技能人才整体占比仍处于合理偏高的水平。

表 8 装备制造领域从业人员职称/技能等级结构

单位：%

指标		2022 年	2021 年	2020 年
技术人员中：	高级专业技术职称占比	6.0	5.6	4.7
	中级专业技术职称占比	18.1	18.1	14.6
技能人员中：	高级技师资格员工占比	3.2	3.7	3.7
	技师资格员工占比	10.6	12.2	13.4
	高级工占比	23.1	25.5	29.7
	中级工占比	37.4	36.6	31.8
	初级工占比	25.6	21.9	21.3
	高技能人才占比	37.0	41.4	46.9

6. 员工离职率偏高，技术人员流失加速

2022 年，广州市轨道交通产业人员离职率为 13.8%，其中，管理人员、技术人员、技能人员的离职率分别为 6.8%、6.3%、17.2%。装备制造领域人员离职率如表 9 所示。2022 年人员离职率为 12.3%。其中，管理人员、技术人员、技能人员的离职率分别为 5.3%、8.8%、8.7%。装备制造领域人员离职率略低于产业整体水平，且近三年持续下降，但仍处于较高流动水平。2022 年，管理人员的离职率较 2021 年下降，流动性趋于合理；技术人员离职率高出产业整体离职率的 2.5 个百分点，且持续攀升，中高级技术人员占比保持下降；技能人员离职率较 2021 年大幅下降，稳定性持续提升，中高级技能人才占比持续下降，但整体仍处于高流动区间。

表 9 装备制造领域人员离职率

单位：%

指标	2022 年	2021 年	2020 年
产业全员离职率	13.8	12.7	12.0
其中：管理人员	6.8	7.4	6.0
技术人员	6.3	6.7	5.5
技能人员	17.2	15.8	15.6

续表

指标	2022 年	2021 年	2020 年
领域全员离职率	12.3	14.0	12.1
其中：管理人员	5.3	6.5	4.8
技术人员	8.8	8.7	6.1
其中：中级职称及以上人员占比	7.0	13.3	8.8
技能人员	8.7	11.3	9.9
其中：中级工及以上人中占比	4.4	5.7	4.4

7. 招聘总需求稳中有降，技术人员需求大幅增长

广州市轨道交通产业装备制造领域人员招聘需求如表 10 所示，2022 年计划招聘 6 649 人，占产业计划招聘人数的 41.6%，较 2021 年下滑 5.5%，年均需求 6 546 人，实际招聘 6 611 人，同比下滑 9.3%。人员招聘需求总量多、规模大，稳中有降。

分类来看，2022 年管理人员、技术人员、技能人员招聘总量分别为 243 人、949 人、1986 人，同比增速分别为−15.9%、25.2%、−24.0%。对管理人员整体需求量较小；对技能人员需求总量大占比高，但大幅下滑；对技术人员的需求连续三年保持大幅增长。

2022 年，招录省外应届毕业和省外人员分别为 494 人和 2 700 人，占招聘计划的 7.4%和 40.6%，同比增长 5.1%、−12.5%。企业人才引进以社会招聘为主，对省外应届毕业生的需求总量小，但连续三年保持增长；对省外社招人员需求总量大，但稳中有降。

表 10 装备制造领域人员招聘需求

指标	2020 年	2021 年	2022 年	3 年平均
全年计划外部招聘/人	5 952	7 038	6 649	6 546
同比增长/%	−3.7	18.2	−5.5	
全年外招人员/人	6 047	7 290	6 611	6 649
同比增长/%	−6.8	20.6	−9.3	
其中：招录省外应届毕业生/人	343	470	494	436
同比增长/%	−8.0	37.0	5.1	
向社会招聘省外人/人	2 332	3 087	2 700	2 706
同比增长/%	−17.0	32.4	−12.5	
其中：管理人员/人	236	289	243	256
同比增长/%	−4.5	22.5	−15.9	
技术人员/人	560	758	949	756
同比增长/%	−8.9	35.4	25.2	
技能人员/人	2 156	2 500	1 986	2 214
同比增长/%	−3.6	24.9	−24.0	

8. 培训资金投入度不足，培训总量少

广州市轨道交通产业装备制造领域企业培训情况如表11所示。2022年，146家企业职工教育经费实际支出额为706.74万元，同比下降1.4%，人均实际支出额为145.6元，同比下降3.2%，培训投入连续三年保持在工资总额的0.3%，相对国家会计准则对企业职工教育经费最低1.5%计提比例而言，培训投入度总体不足，人均培训支出少，对员工培训产生负面影响。

2022年，全年开展培训总学时、总人次分别为376 832.17 h、73 306人次，占产业同类指标数值的12.3%、9.3%。两项指标总量在产业同类指标中占比较低，但均保持连续三年增长。

表11 装备制造领域企业培训情况

指标	2020年	2021年	2022年
职工教育经费实际支出额/万元	609.52	716.49	706.74
占在岗职工工资薪金总额百分比/%	0.3	0.3	0.3
同比增长/%	−14.6	17.5	−1.4
人均职工教育经费实际支出额/元	137.19	150.39	145.61
同比增长/%	−17.6	9.6	−3.2
全年开展培训总学时/h	311 183	443 123.70	376 832.17
占产业全年培训总学时百分比/%	12.0	15.5	12.3
同比增长/%	49.4	42.4	−15.0
全年开展培训总人次/人次	66 130	69 628	73 306
占产业全年培训总人次百分比/%	10.4	11.4	9.3
同比增长/%	14.0	5.3	5.3

（二）人力资源主要问题

1. 招工难问题突出，人才引进政策和渠道针对性差

统计显示，2022年，广州市轨道交通产业装备制造领域146家企业，认为人力资源管理方面面临的问题与挑战，集中度最高的前3名是招工难招工贵占25.3%、一线生产或服务人员保留难占17.2%、员工考核与激励占16.8%，企业对招工难问题感知明显。装备制造领域企业招聘感知情况如表12所示。认为招人难的主要原因，集中度最高的前3名是缺乏符合条件的人占30.7%、应聘者薪酬难以满足占27.0%、年轻人不愿意进入本行业就业占19.3%。这一调查结果说明企业已认识到，加强对人才市场与目标人群就业特点研究、精准选择招聘渠道、出台针对性的人才引进政策、吸引年轻人进入，是破解招工难的主要方法。

表12 装备制造领域企业招聘感知情况　　　　　　　　　　　　　　　单位：%

排序	人力资源管理问题与挑战	选项占比	招人难的主要原因	选项占比
1	招工难招工贵	25.3	缺乏符合条件的人	30.7
2	一线生产或服务人员保留难	17.2	应聘者薪酬要求难以满足	27.0
3	员工考核与激励	16.8	年轻人不愿意进入本行业就业	19.3

在人才引进政策方面，数据显示，企业对本市招才引智各项人才政策了解程度，非常熟悉、比较熟悉、一般、不太清楚、非常不清楚的占比分别为 3.1%、20.9%、54.3%、18.6%、3.1%。多数企业对区域宏观人才政策关注度不足。在企业微观人才引进政策的设计上，企业认为吸引人才的主要优势集中度最高的前 3 名是职业发展机会占 24.5%、薪资福利占 21.2%、公司文化和氛围占 20.9%。企业关注点聚焦在职业发展与薪资福利，对就业市场与目标人群的就业渠道、职业心理等问题关心不够。表 13 所示为装备制造领域企业人才引进政策情况。

表 13　装备制造领域企业人才引进政策情况　　　　　　　　　　　　　　　单位：%

排序	对本市招才引智各项人才政策了解程度	占比	吸引人才的主要优势	占比
1	非常熟悉	3.1	职业发展机会	24.5
2	比较熟悉	20.9	薪资福利	21.2
3	一般	54.3	公司文化和氛围	20.9

在招聘渠道方面，企业对网络招聘依存度高，较少使用其他招聘渠道。装备制造领域企业人才招聘渠道如表 14 所示。2022 年，广州市轨道交通产业装备制造领域 146 家企业，人员招聘的主要渠道集中度最高的前 3 名是招聘网站占 36.6%、员工推介占 22.8%、校园招聘占 20.0%。企业招用工最关注的人力资源信息平台集中度最高的前 3 名是互联网招聘信息平台占 37.8%、院校毕业生就业信息平台占 17.7%、政府人力资源信息平台占 12.2%。

表 14　装备制造领域企业人才招聘渠道　　　　　　　　　　　　　　　单位：%

排序	人员招聘主要渠道	占比	招用工最关注的人力资源信息平台	占比
1	招聘网站	36.6	互联网招聘信息平台	37.8
2	员工推介	22.8	院校毕业生就业信息平台	17.7
3	校园招聘	20.0	政府人力资源信息平台	12.2

2. 技术人员紧缺严重，需求大，流失快

技术人员是装备制造企业的关键和核心，对技术人员的吸引、激励、保留一定程度上决定了装备制造企业的创新能力和技术水平。

统计调查显示，广州市轨道交通产业装备制造领域企业，技术人员最为紧缺。在企业认为最缺乏的员工的选项中，集中度最高的前 3 名分别是技术人员占 47.1%、技能人员（生产操作类）占 23.8%、管理人员占 9.7%。

如前所述，一方面，企业对技术人员的需求大幅增长。2020—2022 年技术人员招聘总量，同比分别增长-8.9%、35.4%、25.2%，近两年，企业对技术人员的招聘需求激增。另一方面，技术人员流失加快。2020—2022 年，技术人员离职率分别为 6.1%、8.7%、8.8%，2022 年技术人员离职率高出产业整体离职率 2.5 个百分点，且持续攀升，整体稳定性堪忧。企业应强化技术人员的进出管理，采取有效措施，扩大引进，降低流失，开源节流，才能稳定技术人员队伍。图 3 所示为企业认为最缺乏的员工调研结果。

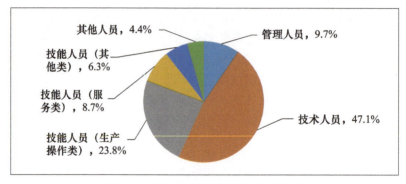

图 3　企业认为最缺乏的员工调研结果

3. 员工流失率较高，企业稳定员工队伍效果不佳

如前所述，统计调查数据显示，装备制造领域 2022 年人员离职率为 12.3%。其中，管理人员、技术人员、技能人员的离职率分别为 5.3%、8.8%、8.7%。装备制造领域人员离职率略低于产业整体水平，且近三年持续下降，但仍处于较高流动水平。

装备制造领域企业员工离职原因如表 15 所示，占比最高的前 3 名是生活和家庭因素占 24.8%、对薪酬待遇不满意占 23.1%、觉得个人没发展占 21.5%。同时，在企业认为能够有效稳定人才队伍的主要手段中，集中度最高的前 3 名分别是定期绩效奖励占 25.7%、员工福利占 22.8%、公司发展前景占 16.1%。由此可见，大多企业都过度关注薪酬福利，缺乏对员工生活和家庭等其他因素的关注与研究。

表 15　装备制造领域企业员工离职原因

单位：%

排序	员工离职主要原因	占比	有效稳定人才队伍的主要手段	占比
1	生活和家庭因素	24.8	定期绩效奖励	25.7
2	对薪酬待遇不满意	23.1	员工福利	22.8
3	觉得个人没发展	21.5	公司发展前景	16.1

4. 员工培训经费投入不足，培训管理体系不健全

在培训投入方面，广州市轨道交通产业装备制造领域企业职工教育培训经费支出连续三年保持在工资总额的 0.3%，大幅低于国家标准，培训总量在产业同类指标中占比偏低。

据调研结果，装备制造领域企业员工培训问题如表 16 所示。企业认为培训工作中存在的问题中，集中度最高的前 3 名分别是缺乏对培训效果的评价及跟踪占 24.5%、开展的培训数量不够占 20.0%、以入职培训为主而其他培训不多的占 17.7%。这些问题从培训体系建设和管理上看，说明企业培训以新员工上岗培训为主，在岗员工的岗位适应性培训、转岗培训等体系不健全，在管理上，以过程实施为主，缺乏对效果的跟踪与评估，系统性和科学性不足。

表 16　装备制造领域企业员工培训问题

单位：%

排序	企业认为培训工作中存在的问题	占比
1	缺乏对培训效果的评价及跟踪	24.5
2	开展的培训数量不够	20.0

续表

排序	企业认为培训工作中存在的问题	占比
3	以入职培训为主而其他培训不多	17.7
4	培训工作没有系统的规划,随意性很强	15.5
5	培训没有针对性,对提升工作能力帮助不大	15.0
6	开展的培训质量比较差	4.5
7	其他	2.7

5. 企业人力资源管理的信息化、数字化程度偏低

广州市轨道交通产业装备制造大多数企业都很重视人力资源工作,能够认识到人力资源工作的意义和价值。统计调查显示,广州市轨道交通产业装备制造领域企业中,认为人力资源工作对于企业长久、可持续发展而言,非常重要和比较重要的占比分别为67.8%和28.2%。大多数企业都能认识到人力资源工作的意义和价值,同时有65.9%的企业单独设立了人力资源部。

在人力资源管理手段和工具方面,企业人力资源管理信息化、数字化程度较低。在受调的广州市轨道交通产业装备制造领域企业中,实现信息化数字化的人力资源模块,集中度最高的前3名是招聘和入职管理,占20.1%、绩效管理,占18.5%、薪资管理,占16.6%。多数企业管理手段传统,还没有完成人力资源的数字化转型。表17为人力资源信息化数字化程度调研结果。

表17 装备制造领域企业人力资源信息化、数字化程度   单位:%

排序	企业实现信息化、数字化的模块	占比
1	招聘和入职管理	20.1
2	绩效管理	18.5
3	薪资管理	16.6
4	岗位动态管理	13.5
5	人力资源管理全过程	13.2
6	培训和职业能力管理	9.1
7	劳动关系管理	9.1

三、广州市轨道交通产业装备制造人力资源发展展望

(一)领域发展基础

1. 政策支持,驱动广州轨道交通装备制造业蓬勃发展

轨道交通装备产业是《国务院关于加快培育和发展战略性新兴产业的决定》确定的高端装备制造业中五个重点发展方向之一,是我国重点发展的科技领域,也是交通强国战略和创新驱动发展战略的重要组成部分。近年来,国家出台了一系列鼓励轨道交通装备制造业发展的产业政策。包括《交通强国建设纲要》《新时代交通强国铁路先行规划纲要》《关于推动都

市圈市域（郊）铁路加快发展意见的通知》《国家综合立体交通网规划纲要》《2021 年新型城镇化和城乡融合发展重点任务》等，大力培育和发展轨道交通高端装备制造业。

广州发展和改革委员会《广州市轨道交通产业"十四五"发展规划》提出广州市轨道交通产业规模不断壮大，配套能力显著提升的发展目标。到 2025 年，轨道交通全产业链规模力争达到 3 000 亿，轨道交通装备制造业增加值占全市制造业增加值比重力争达到 5%以上。实现整车生产环节本地配套率和关键零部件生产环节本地配套率均达到 70%以上，打造轨道交通产业先进制造业集群。在政策利好形势下，广州轨道交通装备制造业发展前景广阔。

2. 下游轨道交通行业快速发展，催生装备制造需求增长

国家发展改革委《中长期铁路网规划》显示，2025 年，铁路网规模达到 17.5 万 km 左右。较 2022 年营业里程 15.5 万 km，净增 2 万 km。交通部和国铁集团相关统计数据显示，截至 2022 年底，全国共有动车组 4194 标准组，33 554 辆，比 2021 年增加 41 标准组，333 辆。2023—2025 年预计分别新增动车组 189 标准组、255 标准组、259 标准组，为轨道交通装备制造业分别带来 323 亿元、436 亿元、443 亿元的市场空间。

中国城市轨道交通协会相关统计数据显示，"十四五"城轨交通稳定增长，2022 年我国城轨营业里程数 1.03 万 km，当年新增里程 1 080.63 km，完成建设投资 5 443.97 亿元。2023—2025 年同比增长 8.8%、8.1%、7.5%，到 2025 年城轨营业里程将达到 1.3 万 km。预计分别新增城轨车辆 1 102 列、1 052 列、1 071 列，复合增速 9.4%，至 2025 年全国城轨车辆保有量有望达 13 650 列。相关数据还显示，截至 2022 年底，扣除已建成投运的城轨交通建设，广州正在实施的城市轨道交通规划线路长度超 300 km。国家发展改革委在《关于粤港澳大湾区城际铁路建设规划的批复》（发改基础〔2020〕1238 号）中明确了要在近期规划建设 13 条城际铁路和 5 个枢纽工程项目，总里程约 775 km，形成主轴强化、区域覆盖、枢纽衔接的城际铁路网络。《广州市城市轨道交通线网（2018—2035）规划方案》提出，到 2035 年广州将推动实现线网 53 条共 2 029 km 的轨道交通发展目标。预计到 2025 年，广州轨道交通运营地铁线路总里程将超过 800 km，城际线路总里程将超过 700 km，较 2022 年分别新增 180 km 和 320 km。轨道交通行业的快速发展，带动轨道交通装备制造业需求增长。

3. 信息技术发展，推动广州轨道交通装备制造业产业升级

随着大数据、互联网、人工智能、区块链、超级计算等新技术与交通行业深度融合，轨道交通系统建设迎来了技术更新和产业升级的发展机遇。建立自主可控、安全高效、主导发展的轨道交通技术链和产业链，引领行业各领域创新驱动智慧化升级，已经成为轨道交通建设领域的重要课题。

广州轨道交通装备制造业在轨道交通智能设备、智能系统等信息控制技术方面优势明显，企业研发投入高，创新能力强。随着城市轨道交通建设的不断推进和市场需求的不断扩大，装备制造企业将迎来更多的发展机遇。同时，技术创新与发展也将推动广州轨道交通装备制造业产业升级和转型，为企业高质量可持续发展奠定基础。

4. 市场竞争加剧，促进广州轨道交通装备制造业集群发展

"十四五"以来，我国装备制造业绿色化、智能化、集群化发展趋势明显。广州市轨道交通产业装备制造领域在面对广阔市场机遇的同时，也面临激烈的市场竞争。

相关数据显示，我国市场竞争格局较为集中，中国中车、新筑股份、今创集团、康尼电机和永贵电器等 5 家企业拥有 92.3%的市场占有率。广州市轨道交通产业装备制造业想要改变市场格局，在激烈的竞争中拥有一席之地，必须做强长板，补齐短板，在政府的扶持下，

发挥自身市场优势、技术优势、抓住发展机遇，以创新驱动与市场需求牵引相结合，做大做强通信信号系统、自动驾驶系统等控制系统，逐步补齐整车、关键零部件短板，形成轨道交通特色产业集群，实现高质量发展。

（二）领域人力资源发展展望

1. 人员规模持续扩大

《广州市轨道交通产业"十四五"发展规划》提出，到 2025 年，广州轨道交通全产业链规模力争达到 3 000 亿元，轨道交通装备制造业增加值占全市制造业增加值比重力争达到 5%。广州市统计局相关数据显示，2022 年，广州高技术制造业实现增加值 1 002.76 亿元，同比增长 8.1%。据此测算，2023—2025 年，广州轨道交通装备制造业年均增加值应在 50 亿～60 亿元，三年累计增加值在 150 亿～180 亿元。

根据调查，广州装备制造领域 146 家企业，2022 年工业总产值为 241.31 亿元，人员规模 48 536 人，人均产值 49.7 万元。据此测算，到 2025 年，广州轨道交通装备制造领域人员规模增量将达到 30 158～36 189 人，年均 10 052～12 063 人，人员规模快速扩张。

2. 对创新技术人员的争夺加剧

技术人员尤其是创新能力强的科研人员，对装备制造企业乃至轨道交通产业的技术创新和产业升级至关重要，是装备制造企业获得竞争优势的核心和关键。

如前所述，技术人员在广州轨道交通装备制造领域企业员工规模中的占比达到 20.9%，规模总量大。近两年，企业对技术人员需求持续大幅增长，年均增速超过 30%，同时，技术人员的流失也持续加大，年均流失率 8.75%，总量大、需求多、流失大，使技术人员成为企业最关键和最紧缺的人才。预计未来几年，随着轨道交通装备制造业的快速发展，以及市场竞争的加剧，企业对技术人员尤其是创新型技术人员的争夺将日趋白热化。如何有效吸引、培养、激励、保留技术人员，是广州轨道交通装备制造企业必须直面的考验。

3. 对员工队伍素质要求更高

随着新基建时代的逐步深入，5G、物联网、大数据、人工智能等新技术与轨道交通装备制造业的深度融合，轨道交通行业技术创新和产业升级加速，智慧维修、智慧乘客管理、无人驾驶等技术的不断更新和进步，对员工队伍素质提出了更高的要求。员工需要不断学习和探索新的技术和工艺，提高自己的技术技能水平，培养创新意识和创新能力；需要加强与其他部门和员工密切合作，共同完成生产任务，培养高度的团队协作能力；需要具备学习和自我发展的意愿，不断提高自己的技能和能力，以适应行业的发展。

企业则需要持续加大对员工培训的投入，建设培训资源，健全培训体系，通过各种培训、教育和学习活动，不断提高员工的技能和能力，以满足行业发展的需要。

4. 企业人力资源管理加速转型升级

随着轨道交通行业技术创新和产业升级加速，新业态、新模式、新场景的不断涌现，将越来越深刻地改变传统工作，也将推动企业人力资源管理加速转型升级。

新技术对岗位工作职责、工作方法与工作流程等带来的冲击和影响，必将推动企业人力资源管理持续开展组织结构优化、管理模式变革、岗位职责融合、生产流程再造、人才标准更新、用工模式优化、人才机制完善、企业文化深植，从而促进企业人力资源管理水平的持续提升。同时，AI、数字化、智能化等新技术的广泛与深入，也必将推动人力资源管理领域自身数字化的转型升级。企业通过建设人力资源招聘选拔系统、培训培养系统、绩效考核系统、薪酬分配系统等平台和工具，开展数据管理、数据规范等管理活动，推动人力资源数字化转型，持续提升人力资源管理效能。

四、广州市轨道交通产业装备制造人力资源发展策略

随着广州市轨道交通产业"十四五"发展规划的深入推进，随着信息技术和轨道交通行业的快速发展，广州轨道交通装备制造业将迎来市场蓬勃发展、技术更新换代、产业升级加速的发展新机遇，同时也将面临市场竞争加剧的挑战。人力资源将呈现人员规模快速膨胀、创新技术人员争夺加剧、员工素质提升要求更高、人力资源管理转型加速的发展趋势。

面对机遇与挑战，广州轨道交通装备制造企业，应坚持"科技是第一生产力、人才是第一资源、创新是第一动力"发展理念，深入实施人才战略和创新战略，通过建立人才优势实现创新驱动发展。

在发展策略上，应实施人力资源管理提升策略、创新人才倾斜策略、员工能力发展策略、企业文化入心策略。通过人力资源数字化转型、人力资源队伍专业化职业化提升，提升人力资源管理水平；通过机制创新、政策倾斜、资源倾斜等方式，选拔、培养、激励、保留技术人员，建设一流创新人才队伍；通过加大培训投入、健全培训体系、创新培训方式，推动员工队伍素质提升和能力发展；通过实施工作家庭平衡计划、EAP员工帮扶计划等，推动企业文化入心留人，提升队伍稳定性。

（一）人力资源管理提升策略

企业人力资源管理提升的关键在于提升企业人力资源管理人员专业化职业化水平，在于人力资源管理手段和工具的创新。

"打铁还需自身硬"，企业人力资源管理人员作为企业战略的参与者、变革的推动者、业务合作伙伴，作为人才队伍建设的组织者、推动者和实践者，必须持续提升自身专业化职业化水平，才能构建科学人才管理体系、机制、方法，支撑战略、推动变革、培育人才，满足企业高质量发展要求。企业可通过多种渠道引进高素质专业人力资源管理人员，通过任职资格、学习地图、职业规划等方式牵引人力资源管理人员持续学习和发展，通过专业培训、岗位轮换、专项工作实践、交流学习等方式培养人力资源管理人员的专业能力和服务意识，通过牵引激励人力资源管理人员持续提升自身职业素质和能力水平，进而提升组织人力资源管理水平。

管理工具和手段在很大程度上决定了企业人力资源的管理效能。通过实施人力资源数字化转型，可以提高人力资源管理的效率，优化人力资源管理流程，提升人力资源数据的质量和准确性，减少烦琐的手动操作，提高决策的准确性和及时性，增强企业的竞争力。人力资源数字化转型不等同于简单上马几个管理系统，企业应在明确数字化转型的方向和目标的基础上（如提升招聘效率、优化薪酬管理、简化培训流程等），深入分析人力资源管理的现状和存在的问题，制定数字化转型的方案，包括技术选择、系统集成、流程优化等，进而选择适合的数字化系统，并对员工进行数字化培训。在数字化转型过程中，还应关注成本效益、员工反馈、数据安全，持续改进数字化系统和服务。同时，也要同步实施"人力+数据"复合型人才的培养，确保人力资源数字化转型的成功。

（二）创新人才倾斜策略

创新人才是轨道交通装备制造业技术创新和产业升级的重要推动力量，对提升企业产品质量和市场竞争力发挥着至关重要的作用。建设一流创新人才队伍，应采取政策倾斜和资源倾斜策略，大力吸引、激励、保留创新技术人才和科研人才。

在创新人才吸引方面，企业应关注政府宏观人才引进政策，加强与主管部门的联动，积极参与各类引才行动，借台唱戏，拓展引才渠道，传播雇主品牌。应建立有效的招聘和人才选拔机制，深入研究创新人才群体特征和职业取向，制定和优化针对性人才吸引政策，为高层次创新人才提供高额回报激励和福利，以实际成果、业绩和贡献为主要依据，不唯学历、职称、资历、身份，不拘一格地选拔和使用人才，为人才提供平台、提供项目、提供经费、提供服务，多管齐下，全方位满足高端技术人才的需求，激发人才创新创业的动力潜力，助推人才成功和企业发展。

对创新人才的激励，则应重点解决激励不到位和激励错位的问题，围绕企业科技创新需求，应加大对重点研发科技人才激励力度，为科技人才创新创造提供有力支持和保障；应实行以增加知识价值为导向的分配办法，薪酬分配向科技人才倾斜；应科学评价科技人才贡献，按贡献决定科技人才报酬；应结合不同科技人才特点，建立完善当期激励与中长期激励相结合的分配机制，为科研人才提供富有竞争力的薪酬和福利，包括奖金、股票选择权、医疗保险、退休金计划等，充分激发科技人才创新活力。

除此之外，企业还应为创新人才提供良好的工作环境，如舒适的工作场所、现代化的设备、安全的工作环境、健康的工作氛围等；提供众多培训学习和交流发展机会，如内部培训、外部培训、参加学术会议、获得新的技能和知识等；建立积极、开放、创新、协作的企业文化，提供创新的空间和机会，鼓励员工积极参与创新和研发工作，确保员工的贡献得到认可和激励。

（三）员工能力发展策略

员工素质提升和能力发展是广州轨道交通装备制造业技术创新和产业升级的必然要求，是企业可持续高质量发展的基础。实施员工能力发展策略，要求企业必须加大培训经费投入、健全培训体系、创新培训方式。

加大培训经费投入，企业应建立培训经费管理机制，明确职工教育经费的计提标准和使用规则，确保职工教育经费足额计提和科学使用。建立健全培训费应用场景使用标准，如课程开发费使用标准、讲师课酬标准、培训实施物品标准、外部课程和讲师采购标准、设备设施采购和维护标准等。同时，企业应加强培训资源建设，结合员工岗位特点，建设科研平台、实训基地、实验室、工作室、电教室等，为员工培训提供良好基础。通过加大培训经费投入，规范培训经费使用，建设培训资源，推进员工培训良性发展。

健全培训体系，企业应结合员工职业发展路径，在夯实新员工上岗培训基础上，建立健全在岗员工转岗培训和岗位适应性培训体系。建立健全学习发展机制，建设岗位标准、培训标准、认证标准，设计开发岗位任职资格、学习地图、认证课程、试题库，建设"培训—认证—发展"机制，牵引员工自动学习。建立健全课程开发和讲师管理体系，实施知识管理，激励员工沉淀经验。建立健全培训项目管理体系，强化需求评估、培训策划、课堂管理、效果评估全流程闭环管理。通过体系建设与机制健全，促进培训管理提升。

创新培训方式，企业应结合岗位要求、培训效果与员工特点，积极创新培训方式，提升员工学习兴趣，促进应用转化。除传统的线下大课、小班等课堂培训外，可拓展翻转课堂、网络直播、行动学习、轮岗培养、项目培养、微课大赛、讲师大赛、技能竞赛、创新大赛等"以赛促学""以讲促学""以工促学"等形式。加大对科技人才、骨干人才自主培养力度，建设专家工作站、创新实践基地等人才培养平台，推动产学研融合育才。创新高技能人才培养模式，加强校企合作，积极推行企业新型学徒制，建设技能大师工作室、劳模和工匠工作室，通过师徒带教、研修交流、岗位练兵、技能竞赛等方式培养"大国工匠"。

（四）企业文化入心策略

良好的企业文化能够增强员工归属感和企业凝聚力，激发员工士气，减少员工流失，对员工队伍的稳定发挥重要作用。通过实施工作家庭平衡计划、EAP员工帮扶计划等，推动企业文化入心留人，能够有效提升广州轨道交通装备制造业员工队伍稳定性。

实施工作与家庭平衡计划和EAP员工帮扶计划，首先企业应充分了解员工的工作和生活需求，包括工作时间、工作强度、家庭状况等。针对员工实际需求，企业可设计针对性的帮扶措施，例如，可结合企业实际实施弹性工作制，为员工提供灵活的工作时间、远程办公、弹性休假等安排，让员工可以根据自己的实际情况进行调整和安排。可提供心理支持和咨询服务，帮助员工处理工作和家庭之间的矛盾和冲突。可定期举办家庭友好活动，包括亲子活动、家庭聚餐、员工旅游等，让员工和家人有机会一起参与和互动，增强员工家庭之间的沟通和交流。可提供多元化的福利，包括托儿服务、家庭健康保险、心理咨询等福利，以帮助员工更好地平衡工作和家庭之间的关系。

通过提供个性化的关怀和支持、良好的工作环境和氛围、多元化的福利等措施，提高员工的满意度和忠诚度，增强员工的归属感和凝聚力，进而增强员工队伍的稳定性，提升企业的整体形象和市场竞争力。

政策支持、下游轨道交通行业快速发展以及信息技术发展，让广州轨道交通装备制造业迎来蓬勃发展新机遇，同时也将面临市场竞争加剧的挑战。广州轨道交通装备制造企业应深入实施人才战略和创新战略，落实人力资源管理提升策略，创新人才倾斜策略、员工能力发展策略、企业文化入心策略，通过建立人才优势实现创新驱动发展。

》》》执笔：耿丽、杨维国

广州市轨道交通产业运营维护人力资源发展报告

广州市轨道交通产业联盟

城市轨道交通系统的运营维护（简称运维）是围绕城市轨道交通系统开展的运营管理和设备维护的一系列工作的总称，是处于轨道交通产业链后端的关键领域。安全周密、及时高效的城市轨道运营服务，是维护和保持城市轨道交通正常运行，满足市民舒适放心、快速便捷出行的重要保障，对于确保现代都市公共交通有序运转意义十分重大。广州市轨道交通产业运维领域人力资源队伍的建设与发展，是广州市乃至大湾区城市轨道交通产业推进实现可持续发展的重要基础。

本报告立足 2023 年广州市轨道交通产业联盟对广州市轨道交通产业相关企业开展的人力资源专项统计调查结果，结合有关调研，考察和评析广州市轨道交通产业运维领域人力资源发展状况，为促进该领域人力资源高质量发展提供建议和参考。

一、广州市轨道交通产业运维及其人力资源概述

在国家交通强国战略的引领下，在政府发展轨道交通政策的推动下，经过多年发展，广州市轨道交通产业已初步形成了集研发、设计、施工、装备制造、运营维保及增值服务于一体的全产业链条，产值超 2 000 亿元，从业人员达数十万，产业规模和综合实力稳居全国前列，同时，在运营服务、设计咨询等领域处于全国领先水平。图 1 所示为轨道交通产业链全景图。

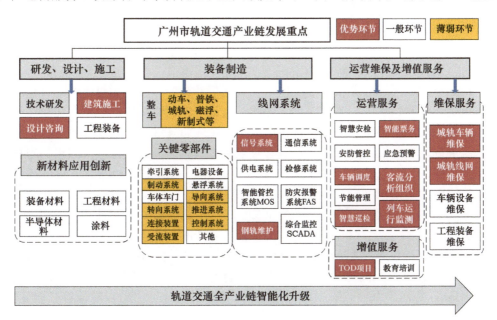

图 1　轨道交通产业链全景图

广州轨道交通实现安全高效运行，离不开处在运营维护一线和提供产业支撑的企业，离不开一支坚持奋斗在岗位上的人力资源队伍。目前，广州轨道交通运维主体单位主要包括广州地铁集团有限公司（简称"广州地铁集团"）、中国铁路广州局集团有限公司（简称"广铁集团"）两家大型国有企业。同时作为支撑和补充，参与或承接少量主体单位委外设备维修维护业务的有佳都科技集团股份有限公司、白云电气集团有限公司、广电运通集团股份有限公司、广东华能机电集团有限公司等轨道交通装备制造企业。考虑到轨道交通运维领域的行业特点，同时为了减少交叉，本文将考察分析的重点放在广州轨道交通运维主体企业范围。

（一）广州市轨道交通产业运维领域主要工作特点

1. 运维主体高度集中

广州轨道交通目前已开通运营线路超过 1 000 km，包括本地地铁线网 621 km，有轨电车 22.1 km，城际铁路 380.8 km，在建线路超过 500 km。除委托广铁集团管理运营的 320 km 城际轨道交通线路外，其他轨道交通线路的管理运营高度集中在广州地铁集团，总里程超过 700 km。

2. 线网规模大，复杂程度高

城轨系统是多种精密复杂系统的集成，属于技术密集型行业。城轨运维涉及三大系统：列车运行系统（主要包括线路、车辆、供电、信号、通信、控制中心、车站行车等）、客运服务系统（主要包括车站及照明、环境控制、消防、屏蔽门、自动扶梯、电梯、自动售检票系统及计算机、导向及预告系统等）和检修保障系统（主要是为保障上述设备的安全可靠运行而配置的检修人员、检修设备和设计的检修工艺、标准等）。关联运输、土木、电力、机械、电子、通信、机电、自动化、计算机等 10 多个领域 30 多个专业。设备多、系统多、专业多、技术复杂、接口复杂、协作复杂，是城轨运维的显著特点。

中国城市轨道交通协会《城市轨道交通 2022 年度统计和分析报告》相关数据显示，广州轨道交通线网运营里程规模（不含城际铁路）仅次于北京、上海，拥有 307 座车站（其中换乘站 37 座）、25 个车辆段。运营线路制式涉及地铁、市域快轨、有轨电车、自导向轨道系统 4 种。大线网、多制式运营进一步加大了广州轨道交通运营管理难度。

3. 客运强度大，安全服务要求高

城轨运营安全保障和服务提升是一项永久性的任务。一方面，相对于其他城市公共交通方式，轨道交通具有运量大、速度快、能耗低、污染小的优势，但同时也存在空间封闭、起停频繁、运行速度高、客运强度大、乘客自助乘车、应急疏散难、易受外界干扰等风险。叠加城轨系统的高度复杂性，为城轨安全运营带来巨大的压力。另一方面，城市与市民对城轨交通的高度依赖性，也对城轨运营服务时间、行车间隔、服务质量等提出更高的要求，从而加大了城轨运营管理的难度。

中国城市轨道交通协会相关数据显示，2022 年广州城市轨道交通客运总量超过 23.61 亿人次，日均 647.74 万人次，客运强度 1.04 万人次/km，居全国首位，占全市公共交通出行总量的 63%。其他运营指标，包括配属列车 645 列，平均时速 45.69 km，日均开行 7201 列次，高峰时段最小行车间隔 126 s，线网平均运营服务时间 17.7 h/d，全年列车安全运行 4.71 亿车·km，正点率 99.99%，乘客满意度 9.55 分（满分 10 分），均保持行业先进水平。

4. 智能化程度高，技术更新速度快

智能票务、智慧车站、智能调度、智能运维等智能智慧化项目，对改善服务质量、提高运输效率、保证行车安全、提高企业管理水平发挥着重要作用，是城轨行业运维高质量发展的主要方向。作为智慧地铁建设的先行单位，广州地铁围绕安全运营、优质服务持续开展新技术应用、科研技改等智能运输项目和智慧车站建设。智慧化程度与更新速度处于行业先进水平。

智能运输组织方面，广州市域快轨 18 号线和 22 号线，按照大运量、高密度运营服务要求，从设计标准、系统技术、土建技术等 8 大方面进行了集成创新，建成了兼具高速度等级、大运量、高密度的轨道交通系统。

智慧车站建设方面，2020 年，广州地铁实现一链呼叫乘客咨询、"一城一码"自助出行、湾区城际"一张票"落地、全国一卡通单标卡计次优惠等功能。2021 年，试点应用"5G+AI"技术，实现广州塔站出入口重点人员识别、安检终端 5G 联网功能；打造智慧客服终端一键呼叫 96891、车站智能照明、列车智慧温控、车厢舒适度智慧显示；国内首次在地铁线路中采用穗腾 OS、高速等级 CBTC 列车信号系统先进技术。2022 年，实现 18 号线和 22 号线有人值守全自动功能、完成既有线 50 个车站智能客服中心改造。实现支付兼容，语音交互等功能，有效提高乘客自助处理体验，减轻一线车站人工操作压力。人工业务处理替代率达 80%。推动实现全国 11 个城市轨道交通 "一码通行"促进区域互通和绿色出行。

（二）广州市轨道交通产业运维人力资源主要特征

广州轨道交通运维领域的工作特点和性质，使该领域人力资源呈现出如下几个方面的特征。

一是员工规模大，对管理要求高。城市轨道交通大运量、安全、快捷、准点的服务特点，决定了运营管理人力资源配置规律。中国城市轨道交通协会《城市轨道交通"十四五"人才培养规划》相关数据显示（以运营企业为例），"十三五"期间，城轨交通行业人才总量持续保持较快增长。平均年增长约 3.5 万人，年增速为 11.8%。行业平均每千米人员配置约 49 人。随着远郊与市域线路增加、智能化与社会化（外包）发展、岗位融合与集约化用人，平均每公里人员配置呈持续下降趋势。

广州轨道交通超大客运量，超长服务时间，超高服务水平决定了运维人力资源的总体投入。根据《广州地铁 2022 年报》相关数据，2022 年，线网运营里程 621 km，运营雇员人数 24 162 人，配员 39 人/km。用工总量保持较大规模的同时，配员标准较行业下降 20%，人力资源效能较高。

二是专业分工复杂，一线岗位是重心。轨道交通设备多、专业多、系统多、安全要求高、服务要求高的特点决定了运维在岗位设置和人员配备上的结构性特点。除传统的管理岗位和专业技术岗位外，运维企业按服务对象和专业分工设置大量一线生产操作和服务技能岗位。如负责检修保障的技能人员按检修对象细分为通信检修、信号检修、供电检修、工建检修、车辆检修、车站设备检修、APM 检修等十多个工种，根据技能等级要求，每个工种又细分为初级、中级、高级、技师、高级技师。客运服务人员又细分为站务、乘务、票务、仓储、后勤等工种。按照职责和技能要求，每个工种又细分若干等级，如站务岗分为站务员、值班员、值班站长、高级值班站长、资深值班站长；乘务岗分为三级司机、二级司机、一级司机、高级司机、特级司机、首席司机。

三是人才培养周期长、难度大。城轨交通运维人才培养受设备和系统的差异、新老线路运营年限差异及工种准入资格差异等影响，产生不同岗位不同层级人员在培养标准、培养方式、培养投入、培养周期等方面的巨大差异，人才培养的难度非常大。

中国城市轨道交通协会发布的相关工种职业技能标准显示，轨道交通设备检修工培训期限为 120~400 标准学时，服务员（站务员）培训期限为 200~400 标准学时，列车司机培训期限为 160~240 标准学时，通过培训学习掌握相关知识与技能，经理论知识考试和技能操作考核后上岗。据了解，广州相关工种培训期限较上述标准高 75%，培训内容相对复杂。如车辆检修工，培养周期 4.5 个月，600 标准学时，学习内容包括通用课程、专业课程、跟岗实操等。电客车司机，培养周期 6.5 个月，880 标准学时。学习内容包括通用基础知识、行车设备知识、故障处理与实操、跟岗实操等。经理论知识考试与技能实操考试合格后上岗。

四是人工成本占比较高。城轨行业劳动密集型和技术密集型行业特点，决定了其人工成本相对较高的特点。中国城市轨道交通协会《城市轨道交通 2022 年度统计和分析报告》相关数据显示，2022 年，全国城轨交通平均每车公里运营成本 23.49 元，同比下降 1.61 元。平均每人次千米运营成本 1.49 元，同比增加 0.21 元。总成本中人工成本占比 53.45%，同比上升 1.01 个百分点。

统计调查显示，2020—2022 年，广州地铁全年在岗职工工资薪金总额占营业总成本比例分别为 46.3%、49.1%、35.5%。人工成本占比整体低于行业平均水平，尤其是 2022 年出现大幅下降，但整体仍处于相对高位。

二、广州市轨道交通产业运维人力资源发展状况分析

（一）员工规模总量大，稳定性好，用工需求增量小

从员工规模总量来看，广州市轨道交通产业运维企业从业人员整体规模保持在较高水平，但呈现逐年下降态势。运维领域人员规模情况如表 1 所示。数据显示，广州市轨道交通产业运维领域，2020—2022 年末在岗职工总人数分别为 28 667 人、28 105 人、27 336 人，年均雇员 28 036 人。在广州市轨道交通产业在岗职工总人数中，运维领域占比分别为 15.2%、13.9%、13.5%。根据调研分析，该领域员工规模总量大，占比高，与轨道交通线网规模增大有着极大的相关性。但三年呈逐年下降的态势，除了受三年疫情影响外，一定程度上也与该领域不断推进提质增效和智能化水平有关。

表 1 运维领域人员规模情况

指标	2022 年	2021 年	2020 年	三年平均
年末在岗职工总人数/人	27 336	28 105	28 667	28 036
占产业职工总人数比例/%	13.5	13.9	15.2	—
同比/%	−2.7	−2	—	—

在员工稳定性方面，近三年，广州市轨道交通产业运维人才队伍离职率低，流失率小，队伍整体稳定性高。调研数据显示，广州市轨道交通产业运维领域，2020—2022 年，全年员工自主离职率分别为 2%、2.8%、2.1%。大幅低于产业整体离职率和其他领域员工离职率。运维领域人才队伍良好的稳定性有力促进企业健康可持续发展。图 2 所示为运维领域员工自主离职率情况。

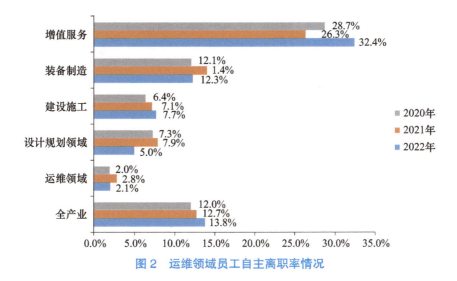

图 2 运维领域员工自主离职率情况

从用工需求增量来看，近三年，广州市轨道交通产业运维领域对外招聘总量小，需求显著下降。据了解，2020—2022 年，广州轨道交通年度新开通线路/里程，分别为 7 条/161.7 km、3 条/68.0 km 和 3 条/112.5 km。而新增员工需求，却呈现出逐年下滑态势。运维领域人员外部招聘计划如表 2 所示，2020—2022 年，广州市轨道交通产业运维领域，全年外部招聘计划分别为 1 690 人、755 人、253 人，占全产业外部用工需求的 10.5%、4.3%、1.6%。用工需求自 2021 年起锐减，连续两年同比下滑超过 50%。

表 2 运维领域人员外部招聘计划

指标	2023 年	2022 年	2021 年	2020 年
全产业全年计划招聘/人	12 612	15 964	17 567	16 172
运维领域全年计划招聘/人	257	253	755	1 690
占比/%	2.0	1.6	4.3	10.5
同比/%	1.6	−66.5	−55.3	—
年度新增线路里程/km	—	112.5	68.0	161.7

广州轨道交通运维企业，近三年在有新线开通的情况下，用工需求仍显著下滑，与运维企业近年来不断强化人工成本管控、严格控制增量、深度挖掘存量，通过人力资源降本提效来确保企业有序经营密切相关。

（二）人工成本大，薪资水平高

一方面，与其他领域相比，广州市轨道交通产业运维领域从业人员整体薪资处于较高水平，对行业人才队伍的稳定性发挥了重要的基础作用。另一方面，人工成本在总成本中占比高的特点，也加大了运维企业管理压力。如何平衡成本控制与员工稳定，是运维企业必须直面的课题。运维领域人员薪资水平情况如表 3 所示，广州市轨道交通产业运维领域，2020—2022 年末在岗职工人均薪资水平分别为 17.11 万元、17.89 万元和 17.45 万元，三年平均 17.48 万元，较产业整体职工人均薪资水平分别高出 58.8%、60.0% 和 50.0%。从发展来看，2022 年薪资水平同比有所下降，但总体保持在 17 万元以上。

表 3　运维领域人员薪资水平情况

指标	2022 年	2021 年	2020 年
运维领域职工人均薪资水平/万元	17.45	17.89	17.11
全产业职工人均薪资水平/万元	11.59	11.13	10.79
差额/%	50.0	60.0	58.5
同比/%	−2.5	4.6	—

（三）员工队伍年轻化程度较高，但结构不尽合理

在岗位类型配置方面，广州市轨道交通产业运维领域从业人员以一线技能岗位为主体，管理人员、技术人员相对配比较少。数据显示，2022 年末广州市轨道交通产业运维领域在岗职工中，管理人员、技术人员、技能人员的占比分别为 4.5%、16.5%、79.0%。相对于城轨行业"十四五"规划关于管理型、技术型、技能型人才各占 10%、15%、75% 的金字塔结构的配比要求，广州轨道交通运维领域的管理人员配比尚有较大差距。如果一线管理人员配备持续不足，从长远看将不利于产业的健康发展。图 3 所示为运维领域职工分类占比情况。

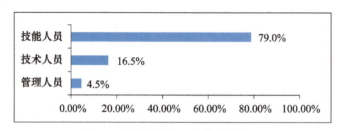

图 3　运维领域职工分类占比情况

在技术技能人才结构方面，广州市轨道交通产业运维领域拥有一支规模可观的专业技术人员队伍。2022 年末，广州市轨道交通产业运维领域在岗管理人员、技术人员中，具有高级职称的占比为 13.1%，中级职称的占 48.4%，两者合计占 61% 以上。但不容乐观的是，在技能人员队伍中，技师和高级技师占比极低，两者合计不足 2%，而技能人员中的初级工和中级工的比例几乎达 79%。若比照城轨行业"十四五"规划有关专业技术队伍中高级专业技术资格人员比重应达到 8%、技能人才队伍中技师和高级技师人员比重达到 5% 的要求，可以看出目前广州市轨道交通产业运维领域中，专业技术人员队伍力量充足，结构相对合理，然而高技能人员占比过低，专业技术人才与技能型人才队伍差距非常悬殊。图 4 所示为运维领域专业技术职称结构情况，图 5 所示为运维领域技能等级结构情况。

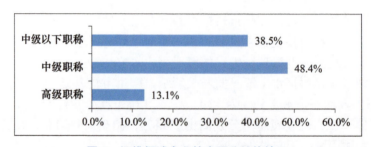

图 4　运维领域专业技术职称结构情况

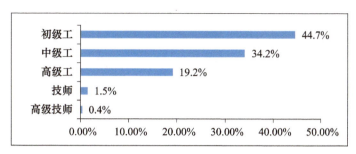

图 5 运维领域技能等级结构情况

在学历层次方面，广州市轨道交通产业运维领域从业人员整体以大专和本科学历为主，结构呈较为合理的正态分布。统计调查数据显示，2022年末广州市轨道交通产业运维领域在岗职工中，拥有硕士及以上学历的占2.8%，拥有本科、大专、中专及以下学历的分别占33.7%、55.5%和8.0%。本科及以上高学历占比达36.4%，对照城轨行业"十四五"规划要求45%的比例，仍有较大差距。图6所示为运维领域职工学历结构情况。

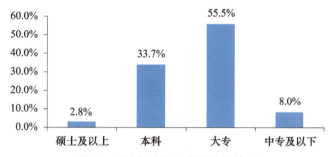

图 6 运维领域职工学历结构情况

在职工年龄构成方面，广州市轨道交通产业运维领域从业人员以青壮年为主，年龄结构合理，人才队伍充满活力。统计调查数据显示，2022年末广州市轨道交通产业运维领域在岗职工的年龄构成分别为30岁及以下的占31.9%、31～40岁占49.8%、41～50岁占15.2%、51岁及以上的占3.1%。人员队伍整体较为年轻，40岁及以下青壮年占比为81.7%。图7所示为运维领域职工年龄结构情况。

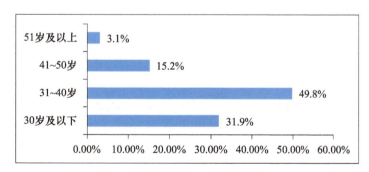

图 7 运维领域职工年龄结构情况

（四）培训投入大，培养难度高

广州轨道交通运维一线技能人员占比79%，其总体技能水平决定了轨道交通系统安全可靠程度、乘客服务水平和运维管理成本。一方面，企业为确保设备安全运行，服务质量稳定，运维成本下降，持续加大对一线人员的培训投入，建立健全生产一线岗位"培训三标"（岗位标准、培训标准、认证标准），组织实施多种形式的技能培训，开展技能鉴定与评价，推动员工技能水平提升。另一方面，技能人员培养专业多、内容多、设备多、实操多的特点也进一步拉长培养周期，加大培养难度。

统计调查数据显示，广州轨道交通运维企业已建设大型技能员工实训基地和技能鉴定中心，实训设备投资金额达 2.5 亿元。运维领域企业职工培训数据如表 4 所示，2020—2022 年，职工教育经费实际支出额度分别为 888.72 万元、997.35 万元和 416.95 万元，占全产业职工教育经费实际支出的 13.3%、13.1%和 5.8%；全年培训总学时占全产业职工培训总学时的 16.6%、17.2%和 19.3%；培训总人次占全产业职工培训总人次的 38.2%、45.1%和 43.1%。其中，2022 年运维企业职工教育经费下滑超过 50%，而培训总学时与总人次却保持较高增长幅度，这反映了广州轨道交通运维企业在员工培训管理方面的控本提效工作取得了显著效果，对营造良好的学习文化和学习氛围，推进和改善员工能力和企业效率双提升发挥了积极作用。

表 4　运维领域企业职工培训数据

指标	2022 年	2021 年	2020 年
职工教育经费实际支出额/万元	416.95	997.35	888.72
占比/%	5.8	13.1	13.3
同比增长/%	−58.2	12.2	36.9
全年培训总学时/h	593 510	490 896	431 573
占比/%	19.3	17.2	16.6
全年培训总人次/人次	341 262	276 518	243 030
占比/%	43.1	45.1	38.2

三、广州市轨道交通产业运维人力资源发展展望

习近平总书记在党的二十大报告中做出了坚持推动高质量发展、加快建设交通强国的重要指示。《粤港澳大湾区发展规划纲要》明确提出要建设"轨道上的大湾区"。《广州市在轨道交通产业"十四五"发展规划》中，把促进轨道交通产业跨越式发展，做大做强轨道交通全产业链，打造世界级轨道交通品牌等，列为广州市贯彻落实交通强国战略的重要任务。未来，广州轨道交通建设将更加踔厉奋进，持续发力，轨道交通产业发展更加生机勃勃。

中国城市轨道交通协会有关数据显示，截至 2022 年底，扣除已建成投运的城轨交通建设，广州正在实施的城市轨道交通规划线路长度超 300 km。国家发展改革委在《关于粤港澳大湾区城际铁路建设规划的批复》（发改基础〔2020〕1238 号）中明确了要在近期规划建设 13 条城际铁路和 5 个枢纽工程项目，总里程约 775 km，形成主轴强化、区域覆盖、枢纽衔接的城际铁路网络。《广州市城市轨道交通线网（2018—2035）规划方案》提出，到 2035 年广州将推动实现线网 53 条共 2 029 km 的轨道交通发展目标。随着广州轨道交通线网规模的持续扩大，运营里程的不断增加和延伸，特别是随着通信与数字技术的蓬勃发展，包括 5G、人工智

能、物联网等各种新技术在轨道交通产业领域逐步应用，运维服务领域在服务形态、生产组织体系、设施设备应用与管理等方面，都将迎来更多、更新的挑战，同时，对运维领域人力资源队伍建设发展也提出更高的要求。

一是人员规模预计将快速膨胀，技能人才竞争加剧。按照规划，到2025年，广州轨道交通运营地铁线路总里程将超过800 km，城际线路总里程将超过700 km。参照城市轨道交通与城际轨道交通线网运营人员较低配员标准（地铁39人/km，城际10人/km）测算，预计2025年，广州轨道交通线网运维人员将超过38 200人的规模，两年内增量超过10 000人，人员规模短期内呈现井喷式增长态势。

与此同时，全国轨道交通也处于蓬勃发展的黄金周期。国家发展改革委《中长期铁路网规划》显示，2025年，铁路网规模达到17.5万km左右。较2022年营业里程15.5万km，净增2万km。按10人/km配员测算，新增人员需求达到20万。城市轨道交通方面，中国城市轨道交通协会《城市轨道交通2022年度统计和分析报告》相关数据显示，至2022年底，全国仍有城轨交通建设规划项目并在实施的城市共计50个，在实施的建设规划线路总长6 675.57 km。保守测算，人员增量需求总量预计超过26.7万，年均13.35万。人员需求合计23.35万人/年。在结构上，按"十四五"规划结构测算，75%的人员增量来自一线生产员工，约17.51万人/年。

从供给面来看，一线人员主要来源于大专院校对口专业毕业生。据不完全统计，原铁道部属大中专院校每年可提供相关专业生源约11.6万人（目前对口专业大中专院校共30多家，每校每年平均提供人才量约0.38万人）。相对于17.51万人/年的需求，仍存在超过5.9万人/年的人才缺口。

就总体趋势而言，广州市轨道交通产业运维人员短期内将呈现井喷式增长态势，人员规模快速膨胀。一线技能人员仍处于供不应求的紧张局面。竞争的加剧必然带来人才吸引、培养和保留的压力。

二是人工成本加速上升，人力资源控本压力增大。人员规模快速膨胀的另一面是，人工成本的加速上升。人工成本在城市轨道交通运营成本中的占比一般会达到40%~50%。同时，投资大、收益小的准公益属性，决定了轨道交通运维企业难以按照市场规则自主提升票价扩大营收。在经济增长放缓的大背景下，政府维系大规模建设投资已捉襟见肘，对公共交通亏损的补贴杯水车薪。如何打破收入低、成本高的经营困局，实现轨道交通健康可持续发展，是轨道交通运维企业必须面对的课题。

一方面，轨道交通企业通过资本运作、多种经营等方式，扩大营收补贴运营亏损，如发行公司债、设立基础建设基金以及商业、物业的开发与经营；另一方面，则持续加大对运营成本的管控，首当其冲就是人工成本的控制。

人力资源的控本提效，对人才的选、育、用、留全流程管理提出更高要求。在招聘环节，要求人力资源管理能够快速招聘合格人员到岗，取消或缩短人员储备时间；在培养环节，要求缩短培养周期，快速培养人员岗位胜任能力；在使用环节，要求既要同步员工能力发展保持人才的合理晋升，又要有效控制晋升带来的增量成本；在保留环节，要求既要维系积极良好管理氛围，保证员工激励投入，又要有效控制激励成本。

三是人才培养需求剧增将对企业人才培养能力带来巨大考验。人员规模的快速膨胀与人力资源的控本提效为轨道交通运维人才培训培养带来巨大挑战和考验。一方面，技术密集的轨道交通运维企业，设备多、专业多、分工细的岗位特点，决定了其在人才培养方面的复杂度和投入度，运维企业，每年50多万学时，30多万人次的存量员工培训需求，体量巨大。

其次，相对明确、密集的新线开通规划对人力资源配置的数量、质量、结构、时间提出明确要求，存量员工的培训需求叠加大批新员工的集中培养需求将对轨道交通运维企业员工培训培养的体系、人员、设施、资金带来巨大冲击。另一方面，轨道交通运维企业人力资源控本提效的要求传导到人才培养环节，在保证人才培养质量的前提下，对员工培训周期和速度提出新的挑战，运维业务人才快速培养压力增大。

四是科技发展冲击传统管理，人力资源寻求创新突破。5G、大数据、人工智能、物联网等新技术正在深刻地改变着人们的生产和生活。轨道交通数字化、网络化、智能化演进趋势凸显，数字化管理、智能化生产、智慧化运维已成为发展方向。打造轨道交通智慧大脑，建设智慧车站，开展智慧乘客服务、智慧运营优化、智慧安全生产是轨道交通行业的新赛道。如广州地铁应用"5G+AI"技术实现广州塔站出入口重点人员识别、安检终端5G联网功能；打造智慧乘车体验场景，实现人脸识别无感过闸、自助智慧客服终端一键呼叫、车站智能照明、列车智能温控、车厢舒适度智慧显示；国内首次在地铁线路中采用穗腾 OS、高速等级 BCTC 列车信号系统。新技术、新模式、新工具将对轨道交通运维的生产、服务和人力资源管理系统带来极大的冲击。

借助科技力量，优化改进传统人力资源管理的理念、方法、技术，推动人力资源管理的数字化、智能化转型突破，实现人力资源成本下降、效能提升、满意度提升，是轨道交通运维企业人力资源发展的大方向。建设智慧城轨、发展智能交通是城市轨道交通高质量发展的主要方向，是提升运维服务和管理水平的重要抓手，是城轨企业科技创新的重要平台。

四、广州市轨道交通产业运维人力资源发展策略

展望未来，在政策的支持下，在科技的推动下，广州市轨道交通产业将朝着高质量发展方向迈入快速行进的轨道，迎来重要发展机遇，同时也面临着经济放缓、投资下滑、人口下降、科技创新的压力。广州轨道交通运维企业人力资源将呈现员工规模扩张、人才竞争加剧、人工成本上升、人才培养提速和人力资源数字化转型突破的发展趋势。

在应对策略上，广州轨道交通运维企业，应以控本提效为主线，优化人力资源管控；以业务需要为前提，精准规划人员配置；以岗位要求为基础，引进培养高素质人才；以"人力+数据"人才为依托，推动人力资源管理数字化转型。

（一）人力资源管控策略

控本提效是促进轨道交通运维企业健康可持续发展的必由之路，是人力资源管理的长期课题。轨道交通运维企业在人力资源管控上，应以人力资源控本提效为主线，逐步向市场化、差异化管控转型。

在人力资源体系设计、机制设计、文化建设等方面要更加关注成本、效率、效益。如在薪酬分配体系、考核激励体系的设计上，应关注经营收入、利润、成本、劳动生产率等指标，完善基于价值创造的分配机制，建立工资奖金与效益联动机制，增强员工经营意识与成本理念，提升控本提效自驱力。在岗位体系设计上，应优化岗位设计，开展岗位融合与流程优化，推动员工多学多做，提高劳动生产率。在选人用人方面，应建立健全经理层任期制与契约化制度、职业经理人等市场化选人用人制度，拓展业务外包、劳务派遣、员工共享等多元用工方式，控制人工成本，激发干部员工干事创业活力与热情。在授权方面，应针对不同专业领域的成本依赖度、市场化程度等指标，设计差异化的授权管控机制，如对于成本敏感的招聘、晋升、送外培训等活动可采取严格审批的集权管控，对内训、考核、文化、劳动关系等则加

大授权力度。在文化方面,应旗帜鲜明地倡导控本提效行为,开展多种形式的控本提效活动,深植人力资源的控本提效理念,营造控本提效文化氛围。

（二）人力资源配置策略

人力资源配置计划是人力资源管理活动的起点。广州轨道交通运维企业在人力资源配置方面,应以业务需求为前提,严控增量,盘活存量,把控总量、提升质量,精准调节内外部人员到位节奏。

在增量人员配置方面,应结合新线开通计划,科学预测内外部人才供需,精准控制人力资源招聘入职、培训上岗的时间,收紧人员入口,严控人员规模,提高人员招聘和培训质量。在存量人员配置方面,应结合企业经营效益,科学设计人员晋升计划和岗位轮动计划,建立健全岗位任职资格标准和职业发展路径,优化配员标准,运用借调、跟岗、共享、选调、上派下挂等多种调配方式,推动人员良性流动,激活内部人才市场。在总量把控方面,应结合新线开通计划、经营发展计划、人员效能提升计划、内部市场建设计划等,开展年度人员盘点与配置计划工作,并结合实际情况动态调整招聘与调配计划,建设精简、高效、专业员工队伍。

（三）人才引进和培养策略

人才的引进和培养影响着人力资源的成本和质量。广州轨道交通运维企业在人力资源招聘与培养方面,应以岗位要求为基础,采取拓展渠道,稳定生源,建设品牌,扩大影响的招聘策略,采取多方合作,前置增量,挖掘内潜,提速存量的培训培养策略。

在招聘方面,针对竞争加剧的运维技能人才,应持续拓展人才引进渠道与方法,扩大对口合作高职院校或院系范围,在"订单班"的基础上,全面创新"校企合作"模式,积极推动合作办学,稳定和扩大订单生源,同时在关注生源数量与质量的同时,关注雇主品牌建设,在合作院校中开展企业奖学金、贫困资助、技能竞赛等共建项目,传播企业文化,扩大品牌影响,从而提高人才输血能力。

在培训培养方面,针对"订单班"新员工,应前置上岗培训,深化"校企合作",通过参与学校教学计划设计,植入岗位标准与企业知识,通过共享师资、共享设备、提供顶岗实习等形式,对在校生源开展上岗培训,最终实现毕业即上岗的培训效果。针对在职员工,则应坚持"以内为主,以外为辅"的培养原则,深挖内部潜力,建立健全人才培训培养体系。应建设"学习—认证—选拔—晋升"的学习发展机制；建设基于岗位的"职业标准、培训标准和认证标准",健全课程体系、讲师体系和认证体系；建设实训基地与训练中心；通过体系建设与机制建设,牵引激励员工按组织要求自主学习,从而实现人才结构的优化与人才培养的提速,增强企业人才培养自我造血能力。

（四）人力资源数字化转型策略

数字化转型的成败对人力资源管理整体效能将产生决定性影响。在数字化转型的进程中,广州轨道交通运维企业,应结合企业实际,以"人力+数据"人才为依托,科学规划、补齐短板、规范数据、提升管理,有序推进人力资源数字化转型。

人力资源数字化转型并不等同于简单加装几个人力资源管理的信息系统,而是要依托其背后整个人力资源数字化体系的建设与管理提升。轨道交通运维企业,首先,应依托"人力+数字"的复合型人才,结合企业数字化建设实际,建立和完善人力资源数字化转型顶层规划,制定过程目标,设计实施路径,稳步稳妥推进人力资源信息化、数字化的升级与转型。其次,应加强人力资源数据治理,提升数据价值,夯实管理基础。应明确数据标准和维护规范,理顺数据管理职责和流程，搭建常态化数据质量监督机制，增强数据应用分析能力，持续完善人力资源数据管理体系。

同时，人力资源数字化转型离不开"人力+数字"的复合型人才，企业应着力引进或培养此类人才，为人力资源数字化转型做好人才储备。通过培训、轮岗、项目实践等形式，开展通信计算机与人力资源专业人员的交叉培养，从而增强人力资源专业人员数字化思维，提升数字化管理和应用能力，增强通信计算机专业人员人力资源思维，提升人力资源管理技能，为人力资源的数字化转型奠定人才基础。

伴随着广州市轨道交通产业高速度、高质量发展，广州轨道交通运维企业人才队伍的建设和管理也面临巨大的冲击与挑战，唯有立足实际、创新进取，建设人才中心和创新高地，才能为产业发展夯实人才基础，提供人才支撑。

》》》执笔：耿丽

参考文献：

[1] 中国城市轨道交通协会. 城市轨道交通 2022 年度统计和分析报告[R/OL].（2023-03-31）[2023-09-25]. https://www.camet.org.cn/xytj.

[2] 中国城市轨道交通协会. 城市轨道交通"十四五"人才培养规划[R/OL].（2023-07-05）[2023-09-25]. https://www.camet.org.cn/gh/12425.

[3] 何霖. 城市轨道交通运营筹备与组织[M]. 2 版. 北京：中国劳动社会保障出版社，2013.

[4] 何霖. 城市轨道交通网络化运营的实践与思考[M]. 北京：人民交通出版社股份有限公司，2015.

广州市轨道交通产业增值服务人力资源发展报告

广州市轨道交通产业联盟

轨道交通产业链大致分为前期、中期、后期三个部分，前期主要为建设施工环节，中期主要为装备制造环节，后期主要为运营维护环节，涉及设计咨询、原材料、建设施工、装备制造、运营维护和运输服务等多个领域，同时衍生出诸多增值服务。轨道交通产业链增值服务包括TOD综合开发、检验检测、仓储物流、管理咨询、金融信贷和广通商[①]等多行业，主要为轨道交通产业链各领域、各环节提供附加值服务，其产生、发展与轨道交通息息相关。城市轨道交通产业增值服务领域的健康、可持续发展，对于保障和支撑城市轨道交通正常运行运营，提高资源利用效率，提升轨道交通产业整体效益，改善城市功能和布局，促进区域协调发展等具有重要意义。服务的本源和依托在于人，服务的品质和效能更在于人。重视人力资源发展对于增值服务领域显得尤为必要。

本报告立足2023年广州市轨道交通产业联盟对广州市轨道交通产业相关企业开展的人力资源专项统计调查结果（纳入统计的增值服务企业有52家），结合对标杆企业的调研和有关资料，考察和评析广州市轨道交通产业增值服务领域人力资源发展状况，为促进该领域人力资源高质量发展提供建议和参考。

一、广州市轨道交通产业增值服务及其人力资源概述

（一）广州市轨道交通产业增值服务总体发展简述

广州作为改革开放的前沿阵地，经济改革的先行者，在轨道交通产业增值服务领域大胆探索、先行先试，经过多年的实践与发展，在TOD综合开发、检验检测、仓储物流、管理咨询、金融信贷和广通商等方面涌现出一批大而强、小而精的企业。在核心板块TOD综合开发方面，广州地铁早在1993年便开发了动漫星城，当时称之为TOD 1.0时代——单站。在多年探索实践中，广州地铁秉承"以城为本、以人为本"的开发理念，致力于成为"TOD轨道交通都市美好生活运营商"，历经合作开发、自主开发、合作开发为主和自主开发为主等4个阶段，形成了由广州地铁集团抓总，负责资源整合，属下房地产开发公司负责具体开发经营的上下联动的TOD模式。目前，广州已累计打造20余个城市轨道交通TOD综合开发项目，迈入TOD 4.0时代——站城产人文一体。在管理咨询板块方面，2010年广州牵头设立了国内第一家"企企联盟"合作模式的城市轨道交通专业培训机构——广州轨道教育科技股份有限公司，为城市轨道交通行业提供上岗培训、岗位能力提升培训、行业交流、咨询辅导和线上培训等全价值链人才

[①] 广通商主要指地铁站内外的广告、通信和商贸，在地铁内外建造的带有商业盈利性质的商铺、商业、商城等。

培养服务,实现了对已开通运营城轨企业服务的全覆盖,培训总量累计超过 140 万人天[①]。在检验检测板块方面,广州于 2011 年率先响应国家产业发展要求,组建国家检验检测高技术服务集聚区(广州),并明确该集聚区在番禺、南沙和萝岗分别成立实体园区,形成"一区三园"发展格局,目前该板块已形成产业聚集效应,成效显著。

根据对领域内 52 家主要企业的统计调查,2022 年,广州市轨道交通产业增值服务领域年末实现营业收入 605 亿元,利润总额 60.49 亿元。

(二)广州市轨道交通产业增值服务人力资源主要特点

1. 中小微企业占多数

据统计调查,纳统的 52 家(以下除注明外,均按该口径)广州市轨道交通产业增值服务领域企业 2022 年末在岗职工人数情况如图 1 所示。其中,100 人以下的企业占 59.62%,100~299 人的企业占 17.31%,300~499 人的企业占 9.62%,500~999 人的企业占 5.77%,1 000 人及以上的企业占 7.69%。广州市轨道交通产业增值服务领域企业多属于商务服务业,根据国家关于大中小微型企业产业人员的划分标准,76.92%的广州市轨道交通产业增值服务领域企业为中小微企业。

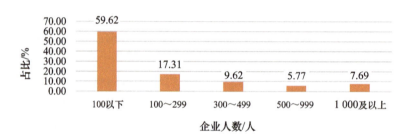

图 1 增值服务领域企业 2021 年末在岗职工人数情况

2. 涉及多行业领域,专业分工细、要求高

广州市轨道交通产业增值服务领域涉及 TOD 综合开发、检验检测、仓储物流、管理咨询、金融信贷和广通商等板块,各板块分属领域不同,各自涉及的专业也是林林总总、各有千秋,且对人员的要求高,如检验检测涉及地基检测、结构检测、道路桥梁检测、建筑材料检测等,广通商涉及商业经营、广告经营、数字经营等,管理咨询分为人力资源咨询、战略咨询、财务咨询、企业文化咨询等。

3. 组织架构和职位体系市场导向较为明显

广州市轨道交通产业增值服务领域企业多为中小微企业,市场化程度相对较高,其多以业务为导向,需要适时调整完善其组织架构、职位体系,以适应市场发展需要。譬如在组织架构上,某管理咨询公司现按照领导力中心、技术技能中心和智慧教育中心等三大业务中心开展业务运作,某广通商公司现按照商业经营群、广告经营群和数字经营群等三大业务群开展业务运作;在职位体系上,根据表 1 某增值服务领域企业职位体系,其管理岗位设置助理到公司领导正职等 9 级,专业岗位设置储备顾问到首席项目总监等 8 级,且管理岗位与专业岗位之间畅通,可以横向调整。诸如此类情况不一而足。

---

① 培训量的人天数是指在培训过程中所涉及的人数与天数的乘积,用于衡量培训活动的规模和持续时间。如一次培训有 100 人参加,持续时间为 5 天,那么培训量的人天数就是 100 人× 5 天 =500 人天。

表 1　某增值服务领域企业职位体系

管理岗位		专业岗位	
M9	公司领导正职		
M8	公司领导副职	首席项目总监	P8
M7	部门领导正职	高级项目总监	P7
M6	部门领导副职	项目总监	P6
M5	资深经理	资深顾问	P5
M4	高级经理	高级顾问	P4
M3	经理	主任顾问	P3
M2	助理经理	顾问	P2
M1	助理	储备顾问	P1

二、广州市轨道交通产业增值服务人力资源发展状况分析

（一）人员规模保持较高水平，但结构不尽合理

2022年，广州市轨道交通产业增值服务领域年在岗职工总人数44 366人，较上年同期下降1.39%。2019—2021年，广州市轨道交通产业增值服务领域年在岗职工总人数分别是39 947人、39 536人和44 991人。从图 2 广州市轨道交通产业增值服务领域年末在岗职工总人数趋势图可以看出，近年来，广州市轨道交通产业增值服务领域年末在岗职工总人数基本维持在4万人左右，且其人员规模的增加与营业收入有一定的正相关关系。

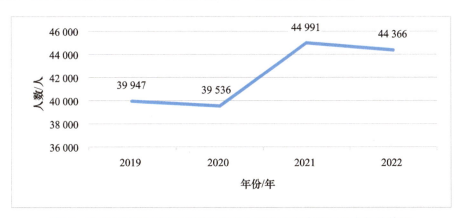

图 2　广州市轨道交通产业增值服务领域年末在岗职工总人数趋势图

但是总体分析来看，增值服务领域人力资源发展存在一定结构上的不足。在岗位配置方面，广州市轨道交通产业增值服务领域从业人员以一线技能人员为主，管理人员、技术人员较少。从图 3 可以看出，2022 年，广州市轨道交通产业增值服务领域中管理人员、技术人员和技能人员的占比分别为 3.44%、6.08% 和 90.48%。与城市轨道交通行业 2020 年管理人员、技术人员和技能人员占比分别为 5%、11% 和 84% 的比例相比，广州市轨道交通产业增值服务领域技术人员配比相对较少，不利于增值服务领域提升创新能力和高质量发展。这一情况也

可以从员工专业结构上得到一定程度的反映。2022年，广州市轨道交通产业增值服务领域拥有中级及以上专业技术职称的员工为3 913人（高级866人、中级3 047人），占广州市轨道交通产业增值服务领域总人数的8.82%，远低于广州市轨道交通产业中级及以上专业技术职称的员工占广州市轨道交通产业总人数的18.26%，更低于城市轨道交通行业2020年中级及以上专业技术职称41%的比例。由此可见，广州市轨道交通产业增值服务领域人员队伍专业化水平目前仍处于较低水平。

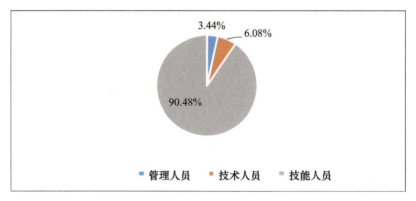

图3　增值服务领域岗位结构

在学历层次方面，2022年，广州市轨道交通产业增值服务领域本科及以上学历从业人员人数占广州市轨道交通产业增值服务领域总人数的35.49%，低于广州市轨道交通产业本科及以上学历从业人员人数占广州市轨道交通产业总人数的44.41%的这一数值，也低于城市轨道交通行业2020年本科及以上学历从业人员占40%的比例。2019—2021年，广州市轨道交通产业增值服务领域本科及以上学历从业人员人数占广州市轨道交通产业增值服务领域总人数的比例分别33.38%、35.83%、34.38%。由表2增值服务领域学历结构可以看出，广州市轨道交通产业增值服务领域本科及以上学历从业人员人数占广州市轨道交通产业增值服务领域总人数比例整体呈逐年提高趋势，说明广州市轨道交通产业增值服务领域人员队伍学历结构逐步优化，但仍低于产业总体水平和城市轨道交通行业总体水平，未来需要持续优化。

表2　增值服务领域学历结构

单位：人

序	2019年	2020年	2021年	2022年
年末在岗职工总人数	39 947	39 536	44 991	44 366
硕士及以上学历员工总人数	847	994	1 096	1 194
本科学历员工总人数	12 489	13 172	14 371	14 552
大专及以下学历员工总人数	26 611	25 370	29 524	28 620

在年龄构成方面，从图4增值服务领域一线生产或服务员工年龄结构可以看出，广州市轨道交通产业增值服务领域中，一线生产或服务员工多以青壮年为主，85.71%的一线生产或服务员工的平均年龄不超过40岁，其中30岁以下的占26.19%，30～40岁的占59.52%，40岁以上的占14.29%。而城市轨道交通行业中2020年末人才队伍年龄分布为30岁以下的占61%，30～40岁的占32%，40岁以上的占7%。由此对比可见，广州市轨道交通产业增值服

务领域一线生产或服务员工队伍具有一定的老龄化风险。

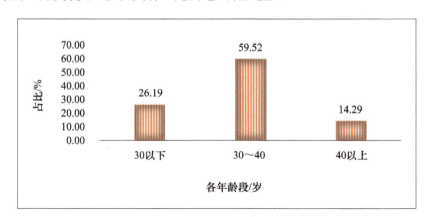

图4 增值服务领域一线生产或服务员工年龄结构

（二）人员流失率居高不下，职工队伍稳定性堪忧

2022年，广州市轨道交通产业增值服务领域自主离（辞）职员工15 154人，占广州市轨道交通产业增值服务领域总人数的32.40%。在自主离（辞）职员工中，管理人员占3.44%，技术人员占6.08%，一线技能人员占90.48%，其中一线生产操作类技能人员占88.22%。由图5广州市轨道交通产业各领域员工自主离职率可以看出，2020—2022年，广州市轨道交通产业增值服务领域全年自主离职率为28.70%、26.30%、32.40%，远高于产业整体自主离职率和其他领域员工自主离职率。由此可见，广州市轨道交通产业增值服务领域员工流失率相对较高，且以一线生产操作类技能人员为主。企业的高质量发展离不开人力资源的支持，若未能留住、培养和及时引进更多适当的人才，将对轨道交通产业增值服务领域企业的业务发展和经营管理产生不利的影响。

图5 广州市轨道交通产业各领域员工自主离职率

职工队伍的稳定取决于许多因素，但工资水平和薪酬待遇是非常重要的一个方面。总体来看，广州市轨道交通产业增值服务领域职工队伍的工薪水平并不具有竞争力，其人均工资薪金总额虽然逐年有所提升，却低于广州市平均水平。2020年，广州市轨道交通产业增值服

务领域人均工资薪金总额 9.68 万元，较上年同期增长 5.24%。2021 年，广州市轨道交通产业增值服务领域人均工资薪金总额 10.28 万元，较上年同期增长 6.19%。2022 年，广州市轨道交通产业增值服务领域人均工资薪金总额 11.52 万元，较上年同期增长 12.11%，与广州市轨道交通产业人均工资薪金总额的 11.59 万元基本持平，但仍低于广州市城镇非私营单位在岗职工年平均工资的 15.2 万元。

（三）人力资源总体效能较佳，人均产出和效益提升逐步加快

从图 6 增值服务领域人均营业收入和人均利润总额趋势图可以看出，2019—2022 年，广州市轨道交通产业增值服务领域人均营业收入分别为 77.54 万元、87.46 万元、111.75 万元、184.35 万元，人均利润总额也快速提升，2019—2022 年人均利润总额分别为 4.21 万元、4.31 万元、9.90 万元、16.74 万元。近年来，各增值服务领域企业通过优化工作流程、引入先进设备设施、提高员工素质等途径，逐步提升人均获利能力。

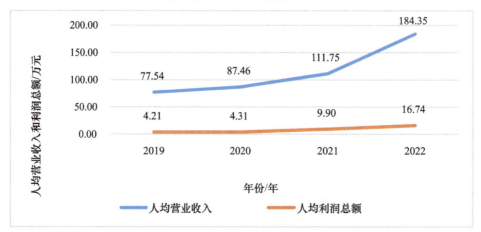

图 6　增值服务领域人均营业收入和人均利润总额趋势图

（四）用工需求以技术技能型和管理型人员为主，但面临招人难的问题

从表 3 增值服务领域招聘详情可以看出，2022 年，广州市轨道交通产业增值服务领域计划招聘 2 230 人，占广州市轨道交通产业计划招聘人数的 12.67%，实际招聘 2 655 人，占广州市轨道交通产业实际招聘人数的 15.48%。2022 年，广州市轨道交通产业增值服务领域招聘技术人员 1 003 人，占广州市轨道交通产业增值服务领域实际招聘人数的 37.78%，招聘技能人员（服务类）1 005 人，占广州市轨道交通产业增值服务领域实际招聘人数的 37.85%。

表 3　增值服务领域招聘详情

单位：人

序	2019 年	2020 年	2021 年	2022 年
全年计划招聘	1 625	1 583	2 253	2 230
其中：外部招聘	1 478	1 524	2 141	2 136
内部招聘	147	59	112	94
全年外招人员	2 372	2 423	3 130	2 655
其中：招录省外应届毕业生	147	149	210	277
向社会招聘省外人员	826	854	1 367	1 227

续表

序	2019年	2020年	2021年	2022年
其中：管理人员	101	66	76	102
技术人员	800	878	1 077	1 003
技能人员（生产操作类）	240	158	135	126
技能人员（服务类）	872	893	1 302	1 055
技能人员（其他类）	18	12	31	13

统计调查显示，广州市城市轨道交通产业增值服务领域内，72.09%的企业缺乏技术人员，32.59%的企业缺乏管理人员。目前，广州城市轨道交通产业增值服务领域各企业利用招聘网站、校园招聘和员工推介等渠道，但仍然存在招人难的现象。不少企业认为原因在于一方面招聘单位难以满足应聘者的薪酬要求，另一方面应聘者中往往缺乏符合条件的人，同时用工市场竞争激励更是加剧员工招聘难度。调研发现，广州城市轨道交通产业增值服务领域各企业专业岗位现有核心人员专业性较低，缺乏相关领域经验，但多受企业性质、薪酬待遇等影响，对外公开招聘难度较大。

广州市轨道交通产业增值服务领域全年外招人员中，招录省外应届毕业生和社会招聘省外人员的比例逐年上升，2019—2022年招录省外应届毕业生的比例分别为6.20%、6.15%、6.71%、10.43%，向社会招聘省外人员34.82%、35.25%、43.67%、46.21%。据调研推测，其原因一方面是省内院校的培养能力不能满足增值服务领域企业的用人需求，另一方面是省外人员具有较强的职业稳定性。

（五）对员工培训投入严重不足，且总量波动较大

从表4增值服务领域职工教育经费支出情况表可以看出，2022年，职工教育经费实际支出额为335.64万元，较上年同期增加28.16%，占全年在岗职工工资薪金总额的0.14%。2021年，职工教育经费实际支出额为261.88万元，较上年同期增加19.17%，占全年在岗职工工资薪金总额的0.12%。2020年，职工教育经费实际支出额为219.75万元，较上年同期减少12.12%，占全年在岗职工工资薪金总额的0.11%。国家在《中华人民共和国职工教育法》明确规定，职工教育经费不得少于职工工资总额的1.5%的规定。从上述数据可以看出，广州市轨道交通产业增值服务领域职工教育经费实际支出额占全年在岗职工工资薪金总额的比例虽然相对稳定，但投入严重不足，不仅低于国家要求，而且投入总量波动起伏。据推测，近四年来投入出现忽高忽低现象较大程度上是与疫情影响有关。

表4 增值服务领域职工教育经费支出情况

序	2019年	2020年	2021年	2022年
职工教育经费实际支出额/万元	250.06	219.75	261.88	335.64
全年在岗职工工资薪金总额/万元	174 086.98	193 068.66	214 995.60	235 070.80
年末在岗职工总人数/人	39 947	39 536	44 991	44 366
人均职工教育经费实际支出额/元	62.60	55.58	58.21	75.65

三、广州市轨道交通产业增值服务人力资源发展展望

增值服务作为与轨道交通产业相伴而生并不断延伸和发展的领域，目前已成为轨道交通产业链的重要组成部分，未来的可持续发展和进一步壮大也必然取决于轨道交通发展提供的强大动力。2012—2022年，中国高铁营业里程由9 356 km增长至4.2万km，稳居世界第一。截至2022年底，中国大陆地区（不含港澳台）共有55个城市开通城市轨道交通运营线路308条，运营线路总长度10 287.45 km，当年新增运营线路长度1 080.63 km。根据国家发改委、交通运输部、中国铁路总公司于2016年印发的《中长期铁路网规划》，未来我国将建设以八条纵线和八条横线主干通道为骨架、区域连接线衔接、城际铁路为补充的高速铁路网。同时，根据《广州市轨道交通线网规划（2018—2035年）》的要求，广州将构建由高速地铁、快速地铁、普速地铁组成的城市轨道交通系统，总规模达到53条共计2 029 km，与上一轮规划对比，新增30条共计1 004 km线路。可以预计，未来十年，广州市轨道交通产业增值服务领域在全国轨道交通与广州和大湾区城市轨道交通建设持续推进下，也必将迎来更加广阔的市场前景和更多的发展机会，由此广州市轨道交通产业增值服务领域人力资源发展也将进入一个新的阶段，呈现以下两大主要趋势。

一是市场化改革将推动人力资源队伍格局改变。据调查，广州市轨道交通产业增值服务领域企业中员工离职的主要原因是觉得个人没发展（51.16%）、生活和家庭因素（46.51%）、对薪酬待遇不满意（32.56%）等，说明其现有薪酬政策、职务发展体系和员工晋升政策等状况不利于人员和人才的稳留。同时，广州市轨道交通产业增值服务领域企业招人难的主要原因也集中体现在无法满足应聘者薪酬要求。

增值服务作为广州市轨道交通产业市场化程度较高的领域，其准入门槛低，广州市轨道交通产业增值服务领域企业除了要与同类型的轨道交通增值服务企业竞争，还需要与成熟市场化运作的其他外部企业竞争。然而现状是，广州市轨道交通产业增值服务企业多为国有企业独资或控股，其薪酬政策、职务发展体系、员工晋升政策等方面多沿用或参考国有企业固有做法，大锅饭状态较为明显，长期形成的诸如薪酬待遇、职务发展体系、员工晋升政策等方面的格局已不利于该领域竞争力的提高。要提升其市场竞争力，关键是要使其真正成为独立的市场主体，通过充分挖掘自身人、财、物的潜力，提高企业经营效率。广州市轨道交通产业增值服务领域推动市场化改革必将成为一种趋势，由此也必然牵动人力资源从管理到队伍建设对既有格局的破与立，在不断弱化行政色彩，发挥人力资源要素市场动能的基础上，搭建起职级和岗位双通道发展平台、市场化的业绩强制考核分布机制，实现绩效与市场接轨、工资总额与效益联动等新格局。

二是将进一步推进专业化、职业化改革，对人力资源素质要求更高。为应对日益激烈的市场竞争，广州市轨道交通产业增值服务领域面临更加迫切的规范化管理要求，推动人力资源直面市场竞争，促进员工走专业化、职业化道路的理念和愿望日益凸显。在市场化改革的基础上，广州市轨道交通产业增值服务领域将重点关注员工专业化、职业化的打造。广州市轨道交通产业增值服务领域企业将围绕以进一步提升经营管理能力为核心，通过公开招聘、猎头等方式引入市场专业人才，持续加大外部优秀专业人才的引进力度，并将对员工强化终身学习的理念、参与专业化与全过程继续教育以及对竞争环境的适应能力提出了更高的要求。增值服务企业也必将结合行业、企业、员工三者需求，建立并完善员工培养体系，持续增强员工的市场意识、经营意识、成本意识和风险意识，提升员工的党性修养、理论水平和专业

能力。同时，广州市轨道交通产业增值服务领域还将进一步探索市场化外派人员管理模式，推行职业经理人的职业化改革，不断提升经营管理团队的核心竞争力。

四、广州市轨道交通产业增值服务人力资源发展策略

随着城市化进程的加速和交通需求的增长，轨道交通将扮演越来越重要的角色。同时，随着新一轮科技革命和产业变革的发展，以互联网、物联网、大数据、云计算、人工智能、北斗卫星定位、机器人、新能源、新材料为代表的颠覆性新兴产业与轨道交通加速深度融合。随着广州市轨道交通线网规划、广州市轨道交通产业"十四五"发展规划的深入推进，广州市轨道交通产业具有巨大的发展潜力，增值服务领域人力资源发展将迎来新的机遇，同时也面临市场化、专业化和职业化改革的诸多挑战，需要从政府、行业和企业等三个层面认真谋划和采取积极的应对策略。

（一）政府层面

一是要出台更具针对性的招才引智政策，并加强宣贯。招才引智可以为吸引和培养高层次人才提供有力支持，推动科技创新和社会经济发展。但根据调查，69.77%的广州市轨道交通产业增值服务领域企业认为广州市应该出台更大力度的优抚政策，53.49%的广州市轨道交通产业增值服务领域企业希望广州市对轨道交通产业制定更有针对性的新政策，55.81%的广州市轨道交通产业增值服务领域企业不熟悉广州市有关招才引智的各项人才政策，32.56%的广州市轨道交通产业增值服务领域企业希望广州市调整和完善现有政策。因此，政府应出台更具针对性的招才引智政策，并加强相关政策的宣贯。

二是要给予更多社保税收等方面的优惠政策。广州市轨道交通产业增值服务领域企业工资薪金成本约占营业总成本的30%，2019—2022年，广州市轨道交通产业增值服务领域企业工资薪金成本占营业总成本的平均值为28.05%、27.44%、30.23%、27.94%。其中，社会保险费约占工资薪金的8%。为降低企业成本，加大对增值服务领域企业的纾困帮扶力度，建议扩大"六税两费"适用范围，按照50%税额幅度减征资源税、城市维护建设税、房产税、城镇土地使用税、印花税（不含证券交易印花税）、耕地占用税和教育费附加、地方教育附加，适用主体由小型微利企业和个体工商户扩大至轨道交通产业增值服务领域的中小微企业。同时，建议出台降低失业保险、工伤保险费率等相关政策，对经营困难的企业提供缓交养老等三项社保费政策等，切实做好"六稳""六保"工作。

（二）行业层面

一是充分发挥广州市轨道交通产业联盟的桥梁纽带作用。广州市轨道交通产业联盟作为政企联络平台，要充分发挥在政府领域的优势资源，聚焦广州市轨道交通产业增值服务领域企业所需，一方面要争取并协助政府出台更具针对性的招才引智政策和社保税收优惠政策，另一方面要做好相关政策的汇总并协助政府做好政策宣贯工作。

二是充分发挥广州市轨道交通产业联盟的协同发展作用。广州市轨道交通产业联盟作为协同拓展平台，要充分发挥资源整合的平台优势，让广州市轨道交通产业实现大手牵小手，一方面要促进规划设计、建设施工、装备制造和运营维护等核心领域与增值服务领域优势互补，整船出海，另一方面要鼓励TOD综合开发、检验检测、仓储物流、管理咨询、金融信贷和广通商等板块的优势企业整合同板块中小微企业优质资源，通过并购、合作等形式，整合板块优质的人力资源、资金资源、市场资源等，做大规模，做强板块。

（三）企业层面

一是持续优化薪酬体系和职位体系。广州市轨道交通产业增值服务领域部分企业对薪酬预期存在误解或不合理，从而使得其与应聘者的期望不一致，从而出现招聘难的现象。因此，建议企业合理评估市场薪酬水平，尤其是针对最为缺乏的技术人员和管理人员，以战略指导、成本管控、正向激励、内部公平、外部竞争、合法合规等为原则，设计优化其薪酬待遇，多采用宽幅薪酬结构，每个薪酬等级对应一个较宽的薪酬区间，按照以岗位价值定基本薪酬，以业绩水平定绩效薪酬确保薪酬待遇与市场相符，以吸引合适的人才。同时，广州市轨道交通产业增值服务领域企业要尽快推进市场化、专业化、职业化改革，提供具有市场竞争力的薪酬待遇、职业发展体系等，吸引具有相关经验的人员加入，并留住优秀人才。

二是加大员工培训投入，完善人才培养体系。培训对企业和员工的发展具有重要的作用，可以提升员工的能力和技能，提高工作质量，增强团队凝聚力，提升职业发展机会，增强员工的归属感和满意度。但调查结果显示，广州城市轨道交通产业增值服务领域的39.53%的企业培训缺乏针对性，缺乏对培训效果的评价和跟踪，迫切需要建立系统的培训需求分析体系和培训效果评估体系；34.89%的增值服务企业以入职培训为主；32.56%的增值服务企业开展的培训数量不够，且培训工作没有系统的规划，随意性很强。因此，广州市轨道交通产业增值服务领域企业要加大对员工培训的投入，重点提升员工专业技能，加强关键人才储备培养。针对后备管理人才干部、管理培训生等关键核心人员队伍，制订系统的人才培养计划，利用集中培训、跟岗实践、团队拓展等培训方式，系统提升其专业技能和管理能力，培养一批秉承企业文化、具备高度认同感和忠诚度、有活力、敢拼敢闯、有志有才的新生力量，为公司储备各层级后继人才。同时，广州市轨道交通产业增值服务领域企业要建立年度培训预算费用保障机制，按照不低于工资总额的1.5%计提职工教育经费，并根据实际情况，科学使用，确保年度培训计划落到实处。

三是建立适合企业发展的企业文化。调查结果显示，74.42%的企业认为除了薪酬和劳动保障外，企业文化有助于员工队伍的稳定。企业文化是企业在长期经营实践过程中，全体员工共同遵守和信仰的行为规范和价值体系，从事工作的哲学观念，是企业生产经营活动和管理活动中所创造的具有企业特色的精神、物质、制度及行为的总和。因此，广州市轨道交通产业增值服务领域企业要为员工提供积极向上、和谐稳定的工作环境，逐步建立企业员工认同和遵守的企业文化，充分发挥文化的牵引作用，增强企业的凝聚力、向心力，对员工进行内在约束，提高企业社会形象和感知，促进企业经济效益的提升。同时，企业需要充分考虑企业文化特点，制定与企业文化相匹配的福利政策，为员工提供员工食堂、健身房、加班班车、员工公寓等，开展丰富的企业文化建设活动，为员工的工作生活提供保障，提升员工满意度和忠诚度，促进员工的积极性和工作效率。

》》》执笔：杨维国

三、专题篇

数字化转型背景下城市轨道交通企业人才发展报告

洪洁桦　李　坤　徐克杨　陈　洁

一、前言

近年来，在国家政策的推动下，我国城市轨道交通取得了巨大发展。在"十三五"时期，我国城市轨道交通运营里程数持续增长，并且地铁建设规模加快，其他制式轨道交通协同有效发展。与此同时，"十三五"时期累计客运量较"十二五"时期增长81.7%，投资总额较"十二五"时期翻一番多。行业面临着一些社会变化，包括数字经济与产业数字化已是大势所趋，国家政策及行业提出高质量发展要求，数字化与绿色化深度融合、协同发展。

城市轨道交通是一个多专业协同联动的庞大复杂系统，面对数字化转型，城轨企业需要在思维、业务、管理、生态形成交叉支撑，才能循环迭代实现良性发展，推动转型和提质增效，进一步提升城市轨道交通数字化水平。2021年，中国城市轨道交通协会信息化专委会（以下简称"信专委"）对国内40个城市的43家独立运营地铁单位的数字化转型现状调研数据分析，编制了《城市轨道交通企业数字化转型发展报告》。此次研究认为，城轨企业数字化转型应包括以下内涵：思维数字化、业务数字化、管理数字化、生态数字化。

此外，信专委认为，城轨企业数字化转型具有如下特征：由专业部门驱动、由宏观政策推动、需密集投入技术和人员、需加速技术与业务的深度融合、新技术是数字化转型推动力。

为进一步全面掌握数字化转型背景下城轨企业人才发展现状，结合城轨行业发展实际深入了解人才发展的方向、目标和重点，总结存在的挑战与问题，为人才发展问题提供解决思路以供借鉴参考，信专委、广州轨道教育科技股份有限公司、《培训》杂志组建联合课题组，开展"数字化转型背景下城市轨道交通企业人才发展调研"。

2022年9月调研工作启动后，来自全国33个城市的41家城轨企业参与了调研报告和数据分享，具体包括：南京地铁集团有限公司、上海申通地铁集团有限公司、广州地铁集团有限公司、重庆市轨道交通（集团）有限公司、深圳市地铁集团有限公司、北京市地铁运营有限公司、武汉地铁集团有限公司、杭州市地铁集团有限责任公司、郑州地铁集团有限公司、长春市轨道交通集团有限公司、宁波市轨道交通集团有限公司、无锡地铁集团有限公司、苏州市轨道交通集团有限公司、南昌轨道交通集团有限公司、长沙市轨道交通集团有限公司、佛山市地铁集团有限公司、重庆市铁路（集团）有限公司、贵阳市公共交通运营投资集团有限公司、北京京港地铁有限公司、青岛地铁集团有限公司、东莞市轨道交通有限公司、石家庄市轨道交通集团有限责任公司、兰州市轨道交通有限公司、洛阳市轨道交通集团有限责任公司、常州地铁集团有限公司、厦门轨道建设发展集团有限公司、徐州地铁集团有限公司、重庆轨道交通产业投资有限公司、福州地铁集团有限公司、昆明轨道交通集团有限公司、太原轨道交通集团有限公司、上海富欣智能交通控制有限公司（设备商）、合肥市轨道交通集团有限公司、济南轨道交通集团有限公司、广东广佛轨道交通有限公司、南通城市轨道交通有限公司、北京市轨道交通设计研究院有限公司（设计院）、深圳地铁建设集团有限公司、天津滨海新区轨道交通投资发展有限公司、天津轨道交通运营集团有限公司、呼和浩特市地铁运营有限公司。

（一）研究方法

本报告采用文献研究、问卷调研、访谈调研、专家研讨等多种研究方法，分析探讨城市轨道交通企业数字化转型下人才发展的现状、核心问题及解决之道。

1. 文献研究

本研究对国家政策、发改委及协会发布文件、国内外数字化人才相关文献进行梳理，整体了解数字化转型背景下数字化相关人才研究情况，为报告提供理论参考。

回顾相关文献发现，学者往往围绕某一行业领域开展数字化相关人才研究。那丹丹等[1]聚焦制造业数字化复合人才研究，提出加大数字化转型领域高端复合人才的培养力度。张新新等[2]聚焦出版产业数字化人才素质建设途径，提出由数字化适应力、数字化胜任力、数字化创造力构成的数字素养体系和数字技能体系。

一些学者聚焦数字化人才培育模式和路径。如任保平等[3]提出：在数字经济赋能高质量发展过程中的数字化人才培养模式，即要将数字化人才培养的供给侧与需求侧连接起来，利用产、学、研合作培养创新数字人才，促进数字人才资源的合理配置。柯雨欣等[4]为打造专业化数字农业人才队伍，应积极鼓励具有农业特色的高校开设有关数字农业领域的专业和课程，并与企业间以项目形式进行产学研合作，通过实践培养数字农业领域专门人才。焦豪[5]提出探索以"数字人"为主体的双碳数字化人才培养模式。

另有一些学者从数字化人才技能需求角度开展研究。如王灏晨[6]通过分析工业 5.0 时代的理念和特点，提出数字化人才培训需包含数字技术和综合能力。具体来说，除了生产所需要的数字技能、设备维护外，还需要培养员工的创造性思维以及发现问题和解决问题的能力。张雯[7]提出：商业银行数字化人才应兼具信息技术和金融实务，掌握金融前沿动态，打造引领数字化转型的复合型人才。

在城市轨道交通行业，行业相关专家从城轨企业数字化转型实践现状出发进行调研分析，在数字化人才方面，姚世峰等[8]从数字化人才体系建设评估角度，提出城轨企业数字化人才体系建设指数。张煜等[9]聚焦技能人才培养的数字化转型。以往研究中较少针对数字化转型背景下城轨企业人才发展整体现状，以及适应数字化转型需求的人才发展模式创新研究。

2. 问卷调研

信专委、广州轨道教育科技股份有限公司、《培训》杂志组建联合课题组，对城轨企业开展数字化转型背景下人才发展问卷调研。本次调研共回收 41 份城轨企业回答完整的有效问卷，样本覆盖 33 个已开通运营城轨线路的城市。

调研问卷中包含 50 多个问题，调研分析报告指标涵盖了城轨企业数字化转型现状和城轨企业数字化人才发展现状两大部分。其中城轨企业数字化转型现状从数字化转型战略规划、数字化转型相关组织建立、数字化转型阶段、数字化转型开展途径、数字化转型费用投入、数字化转型目标、企业数字化转型成功关键因素以及培训部门在数字化转型过程中的角色等 8 个方面调研。数字化人才发展现状从数字化人才战略性投入、数字化人才规划与盘点、数字化人才选拔与评价、数字化人才培养与发展以及数字化人才培训与运营等 5 个方面调研。

3. 访谈调研

我们针对城轨企业高管、数字化转型负责人、培训负责人分别设计访谈提纲，并开展多次访谈，访谈内容包括"当前企业数字化转型遇到的最大的困难是什么？""您期望公司的培训部门能够在数字化转型中起到怎样的作用？""贵司认为在实际推进（或计划推进）数字化转型升级过程中，哪类人才较为缺乏？""当前贵司数字化人才培养方面遇到的最大的困难是什么？"等问题，深入了解城轨企业数字化转型现状、数字化转型对人才发展的影响以及建议举措。

4. 专家研讨

课题组成员汇聚城轨行业内外数字化转型或人才发展相关领域专家，同时邀请行业内外专家顾问召开多次专家研讨会、审查会，对研究大纲、报告框架、存在问题及解决举措等各章节内容同步审核、充分讨论、分析论证，督导完成情况，对研究成果进行评审，形成专家指导意见，进一步优化完善。

二、数字化转型背景下城轨企业人才发展调研分析

（一）城轨企业数字化转型现状

1. 战略与资源分析

城轨企业规模普遍较大，60%的城轨企业员工数量在 5 000 人以上。参与调研的城轨企业员工数量情况如图 1 所示。

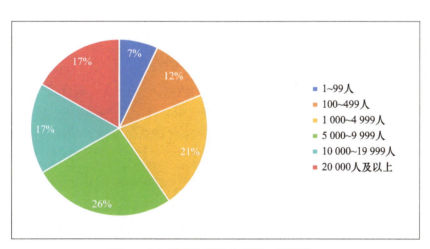

图 1　参与调研的城轨企业员工数量情况

有12%的城轨企业已成立企业大学并正常运行中，55%的城轨企业建有培训中心或培训部，但仍有21%的城轨企业没有培训部门且仅有兼职人员监管。城市轨道交通行业的整体培训成熟度未来可期。参与调研的城轨企业中，企业大学建设情况如图 2 所示。

图 2　企业大学建设情况

城轨企业中,数字化战略的制定与完善情况呈现中间大、两头小的橄榄形。有38%的企业"制订了完善的数字化转型的愿景和战略,并在组织内外进行很好的沟通和传达;制定了清晰的数字化转型目标和路径,并与业务目标和转型战略保持一致"。参与调研的城轨企业数字化转型战略制定情况如图3所示。

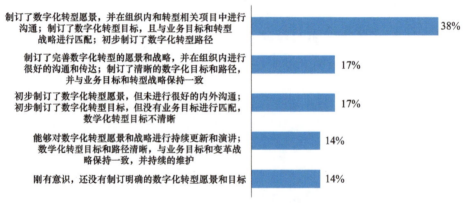

图 3　数字化转型战略制定情况

在数字化相关部门的建设情况上,有 66.7%的城轨企业已成立数字化相关部门,其中占比最高的两种组织模式为"成立全职专门的数字化中心或团队"(26.2%)、"形成多部门组成的兼职工作组"(19.1%)。参与调研的城轨企业数字化相关组织建设情况如图4所示。

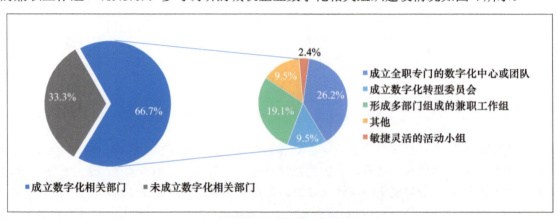

图 4　数字化相关组织建设情况

2. 目标与现状分析

78.6%的城轨企业选择通过内外部资源混合的途径来开展数字化转型，仅有11.9%的企业完全自主进行数字化转型，还有9.5%的企业选择完全引入外部资源。参与调研的城轨企业数字化转型途径选择情况如图5所示。

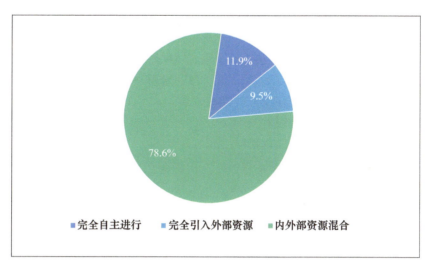

图5　数字化转型途径选择情况

从数字化转型现状来看，已有31%的城轨企业处于企业全流程的数字化改造、搭建企业数据中台与应用服务平台、实现内部数据互联互通的阶段。

在数字化转型费用投入方面，83.3%的城轨企业都在应用软件方面有投入费用，76.2%的城轨企业在数字基础设施方面有投入费用，而仅有19%的城轨企业在数字人才方面有投入费用。参与调研的城轨企业数字化转型费用投入情况如图6所示。

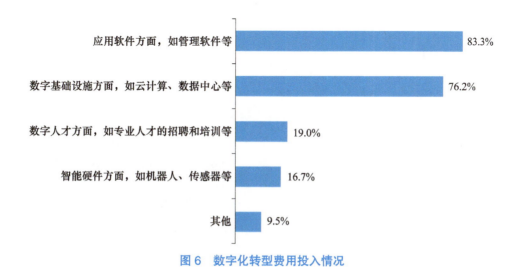

图6　数字化转型费用投入情况

在数字化转型目标上，90.5%的城轨企业认为数字化转型最重要的目标为降本增效，

57.1%的城轨企业数字化转型的目标为提升安全保障能力，52.4%的城轨企业数字化转型的目标为业务与流程重塑，实现卓越运营，各有 50%的城轨企业数字化转型的目标为增强创新能力、降低业务和经营风险。参与调研的城轨企业数字化转型目标如图 7 所示。

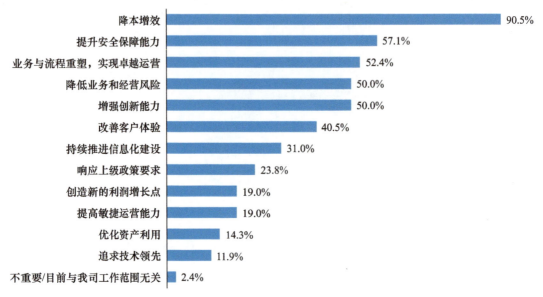

图 7　数字化转型目标

调研发现，城轨企业认为影响企业数字化转型成功的关键因素，最重要的是领导者的数字化意识及数字化能力，其次是组织数字化战略蓝图，最后是资金投入。影响企业数字化转型成功的关键因素如图 8 所示。

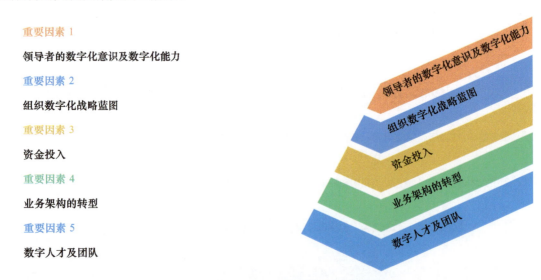

图 8　影响企业数字化转型成功的关键因素

根据调研结果显示，首先针对在数字化转型过程中，培训部门应发挥的作用，83.3%的城轨企业认为应发挥的作用首先是驱动管理者的领导力的数字化转型，其次是配合 HR 部门共同设计支撑企业战略的数字人才发展战略和助力员工建立数字化思维共识。参与调研的城轨企业认为培训部门在数字化转型中应发挥的作用如图9所示。

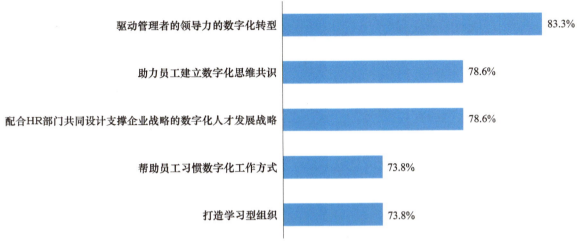

图9　培训部门在数字化转型中应发挥的作用

（二）数字化转型背景下城轨企业人才发展现状

1. 战略投入分析

关于城轨企业对数字化转型下人才建设的目标的认知，根据调研结果显示，排在前三位的分别是"解决业务的实际需求或痛点""加速企业数字化转型的进程""从数据出发帮助高层做决策"。参与调研的城轨企业数字化转型下的人才建设目标如图10所示。

图10　数字化转型下的人才建设目标

数字化转型人才发展过程中，有71.4%的城轨企业已经/计划运用了培训平台综合一体化，69%的城轨企业开发了管理应用App。这两项也是城轨企业在人才发展过程中比较容易短时间内见成效且投入成本相对较低的手段。数字化转型人才发展过程中已经/计划运用的技术手段如图11所示。

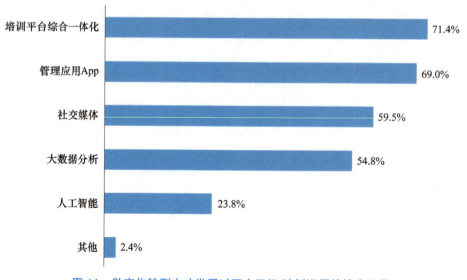

图 11　数字化转型人才发展过程中已经/计划运用的技术手段

关于城轨企业数字化转型人才发展过程中遇到的困难，根据调研结果显示，排在前四位的分别是"没有数字人才的相关标准和岗位能力模型"（73.8%）、"缺乏行业维度的体系化指导"（59.5%）、"缺乏具备数字化技能背景的专业人才"（57.1%）以及"欠缺对于数字化人才培养的体系化认识和思路"（50.0%）。参与调研的城轨企业数字化转型人才发展过程中遇到的困难如图 12 所示。

图 12　数字化转型人才发展过程中遇到的困难

根据调研数据显示，各城轨企业培训预算覆盖的人群广泛，且其中管理者和非管理者之间的差别并不大，将费用覆盖到内训师和培训管理者的城轨企业占比相对较低，这一点与内部培训管理团队和内训师队伍数量有一定关系。参与调研的城轨企业的培训预算覆盖人群如图 13 所示。

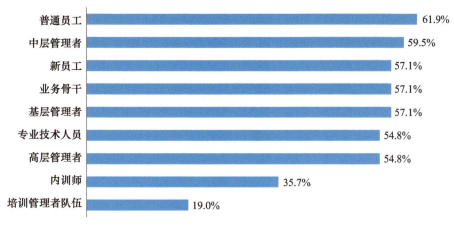

图 13 培训预算覆盖人群

在 2022 年人才培养费用投入方面，相比 2021 年，城轨企业 2022 年人才培养费用均没有下降的趋势，有 71% 的城轨企业表示费用基本没有变动，有 5% 的企业表示费用增长了 30%～50%（含）。参与调研的城轨企业 2022 年人才培养费用同比变化情况如图 14 所示。

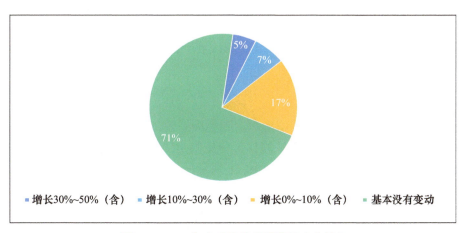

图 14 2022 年人才培养费用同比变化情况

2. 人才规划与盘点分析

参与调研的城轨企业对数字化人才的需求强烈程度排序如图 15 所示。

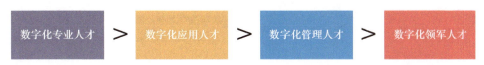

图 15 对数字化人才需求强烈程度排序

参与调研的城轨企业对数字化人才当前的能力水平评分排序如图 16 所示。

图 16 对数字化人才当前的能力水平评分排序

由此可见，城轨企业对数字化相关人才的需求强烈程度与人才的当前能力水平成反比，能力水平越低，需求强烈程度越高。除了外部引进人才，通过内部培养提升数字化人才的能力也是弥补需求缺口的重要措施。

在数字化人才画像方面，60%的城轨企业反馈尚无清晰的数字化人才画像，仅有2%的城轨企业目前已建立完善的人才画像。参与调研的城轨企业数字化人才画像构建情况如图 17 所示。

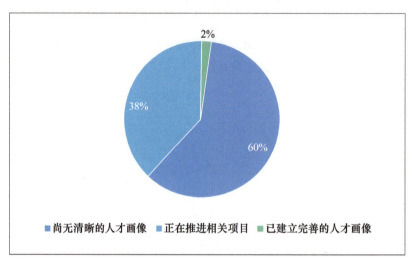

图 17　数字化人才画像构建情况

在数字化人才培养方面，31%的城轨企业表示高层会在宣贯的活动/内容上有所投入或站台；43%的城轨企业反馈高层会在项目的执行中更为身体力行、带头学习。参与调研的城轨企业高层对数字化人才培养的支持情况如图 18 所示。

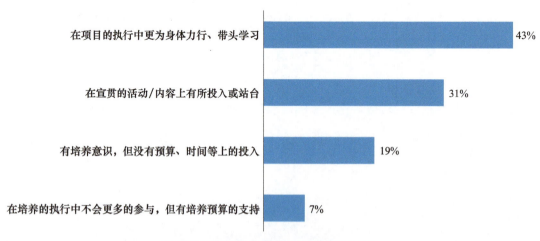

图 18　高层对数字化人才培养的支持情况

83.3%的城轨企业表示数字化转型下人才需要具备将新型技术和业务逻辑相结合的能力，76.2%的城轨企业则认为需要具备数字化的思维意识，66.7%的企业认为需要具备新型数字技术的应用能力。这三种能力代表了数字化人才在思维、内化、应用方面的能力素质，意味着城轨企业期待数字化人才应具备较为全面的能力。针对"数字化转型下人才需具备的能力"这一问题的调研情况，如图19所示。

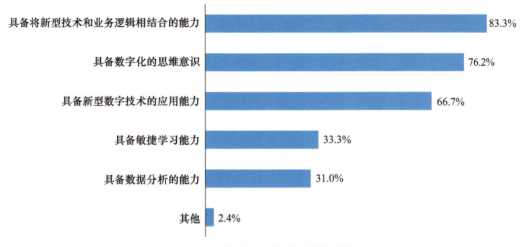

图19 数字化转型下人才需具备的能力

85.7%的城轨企业认为想要有效提升数字化转型下人才的能力，首先应该搭建数字人才与行业或技术领域专家交流的平台；其次是建立内部培养体系，进行企业内训（57.1%）。针对"数字化转型下人才能力应如何提升"这一问题的调研情况，如图20所示。

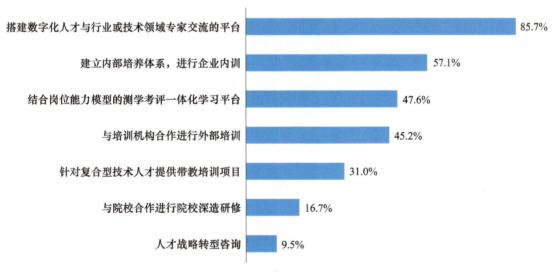

图20 数字化转型下人才能力应如何提升

3. 人才选拔与评价分析

1）人才选拔

数字化转型下人才选拔过程中，城轨企业最倾向的途径是培养内部有潜质人才（90.5%），其次是高薪聘请外部人才（33.3%）和与高校合作定向人才输送（28.6%）。参与调研的城轨企业数字化人才选拔最倾向的途径如图21所示。

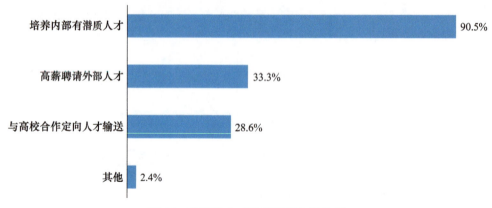

图 21　数字化人才选拔最倾向的途径

2）人才评价

超过 60%的城轨企业会开展人才评价与考核，城轨企业开展人才评价与考核的调研情况如图 22 所示。考核频率最高的是每月考核一次，占比 14.3%；其次是季度考核，占比 11.9%。城轨企业人才评价与考核频率如图 23 所示。对于评价与考核结果的应用，最普遍的做法是用于绩效打分（93.8%），其次是给予奖金/福利/处罚（75.0%）。城轨企业人才评价与考核结果的应用如图 24 所示。

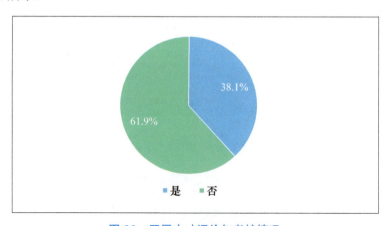

图 22　开展人才评价与考核情况

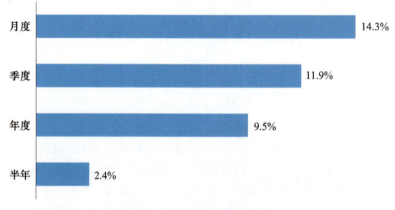

图 23　人才评价与考核频率

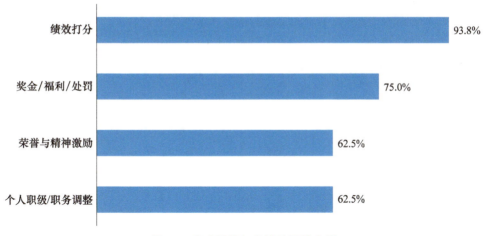

图 24 人才评价与考核结果的应用

4. 人才培养与发展分析

1）人才培养

在城轨企业中，数字化转型下人才培养的发起方占比较高的是业务部门（48%）和 HR/培训与学习发展部门（40%），仅有一成左右的城轨企业表示是由公司高层发起。针对"数字化转型下人才培养的发起方"这一问题的调研情况，如图 25 所示。

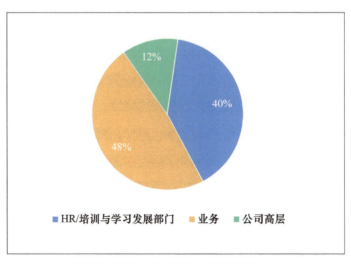

图 25 数字化转型下人才培养的发起方

在设计数字化转型下人才的培养方式时，38.1%的城轨企业选择"有业务相关性，能解决业务需求和痛点"，33.3%的城轨企业选择"结合企业具体场景，发现具体需求后设计对应的方案，场景化学习"，16.7%的城轨企业选择"赋予挑战性任务，人才在实践中学习"，仅有 9.5%的城轨企业选择"培养方式结构化，有完善的体系和清晰的培养进程"。从调研数据可以看出，城轨企业对人才培养方式与业务的结合度尤为关注。针对"如何设计数字化转型下的人才培养方式"这一问题的调研情况，如图 26 所示。

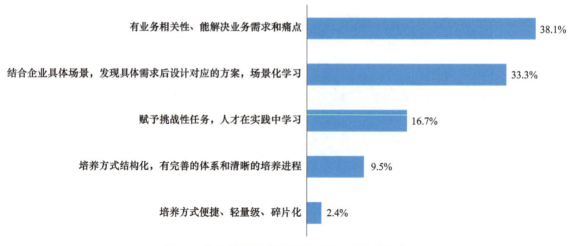

图 26　如何设计数字化转型下的人才培养方式

在设计数字化转型下人才培养体系时，城轨企业主要考虑的维度排在前五位的分别是企业数字化转型的阶段（76.2%）、高层的支持度（66.7%）、数字化人才的培养目标（61.9%）、业务的支持度（59.5%）和人才的业务相关性（54.8%）。可以看出，在设计培养体系这一环节，企业更加关注企业转型的阶段、高层的支持度以及培养目标，强调培养体系与企业实际情况的结合、目标达成及实践的易操作性等。针对"数字化转型下人才培养体系设计考虑维度"这一问题的调研情况，如图27所示。

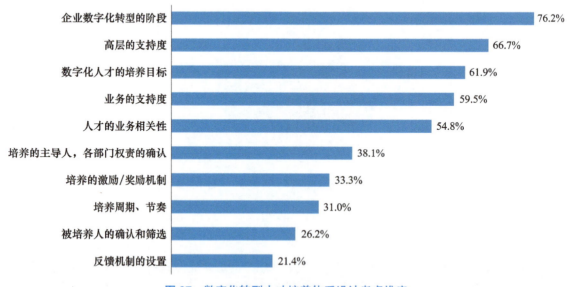

图 27　数字化转型人才培养体系设计考虑维度

在人才培养方式选择方面，城轨企业更愿意采用的方式中排在前三位的是线下培训（61.9%）、线上视频课（47.6%）和实操带教（31.0%）。这三种方式是城轨企业开展培训的主流方式。城轨企业人才培养方式选择如图28所示。

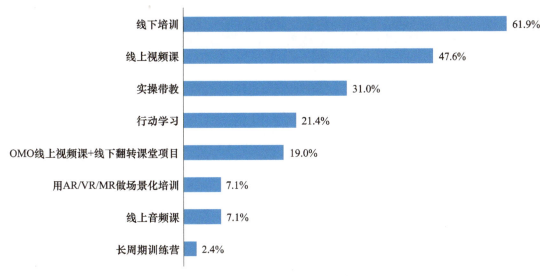

图 28　人才培养方式选择

2）人才留存

人才留存是企业人才发展中一直存在的难题，在数字化转型成为各企业的"必答题"的当下，如何培养相关人才，同时让人才留存下来，是企业需要着重看待的问题。

近几年来，城轨企业中数字化人才留存情况总体较好，64%的企业表示有80%以上留存，10%的企业表示有50%~80%留存，仅12%的企业表示有50%以下留存。值得一提的是，仍有14%的企业表示没有数字化人才，或许对他们来说，谈论数字化人才的留存为时尚早，数字化人才的引进与培养才是重中之重。城轨企业数字化人才留存情况如图29所示。

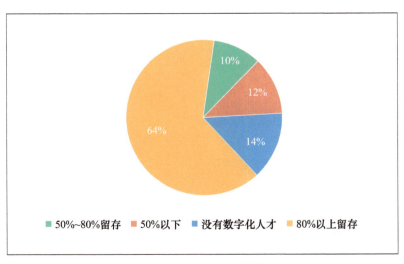

图 29　数字化人才留存情况

调研显示，在人才留存的有效方法中，78.6%的企业选择了"针对数字化人才特点的管理制度和激励机制"，52.4%的企业选择了"企业的晋升机制"，50.0%的企业选择了"市场上有竞争力的薪酬"，45.2%的企业选择了"为员工提供内外部培训机会"。针对"数字化人才留存的有效办法"这一问题的调研情况，如图30所示。

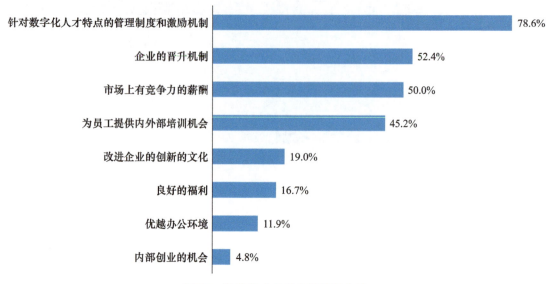

图 30 数字化人才留存的有效方法

在数字化人才培养方面，城轨企业最关注的前三项分别是"数字化人才标准和能力模型"（76.2%）、"数字化整体人才发展规划"（73.8%）、"数字化人才培养项目计划"（50.0%）。城轨企业数字化人才培养方面最关注的内容如图31所示。

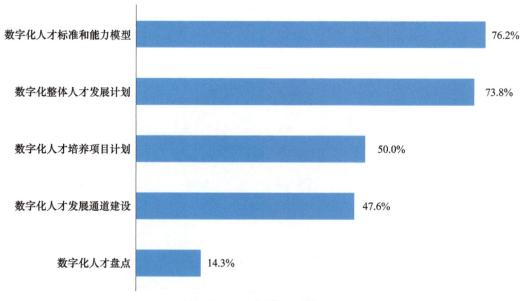

图 31 数字化人才培养方面最关注的内容

在获取人才培养资源的方式方面，排在前三位的方式是外部直接采购/租用通用课程（73.8%）、内部自主开发66.7%、从互联网聚合并分类整理学习资源61.9%。针对城轨企业"获取人才培养资源的方式"这一问题的调研情况，如图32所示。

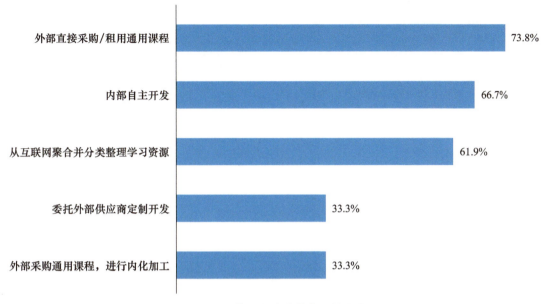

图 32 获取人才培养资源的方式

在选择与人才培养相关的产品及服务时，超过一半的城轨企业主要考虑的因素有：在线课程质量（81.0%）、数字化相关课程内容的专业性（73.8%）、学习项目设计的专业性（69%）、课程设计的专业性（64.3%）、线上及线下讲师的授课技巧（54.8%）。城轨企业选择人才培养产品及服务时主要考虑因素如图 33 所示。

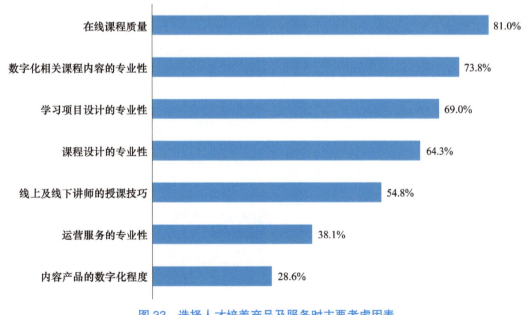

图 33 选择人才培养产品及服务时主要考虑因素

5. 培训与运营分析

1）培训管理建设

城轨企业培训管理团队服务情况如表 1 所示。

表 1　培训管理团队服务情况

情况	平均值	合计	最大值
培训管理团队的编制人数/人	29.58	1 124	221
专职的培训管理者人数（若有兼职培训管理人员，其人数可按培训工作占其所有工作的比例折算为相当于专职的人数）/人	19.28	694	100
培训管理团队的男女比例	4.40/4.59	—	—
公司员工总人数/人	9 367.97	346 615	35 655
截至2022年9月30日，2022年线下培训的总人次/人次	68 170.50	2 045 115	1 199 416
截至2022年9月30日，2022年线上培训的总场次/场次	3 064.43	85 804	30 000

当前城轨企业课程体系建设的现状是：20%尚未进行课程体系规划；其余80%有课程体系规划或建设的企业中：36%完成部分线的课程体系建设，且层级设定健全；18%已进行课程体系规划，但尚未开始搭建；18%针对关键人员完成课程体系建设。总体来看，城轨企业课程体系建设的进度相对较慢。城轨企业课程体系建设情况如图34所示。

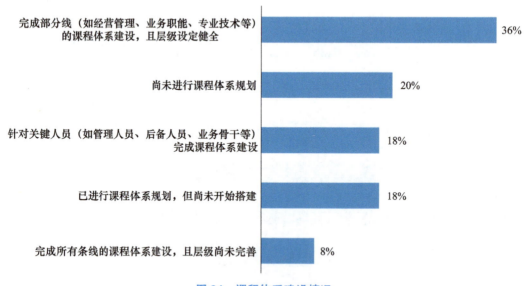

图 34　课程体系建设情况

在课程设计与开发方面，44%的城轨企业由专职课程开发人员与内部兼职讲师共同设计，22%的城轨企业由专职课程开发人员与业务专家共同设计，5%的城轨企业由专职的课程开发人员独立完成，仅有17%的城轨企业通过部分外包或者全部外包的方式与外部供应商合作开发。城轨企业课程设计与开发情况如图35所示。

图 35 课程设计与开发情况

城轨企业课程资源总体情况如表 2 所示。

表 2 课程资源总体情况 单位：门

总体情况	平均值	合计	最大值
现有的线下课程总数	478.36	15 786	6 924
现有的线上课程总数	3 077.91	22 580	7 000
其中，线下课程转化为线上课程的占比/%	37	—	—
2022 年新开设的线下课程总数	524.50	16 784	13 979
2022 年新开设的线上课程总数	673.72	21 559	17 773
2023 年计划开设的线下课程总数	105.06	3 362	2 200
2023 年计划开设的线上课程总数	97.81	3 130	1 000
现有的纯粹自主研发的课程占比/%	49	—	—

参与调研的城轨企业线下课程资源数量 TOP5 如表 3 所示。

表 3 线下课程资源数量 TOP5

单位	排序
重庆市轨道交通（集团）有限公司	1
广州地铁集团有限公司	2
南京地铁集团有限公司	3
天津轨道交通运营集团有限公司	4
北京市地铁运营有限公司	5

参与调研的城轨企业线上课程资源数量 TOP5 如表 4 所示。

表4　线上课程资源数量TOP5

单位	排序
广州地铁集团有限公司	1
深圳市地铁集团有限公司	2
郑州地铁集团有限公司	3
上海申通地铁集团有限公司	4
东莞市轨道交通有限公司	5

城轨企业讲师储备总体情况如表5所示。

表5　讲师储备总体情况　　　　　　　　　　　　单位：人

讲师储备的总体情况	平均值	合计	最大值
内部专职讲师人数	9.97	309	55
外部签约讲师人数	17.42	540	215
内部兼职讲师人数	404.32	13 534	3 000

参与调研的城轨企业专兼职讲师数量TOP5如表6所示。

表6　专兼职讲师数量TOP5

单位	排序
深圳市地铁集团有限公司	1
广州地铁集团有限公司	2
郑州地铁集团有限公司	3
上海申通地铁集团有限公司	4
北京市地铁运营有限公司	5

在内部讲师体系建设方面，21.2%的城轨企业没有建立内部兼职讲师体系，36.4%城轨企业无内部专职讲师体系，内部兼职讲师体系的建设情况略好于内部专职讲师体系。城轨企业内部讲师体系建设情况如图36所示。

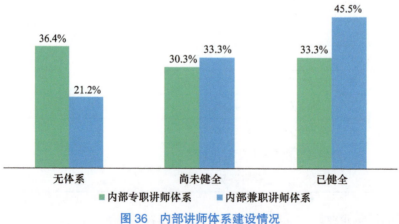

图36　内部讲师体系建设情况

2）学习平台运营

调研显示，城轨企业在选择线上学习平台时，主要考量的功能排在前两位的是"功能灵活度及自定义程度，如自建课、自建考试、自定义学习路径等"（70.7%）和"数据可视化程度，如学习结果的实时反馈"（68.3%）。城轨企业选择学习平台时主要考量的功能如图 37 所示。

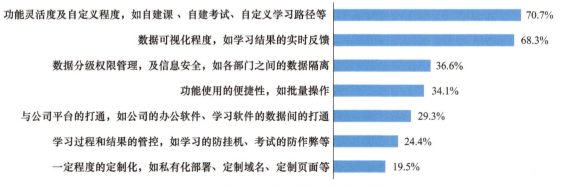

图 37　选择学习平台时主要考量的功能

调研显示，59%的城轨企业已构建线上学习平台；12%的企业正在构建中，尚未运行；仅有 29%的企业暂无线上学习平台。城轨企业线上学习平台建设情况如图 38 所示。

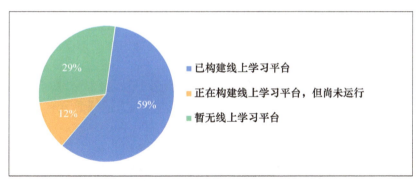

图 38　线上学习平台建设情况

城轨企业最常用的线上学习平台为 App，占比 69.2%；其次为 PC 端网站，占比 53.8%；最后为自建系统，占比 15.4%。城轨企业最常用的线上学习平台类型如图 39 所示。

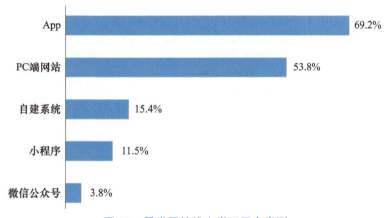

图 39　最常用的线上学习平台类型

调研显示，城轨企业最常用的线上学习平台开发方式为第三方供应商提供，占比54%；采用自主研发方式的占比23%；企业与第三方供应商共同开发的占比23%。城轨企业最常用的线上学习平台开发方式如图40所示。

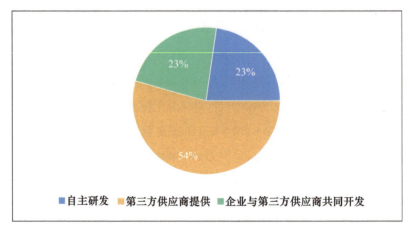

图40　最常用的线上学习平台开发方式

调研显示，对于城轨企业来说，现阶段常用的线上学习平台功能排在前五位的是在线培训（96.2%）、在线考试（73.1%）、讲师管理（53.8%）、学员档案管理（53.8%）和证书管理（50%）。其中，直播培训功能占比仅有30.8%，在所有功能中排第10位，一方面是因为目前培训市场上有较多外部供应商提供专门开展直播培训的平台与系统，对企业而言接入更方便，未纳入企业内部学习管理集成式平台；另一方面也侧面印证，大部分城轨企业的平台建设时间较早，"直播培训"还不是在线学习平台中的必要功能。城轨企业常用的线上学习平台功能如图41所示。

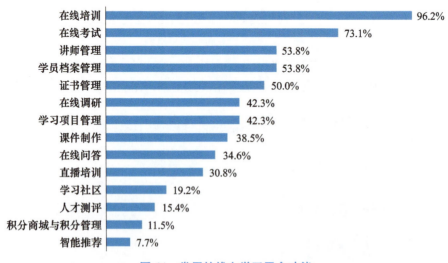

图41　常用的线上学习平台功能

城轨企业常用学习平台运行的总体情况如表7所示。

表 7 常用学习平台运行的总体情况

总体情况	平均值	合计	最大值
平台覆盖的员工占比/%	78	—	—
平台的日活跃度/%	33	—	—
截至 2022 年 9 月 30 日，2022 年员工人均在线学习时长/h	46.42	1 299.78	300
截至 2022 年 9 月 30 日，2022 年员工人均线下培训时长/h	41.57	1 288.55	150

在城轨企业预估 2023 年员工人均学习时长变化情况的调研中，有 69.7%的城轨企业预估在线学习时长增加，有 46.9%的企业预估线下学习时长基本无变化。城轨企业预估 2023 年员工人均学习时长变化情况如图 42 所示。

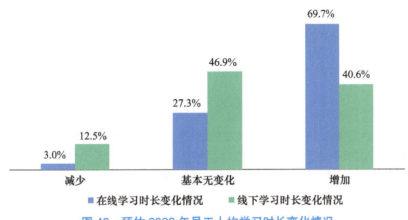

图 42 预估 2023 年员工人均学习时长变化情况

调研显示，城轨企业对于员工学习数据的应用方向首先是分析学习数据，掌握每位学员的学习情况，占比 71.4%；其次是追寻学员学习轨迹与薄弱项，精准推送课程，占比 40.5%。城轨企业对于学员学习数据的应用方向如图 43 所示。

图 43 学习数据的应用方向

调查结果显示，有50.0%的城轨企业认为目前在线学习平台内容不够丰富，35.7%的企业认为在线学习平台功能不完善，33.3%的企业认为企业各线上平台间的数据互通性差。这是城轨企业在线学习平台使用中遇到的三大难题。城轨企业目前在线学习平台主要存在的问题如图44所示。

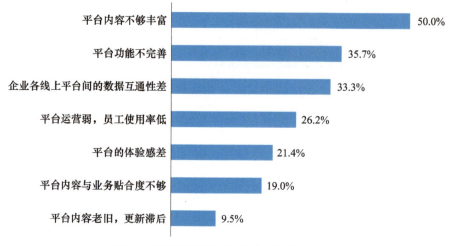

图44　目前在线学习平台主要存在的问题

为了增强在线学习平台的活跃度与使用率，实现平台价值最大化，城轨企业采取的有效措施如图45所示。城轨企业采用"将线下培训的内容转化到线上平台"的举措，占比59.5%。此外，"开展优秀课程、优秀讲师的评选"和"优化平台界面，提升员工体验感"并列第二，占比均为38.1%。

图45　增强在线学习平台活跃度与使用率的有效举措

三、数字化转型背景下城轨企业人才发展问题分析

综合以上对数字化转型背景下城轨企业人才发展方面现状调研及访谈，我们归纳总结出以下人才发展问题。

(一)缺少数字化人才标准

城轨企业现有的设计、建设、运营、维护及多种经营的分工已较为成熟,各专业人员各司其职责任明确,随着数字化转型逐步发展,新技术、新装备的应用以及企业降本增效、高质量发展对城轨企业提出新要求,专业的传统分工、岗位体系、岗位职责、能力素质要求将发生重大变化。数字化转型背景下,城轨企业所有从业人员均应具备一定的数字化素养。

对于城轨企业运营核心岗位来说,数字化对岗位体系冲击尤为明显。运营岗位要求将呈现"单一技能向复合技能协同、劳动密集向技术密集转化",朝知识丰富化、技能综合化、素质多元化的方向发展,跨专业协作、多岗位融合成为新的发展趋势。本次调研也发现,城轨企业在数字化人才培养发展方面,最为关注的是"数字化人才标准和能力模型"。然而调研显示,60%的城轨企业尚未建立清晰的数字化人才标准,"缺少数字人才的相关标准和岗位能力模型"成为城轨企业数字化人才发展的首要困难。

(二)人才培养重视程度不足

根据2021年度《城市轨道交通企业数字化转型发展调研报告》显示,在数字化综合评价模型——人才与组织建设方面,参与调研的47家城轨企业平均分仅为0.12(企业最高分值仅0.35,理想分值1;与此相比数字化转型战略方面平均分0.35,企业最高分值达到0.8,理想分值1)。

本次报告针对城轨企业的数字化转型费用投入进一步开展专项调研,结果显示,仅有19%的城轨企业在数字人才的招聘和培训上有投入费用。同时,调研中发现仅有12%的企业表示数字化转型下人才培养是由公司高层发起的。

对于城轨企业来说,数字化转型意味着产品及服务的深刻变革和整个生态系统的重构,以及商业模式的创新,而大多城轨企业目前更多关注数字化战略顶层设计,尚未认识到数字化转型过程中的深刻组织变革及新兴数字化角色的重要性,对人才发展缺乏系统性的规划,对数字化人才培养尚未有清晰思路,对数字化人才招聘与培养等相关资金投入远远不足。

(三)复合型人才供给不足

数字化转型关键归根到底是人才转型。数字化人才是城轨企业,乃至城市轨道交通产业数字化转型的关键要素。复合型人才主要可分为两种,一是具备多岗位复合技能的人才,二是具备业务与技术融合能力的数字化人才。

从需求侧来看,调研结果显示,城轨企业对于数字化专业人才的需求强烈,其次是数字化应用人才,这两类人才数量在企业内部占比较高。根据调研数据,有83.3%的企业表示数字化转型下人才需要具备将新型技术和业务逻辑相结合的能力。而城轨企业数字化技术IT人才供给不足,尤其是懂技术的业务人才和懂业务的技术人才储备不足,使得各企业在企业战略、业务管理和信息化之间难以架设有效的沟通和实现桥梁。随着数字化转型步伐加快,大批智能化的新技术、新设备的投入使用,大量一线岗位如站务、列车司机、检修工等,相应的能力素质要求也将产生巨大变化,岗位将面临复合转型的挑战。

从供给侧来看,满足人才相关岗位需求的途径主要是内部培养选聘和外部招聘。目前知识在职业院校的更新速度相对落后于在城轨企业应用及迭代速度,传统的专业技能更多将被数字化和智能化的真实场景应用能力所驱动迭代,职业院校供给的人才尚无法满足企业人才能力要求。

根据调研结果显示,企业在数字化转型下人才选拔的途径,最倾向的途径是培养内部有潜质人才(90.5%),企业更倾向于采用培养现有员工的方式进行数字化人才供给。然而与此对比的是，企业在数字化人才招聘和培训上的费用投入却远远不足。城轨企业充分认识到业务的数字化转型不是简单地引入先进IT技术就能实现的，但目前需求与实际投入的不对称进一步加剧了城轨企业内部人才培养供给的不足。

同时，城轨企业主要还是按传统专业线条培养业务人才，以传统企业信息化建设的方式来看待企业内的IT部门职能，业务和IT的割裂在一定程度上成为影响复合型数字化人才培养的障碍，进一步加剧企业复合型数字化人才供给不足的情况。

（四）人才培养体系发展滞后

在人才培养方式方面，与业务融合紧密的行动学习方式、解决新时代员工工学矛盾需求的OMO线上线下融合方式，以及AR/VR/MR等场景化培训方式等各类创新培养模式并不是城轨企业的主流选择，传统的线下培训方式仍是企业人才培养首要采用的方式，仅有31%的企业选择实操带教的方式。

在人才培养资源建设方面，20%的城轨企业尚未进行课程体系规划。课程研发更多仍完全依靠自行研发，仅有17%的城轨企业选择与外部课程开发机构合作的方式。完全自行研发的效率与外部机构合作开发效率相比较慢，在一定程度上也制约了课程体系及内容建设进度。

在学习平台建设方面，根据调研显示，虽然59%的企业已构建线上学习与管理平台，但仍然聚焦于线下培训的传统模块的线上转化，比如线上课程培训、在线考试、讲师管理、学员档案管理等传统培训模块功能。在线测评、直播技术、在线问答、积分商城管理、智能推荐等功能在平台所有功能中排序靠后，尤其是智能推荐功能，在所有功能中的最后一位。根据调研显示，城轨企业认为企业目前所使用的在线学习平台存在的首要问题仍然是平台内容不够丰富，其次是功能不完善。在加强学习平台活跃度举措方面，超过一半的城轨企业仍首要采用将线下培训内容转化线上学习的方式，而不是通过活动运营加强员工学习体验。以上数据均反映了城轨企业目前尚未充分发挥科技优势，推动学习转型。

在与人才培养体系配套的机制方面，根据调研数据，78.6%的企业在人才留存的有效方法中选择了"针对数字化人才特点的管理制度和激励机制"，这表明各城轨企业对数字化转型下人才发展相关机制重要性有一定共识。同时，超六成的企业会定期（月度/季度）开展人才的评价与考核。但值得注意的是，对于评价与考核结果的应用，企业往往会回归管理传统做法——93.8%的企业是用于绩效打分。如何培养相关人才，让人才留存下来，相关机制的建设是企业需要着重看待的问题。

四、数字化转型背景下城轨企业人才发展解决之道

根据信专委归纳分析，城轨数字化转型能力评价模型包括数字化转型战略、数字化流程与治理、数字化技术应用、数字化人才与组织建设等四个维度。无论哪一维度存在短板都将影响数字化转型进程。当前城轨企业在数字化人才组织建设维度处于起步阶段，我们需要及时发现人才发展存在的问题、系统性解决问题，才能为城轨企业数字化转型提供有力的人才支撑。

（一）建立数字化人才标准体系

面对人才供给不足的问题，企业一般主要采用外部招聘和内部培养两种方式解决。根据调研数据，在数字化转型背景下，绝大多数城轨企业首先要考虑培养有潜质的员工，其次是高薪聘请外部人才。无论是企业内部培养选聘还是外部招聘，都需用科学系统的人才评价方法帮助企业找到所需人才，而建立清晰的人才标准和岗位能力模型，是岗位体系的基础和保

证人才评价的前提。

数字化人才是可以利用数字技术与技能为企业业务赋能的人才，是支撑企业转型成功的核心力量，并不仅仅指掌握 ICT（信息通信技术）的技术人才。我们结合国内对数字化人才定义主流观点及专家调研，将数字化人才分为数字化领军人才、数字化管理人才、数字化应用人才、数字化专业人才等四类人才。数字化人才定义及能力要求如图46所示。

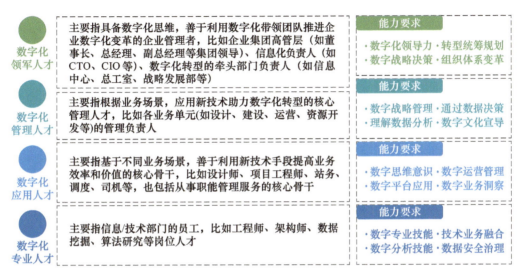

图46 数字化人才定义及能力要求

根据调研显示，城轨企业认为数字化转型背景下人才需具备的能力中排在前三位的是将新型技术和业务逻辑相结合的能力、数字化的思维意识、新型数字技术应用能力。这三种能力代表了数字化人才在思维、内化及应用方面的能力素质要求。

1. 数字化领军人才

数字化领军人才主要指具备数字化思维，善于利用数字化带领团队推进企业数字化变革的企业管理者，比如企业集团高管层（如董事长、总经理、副总经理等集团领导）、信息化负责人（如 CTO、CIO 等）、数字化转型的牵头部门负责人（如信息中心、总工室、战略发展部等）。

数字化领军人才作为带领企业数字化变革的领头羊，要善于用全局眼光把握数字经济和产业数字化发展趋势，制定战略规划，具备数字化领导力，善于推进数字技术与业务结合，助推实现数字化产业化和产业数字化。在能力方面更侧重数字化领导力、转型统筹规划、数字战略决策、组织体系变革等方面要求。

2. 数字化管理人才

数字化管理人才主要指根据业务场景，应用新技术助力数字化转型的核心管理人才，比如各业务单元（如设计、建设、运营、多种经营等）的管理负责人。

数字化管理人才在城轨企业数字化转型中发挥着承上启下、中流砥柱的作用，是数字化转型成果落地的关键。数字化管理人才承接集团数字化转型战略，对本业务场景数字化转型做出整体规划布局，并领导下属推进数字化转型。他们应深刻理解本企业数字化转型，并具有全局视野、良好的洞察力和决策力。在能力方面，更侧重数字战略管理、通过数据决策、理解数据分析、数字文化宣导等方面要求。

3. 数字化应用人才

数字化应用人才主要指基于不同业务场景，善于利用新技术手段提高业务效率和价值的核心骨干，比如设计师、项目工程师、站务、调度、司机等，也包括从事职能管理服务的核心骨干。数字化应用人才应精通本业务及了解相关联业务，了解本企业应用的主要新技术，与数字化专业人才进行高效沟通和资源共享，使用智能化系统，提高业务效率，最大化体现业务价值。

根据调研显示，数字化转型下，企业对数字化应用人才需求强烈，仅次于数字专业人才。在运营业务方面的数字化应用人才，原岗位人员数量庞大，受数字技术影响尤为突出，亟待建立适应数字化转型需求、标准化、规范化的岗位标准、培养标准、认证标准。

随着数字技术发展，比如人脸掌纹辨识技术、影像侦测等技术应用，全自动运行技术发展，将直接导致安检、售票、站务、检测、司机等岗位逐渐减少，甚至消失；随着智慧运维技术的发展与普及，城轨企业逐步采用智能巡检机器人和无人机开展隧道线路检测。运维岗位的人员除掌握传统维修技能外，还需掌握机器人、无人机操作技能、信息通信技术、数据分析方面知识；全自动运行模式实现了从以人为主的操作到人机互联的转变，原本由司机完成的工作转由列车自动控制系统完成，行车组织、列车控制和车辆监控等由控制中心调度员负责，形成以系统和远程控制为主的行车组织管理方式。既有司机岗位将转变为多职能列控员或车辆调度员等新岗位，相应的能力要求也发生变化。以列车司机、站务员为例，岗位能力要求变化如表8所示。

表8　岗位能力要求变化

序号	岗位	原岗位职责	新岗位能力要求变化
1	列车司机	正常运行列车驾驶监护；降级模式下手动驾驶；列车故障下排除故障；突发应急处置等	1.多职能列控员：除具备手动驾驶能力、故障排查及应急处置能力外，还应具备列车监护、车辆巡查、乘客服务等能力
2	站务员	站台监护；乘客服务；客流疏导；应急处置等	2.车辆调度员：日常监控正线列车运行状态，应具备远程设备操作、数据分析及应变能力，熟悉全自动线路的车辆调度操作规范、应急处理流程

城轨企业需加快数字化应用人才等岗位梳理，明确数字化转型下岗位对员工的技能要求与传统岗位技能要求的差异点。结合转型后的业务需求和岗位特点，构建与数字化转型阶段、成熟度相适合岗位能力素质模型、培养标准以及评价认证标准，为岗位优化、人才匹配及培养提供依据。

4. 数字化专业人才

数字化专业人才主要指信息/技术部门的员工，比如工程师、架构师、数据挖掘、算法研究等岗位人才。数字化专业人才主要任务是深刻理解企业战略和业务，发现业务上的问题，并利用先进的科技技术手段，创造性地解决问题。数字化专业人才应具备高效协同意识和用户服务意识，熟悉业务场景，聚焦业务与技术融合，能够规划、设计、建设企业的系统或平台，用技术驱动业务需求，优化业务结构，提高业务效率。在能力方面，更侧重数字专业技能、技术业务融合、数字分析技能、数据安全治理等方面要求。

城轨企业多数采用内外部资源合作方式开展数字化转型，尤其在基础平台方面，内部既掌握数字技术又熟悉城轨业务的人才储备不足。根据调研数据显示，在数字化转型中，作为承接数字化基础设施建设的关键技术人才，数字化专业人才需求尤为强烈，其能力要求的重点，是将新技术与业务逻辑相融合的能力。这类人才的标准建设建议企业联合第三方信息技术机构以及熟悉城轨行业的第三方培训机构，充分发挥各方优势共同梳理分析。

（二）完善人才培养体系建设

从调研情况来看，大部分企业数字化人才建设目的是提升企业自身的数字化程度并解决实际业务需求或痛点。其中主要原因在于数字化人才培养需承接企业数字化转型战略，确认业务发展方向后，才可确认人才培养的方向。企业人才发展体系建设是从战略出发，对企业内部人才的发展成长进行的系统性设计的管理体系，涉及人才发展的定标、对标、达标三个阶段。

在"岗位标准—培养标准—认证标准"基础标准体系建设基础上，城轨企业应做好数字化人才培养体系建设，加强对数字化核心人才的系统化培养，做好与人才选拔任用、考核评价机制及激励机制的衔接配套。

数字化人才盘点与选拔。数字化转型下，企业"缺乏可用之人"是当前人才配置的主要困难，充分挖掘现有人才潜力、提高人效、优化人才配置成为当务之急。借助人才盘点、人才识别等方式可提高数字化人才匹配的效率与准确性。基于岗位能力模型进行人才盘点，对个体数字化能力等级和组织数字化人才队伍评估，掌握人才供给情况，同时结合内部资格评审、技能竞赛等形式综合识别数字化潜质人才。准确掌握组织人才需求与人才供给情况之后，方可为人才培养、人才储备、人才规划提供决策依据。

数字化人才系统培养。城轨企业在探索数字化转型的过程中，或受企业基因等内部因素制约，在人才培养上面临诸多痛点。基于城市轨道交通行业数字化人才发展共性需求，行业协会或者第三方培训机构提供以实践交流、培训认证为主的服务，包括行业数字化参访交流学习、高峰论坛、高级研修班、数字化人才认证班等；基于城市轨道交通行业数字化人才发展个性需求，提供贴合企业实际的定制化服务，包括数字化人才培养规划、不同类别数字化人才系统培养服务等。同时针对数字化前沿趋势及基础知识学习等大众需求，提供线上直播系列课程服务。城轨企业可以通过内外优势互补完善数字化人才培养体系，实现更高效地赋能不同类型的数字化人才。

具体来看，在数字化领军人才方面，提供行业数字化高峰论坛交流平台，加强高层对数字化认知和实践的碰撞交流，帮助企业明晰数字化实施路径，在组织架构与人才培养方面建立"自上而下"的发展体系。

在数字化管理人才方面，通过各业务场景下的专题论坛和数字化领导力定制培养项目帮助企业赋能管理者、启发管理者的数字思维、培养数字化领导力等，提高管理人才对数字化转型内涵、转型必要性的理解，共同探索各业务数字化转型实施路径及落地举措。

在数字化技术人才与数字化应用人才方面，虽然城轨企业对先进数字技术有着较强的学习需求，但内部培训资源和体系往往难以满足其培训需求。数字化人才区别于一般人才培养，更关注业务与技术融合能力。在数字化人才培养过程中，城轨企业可采用与第三方培训机构、产业链上下游企业内外协作的人才培养模式，充分整合数字化资源，为员工提供各业务领域前沿技术、数字化技能、方法论及工具等学习内容，帮助企业将外部供应商长期沉淀的数字化能力与自身业务结合，提升数字化技术人才和应用人才的岗位专业能力。同时，企业应改变以传统的IT部门为驱动的信息化模式，以业务、IT深度融合的组织模式，以清晰的目标为牵引，以业务和流程优化或重构项目为驱动，在数字化转型项目实践探索中培养数字化能力，实现"技术+业务"的双向赋能，提升二者对业务和技术的交叉应用能力。

在数字化人才标准体系框架下，我们建议大力开展智慧城轨规划师培养与认证工作，助力行业培养城轨数字化转型专业人才，使一批从业人员先行系统掌握先进智慧城轨规划、运营、管理的方法和工具，完善智慧城轨知识体系（专业理论、政策知识、技术知识、应用方案等）并内化为行业赋能。

数字化人才认证。围绕数字化人才能力需求，制定分层分类的人才认证评价体系，建立健全评价标准和评价方式。针对知识技能、能力素质标准开发认证题库，针对评价内容开发有效、恰当的人才评价手段，结合标准化人才测评工具和定制化人才测评工具对数字化人才进行评价。同时，为数字化人才认证制定相关等级认证管理及认证机制流程，完善相关认证制度。结合职业发展通道建设，促进人才评价与培养、使用、激励等相衔接。轨道交通产业数字化人才培养认证体系如图47所示。

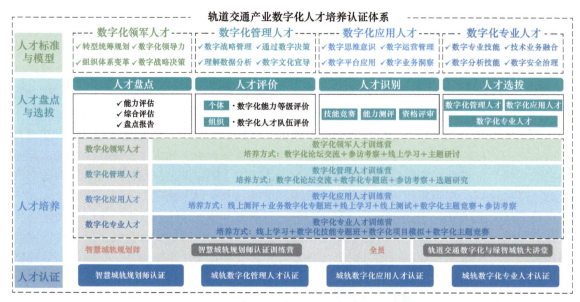

图47　轨道交通产业数字化人才培养认证体系

（三）加快人才培养的数字化转型步伐

城轨企业人才培养"五要素"需同步转型。数字化技术正在以更高的速度与产业结合，加速了城市轨道交通产业领域技术创新与迭代速度。多数城轨企业已经在进行数字化转型探索与实践，企业人才培养数字化建设水平已滞后。城轨企业应着重思考科技的发展对人才培养"五要素"，即课程、师资、教材、培训方式手段、实训基地设备设施建设等要素的影响，必须改变传统的工作思路和流程，进行教育全要素、全流程、全业务和全领域的数字化转型，实现人才培养价值再造。

城轨企业目前普遍存在学习内容相对稀缺、学习形式较为单一、传统培训方式组织效率低、学习效果相对不理想、培训管理难度大等方面的问题。虽然多数城轨企业已经建立学习平台，功能聚焦在线上课程学习、线上考试、相关数据统计等基础功能，但智能化水平不高，缺少学习运营。平台内容以技能操作、专业知识和实践案例短视频课程为主，面向更多细分岗位、覆盖更大范围的员工，但各企业学习资源处于孤立状态，学习平台面临如何打破城轨企业间的学习资源孤岛，实现行业资源互联互通共享，以及如何利用人工智能技术，实现职业全周期培训支持等一系列挑战。

企业学习正在从传统的线下学习到线上学习再到数字化学习演化。企业学习的数字化转型，并非简单上线学习平台或者开发线上课程，是依靠数字化的技术和科技平台，创新创造数字化培训方式和组织管理模式，推动企业学习智能化发展的过程。城轨企业应充分发挥科技赋能优势，通过数字化技术联通，实现学习数字化转型，推动企业人才发展。

比如在学习平台优化方面，利用 AI 技术实现智能推荐、智能问答等功能，为员工提供个性化学习服务；通过大数据分析、在线测评等技术搭建测学练考一体平台，实现与岗位标准、培训标准、评价认证标准无缝衔接，帮助员工及时发现能力短板，针对性提升能力，达到岗位能力要求；结合 VR/AR/MR 等技术实现沉浸式、情景式、体验式教学模式创新，提升培训效果。学习数字化转型未来将向教育模式数字化、学习产品数字化、组织和运营数字化以及教育资产数字化进一步发展。

教育模式的数字化。借数字化之力，依托智慧学习平台，实现培训从服务企业关键岗位学员向服务企业各层次学员的扩展，甚至从服务企业内部向服务产业链的延展，为产业赋能，延伸到职业教育，服务社会，实现人才培养的规模化、个性化和平台化。

学习产品的数字化。以一体化学习产品为入口，以学员为中心，重塑覆盖学校—企业—社会学员、线上线下学习课程、教材、知识等服务全生命周期的数字化产品。充分利用新技术，完成学习路径规划，与岗位标准、培训标准、评价认证标准无缝衔接。

组织和运营的数字化。依托智慧学习平台，加强各级培训部门的数字化能力和意识，打造数字化能力中台，从组织内部萃取其培训及赋能的相关经验，与最先进的智能化数字科技融合，通过大数据收集、分析等人才培养智能运营手段，为企业人才培养提供有力支撑，从而更高效地提升组织的能力，为各业务部门的数字化转型提供能力支撑。

教育资产的数字化。以共建实训基地、数字化内容为切入点，推动各项教育资源的数字化。合作共建一批集实践教学、数字化人才培养、技能鉴定、科研服务等功能于一体的实训基地，持续完善和发展涵盖课程、教材、师资、学员和教育生态的数字化教育资源，通过资源"共建共享"的方式让沉睡的资源活起来，成为"活资产"，实现价值最大化。

（四）共建数字化人才发展生态

数字化转型对城轨企业人才能力提出新要求，院校人才供给与企业实际所需差异导致人才供需矛盾依然突出。在毕业生招聘方面，企业期望人才培养时间短、质量高、成本低，更期望学生"毕业之时就是上岗之日"，需求端市场正呼唤技能人才培养标准化、规范化和规模化。当前各行业的数字化转型都面临人才短缺的问题，数字化复合型人才供不应求。为解决复合型人才供需矛盾，需加强产教融合、科教融合，双轮驱动人才培养模式创新，实现教育链、人才链与产业链、创新链、价值链、资金链的有机衔接，共建数字化人才发展生态。

共建数字人才发展生态应充分发挥领军企业、第三方培训机构、院校等各方优势，基于智慧教育平台，以人才培养为主要抓手，以专业建设、产教赋能、实训基地建设、产研社会服务为支撑，打造了师资共用、人才培育、产学共融、技术共研的数字化产教融合模式，实现职业院校与产业/企业的深度融合。具体应推动院校、企业、第三方培训机构，通过共建学科及人才培养体系、打造高水平实训基地及实验室、举办技能竞赛、完善"1+X"体系、打造工匠学院等多种方式加深产教融合，构建人才发展生态体系。数字化产教融合模型如图48所示。

图48　数字化产教融合模型

在专业学科建设及人才培养体系方面，应鼓励领军企业深度参与高校人才培养，瞄准前沿领域，共建技术学院和现代产业学院，发展交叉专业；城轨企业、第三方培训机构、院校三方应秉承开放式生态思维，围绕数字化人才培养体系搭建、线上线下课程包开发、教材编写及"双师型"队伍建设，建立人才培养利益共同体，共同推动高等院校学科专业建设、教学内容等与城市轨道交通产业数字化转型发展实际需求精准对接。

在智慧实训基地及设备设施建设方面，充分考虑智慧化实训基地的规划、设计与建设，以前瞻性的眼光超前部署，配置软硬件设备设施，鼓励企业与院校发挥双方优势，共建一批联合实验室、实训基地、实习基地等。

在多元化人才培养模式方面，大力发展订单制、现代学徒制、"培后聘"、技能竞赛、终身职业技能培训等多元化人才培养模式，培育一批跨领域、跨学科、跨专业的复合型人才，造就一批掌握数字技术的拔尖创新人才。比如订单班模式下，城轨企业采用与院校深入合作开展人才培养，实现人才供给，但这种模式下企业担负的培养成本依然较高，人才甄别效率较低。随后优化产生的"培后聘"模式，由第三方培训机构先行将社会人员、学生培养根据复合型人才标准进行系统培训后，企业再招聘上岗，缩短了企业培训周期，节约企业成本。多元化人才培养模式如图49所示。

图49　多元化人才培养模式

在终身职业技能培训制度方面，制订实施数字技能提升专项培训计划，探索引入现代化手段和方式，第三方培训机构与企业合作开展数字技能类职业培训，大力培养城轨行业数字化人才。

比如第三方培训机构对社会人员/职业院校进行职业技能培训认证。这种模式下，企业更注重控制人员的技能、素质、工作质量，为此找到一家熟知城轨运作模式、具备人才培养能力、拥有可靠信誉的第三方机构尤为重要。第三方培训机构也可与职业院校深入融合，将人才培养标准融入院校，开展规模化的人才培养，为行业建立人才蓄水池。第三方培训机构与企业合作开展人才培养模式示例如图50所示。

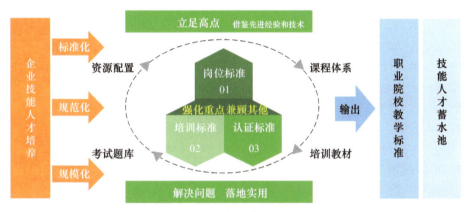

图50 人才培养模式示例

在企业重点领域人才交流方面，根据调研数据显示，85.7%的城轨企业认为数字化转型背景下，数字化人才能力提升的首选举措是搭建数字人才与专家交流平台。

充分发挥协会、城轨行业内外第三方培训机构的平台优势，针对数字化领军人才、数字化管理人才等群体，举办定期数字化论坛、参访考察、编写报告、提供专业咨询等手段，培养数字化思维、加强数字化意识，促进院校、企业间数字化实践经验分享与交流，加深高层对数字化的认识与思考；在此基础上总结并提供相关指导性文件，如行业数字化洞察报告、数字化人才标准等，帮助城轨企业培育高层次数字化人才，更好地实现数字化转型。

五、数字化转型背景下城轨企业人才发展总结与展望

数字化转型对人才发展体系带来巨大冲击。随着智能技术的应用普及，数字化转型打破专业传统分工，岗位体系、岗位职责、能力素质要求将发生重大变化，目前职业院校的人才培养供给与企业对复合型的人才需求脱节，人才供需结构性矛盾突出。

数字化人才培养是一个持续的过程。城轨企业数字化转型发展是一个复杂的过程，数字化人才培养也将是一个持续的过程。伴随数字产业化和产业数字化的快速推进，数字化人才的缺口还将继续扩大。如何充分发挥科技赋能优势，搭建人才培养体系，持续快速培养数字化人才，是数字化转型的重要课题。

人才发展生态需社会各界多方参与构建。数字化转型核心是人才，我们呼吁轨道交通产业链相关企业、院校、第三方培训机构等相关单位共同参与数字化人才发展体系建设，瞄准新时代需求，立足长远发展，协同育才，不断优化人才供给侧结构，共建人才发展生态，助

力城市轨道交通产业数字化转型。

》》》作者单位：广州轨道教育科技股份有限公司

参考文献：

[1] 那丹丹，李英. 我国制造业数字化转型的政策工具研究[J]. 行政论坛，2021，28（1）：92-97.

[2] 张新新，刘一燃. 编辑数字素养与技能体系的建构——基于出版深度融合发展战略的思考[J]. 中国编辑，2022（6）：4-10.

[3] 任保平，何厚聪. 数字经济赋能高质量发展：理论逻辑、路径选择与政策取向[J]. 财经科学，2022，（4）：15.

[4] 柯雨欣，王之禹. 数字技术赋能农业高质量发展的理论逻辑与未来展望——以东北三省为例[J]. 价格理论与实践，2022（5）：194-196+208.

[5] 焦豪. 双碳目标下国有企业数字化战略变革的模式、路径及保障机制研究[J]. 北京工商大学学报（社会科学版），2022，37（3）：10-22.

[6] 王灏晨. 面向工业5.0时代我国产业转型的思考及建议[J]. 发展研究，2021，38（7）：64-69.

[7] 张雯. 我国商业银行数字化转型发展策略研究[J]. 山西财政税务专科学校学报，2021，23（5）：17-20.

[8] 姚世峰，张涛，谢湘，等. 2021年度城市轨道交通企业数字化转型发展调研报告[J]. 城市轨道交通，2022（2）：12-18.

[9] 张煜，董彦. 宁波轨道交通公司技能人才培养数字化转型研究[J]. 城市轨道交通，2022（3）：49-51.

广州地铁不同阶段人才培养与实践

周 吉 黄麒铭

经过 50 多年的发展，我国城市轨道交通建设运营规模位居世界前列，形成了完整的产业链和装备制造体系，成为名副其实的城市轨道交通大国。国内的轨道交通企业也经历了从筹备期到多线运营期再到网络化运营期的发展阶段，呈现出不同的特点。轨道交通企业在不同的发展阶段对员工数量、人员结构、培训需求等方面也相应存在不同的要求，同样体现出不同的特点。因此，打造一支结构合理、素质优良的员工队伍，建设科学的选、育、用、留机制，采取多种培养模式，提升人才培养规模、加快人才培养速度，有效解决人才规模不足、结构不合理等问题，满足企业发展对人才数量与质量的需求，成为摆在行业内不同阶段企业面前的现实问题。

所谓轨道交通企业发展的"筹备期"，是指轨道交通企业在成立之日起到单线全线运营之间的发展阶段。这时期企业自身没有可供参考的管理经验，所有业务都在学习成长阶段，都在对标成熟的轨道交通企业管理模式，并结合所在城市的特点摸索着前进。这个阶段企业成长的速度最快，企业规模和人员成倍增长。筹备期一般由政府主导，企业协同推进，政府主导开展项目规划、建设和运营，地方政府既是所投资的城市轨道交通的物权所有者，同时也是最高经营管理决策者，城市轨道交通企业成立初期是市政府属下的一个特许性、垄断性的公营事业机构。这个"代业主"（即市政府）组织开展与地铁项目有关的规划设计、建设活动。

所谓"多线运营期"，是指城轨企业开通运营后有 2～4 条线路开通运营，在未形成规模化网络化运营期的阶段。此期间的线路大多覆盖了城市核心区域以及一些新兴发展区。这个阶段的轨道交通企业大多重视自身管理改善，开始探索一体化经营模式，新线路建设与既有线路运营并驾齐驱，经营管理和地铁安全运营成为企业重点关注的内容。这个阶段的企业管理体系大多已经成熟规范，但是制度流程繁多，管理效率会出现问题，为了进一步发展，企业大多开始进行战略规划修编、企业管理变革或企业文化重塑。

所谓"网络化运营期"，是指随着城市轨道线路的不断建设、开通运营，运营里程达到一定规模，线路数 4 条及以上关联形成网络状，基本连通、覆盖城市中心城区；基本实现中心城区 1 km 半径内能找到城市轨道交通车站，站点布局可达性强；换乘站 3 座及以上，不同线路间可实现无障碍换乘。网络化运营期的车站站点在城市中心区形成网格密级关联，在向近邻郊区呈现放射式网络延伸的形态，同时城市轨道开始成为城市交通的主要支撑力量，公交市场占有率达到 30%以上，城市中心区域达到 50%以上。在这个阶段，城市轨道交通在综合交通系统中所发挥的作用越来越大，逐步向建设城市服务综合体转型，开始关注轨道站点周边综合开发，以场站综合体的建设实现城市功能提升、土地价值释放与高质量新城市空间场所的营造。城市轨道交通对整个城市的总体规划、促进和引导沿线规划建设和经济发展、改善城市公共交通状况、优化城市交通结构等方面都起到了积极作用。

广州地铁在三十多年的奋斗岁月中，同样伴随着发展的三部曲，其人力资源的发展和员工职业能力的提升从筹备期的引进、送外培训，到多线运营期的订单培养、内部培训，再到当前跨越式发展阶段进行社会化培养、岗位融合的稳步尝试，在人才培养的理念方向、体制机制、方式方法、措施手段等诸多方面进行了大量富有成效的探索和实践。

一、广州地铁筹备期的人才培养特点与实践

（一）广州地铁筹备期发展概况

轨道交通企业筹备初期一般为单一线路建设，企业战略任务是新线规划、建设与运营筹备。例如广州地铁1号线1992年10月试验性工点黄沙站开工，1997年6月28日西塱至黄沙段开通观光试运营。在新线建设的同时，运营筹备工作也抓紧开展，需要申请资质、建章立制、招聘人员、开展培训，为全线的顺利开通做准备。在广州地铁1号线运营筹备期，国内几乎没有成熟的运营管理经验，运营管理人才紧缺，可以利用的资源非常有限，运营筹备面临众多困难。轨道交通筹备期企业规模相对较小，一般参照政府机关采用直线职能管理模式，即总公司下设各个处室和业务部门。这种直线形的职能管理模式，管理决策流程简单高效。

轨道交通企业在筹备期时，内部没有成熟的管理经验和健全的管理体系，制度、流程均处起步阶段。此时企业一般会通过"挖人、咨询、培训"三种方式来提升管理水平：一是"挖人"，从相对成熟的轨道交通企业或铁路公司等招募有工作经验的管理人员，牵头管理建设、制订制度、规范流程等；二是"咨询"，即将公司的规划、设计、建设、新线联调等管理活动，委托具备经验的第三方予以指导和支持，通过咨询的方式开展管理制度规范的编制；三是"培训"，把公司员工委派到相对成熟的轨道交通企业进行培训，系统全面地学习他人的管理经验，然后结合自己公司实际情况制定符合企业实际的管理制度和流程。

（二）广州地铁筹备阶段人才需求特点

1. 专业人才需求迫切

筹备期需要统筹协调的事宜多，需要解决的问题多，需要有人懂管理，需要有人懂经营，各类人才需求量极大。从技术层面来讲，不仅包括地质、设计、安全、工程建设施工等土建类问题，还要解决大量供电、车辆、轨道、通信、信号、行车及监控、自动售检票等一系列设备选型、联合调试问题，需要一大批高素质专业技术人才来承担重任。广州地铁公司成立初期，员工不足200人，至1997年6月底有员工近1850人，其中管理人员100人左右，技术人员250人左右，运营服务人员近1500人，人员规模迅速扩张。

2. 管理人员缺乏经验

公司成立初期，主要以新线建设为重点业务，同时开展运营筹备工作。20世纪90年代初，国内只有北京、天津、上海有开通运营经验，运营管理人员极其短缺，广州地铁运营筹

备工作 1994 年才正式开始启动，涉及融资、规划、设计、拆迁、工程招投标、安全生产、运营筹备等诸多难题，管理人员来自不同的省份、不同的行业，内部磨合需要一定时间。

（三）广州地铁筹备期人才培养实践

1. 送外培训培养骨干力量

筹备期企业自身没有人才培养能力，既没有培训设施设备等硬件资源，也没有培训师资课程等。为满足地铁建设、开通运营对员工知识技能的要求，将员工委托到有培养能力企业、设备厂家开展培训，快速获取建设和运营实战经验，以满足实际工作需要。通过学习成熟企业的管理、技术和运作经验，快速地培养一批符合岗位实际需求的人才。

例如，广州地铁在筹备期间，筛选出管理人员、专业技术人员骨干力量去香港地铁、德国汉堡地铁等标杆企业系统培训。随着国内城市轨道交通发展日趋成熟，新兴轨道交通企业一般会到国内标杆城轨企业跟岗培训。

2. 持证上岗满足准入需求

在筹备期，为确保新线安全准时开通，必须做好充分准备。作为涉及百姓人身安全的交通运输业，政府相关部门对一些重要岗位均要有培训准入类证明（资格证）的明确规定，如电工证、电瓶车证、叉车操作证等。

因此，在筹备期轨道交通对准入类证或核心专业相关持证上岗的培训需求非常迫切，岗位集中在运营一线生产岗位，如客车司机、值班员、车辆检修等重点岗位。通过对员工的持证上岗要求，不断地提高员工综合技能，以满足建设运营开通所必需的知识、技能。

3. 实战训练提升岗位技能

在筹备期，轨道交通企业的核心需求是有人能干活，要求生产员工能够快速掌握上岗工作技能。对于没有从事过轨道交通行业的毕业生来讲，如果仍然采取课堂书本教学的方式，走上工作岗位仍然是茫然失措。因此，培训必须强化"实战训练"，通过演练、实操、案例模拟等方式，帮助员工清晰掌握岗位工作技能的要求，做到缺什么补什么，快速复制岗位技能。

4. 体系建设提上管理日程

筹备期轨道交通企业培训管理职责一般落在人力资源部，设置培训管理岗位，基本不具备建设科学培训体系的专业能力，这时培训工作的重心一般放在项目的实施上。在培训管理规范方面，没有完善的培训制度；在课程体系建设方面，主要依赖于设备供应商提供的设计图纸、维修手册、产品使用说明书等资料；培训项目基本依赖于企业依据自身的需求来选择外部讲师；在资源支持体系硬件方面，教室，设备等培训资源相对零星，不足以保证培训项目的正常运行；培训信息系统处在起步阶段，课程、讲师、学员等各个方面培训的信息依靠传统的线下手工管理。

二、广州地铁多线运营期的人才培养特点与实践

（一）广州地铁多线运营期发展概况

1999 年 6 月 28 日，广州地铁 1 号线全线正式开通运营，广州成为全国第四个开通运营地铁的城市。随着地铁建设与运营成功经验的积累，广州地铁从 1998 年 7 月 28 日开始，正

式开工建设 2 号线，在主营建设、运营业务的同时，开始在资源开发等多种经营方面初展身手，涵盖广告登挂和沿线商铺、地下商业街、车站连锁商铺出租等方面。2003 年 6 月 28 日，广州地铁 2 号线全线开通试运营，与 1 号线形成"十"字形交叉地下轨道网络。自此，广州地铁进入双线运营时期，广州地铁全网日均客流以 34%的年增长率稳步上升。

2005 年 12 月 26 日，广州地铁 3 号线首通段、广州地铁 4 号线大学城专线开通试运营。2006 年 12 月 30 日，广州地铁 3 号线一期工程全线开通试运营、广州地铁 4 号线一期开通试运营，2009 年 12 月 28 日，广州地铁 4 号线、广州地铁 5 号线首通段开通试运营。随着 3 号线、4 号线、5 号线相继投入运营，广州地铁正式迈入多线运营时期。在这一时期，全线网总客运量激增，2009 年全网日均客运量增至 185 万人次，线网效应明显。

（二）广州地铁多线运营期主要特点

1. 构建公司治理模式，优化组织管理架构

1999 年广州地铁开启一体化经营的管理思路，在内部建立一整套现代企业制度。广州地铁认为地铁的设计、建设、运营、资源开发这四大核心业务都有其相对的独立性，但又必须坚持其绝对的统一性。公司按照精简高效、职责明确、监控有力、效率保障的方针，确定了以建设、运营和资源开发为核心业务的业务经营体系，并以事业总部形式统一各公司、处室、部门机构，实施一种创新型的模块管理，构建了以"八部二室"为主体的总公司新的组织架构（如图 1 所示），为总公司经营机制和管理机制改革创造了条件，初步体现出了现代企业高效、科学的运作模式。

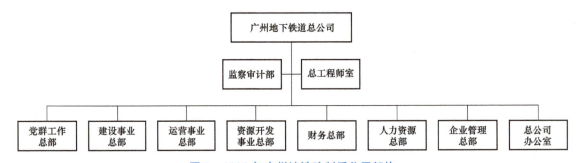

图 1　1999 年广州地铁改制后公司架构

根据政府 2008 年出台的城市基础设施建设投融资体制改革有关文件精神，广州地铁从实现企业可持续性发展的角度出发，对公司改制进行了深入细致的研究，制定了《广州地铁集团有限公司改制方案》。2009 年 10 月，广州地铁正式开启"集团化改制、投融资改革"。首先对内部组织架构进行调整，职能部门进行了优化，新成立了战略发展部、企业管理部、信息管理部，同时，整合运营、房地产、资源经营、物资采购等业务成立了新运营总部。改制后的广州地铁以集团公司的形式重新整合业务范围，优化业务组合，优化组织架构，令公司治理结构更加规范化、专业化。

图 2 所示为 2009 年广州地铁组织变革后架构图。

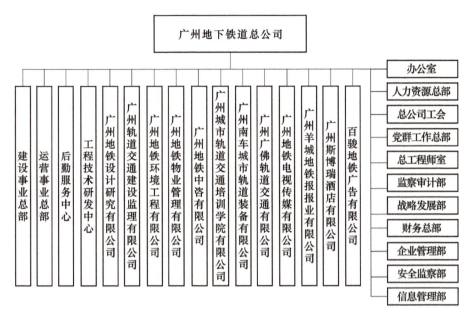

图2　2009年广州地铁组织变革后架构图

2. 管理体系规范，制度流程繁多

为了应对日益复杂的管理任务和业务目标，企业着手构建比较规范的管理制度和业务流程，这样使得企业内部分工相对清晰、减少推诿扯皮，强化提升基于制度管理的执行能力。与此同时，在规范的管理体系之下，各个部门会制定发布各类管理制度、流程等各类规范，以此明确管理职责、流程、规范和要求，从而导致制度繁多，偶尔会出现制度相互"打架"的情况。

3. 人才需求总量缺口扩大

线网的迅速发展，带来员工队伍快速扩张，城轨行业对新从业人员的需求远超社会、教育部门人才供给量，缺口超过较大。由于行业的专业性，内部人才培养资源有限，外部招募困难，人才缺口难以填补。

在地铁线网发展进程中，各地铁公司大多出现节点式的开通里程翻倍、员工队伍规模翻倍情况。这种员工队伍的高速扩张使得城轨运营企业无法在短时间内形成一个结构稳定的、有序的人才梯队。

（三）广州地铁多线运营阶段人才需求特点

1. 生产岗人才需求成倍增长

2009年广州地铁员工总数达到14 035人，其中地铁运营人员为10 582人，占比高达75%。工程建设、资源开发、经营等方面的人员为2 953人。从几千人快速发展到上万名员工，从工程建设人员为主体快速发展为运营人员占主导地位，这些运营人员由管理人员、经营人员、专业技术人员、生产技能人员构成，多数集中在运营的一线生产运作类岗位，如客车司机、站务人员和技能维护维修人员等。

城市轨道交通行业是技术密集型行业，多采用国内外当前最先进的设备和高新技术，迫切需要从事现场设备维护保养的专业人才、从事一线运作的站务管理人才以及从事乘务工作的专业人才。这些人才需具备专业理论知识和熟练的操作技能，必须通过专门教育与实践进行培养。

2. 经营管理人才培养需求强烈

在多线运营期，企业发展处于重大的组织变革的窗口期，迫切需要懂管理、懂经营、懂现代企业治理的职业经理人。"火车跑得快，全靠火车头带"，为进一步提高企业治理能力和水平，急需一批拥有使命感的、政治过硬的、具有现代管理理念的经营管理人才。对于这样的经营管理人才必须在政治素养过硬的前提下，具备卓越的战略管理能力、统筹规划能力、沟通协调能力、团队建设能力。

3. 复合型人才需求提上日程

从事城市轨道交通运营管理者需要有很强的专业性，具备一定的专业技能，同时又需要具备管理的知识与管理的经验。处于多线运营阶段的公司在经营管理方面急需两类复合型人才。一类是对轨道交通领域的运输、组织、管理、调度等十分熟悉且具备跨专业管理的复合型人才，而另一类则是对设计、建设、运营、资源开发都有所涉猎的，具有综合性业务能力和经营能力的复合型人才。

4. 人才培养难度逐步加大

大量年轻新员工注入新鲜血液的同时，也带来了新员工缺乏足够的实战经验和技能沉淀的问题，给地铁运营带来安全隐患。而原有核心的技术力量也随线路的扩张逐步稀释，不利于集中核心力量解决关键技术问题。

设备、系统的差异和线路投入运营的年限差异，都会带来新老设备、新旧技术协调对接的矛盾。同时由于地铁专业接口、设备接口关联度高，新技术与新硬件磨合难，许多新增专业门类因此出现，造成员工培养难度加大、技术统筹难、设备管理复杂、专业间配合统筹效率下降等问题。

（四）广州地铁多线运营期人才培养实践

"以人为本，快乐成长"是广州地铁的人力资源理念，广州地铁始终把人才视作企业健康有序发展的根本。在实践中，广州地铁在多线运营期根据各类人员的素质特点、实事求是地着重培育人才队伍。

1. 重视经营管理人才培养

广州地铁为了匹配公司组织变革和企业文化理念重塑的迫切需要，在多线运营期高度重视经营管理人才的培养。这时一般会邀请外部头牌讲师输入新的经营管理理念，借鉴和吸收标杆企业的先进做法，持续提高经营管理能力，其课程内容包括领导力、系统思维、绩效管理、团队建设等。也会委培部分员工到高等院校或专业培训机构进行深造，不断提高企业经营管理的知识水平和能力。

2004年，广州地铁为了提高中层以上管理人员的管理水平，举办了"修炼企业系统管理思维""共赢领导力"培训；2008年，广州地铁针对公司投融资体制改革和职能优化等工作，设计开发了以"企业管控模式"为主题的管理培训，并根据公司当前业务重点、难点问题，设计了6个管理主题研究项目，在促进培训知识转化、管理思路创新的同时，有效促进了组织内部跨部门沟通。

2009年，广州地铁成功策划、设计了"深度交响"管理才能发展培训系列品牌，并围绕公司化改制与投融资体制改革的重心，精心策划并组织实施了"卓越圆舞曲""成长协奏曲"

"塑心进行曲"三大管理才能发展培训项目，系统提升各级管理人员经营管理能力与领导力。培训课程设计更为系统全面，培训内容更有针对性，培训方式更加灵活、贴近实际工作，在提升学习效果的同时，也增加了学员之间、部门之间的业务沟通，实现了"以品牌促培训、以培训塑品牌"的目标。

2. 采取"订单班"模式培养技能人才

在大规模用人需求的驱动下，广州地铁为了加快订单班学员的成长速度，强化与订单班职业院校的合作紧密度，将企业初级岗位任职资格所要求掌握的知识技能提前编排到学校的学习大纲，并委派人员去教学。这种委托职业院校提前培养的模式是加快员工掌握技能的重要途径，能够促进新员工入司后尽快上岗，压缩入司培训时间。新型轨道交通企业在步入多线运营初期，仍然需要充分利用成熟轨道交通企业培训资源，组织开展委托培养，吸收和借鉴成熟管理经验和沉淀。

2006年，广州地铁与广州铁路职业技术学院、武汉铁路职业技术学院、内江铁路机械学校、湖南铁道职业技术学院等多所铁路院校进行合作洽谈，共建订单班培养模式。也就是通过用人培养协议提前招聘在校学生，然后通过双方在师资、技术、办学条件等方面的合作，以"工学交替"的方式分别在学校和广州地铁进行教学，学生毕业后直接到广州地铁就业。

在这一模式下，广州地铁借助相关院校的场地、设备和师资为公司开展员工岗前培训活动，缩短员工培训周期。而相关院校则通过订单班培养模式，为自己的学生拓宽了就业渠道，为教师积累了实践经验。

3. 人才培养体系逐步健全

多线运营期，随着管理经验的积累和沉淀，企业人才培养培训体系建设逐步健全。在组织管理方面，设立培训部门，全面负责培训管理工作，并在重要业务部门或人数多的部门设有专兼职的培训管理员，工作职责分工明确；在课程体系方面，以技能服务类初级课程为主，课程开发重点是总结归纳专业内容和知识；在内训师管理体系方面，建立兼职内训师的激励制度，在外部讲师的选择方面，主要以咨询公司以及各个领域的专业领袖为主；在资源建设方面，基本建成培训基地，培训教室、实训设备设施基本能满足培训项目的需求，同时会开始搭建培训信息系统，并将其与传统教育相结合。

除了培训组织体系建设外，广州地铁开始逐步规范培训机制，加大了培训机制制度建设，分别针对培训管理、培训师、高技能人才鉴定等方面，相应制定了《培训管理办法》《考试管理规定》《师徒带教管理规定》《兼职培训师及授课酬金管理办法》《高技能人才管理办法》《专业技术职称管理办法》《安全教育管理规定》等各项规章制度。

4. "三标"体系初步建设

为了更高效培养技能人才，广州地铁从2010年开始启动了"基于岗位任务与能力的课程规划与开发"工作。旨在结合岗位现状和未来发展需要，系统梳理岗位任务，明确技能岗位各级人员所应承担的工作职责，并以此完善培训内容和标准，开发各层级培训课程，建立地铁专业培训标准及认证课程体系。

基于岗位任务与能力的课程规划与开发以工作任务分析法为核心，通过梳理岗位工作任务，匹配工作任务所需的知识与技能，构建各专业培训课程清单，确定认证考核要点与考核方式，最终形成了岗位标准、培训标准、认证标准的项目成果，这也是广州地铁俗称的"岗位培养三标"。岗位培养三标解决了广州地铁如何选择、培养、评价技能人才的问题。

5. 成立广州城市轨道交通培训学院

2010年前后，我国城市轨道交通行业正处于蓬勃发展时期，许多新兴的城市地铁企业陆续成立。国内轨道交通人才变得非常紧缺，各城市地铁公司都需要大量的专业、技术及技能人才。由于大部分城市均没有开通运营地铁的经验，轨道交通人才培养成为了阻碍行业发展的一大障碍。

广州地铁在经历了多线运营阶段后，已经积累了丰富的人才培养实践经验，为了解决行业人才培养问题，广州地铁探索出一条"企企联盟"的人才培训之路。2010年，广州地铁与重庆、宁波、苏州、无锡、南昌、南宁、佛山共8家地铁公司共同出资，联合共同成立了"广州城市轨道交通培训学院"。学院致力于创建城市轨道交通人才培训基地、知识共享平台、学习交流中心，整合行业优质资源，创新培训模式，开发精品课程，为全国轨道交通培养技能型人才、管理型人才和高端人才，引领城轨人才培养发展方向。

三、广州地铁网络化运营期人才培养特点与实践

（一）广州地铁网络化运营期发展概况

随着城市化率不断提高，城市轨道交通在综合交通系统中所发挥的作用越来越大，"十三五"时期，国家明确我国交通运输发展正处于支撑全面建成小康社会的攻坚期、优化网络布局的关键期、提质增效升级的转型期，将进入现代化建设新阶段。广州地铁在此期间迎来快速发展，基本实现城市轨道交通覆盖全程化、全城区通地铁。早期发展中一直以运营事业总部为载体开展各条地铁线路的运营管理，随着有轨电车、城际铁路等线路的开通运营，陆续成立独立法人个体承接线路运营。截至2023年主要情况如下。

运营事业总部隶属于广州地铁集团，分为四个运营中心。其中，一中心，1号线、广佛线、2号线、8号线；二中心，4号线、5号线、6号线、13号线；三中心，3号线、APM线、7号线、9号线；四中心，21号线、14号线。

广州有轨电车有限责任公司于2013年01月30日成立，是广州地铁集团有限公司的全资子公司。负责海珠区THZ1线、黄埔有轨1号线、三亚有轨电车示范线运营。

广东城际铁路运营有限公司成立于2019年06月11日，为广州地铁集团的全资子公司，负责18号线、广清城际铁路、广州东环城际运营。

（二）广州地铁网络化运营期主要特点

1. 组织架构调整

为应对未来大线网运营的需要，提升线网运作效率和服务品质，提高发展运营竞争力，广州地铁运营事业总部从2013年3月1日起实施了组织架构调整及其配套资源、管理模式的切换，由"专业化、垂直化、单一化"向"区域化、扁平化、综合化"转移。架构调整后，运营事业总部下设18个二级单位，具体如图3所示。

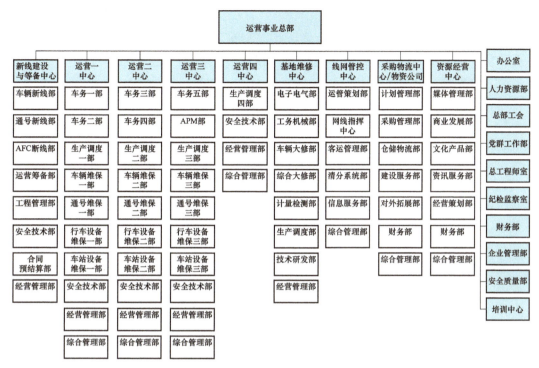

图 3 运营事业总部组织架构（2013 年）

广州地铁集团也于 2017 年 10 月正式启动新一轮组织架构变革，设立市场部、应急指挥中心、资源服务中心、地铁党校（大学）和信息管理中心。撤销信息管理部、工程研发中心和规划土储中心。集团新的组织架构如图 4 所示。

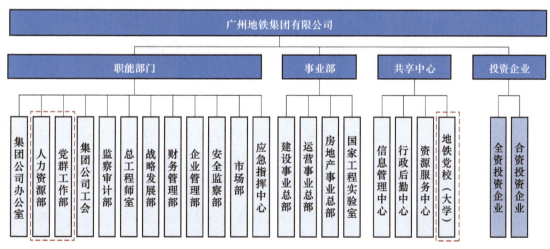

图 4 集团新的组织架构（2017 年 10 月后）

2. 管理结构日趋完善

经过不断地变革求新，广州地铁在网络化运营期的结构相对稳定，在集团公司之下以事业部制或子公司的模式设置建设、运营和经营各个业务模块。集团公司主要负责出台大政方针政策，塑造企业文化，负责战略发展规划，负责重点人事、财务、技术、合同决策等。各事业部或子公司主要负责战略规划的落地执行、具体业务营运实施等。随着业务不断发展的需要，广州地铁各项管理制度、管理流程也日趋完善，并致力于构建管理创新、科技创新和经营创新的管理体系，打造创新的文化氛围。

3. 可持续发展需求紧迫

网络化运营期由于郊区线路的大量开通，客流相对较少、票务收入相对较低的情况下，面临着巨大的成本亏损的压力，其可持续发展的压力越来越沉重。各个企业都在不断地创新与突破，拓展经营模式，整合城轨设计、建设、运营、房产和经营等全产业链条，不断尝试以获得可持续发展的动力和源泉。

目前成熟轨道交通企业的核心盈利模式包括三个方面，一是票价相对较高，且有相对灵活的票价调整机制；二是积极发展房地产、资源业务，在规划建设新线时积极打造地铁上盖和车辆段综合体，通过买房和收租金的方式来获取可持续发展的收入；三是积极拓展其他轨道交通企业业务，通过PPP等项目拓展运营及经营业务，获取一定的利润以反哺自身运营的资金需求，以实现可持续发展。

4. 人员队伍规模庞大

在网络化运营期，随着线网规模和车站数量的剧增，人员队伍规模也迅速扩大。基于行业来讲，200 km的线路长度，至少需要1.2万名员工，假设年人均人工成本按12万元计算，一年人工总成本15亿元。庞大的员工队伍数量一定会带来巨大的人工成本同时，由于校招大量的高校及高等职业院校的学生，这样一般都会导致员工队伍年轻，平均年龄都在30岁以下。一方面要对新生代员工活力强、自我意识高等特点进行有针对性的员工管理，另一方面还需要针对年轻员工知识经验沉淀不足、能力相对欠缺的特点进一步加强人才培养。

（三）广州地铁网络化运营期人才需求特点

预计至2025年，广州地铁运营总里程将达到823 km，城际690 km，有轨7 km，人员规模预计在37 000～45 000人，届时将实现更全面覆盖广州和四通八达的地铁网，多条线路将实现与周边城市连接。人才培养的关键是助力企业发展。

1. 围绕企业战略发展建设人才梯队

为了避免企业的人才断层，企业需要围绕战略目标的实现，及时建立后备人才接替计划，有效推进企业内部后备人才梯队培养、任用。人才梯队建设将帮助企业实现三个方面的转变，即从被动地依据工作岗位需要选拔人才，向主动地依据战略发展需要选拔人才转变；从满足企业当前生产经营需要，向满足企业获取未来竞争优势的高度培养人才转变；从关键部门、少数人才的培养，向各个层次、各个序列的人才培养转变，从而更好地造就大批企业所需的人才。

2. 人才培养的质量和速度要求提升

城市轨道交通对生产运作的安全性有极高的标准，为此对员工岗位技能水平要求很高。如何在保证安全质量的前提下，通过优化培养模式，提升培养效率和培养速度，以满足企业发展速度，是线网发展期轨道交通企业共同面对的难题。

新员工方面，要完善培训标准和认证标准，通过培养行业先进技术满足业务需要，由于当前高校、职业院校和企业之间合作共享度不高，导致院校对人才的培养尚未能符合企业对人才的实际需求。应届学生入司后，还需要经过长时间的培训才能上岗，造成人力成本的浪费，也降低企业对学校人才培养的认可度。

在岗员工方面，要通过引进新技术、新工艺、新方法，激发员工持续学习的积极性，始终保证整体员工业务质量在行业内处于领先水平，但是由于线网发展，部分专业能力强的员工将被分散到不同线路，并补充大量新员工，这样也导致现有员工的整体业务能力将在一段期间内有所下降。

3. 高端管理人才培养需求迫切

在网络化运营期，广州地铁已形成多元化经营格局，业务范围更是快速发展，涵盖设计、建设、房地产、有轨电车、咨询、监理、小额贷款等诸多方面。对管理人才的广度也有更进一步的要求，从单一的城市轨道交通管理、技术人员，转变成既熟悉地铁业务，又精深经营、培训、财务等某一领域的综合型高素质人才。

一方面，轨道交通企业仍然面临着新线建设和接管运营的重大任务挑战；另一方面，需要在郊区线路大量开通经营巨大亏损的情况下寻找突破口，解决新线投资、运营费用和人工成本等方面带来的巨额资金需求。这就要求公司必须有一支更综合更全面的经营管理队伍，如高端经营管理人才、投融资专业人才、战略管理高端人才等。这些管理人才还必须具备高度的使命感、责任心，具备敢闯敢干的开拓精神，具备卓越的创新意识和能力，以应对复杂多变的企业经营管理环境。

（四）广州地铁网络化运营期人才培养特点与实践

轨道交通企业进入网络化运营期后，企业培训资源经过数十年的积累沉淀已经初具规模，能够承担对内培养员工，甚至对外输出培训的专业能力。因此，网络化运营期的企业非常重视自主培养人才，以自产自销的方式培养符合自己企业文化特色的各类人才。

1. 完善人才培养组织架构，构建科学化的运作模式

技术快速迭代，行业高速发展与升级，区域发展上升至国家战略高度。在这种格局下，处在网络化运营期的轨道交通企业从战略视角变革培训体系，以适应时代对人才发展的要求。其中显著的组织架构变化，是成立专门的人才培养部门——地铁党校（大学）。目前，广州、深圳、成都、宁波等地铁企业相继成立地铁大学，以组织架构变革推动人才培养工作的深化。

以广州地铁为例，于2017年10月正式启动新一轮组织架构变革，正式成立广州地铁党校（大学）。此后，广州地铁在集团层面的人才选育用留职能主要由集团党委组织部、人力资源部和地铁党校（大学）三个部门负责：集团党委组织部负责中层以上干部以及党员培养的指导；人力资源部负责培训标准和制度的制定；地铁党校（大学）负责培训资源开发和管理以及各类培训的具体实施。

企业规模越大，越需要健全完善的管理机制，保障培训顺利实施，营造学习文化氛围。以广州地铁党校（大学）为例，通过构建"654运作管理模式"，不断完善培训保障机制，协同联动开发培训资源，项目化运作组织培训实施，打造培训品牌。

"6"是指课程库、智力库、教材库、素材库、培训基地和云学习平台"6大资源体系"；"5"是指党建培训、管理培训、技术培训、技能培训和新员工培训5大项目体系；"4"是指管理决策机制、协同联动机制、项目运作机制和激励约束机制"4大保障机制"。

2. 注重人力资源管理联动，打造人才开发闭环

建立人才开发与岗位、绩效、薪酬、淘汰等人力资源管理机制的系统联动。基于岗位任职资格，以能力开发和素质提升为主线，考虑人才开发全流程，将人才开发划分为选拔、岗前培养、调配任用、任职期培养等环节，将影响人才开发工作的各个环节均纳入考虑范畴，同时针对每个阶段设计差异化的人才开发策略，为人才的成长提供最为有效的培养措施，也为识别人才提供有效的工具。开发形式包括人才测评、岗位培训、岗位轮换、知识开发、任

职资格评价等内容，具体如下。

人才测评。人才测评包括管理测评及综合素质测评等内容，主要是结合岗位任职资格而开展的，通过对标本行业或本专业领域，以科学的、量化的方式评估现有人员某项或多项能力的人才开发形式，也是量化评估员工能力的重要形式。

岗位培训。岗位培训主要是指脱产培训，针对岗位要求的知识及技能等开展的脱产集中培训。按培训内容可分为知识培训和技能培训，其中知识培训主要以课堂授课实现，技能培训主要是以实操培训为主，课堂授课为辅。

岗位轮换。岗位轮换包括轮岗、挂职、兼职等内容，主要是指通过从事跨岗位相关的工作来丰富员工的工作内容，帮助员工掌握多种工作技能，提升个人综合能力，增强个人职业发展竞争力。

知识开发。知识开发主要是指员工通过课程设计及开发，授课，担任带教师傅、教练或导师等方式对集团公司知识沉淀及传承作出贡献。

任职资格评价。任职资格评价是指结合岗位任职资格要求，对员工是否适合岗位而开展的综合性评价，包括能力、工作经验、工作绩效评价等内容。任职资格评价是对员工在任职期间各单位人才开发成效的综合评价，人才开发应基于岗位任职而开展，任职资格评价须涵盖人才开发主要内容。

3. 开展复合型人才培养，岗位融合一专多能

网络化运营期的轨道交通企业成本压力巨大，在运营成本中人工成本又占据了很大比例。尤其随着线网逐步扩张，带来了组织架构复杂、管理接口增多、人员规模庞大的情况。因此，一方面为提升专业接口间的沟通效率和响应速度，另一方面为最大限度降低人工成本，岗位融合成为提高人工效能的主要手段。为此，广州地铁在岗位融合方面也在积极尝试。

一是按照专业相似性进行岗位融合，这种方式可以减少工作模块切分，提高业务运行效率。例如站务类岗位职能差异不大，并且对专业技能要求较低，设置"站务类大岗位"具备可行性，力求在巩固本岗位技能的情况下，重点对在岗员工原有专业子专业和相近专业技能开展培养，促进员工技能综合化的落地实施，提升现场生产运作效率。通过融合专业相似的岗位，一方面可以避免因职能区分度不高，出现职能边界不清问题；另一方面减少工作模块切分，提高专业接口之间沟通效率。

二是探索运维一体化岗位融合模式，加强业务衔接。这种方式主要是打破常规线路运营管理与维保管理分设机构的传统模式，研究探索具备运营、运维及支持等多职能的运维一体化管理模式，缩短线路运营维护管理路径，提高线路管理响应速度。例如原来工程车司机只负责开车，现在工程车司机既要会开车也要会检修；原来的车辆检修工车厂内调车由专职司机负责，现在车辆检修人员须掌握车厂调车的技能，自行完成调车工作；车站站务人员除了提供服务之外也应掌握基本的巡检技能，开展巡检工作。

4. 推行社会化人才培养模式，建立人才蓄水池

为了降低企业成本，广州地铁在加强校企合作订单培养人才的同时，也在开始尝试人才培养社会化模式。原本由用工单位承担的岗前培训，改由专业的培训机制承接，实现培训合格后及时上岗，减轻企业上岗培训成本和为储备人才产生的成本。根据广州地铁的初步实践，主要按照以下流程操作。

入学筛选：由第三方培训机构根据用工单位的入职招聘标准，面向社会招募，并对报名者进行素质测评及心理测评，并对报名者进行面试，从理解、逻辑、语言表达、形象等方面

进行综合筛选。

定向培养：根据广州地铁运营各岗位用工需求，设定运营各专业的培训周期、培训标准、专业课程（包括专业知识、专业技能、安全知识、规章制度及操作规程等的具体要求），对学员进行定向培养，培养员工的专业能力及操作能力。

结业考核：培训周期结束后，由培训学院牵头对相关学员进行理论验收及实操验收，未通过考核的学员给予一次补考机会，考核通过后由第三方培训机构发放结业证书。

企业录用：经考核合格学员，进入用工单位的人才蓄水池；当用工单位有用工需求时，予以优先录用，按照成绩由高到低依次录用。第三方培训机构也可推荐给其他地方的地铁公司或行业上下游单位就业。

5. 建设智慧化实训基地，解决生产实际问题

为了建立一支建设、运营、管理、安全等多方位的人才队伍，面对大量的培训需求，单纯的跟岗学习已经无法满足生产业务的需要，为此广州地铁开始加大了在实训基地建设方面的成本投入。建立实训基地可满足地铁线路建设基础培训、地铁大系统运营实训，核心专业实操培训及技能比武鉴定等需求，达到确保轨道交通线网发展运营安全的要求。实训基地建设要充分考虑四方面的功能：理论应用与实操训练中心、技能鉴定和资格认证中心、综合演练和技能竞赛平台、创新教育和科研技改平台。

理论应用与实操训练中心需满足教学设备、各岗位专业实训设施、仿真运营系统、模拟车站实景演练等功能要求，其中生产实训场地符合各专业仿真系统实训和专业实训使用要求；实景训练场（模拟车站）符合各类联合演练、应急处置、故障抢险训练要求。

技能鉴定和资格认证中心需满足各工种、岗位的职业技能鉴定、等级认定、资格认证等功能要求。

综合演练和技能竞赛平台需满足各类城市轨道交通运营、故障处置、应急抢险等多岗位综合演练场景，可实施各类等级工种/岗位技能竞赛项目。

创新教育和科研技改平台需满足创新思维的理念培训、新技术新设备的培训、技改项目实践及应用测试条件。

广州市轨道交通产业人力资源供需矛盾主要表现和成因

杨 林

一、广州市轨道交通产业人力资源的需求状况分析

（一）广州市轨道交通产业人力资源需求的总体规模

当前，广州城市轨道交通进入快速发展新时期，运营规模、客运量、在建线路长度均创历史新高。截至 2022 年底，广州已开通运营地铁 16 条、有轨电车 2 条；总里程达 643.1 km，其中地铁 621 km，排名全国第三位（世界前五），有轨电车 22.1 km；2022 年日均客运量约 647.5 万人次，其中地铁 646 万人次（日均客流和客流强度均居全国第一），有轨电车约 1.5 万人次。目前，广州地铁集团正全面推进 21 条、约 613 km 的地铁和城际线路建设。

广州轨道交通建设运营规模继续快速增长，新建及新增运营的轨道交通里程不断增加，催生了大量的人力资源需求。在纳统的 316 家轨道交通相关企业中，2022 年计划招聘的人力资源总量达到 1.7 万人，其中外部人力资源需求为 1.55 万人，这说明广州市轨道交通产业的人力资源需求更多地靠外部来满足。2019—2022 年 316 家广州轨道交通企业人力资源计划招聘规模如图 1 所示。

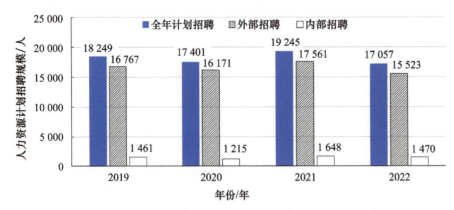

图 1　2019—2022 年 316 家广州轨道交通企业人力资源计划招聘规模

（二）广州市轨道交通产业人力资源需求的岗位构成

目前，广州的轨道交通产业链包括规划设计、建设施工、装备制造、运维管理和增值服务等五大领域，其中规划设计领域、建设施工和运维管理领域的一线工勤技能岗位多采取外包形式。2022 年，广州城市轨道交通产业相关企业的管理人员、技术人员和技能人员的占比分别为 12.83%、32.64%、42.51%。随着轨道交通产业低碳化、智能化程度的不断提高，广州

轨道交通相关企业对专业技术人员和高层次复合型的技能人员的需求将继续增加。

从纳统的 316 家企业的人力资源计划招聘情况来看，轨道交通产业人力资源需求主要以技术人员和技能人员为主，其中 2022 年计划外招的技术人员占到 51.87%，技能人员占到了 31.89%，技能人员的需求主要集中在生产操作类和服务类。近年来广州市轨道交通产业外招人力资源岗位构成如表 1 所示。

表 1　近年来广州市轨道交通产业外招人力资源岗位构成　　单位：%

年份/年	管理人员	技术人员	技能人员（生产操作类）	技能人员（服务类）	技能人员（其他类）	技能人员合计
2019	12.23	43.38	28.43	12.31	3.66	44.40
2020	13.62	47.29	24.14	11.25	3.70	39.10
2021	12.98	49.45	19.99	13.19	4.39	37.57
2022	16.24	51.87	16.34	12.10	3.45	31.89

（三）广州市轨道交通产业人力资源需求的素质要求

目前，轨道交通产业已成为广州市五大新兴优势产业之一，也是广州坚持产业第一、制造业立市的主抓产业，是实现城市高质量发展的重要产业基石。同时，广州市轨道交通产业已经进入高质量发展阶段，产业正在快速向网络化、智能化、低碳化、集成化发展，轨道交通"四网融合"加快推进，这对轨道交通领域人力资源提出了质量更高的要求。2022 年，广州市轨道交通产业人力资源构成中，硕士及以上学历的员工占到了 3.69%，高级专业技术职称员工占到了 5.62%，高级技师资格员工占到 0.48%。在广州轨道交通人力资源需求中，适应轨道交通产业技术进步、技术融合的高层次、复合型人才更受市场欢迎，引领高精特新轨道交通企业技术研发、产品升级与技术创新的高层次人才受到更多企业的青睐。

二、广州市轨道交通产业人力资源的供给状况分析

广州市轨道交通产业人力资源的供给主要来自于轨道交通相关院校培养、企业内部的培养和从社会其他单位招聘。

据统计，全国共计有十几所高校已开设城市轨道交通专业，其中北京交通大学和西南交通大学等原铁道部部属高校和一些地方应用型高校都开设有城市轨道交通类专业，苏州大学和上海工程技术大学还专门成立了以城市轨道交通命名的学院。以北京交通大学、上海交通大学、西南交通大学等为首的"985 工程"和"211 工程"院校，生源质量好，主要培养城市轨道交通规划、设计、运营管理与控制所需的高端工程技术人才。一线技能型人才则由部分高职院校的城市轨道交通类专业来培养。

目前广州城市轨道交通领域的高层次专业技术人才除了由省内的华南理工大学、中山大学、广东工业大学等院校供给外，还有相当一部分高层次专业技术人才从北京交通大学、西南交通大学、华东交通大学、同济大学、南京大学、东南大学等省外"985 工程"和"211 工程"院校或原铁道部部属高校招聘；本地职业技能人力资源则大部分由广州铁路职业技术学院、广州交通技师学院、广东交通职业技术学院等市内职业院校开设有轨道交通类的专业供给，少量从外地轨道交通职业院校招聘。从纳统的 316 家企业招聘情况来看，2022 年广州市轨道交通产业相关企业向省外招聘的人员占比较高，其中向省外招聘应届毕业生的人数占到了 23.14%，向社会招聘省外人员的比重占到了 37.01%，说明广州城市轨道交通人力资源供

给较大程度上依赖外省。近年来广州市轨道交通产业外招人力资源构成如表 2 所示。

表 2　近年来广州市轨道交通产业外招人力资源构成

单位：%

年份/年	招录省外应届毕业生	向社会招聘省外人员	合计
2019	17.13	37.49	54.62
2020	20.51	32.53	53.04
2021	19.77	36.29	56.06
2022	23.14	37.01	60.15

同时，广州轨道交通相关企业内部通过培训、师傅带徒弟、职业晋升等形式也培养了不少人力资源，是轨道交通人力资源的重要供给渠道。此外，企业还从社会其他企业招聘吸引人力资源，满足自身对高层次人力资源的需求，从表 2 的统计结果来看，在 2022 年纳统的 316 家企业外招人员中，仅向社会招聘的省外人员就占整个招聘人员的 37.01%，如果算上省内外招的人员，外招人员的占比就更大。

三、广州市轨道交通产业人力资源供求矛盾的主要表现

（一）行业快速发展与人力资源供给结构性不足的矛盾比较突出

近些年，广州市轨道交通产业快速发展，相关企业对人力资源的需求随之增加。据统计，地铁建设每投资 1 亿元，将拉动 GDP 达 2.63 亿元，增加 8 000 个就业岗位。轨道交通行业对人才需求巨大，涉及的专业种类也较多。而从现实情况来看，各地都在加快城市轨道交通建设，轨道交通运营里程也在不断增加，此领域的人力资源需求出现了大幅增加，但轨道交通产业具有非常强的专业性，技术人才和技能人才短期无法大幅增加。在产业快速发展和专业人力资源无法快速增加的情况下，广州市轨道交通产业人力资源供求就出现了比较突出的矛盾。问卷调查结果也显示，有 39% 的企业认为人才短缺是当前公司生产经营面临的挑战与困难，有 14% 的企业认为自己所在行业的人力资源供不应求，有 31% 的企业认为自己所在行业的人力资源供给存在着结构性矛盾。

（二）人力资源素质不高与产业高质量发展形成掣肘

目前我国轨道交通产业已经迈入以低碳化、数字化、智能化为主要特征的高质量发展阶段，受科学技术进步和市场竞争加剧的影响，企业对人力资源素质的要求越来越高，需要知识面既要广、更要专的高层次复合型专业人才，优秀的、高层次的管理人员、技术人员越来越短缺。目前，广州市轨道交通产业人力资源构成中，高素质的人力资源和高、中级技术人员比例偏低，人力资源结构不能满足行业快速发展的需求。在 316 家纳统企业人力资源构成中，2022 年高级技师资格员工和技师资格员工占比分别为 0.48% 和 1.32%，高级和中级专业技术职称员工占比分别为 5.62% 和 12.59%，硕士及以上学历员工和本科学历员工的占比分别为 3.69% 和 39.17%。从人力资源供求情况来看，企业供给不足的岗位主要是技术人员和生产操作类技能人员，据问卷调查，有 74.23% 的企业最缺技术人员，还有 34.17% 的企业最缺生产操作类技能人员。专业技术人员的短缺，会严重影响企业的研发进而影响轨道交道产业的技术进步和高质量发展，而生产操作类技能人员的短缺则影响到新技术的应用，从而形成整个产业高质量发展的掣肘。

（三）企业内部人才培养不足与产业高质量发展的矛盾突出

城市轨道交通是多学科、多专业的高新技术联合体。随着城市轨道交通行业的高质量发展，各领域的技术日新月异，要求企业员工能及时掌握和使用城市轨道交通设计、建设和运

营等领域的先进技术。目前广州轨道交通相关企业对人力资源的培训重视不够,每年投入的培训经费偏低,培训时长偏短,导致内部培养的人力资源不足以支持行业的高质量发展。据统计,在纳统的316家广州轨道交通相关企业中,2022年的人均教育经费实际支出额仅为334.8元,人均全年参加培训学时仅为15.63 h,人均全年参加培训次数也仅有4.03次。近些年广州市轨道交通产业人力资源培训情况如表3所示。

表3 近些年广州市轨道交通产业人力资源培训情况

指标	2019年	2020年	2021年	2022年
年末在岗职工总人数/人	179 561	186 131	198 706	195 941
职工教育经费实际支出额/元	75 181 432	66 467 424	75 977 294	65 603 497
人均教育经费实际支出额/元	418.70	357.10	382.36	334.81
全年开展培训总学时/h	1 652 425	2 599 618	2 849 263	3 062 059
人均全年参加培训学时/h	9.20	14.34	14.34	15.63
全年开展培训总人次/人次	403 359	636 314	610 783	788 698
人均全年参加培训次数/次	2.25	3.42	3.07	4.03

同时,大多数企业的人力资源培训方式比较传统,考核不严,采取的是你说我听、课后考试的培训模式,互动性不够,亲自动手实践的机会不多,这也严重影响了企业内部人力资源培养的质量。

此外,由于企业平时忙于业务,对内部人力资源的培训不够重视,导致人力资源的内部供给数量不足、供给质量不够高,从而与行业高质量发展对高素质人才需求形成矛盾。

(四)人力资源流失较快与补充较慢加剧了供求矛盾

由于城市轨道交通产业人力资源竞争日趋激烈,其他城市和其他企业加大优秀人力资源的招引力度,而广州轨道交通人才的政策吸引力不足,导致广州城市轨道交通领域人力资源的流失现象较为严重,优秀人才特别是核心技术人员、管理人员及高技能人才的流失,对企业的发展造成了巨大损失。2022年,广州市轨道交通产业人力资源的流失率达14.07%,其中生产操作类技能人员的流失率更是高达24.37%,这与其他城市轨道交通线路新开通对生产操作类技能人员的大量需求以及广州轨道交通生产操作类技能人员的薪酬不高有关。2022年广州市轨道交通产业人力资源流失情况如表4所示。

表4 2022年广州市轨道交通产业人力资源流失情况　　　　单位:人

指标	在岗员工数	自主离(辞)职员工数	自主离(辞)职率/%
员工总数	195 941	27 562	14.07
其中:管理人员	25 136	1 763	7.01
技术人员	63 959	4 200	6.57
技能人员(生产操作类)	52 385	12 768	24.37
技能人员(服务类)	18 204	1 085	5.96
技能人员(其他类)	9 739	632	6.49

轨道交通产业要想实现可持续发展,流失的人力资源就应得到快速、合理的补充。而轨道交通领域工作专业性较强,新员工进入后需要一定时间的专业学习,才能尽快熟悉本岗位工作,而企业高层次人才的培养则需要更长时间的实践积累。因此,在企业人力资源流失率

偏高的情况下，企业内部人力资源培养时间较长、外部人力资源招聘难等导致人力资源补充较慢，从而加剧了轨道交通产业人力资源的供求矛盾。

四、广州市轨道交通产业人力资源供求矛盾的成因

（一）缺乏战略性的人才培养规划

本次问卷调查和统计显示，轨道交通企业的人力资源管理人员中，有7.6%的兼职人员；有35.0%的轨道交通相关企业没有设置单独的人力资源管理部门。由于部分企业没有足够的专职人力资源管理人员甚至没有专门的人力资源管理部门，企业难以形成科学完整的人力资源管理体系，缺乏总体的人力资源发展战略和人才培养规划，对员工的培养欠缺系统的职业培训、晋升、晋级的配套制度，经常是遇到问题就提出单独解决方案，各项制度关联性不紧密，一定程度上制约了个人的职业生涯成长发展，也不利于企业整体人才竞争力的提高。战略性的人才培养规划缺乏，导致企业内部人力资源供给相对不足，在外部人力资源供给无法跟上的情况下，也就出现了人力资源供求的结构性矛盾。

（二）专业院校人才培养滞后实际

城市轨道交通产业对人才的要求非常严格，很多要求是拿来就能用的应用型人才。虽然很多轨道交通领域内的企业都有自己内部的人力资源培训制度和人才培养体系，但广州市轨道交通产业领域的很多企业的前期人才培养甚至后期培训都主要依靠高校和职业培训机构。但部分专业院校人才培养滞后实际，据本次问卷调查结果，有35.6%的企业认为院校与企业需求差距较大；有85.1%的企业认为院校培养的学生与企业实际需求存在差距的主要原因是教学重理论轻实操，还有47.0%的企业认为是教学设施和场景跟不上产业发展。大部分院校通过开设城市轨道交通方面的课程来培养学生轨道交通专业知识，但其人才培养方案、课程内容和教学方式与实际有较大的差距，培训专业教材多以现有设备为模板，和先进设备与技术无法契合，从而导致培养出来的学生甚至学校学习成绩品学兼优的学生，所学的知识在企业里也不能派上太大用场，需要很长一段时间重新进行轨道交通专业知识的学习才能达到上岗要求。而轨道交通产业具有较强的特殊性，技术更新换代速度较快，人才培养的周期也较长，传统的教育模式和培训方式已经无法满足产业的需求。本次问卷调查结果显示，有60.1%的企业认为近年来出现招人难现象的主要原因是缺乏符合条件的人。因此，正是专业院校人才培养滞后实际，在一定程度上导致轨道交通产业人力资源供求出现了结构性矛盾。企业用工和人才的供需矛盾主要原因如图2所示，院校培养的学生与企业实际需求存在差距的主要原因如图3所示，近年来出现招人难现象的主要原因如图4所示。

图2 企业用工和人才的供需矛盾主要原因

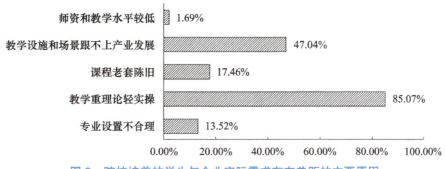

图3 院校培养的学生与企业实际需求存在差距的主要原因

图4 近年来出现招人难现象的主要原因

（三）新业态、新职业的冲击较大

近年来，随着信息技术、云计算、大数据等新兴产业的崛起，很多新就业形态领域催生了新职业。很多新职业"去雇主化"特征明显，平台就业等新形态就业增强了从业人员的劳动自主性和灵活性，而且平台的非雇主身份使得其可以将标准化就业中雇主负担的社会保险费用以适当比例"返现"给劳动者，进而使得一些劳动者拿到手的现期劳动收入"有所增加"。当轨道交通相关企业的薪酬难以满足年轻人要求，部分青年又厌倦了传统意义上的工地劳动和场所相对固定化的工作模式，而平台就业等新形态就业为劳动者的自主安排提供了便利并增加了他们收入，部分年轻人就从轨道交通相关企业流出、进入新业态、新职业就业。根据本次问卷调查结果，有36.16%的企业认为新职业、新业态冲击是企业用工和人才供需矛盾的主要原因之一（见图2）。

（四）面临其他地区激烈的人才竞争

随着国内近百个城市开展轨道交通建设或规划新的线路，各地对轨道交通规划设计、建设施工、装备制造和运营等领域的人力资源需求变得非常大，轨道交通领域高层次人才变成了"香饽饽"，竞争日趋激烈。但是轨道交通人才专业性比较强，而且培养周期也比较长，这使得国内很多城市直接从广州等轨道交通相对成熟的城市"跨地域"挖人才和人力资源，从而广州市一些优秀的轨道交通人才被其他地区的轨道交通企业挖走，加剧了广州轨道交通人力资源供求矛盾。

（五）人力资源薪酬激励机制不健全

目前广州市很多轨道交通领域企业的人力资源管理工作尚未上升到企业战略高度来认识

和推进，缺乏一个完善的、系统化的人力资源管理体系。首先，薪酬吸引力不够，有50.7%的企业对高校毕业生薪酬待遇在每月4 000~6 000元，还有31.6%企业对高校毕业生薪酬待遇在每月6 000~8 000元，这种薪酬待遇水平对一些"985工程"和"211工程"院校毕业的研究生来说，确实不太高，也正是因为如此，有60.96%的企业认为招工难的原因是应聘者薪酬要求难以满足（见图4）。其次，人力资源激励制度有待完善，人力资源管理部门制定出的薪酬制度、绩效考核制度、奖惩制度等缺乏对员工工作行为、工作态度等方面的考核，难以形成科学有效的考核结果，薪酬激励没有科学体现不同岗位序列的贡献，技能人才职业发展通道设计、薪酬分配制度设计以及高技能领军人才薪酬待遇制度设计等尚需跟上行业发展。本次问卷调查结果也证实了这一点，有44.85%的企业认为员工对薪酬待遇不满意导致了离职，还有49.30%的企业认为是生活和家庭因素。也正是员工薪酬激励机制不健全，导致广州市轨道交通产业部分领域、部分岗位的人力资源出现较大程度的流失，加剧了人力资源供求的矛盾。近年来员工离职的主观原因如图5所示。

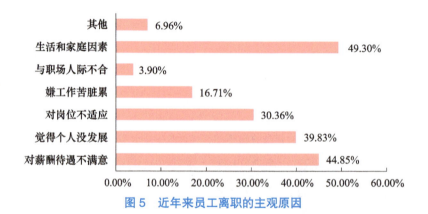

图5 近年来员工离职的主观原因

（六）轨道交通专业人才政策吸引力不足

《广州市重点产业紧缺人才目录（2023年度）》第十一部分列明的轨道交通产业紧缺人才主要包括"建筑设计师、结构设计师、轨道设计师、交通规划工程师、工程技术工程师、电气设计工程师、给排水设计员、桥梁设计工程师、轨道交通检测工程师、轨道交通工程师、安全管理工程师"等11种。而广州市、各区的高层次人才申报公告明确的申报人才主要为高端领军人才、头部企业领导者、新引进国际尖端人才、高层次人才等。而轨道交通的战略规划、资本运作、安全管理、综合开发等所需的各类人才难以通过广州市重点产业紧缺人才目录、市区各类高层次人才政策等有针对性地得到引进。同时，购房压力、子女教育等问题也是广州对轨道交通高端人才吸引力不强的重要原因之一。此外，轨道交通企业对于人才政策宣传不足，特别是人力资源部门对于相关的轨道高端人才政策认知度不够（据本次调查，对人才政策熟悉程度一般及不熟悉的企业占到了七成），也未能主动争取政府支持，导致政府鼓励吸纳轨道交通高端人才的政策作用力没有充分发挥。图6所示为企业对广州市有关招才引智的各项人才政策的了解程度。

图6 企业对广州市有关招才引智的各项人才政策的了解程度

五、相关建议

（一）建立科学合理的人力资源考核激励机制

科学合理的人力资源考核激励机制，有利于促进个人与企业目标的一致性，识别和发现人才，提高工作质量和效率。广州市轨道交通领域相关企业结合自身实际情况，建立健全适合企业实际情况的人力资源考核激励机制。根据各类人员的岗位职责，科学设置各类人才的评价指标，完善考核程序，逐步建立以目标管理为重点，以品德能力业绩为导向、以岗位职责为基础，定量考核和定性评价相结合的绩效考评体系。采用定性与定量相结合、结果与过程相结合、客观与主观相结合等多种评价方法对员工进行评价。

（二）发挥企业在人力资源开发中的积极作用

轨道交通企业拥有先进的设备和良好的实践场景，在人力资源开发中处于非常重要的位置。广州轨道交通企业应针对项目经理、技术人员、技能人员、新招聘学生等开展职业生涯设计与发展通道开发的调查，按照经营管理类、项目经理类、专业技术类和技能类等序列设置不同通道，建立各通道之间岗位互换和交流的机制。重点建立项目部各类岗位的职业发展通道，根据项目部各岗位特性，建立多序列、多通道的项目岗位职业发展路径。构建企业高层次经营管理者核心能力框架，加强企业经营管理人才队伍建设。重点培养和发展中青年科技骨干队伍，培养造就专业技术带头人，努力建设专业技术骨干人才队伍。鼓励企业建立员工培训与工作绩效、岗位考核、岗位聘任（聘用）、职务（职称）评聘相衔接的管理机制。通过加强重点培训、提升培训内容、整合优化培训资源及进一步规范考核鉴定，将相关技术人员培养成为既能动脑又能动手、既掌握一定现代科学知识又具有较高操作技能的复合型职业技能人才。

（三）支持院校优化专业设置培养优秀人才

支持广州市内开设轨道交通专业的相关院校不断深化教学改革和内涵建设，不断完善"厚基础、重复合、强素养"的人才培养体系，高标准供给高素质技术技能人才。轨道交通相关院校应积极关注行业变化趋势，第一时间调整专业设置，实现专业设置与产业需求相对接。科学建构专业课程体系，优化课程内容，实现课程内容与职业标准相对接。高度重视专业基础课和基础实训的教学，抓好课堂主渠道，从基础到能力到素质提升，实现教学过程与生产过程相对接。完善教育教学相关标准，按照专业大类重构专业基础课程体系和基础实训课程教学实训体系，厚植学生的专业基础。

（四）鼓励院校加强"双师型"教师队伍建设

优秀的师资是做好人才队伍建设的基础。鼓励广州轨道交通相关院校建立"固定岗+流动岗"教师资源配置机制，加强现有教师的在职培训，推动完善高校、职业院校教师和学生在城轨交通企业实习实践期间的机制保障。畅通企业工程技术人员和高技能人才到学校担任教师的通道，支持轨道交通相关院校吸收行业企业领头人、技能大师进入学校执教，着力打造"名师引领、骨干支撑"的教师教学创新团队推动行业相关企业高层次技术技能人才兼职从教机制。打通校企人员双向流动渠道，实现校企人员互聘共用、双向挂职锻炼。引导和鼓励广大教师走"双师型"发展道路，鼓励"双师型"教师之间形成专业学习共同体，缩小院校教学和企业需求的差距。

（五）推动产业和院校人才培养深层次融合

通过联合办学、委托培养、订单班培养等方式，企业与高等院校结合成合作伙伴关系，高校、企业共享师资、教学设施等资源，实现高校与企业资源互补、利益共赢、共同发展的人才培养模式如上海地铁运营有限公司和上海工程技术大学共同成立城市轨道交通学院，合作培养专业技术人才。加强校企合作，打通行业企业与职业院校人才流通机制，在轨道交通人力资源供需之间架起桥梁，重点解决人才培养结构、质量，与产业发展需求不适应的问题。深化产教融合，将专业设置与产业需求对接起来，为促进先进轨道交通产业的发展提供强有力的人才支撑。与市内轨道交通企业深度合作，将课程内容与职业岗位标准对接起来，将企业的典型工作任务和技术解决方案转化为教学案例，提升人力资源培养的针对性和实效性。

（六）积极争取政府完善轨道交通产业人才吸引政策

积极争取广州市完善高层次人才申报制度，推动《广州市重点产业紧缺人才目录》与广州市、区高层次人才申报政策有机衔接和有效落地。争取广州市在借鉴其他地区轨道交通人才政策的基础上，出台更有吸引力的轨道交通产业人才政策，提高人才政策吸引力。聚集轨道交通中高层次人才，加大人才引进力度，加快形成富有战斗力的轨道交通建设专业队伍。争取广州市将轨道交通领域的高层次人才纳入人才绿卡制度范围，对轨道交通高端人才在住房、职称晋升、子女就学等方面给予优先保障，对能力突出的人才可享受政府特殊津贴。

》》》作者单位：广州大学

广州市轨道交通产业一线人员不稳定主要因素及对策

耿 丽

企业的稳定与发展离不开一线人员。一线人员是指工作在企业生产服务第一线，直接创造企业价值和社会财富的员工。一线人员一般处于企业战略的执行层，对经营管理影响范围较小，但却是企业产品和服务质量保证的关键，是企业人力资源管理中的重要组成部分。一线人员的稳定性、幸福感、敬业度等主观因素直接影响企业运营的成本、效率和客户满意度，是企业健康可持续发展动力与基础。

2023年，广州市轨道交通产业联盟对广州市轨道交通产业首次开展了人力资源统计和问卷调查，同时组织相关力量对部分骨干企业进行调研。调查调研发现，在广州市轨道交通产业一些领域的企业中，一线人员流失现象较为突出，对职工队伍稳定和可持续发展带来一定程度的影响，成为不少企业的一大困扰。本文利用本次调查调研获取的有关信息和数据资料，尝试对广州市轨道交通产业一线人员稳定性问题进行检视和分析，以期对企业职工队伍稳定发展有所帮助和启发。

一、广州市轨道交通产业一线人员基本情况

（一）一线人员的岗位特点和大致分布

广州市轨道交通产业一线人员岗位以技术人员和技能人员为主。对357家企业进行的统计调查显示，一线人员岗位为管理人员、技术人员、技能人员，占比分别为13.63%、32.16%、54.21%。技能人员中，生产操作类技能人员、服务类技能人员、其他类技能人员的占比分别为30.32%、15.62%、8.27%，生产操作类技能人员占比较高。以技术人员和生产操作技能人员为主的广大一线人员，为广州市轨道交通产业的技术创新与产业进步提供了强大的人才支撑。图1为广州市轨道交通产业一线人员分布情况。

广州市轨道交通产业一线人员的分布与企业所处领域和行业特性密切相关。2022年末各领域一线人员分布情况如表1所示，在设计规划、建设施工、装备制造、运营维护、增值服务五大领域中，技术人员占比分别为88.67%、55.29%、20.87%、16.46%、29.14%。技能人员占比分别为3.27%、20.32%、69.51%、79.02%、60.26%。如在设计规划领域，一线人员以技术人员为主，大量一线岗位为轨道交通规划设计师，负责开展轨道交通的勘察、规划和设计，通常要求具备较高学历和专业知识水平，属于知识型岗位。而建设施工行业最显著的特点是生产流动性，即人员随工程项目流动。典型一线岗位为土建工程师，主要负责制定技术标准、施工方案、验收方案，开展现场管理，确保工程质量、进度、安全、成本，属于技术型岗位，通常要求具备较高学历和专业技术水平。

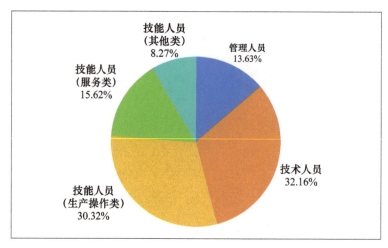

图1 广州市轨道交通产业一线人员分布情况

表1 2022年末各领域一线人员分布情况

单位：%

领域	技术人员占比	技能人员占比	典型职位	特点
设计规划	88.67	3.27	设计师	知识型岗位
建设施工	55.29	20.32	工程师	技术型岗位
装备制造	20.87	69.51	安装工	生产操作技能岗位
运营维护	16.46	79.02	客运服务员	生产服务技能岗位
增值服务	29.14	60.26	—	—

装备制造领域多数企业以及运营维护领域中的运输服务企业多属于劳动密集型，如装备制造的一线人员以技能员工为主，典型的一线岗位为安装工，主要负责按照图纸和工艺要求进行产品制造安装，属于生产操作技能岗位；在运输服务企业中，典型一线岗位为客运服务员，主要负责为乘客提供售检票、进出站秩序维护、车站或列车服务等，属于服务技能岗位。与知识型、技术型员工相比，技能岗位通常不需要具备较高学历和较强的专业知识技能。

增值服务处于轨道交通产业链的最下游，主要业务涉及轨道交通资源开发、管理咨询、检验检测、金融服务等。行业跨度大、业态分布广，一线人员岗位也呈现出多样化的态势。如地产开发行业，典型一线岗位为地产项目经理，主要负责地产项目管理和运作，包括施工管理、竣工验收、成本管控、销售管理等，属于技术型岗位，对学历与专业技术有一定的要求。检验检测行业，典型一线岗位为检测员，负责按标准和规定，操作检测仪器，记录检测结果，提供判定结果，属于生产操作技能岗位，通常不需要具备较高学历和较强的专业知识技能。

（二）一线人员的规模和总体素质

广州市轨道交通产业一线人员总体规模较大，且保持增长态势，如表2所示，2022年末广州市轨道交通产业在岗职工总人数为20.2万人，较2021年持平，连续三年保持在18万人以上的规模。处于一线的技术人员和技能人员总量达到15.2万人，同比增长4.7%，占在岗职工总数的75.6%，其中技术人员同比增长9.5%。一线人员规模的稳定增长，为广州市轨道交通产业的健康可持续发展奠定了坚实基础。

表 2   企业年末一线人员人数情况   单位：人

指标	2022 年	2021 年	同比增长率/%	占比/%
年末在岗职工总人数	202 027	202 078	0.0	—
一线人员	152 605	145 741	4.7	75.6
其中：技术人员	68 030	62 114	9.5	33.7
技能人员	84 575	83 627	1.1	41.9

一线人员的整体素质情况可以从队伍的专业结构、年龄结构和经验结构等方面进行大体观察。在专业结构方面，广州市轨道交通产业一线人员专业结构基本合理，整体素质值得肯定。数据显示，2022 年末，广州市轨道交通产业在岗一线技术人员共 68 030 人，其中有中、高级专业技术职称的 36 893 人，占比 54.23%。高素质、专业化的技术人员队伍，为产业技术革新提供可靠人才保障。在岗一线技能人员共有 84 575 人，其中持有初级及以上技能等级证书的有 36 586 人，占比 43.3%，高级工及以上高技能人才 12 368 人，占比 14.6%，整体结构呈现较为标准的金字塔结构，有力支撑产业健康发展。图 2 所示为一线技术人员职称等级结构，图 3 所示为一线技能人员技能等级结构。

图 2   一线技术人员职称等级结构

图 3   一线技能人员技能等级结构

在年龄结构方面，广州市轨道交通产业一线人员以 20～40 岁的年龄段为主体，人数占比 88.00%。一线人员中 21～30 岁、31～40 岁、41～50 岁、50 岁以上人群占比分别为 25.43%、62.57%、11.43%、0.57%，整体呈现为青壮年人员挑大梁的纺锤型结构。图 4 为一线人员年龄结构。

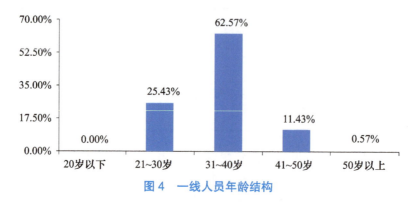

图 4　一线人员年龄结构

对于企业来说，一线从事生产服务人员的从业经验十分重要。调查显示，广州轨道交通一线人员年龄结构处于较佳状态，队伍整体具有较为充足的工作经验，但有可能存在新员工补充不足问题。在企业任职 1 年以下和 1~3 年、4~5 年、6~10 年、10 年以上的一线人员，占比分别为 0.86%、22.64%、38.97%、29.80%、7.74%，大致呈现正态分布，其中任职 3 年以上员工占比为 76.50%，表明一线人员经验丰富，成为企业高效运作的可靠基石。任职 3 年及以下的员工占比 23.50%，其中 1 年以下新员工占比仅为 0.86%。鉴于本次调查没有涉及退休和离职人员年龄分层方面的情况，故此处无法辨析新员工对退休和离职人员的更替水平。但若新员工比例持续过低，则一定程度上也反映出企业人力发展和人才储备面临后劲不足的风险。图 5 为一线人员经验结构。

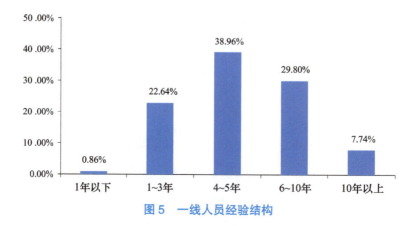

图 5　一线人员经验结构

二、广州市轨道交通产业一线人员稳定性分析

（一）广州市轨道交通产业企业一线人员队伍流失情况

广州市轨道交通产业一线人员的稳定状况通常能够通过观察企业人员离（辞）职或流失情况来判断，但需要辨别两种不同的视角，不可一概而论。一种是从产业发展大局来看，如果一线人员只是在本区域产业内的企业间流动，那么从一定意义上说，这样的人员流失变动对促进产业整体活力和企业竞争力来说可能是有益的；但若一线人员从广州市轨道交通产业流向了其他行业或域外，那么对本地轨道交通整个产业以及产业中企业的人力资源稳定发展显然都是不利的。对于上述情况，本文目前还缺乏相关具体数据，需有待今后更加深入的调

查和分析。

另一种情况则需要从广州市轨道交通产业中具体的企业角度来考量。一线人员的非自然减员性的流失，无论其去向何处，对所在企业职工队伍稳定性来说都是不利的，倘若这种离职和流失形成一种经常性或规模性的趋势，则将直接对企业正常生产经营和发展产生冲击。尽管本文并不针对某企业个案进行分析，但通过对纳入统计调查的企业簇进行综合观察，可以大致勾勒出产业中企业一线人员的流失程度和分布，进而对广州市轨道交通产业一线人员队伍的稳定状况进行一个基本判断。

从整体水平看，广州市轨道交通产业一线在职人员整体流失率不容乐观，人员离（辞）职现象比较突出，且有明显上升趋势。企业全年自主离（辞）职员工构成情况如表3所示。2022年，广州市轨道交通产业全年自主离（辞）职员工人数近2.8万人，占年末在岗职工总人数的13.8%，比2021年提升1.1个百分点。虽然不同行业因为工作性质和职业类型不同而对员工流失情况会有不同的衡量标准，不过一般来说，企业年度员工流失率总体不宜超过6%。根据对纳入统计调查的企业群进行测算，2021年广州市轨道交通产业一线人员离职率（此处可视同流失率）为11.9%，2022年为12.2%，两年的流失率均处高位水平。根据轨道交通产业的职业特点，可将一线人员大致分为技术人员和技能人员两类。以此分类检视，在2022年自主离（辞）的1.9万一线人员中，技术人员的流失率为6.3%，比上年下降0.4个百分点，而技能人员的流失率竟高达17.2%，比上年上升1.4个百分点。可见，技能型员工成为一线人员流失的主要群体，这部分人员队伍整体稳定性差。相比之下，技术人员整体流失率处于略微偏高水平。

表3 企业全年自主离（辞）职员工构成情况

单位：人

指标	在岗全员	一线人员	技术人员	技能人员
2022年	202 027	152 605	68 030	84 575
2021年	202 078	145 741	62 114	83 627
2022年自主离（辞）职员工人数	27 865	18 664	4 300	14 564
2021年自主离（辞）职员工人数	25 666	17 361	4 144	13 217
2022年离职率/%	13.8	12.2	6.3	17.2
2021年离职率/%	12.7	11.9	6.7	15.8
差值/%	1.1	0.3	−0.4	1.4

员工流失情况在轨道交通产业的五大领域之间表现出惊人的差异。各领域一线人员流动性结构分布情况如图6所示，2022年，一线人员流失率（离职率）由低向高依次为运营维护2.2%、规划设计3.3%、建设施工6.8%、装备制造8.7%、增值服务35.1%。增值服务领域流动性最大，运营维护领域流动性最小。最低与最高相差几乎达到16倍。在技术与技能两类人员中，技术人员流失率最高的是装备制造8.8%，最低的是运营维护1.4%，相差6.2倍；技能人员流失率最高的依然是增值服务，为48.8%，最低的是规划设计，为1.6%，相差竟达到30倍之多。

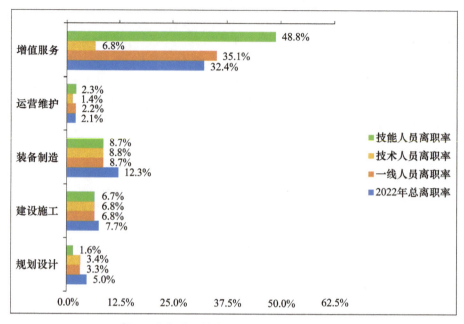

图 6 各领域一线人员流动性结构分布情况

综合五大领域观察，规划设计和运营维护领域的一线人员队伍的稳定性最高，无论是就人员整体队伍而言，还是按技术型与技能型两类人员来看，其流失率均处于最低水平，即使经历了三年疫情冲击，一线人员队伍的稳定性也是波澜不惊。增值服务、装备制造是一线人员离（辞）职高发领域，人员队伍的整体稳定性不容乐观。建设施工一线人员的稳定性虽然相对较好，但离（辞）职率依然超过 6%。一线人员队伍稳定性最为不足的是增值服务领域，流失率最高，除了技术人员流动性相对较弱之外，一线人员的离职率竟超过 35%。尤其需要注意的是，增值服务领域一线人员队伍整体流失率不仅最高，而且队伍中的技能型人员的流失程度已经达到堪忧的地步，比人员队伍总流失率竟然高出 16 个百分点，是五个领域中唯一出现这种情况的领域。

（二）广州市轨道交通产业一线人员不稳定因素简析

员工的离（辞）职行为是从业者主观决策的结果。若着眼于行为个体，则导致离（辞）职行为发生的因素或原因可能五花八门，多种多样。但本文的视角并非基于对离（辞）职人员个人行为的调查，而是把轨道交通产业企业群作为对象，立足于将离（辞）职作为企业一种群体行为现象进行观察和分析。广州市轨道交通产业联盟经过对部分企业进行前期调研，归纳了 7 个方面的因素，并对纳入统计的企业开展问卷。这 7 个因素分别是生活和家庭因素、对薪酬待遇不满意、觉得个人没发展、对岗位不适应、嫌工作苦脏累、对行业和公司没信心、与职场人际不合等。除此之外的因素均归为其他项。这样的视角一定程度上有助于辨析出影响轨道交通产业一线人员队伍稳定的普遍性因素。

根据对问卷选项填报企业的统计，导致广州市轨道交通产业一线人员流失的主要原因排在前三位的是生活和家庭因素、对薪酬待遇不满意和觉得个人没发展，分别占 25.08%、23.86%、18.54%。生活和家庭因素牵涉面相对比较复杂，基本取决于离（辞）职人员个人情况以及对自身与工作之间关系的考量，客观上并不与企业自身的经营管理状况产生直接联系。而薪酬水平和发展机会则涉及离（辞）职人员与企业之间的互相认可度，同时也从侧面反映了产业中企业对人才的竞争力和吸引力。因此，这两个因素对企业来说更需引起重视。图 7 为一线人员不稳定因素整体分析情况。

图 7 一线人员不稳定因素整体分析情况

从领域角度观察可以发现，在运营维护、建设施工、增值服务领域，生活和家庭因素对一线人员去留决策的影响最大，成为离（辞）职首要原因，其占比分别为 28.57%、26.32% 和 25.00%。不难判断，在轨道交通行业从事运营维护工作的一线人员，其生产服务方式和作息安排必须受制于运营时间和强度，需要长期从事夜班或倒班工作，这就必然给个人和家庭生活带来不便；而建设施工行业具有生产流动性大的特点，造成一线人员经常长时段在不同地域工作，给正常、稳定的家庭生活造成困扰；增值服务领域也因为涉及行业复杂、界别跨度大、服务形态多样、作息易受制于服务对象等特点，导致许多工作难以使一线人员有序安排正常的家庭生活，对队伍稳定性带来不小的影响。图 8 是一线人员不稳定因素结构分析情况。

面对这些领域存在的这种状况和特点，企业需要更多思考如何化解工作性质与队伍稳定性之间的矛盾，应更加注重不断改善工作条件和实施更加柔性和人性化管理。

对于规划设计领域来说，一线人员基本属于专业技术型或知识型人才。调研发现，这类群体更在意自身专业发展，对个人职业提升的诉求和预期相对较高，同时其成员之间的知识背景和职业起点相差不大，单位同行间形成明显的竞争，因此这部分人对个人发展问题更为重视和敏感，对职业的去留抉择极易受此影响。对企业的调查表明，设计规划领域企业中，一线人员离（辞）职原因在于"觉得个人没发展"的比例几乎占到了三分之一，达 29.17%，不仅居选项首位，也是一线人员离（辞）职所有因素中企业占比最高的。

此外，企业的薪酬待遇问题对于一线人员稳留来说也同样值得重视。虽然轨道交通产业不同领域之间，甚至不同的企业之间的薪酬待遇存在各种差异，难以简单对比，然而综合来看，对薪酬待遇不满意问题依然是导致不少企业一线人员流失现象严重的一大原因，尽管其影响作用排在第二，但整体占比却与第一因素相差无几。特别是在一线人员队伍中以技术型和技能型人员为主体的装备制造和建设施工领域，对薪酬待遇不满意问题尤为突出，甚至在装备制造领域，薪酬待遇问题已成为企业占比最高的选项。这一状况反映了广州市轨道交通产业装备制造领域在待遇水平方面缺乏竞争力，也没有能够体现制造业大市足够的吸引力，甚至成为一线人员队伍稳留的掣肘，这一局面也进而会对广州实施制造业立市战略产生不利影响。

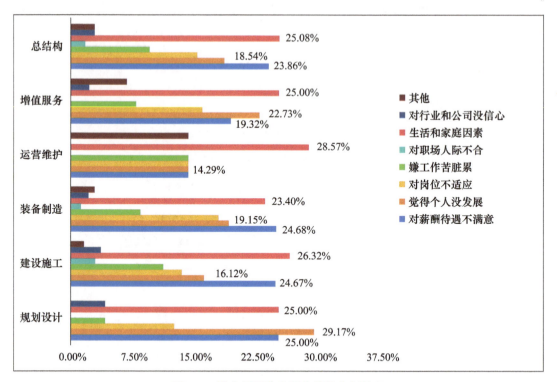

图 8　一线人员不稳定因素结构分析情况

总体来说，广州市轨道交通产业一线人员不稳定的因素相对集中在生活和家庭因素以及薪酬和个人发展机会等因素。产业链各领域因行业不同略有差异。建设施工、运营维护、增值服务 3 个领域一线人员的稳定性受生活和家庭因素影响最大，规划设计领域一线人员的去留则更多考虑个人发展机会，对薪酬待遇不满意是装备制造业一线人员离（辞）职的最主要原因。同时，由以上分析还可以看出，一方面，轨道交通产业不同领域或行业的工作特点和职业要求对一线人员个人去留的选择可能会产生重要影响，体现出与一线人员离（辞）职原因存在着高度的相关性，对此业内企业应当予以必要的关注，应更多思考如何有效克服和减少企业客观条件对队伍稳定带来的不利影响；另一方面，对于轨道交通产业关键领域的企业来说，切实改善和提高一线人员的薪酬待遇，关注和拓展一线人员职业发展面和专业前景预期，已经成为事关企业竞争力和人才吸引力的一个不容忽视的问题。如何在提质增效的基础上，把物质条件改善与企业软环境建设有效结合起来，是企业人力资源发展必须面对的重要课题。

三、提升广州市轨道交通产业一线人员稳定性的对策建议

一线人员冲锋在企业生产、经营、服务的最前线，其稳定性、幸福感、敬业程度不仅关系着企业生产经营的效率、质量、安全、市场，还关系着社会的稳定和个人的幸福。规范劳动用工政策、健全劳动保护机制、建立公平分配体系、建设和谐劳动关系、创新人才管理机制、创造人才成长环境、培育高素质专业化一线人员队伍，提升一线人员稳定性、幸福感和敬业度，让一线人员实现体面劳动，是社会稳定发展、企业高效运作、员工快乐成长的必由

之路。而这，需要政府、企业和一线人员的共同努力。

（一）切实关心和提升一线人员社会地位

在宏观层面，政府作为超越于企业和员工利益之上的上层建筑，是整个市场的宏观管理者，对提升一线人员的社会地位、提高一线人员的尊严和幸福感负有重要责任。一线人员的社会地位很大程度依赖于政府劳动政策的推动，与国家劳动法律法规颁布状况有密切联系。

党的十八大以来，党和国家领导人在多种场合表达对基层一线劳动者的关心关爱。2015年，在庆祝五一国际劳动节暨表彰全国劳动模范和先进工作者大会上，习近平总书记提出："要建立健全党和政府主导的维护群众权益机制，抓住劳动就业、技能培训、收入分配、社会保障、安全卫生等问题，关注一线职工、农民工、困难职工等群体，完善制度，排除阻碍劳动者参与发展、分享发展成果的障碍，努力让劳动者实现体面劳动、全面发展。"与此同时，我国劳动法律体系和社会保障体系逐步健全，《劳动合同法》《就业促进法》《劳动争议调解仲裁法》《工会法》《社会保险法》《集体合同法》《反就业歧视法》等相关法律得到深入贯彻和持续完善，同步陆续出台了《关于进一步加强高技能人才与专业技术人才职业发展贯通的实施意见》《国有企业科技人才薪酬分配指引》《关于开展科技人才评价改革试点的工作方案》《关于加强新时代高技能人才队伍建设的意见》等针对一线技术人员和技能人员的指导文件，指导企业在收入分配、职业发展、人才评价、梯队培养等方面的规范实施，引导企业赋予一线人员权利，提高一线人员收入，提供安全保障，营造劳动光荣、一线光荣的劳动用工环境。

然而，在实际用人过程中，一些企业依然存在"干部—工人"二元分化，一线人员在管理参与、发展机会、收入分配、培训培养等方面仍然处于被动和弱势，难以真正实现机会平等和公平参与。这就需要政府在持续完善一线人员劳动用工和社会保障政策的同时，持续加强对企业的专业指导，增强与企业的联系，加强执法监管，不定期开展调查检查，推进企业民主管理进程，促进一线人员社会地位提升。

（二）加强和提高企业人力资源管理水平

在中观层面，一线人员对工作的幸福感、满意度主要来源于工作本身。工作必须是有尊严的、是被认可和包容的、是充满自信的。这就取决于他们的工作设计是否合理、职责是否清晰、流程是否顺畅、内容是否恰当，取决于他们的薪资是否公平、权益是否有保障、环境是否友好，取决于他们工作是否被认可、价值是否被肯定、发展是否被重视，取决于企业整体人力资源管理水平。

1. 关注一线人员心理特征，设计构建针对性管理体系

准确把握一线人员的心理需求，设计针对性的人力资源管理系统，是企业人力资源管理的基本要求。广州市轨道交通产业一线人员以85后、90后为主体，不同于60后、70后的任劳任怨、稳定服从，作为互联网时代的"原住民"，他们多为独生子女，成长于改革开放的经济红利时代，玩着网游长大，在社交网络和虚拟世界中获得存在感，所以他们有强烈的自我意识，更关注自我感受，对他人情绪不敏感；看重外在回报，更容易因为高薪做出工作改变，而不是对工作保持长期心理契约；更喜欢得到及时反馈和激励，而不是漫长等待的回报；崇尚自由，对"独立工作""自成一体"的热情远超对"权力"的欲望；自我需要层次高，更在意工作的感性体验，强调工作与兴趣的适配度，注重和谐人际关系……

只有准确把握一线人员的心理特征，才能设计针对性岗位体系、薪酬体系、培训体系、激励机制，才能提升一线人员的工作满意度、敬业度、忠诚度，提高队伍稳定性。

2. 构建"全面报酬"体系，提高一线人员稳定性

正如调研结果显示，造成广州市轨道交通产业一线人员不稳定的因素主要集中在生活和家庭因素，以及薪酬和发展因素，所以单纯提高收入水平并非企业有效吸引和保留员工的唯一良方。通过构建和实施"全面报酬"体系，或许是企业提高一线人员稳定性和敬业度水平的更优选择。

全面报酬模型如图9所示。全面报酬是指员工从雇主那里获得的所有价值，是所有能够用来吸引、激励和留住员工的可行方案，包括薪酬、福利、工作生活平衡、绩效与认可、个人发展与职业发展5个部分。这一理念兼顾了企业和员工二者的价值取向，平衡两者的利益关系，将企业绩效和员工满意度有机地联系起来，并将多种激励方式有机融合在一起，最大限度地调动员工的积极性，提升员工稳定性和敬业度，提高企业绩效和竞争力。

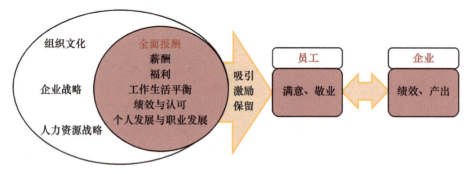

图9　全面报酬模型

一是建立公平分配制度和全面保障制度。建立公平合理且具备长期激励作用的收入分配制度和完善有效的劳动保障制度，对促进一线人员稳定与企业的合约关系，提高组织承诺水平，激发组织公民行为，至关重要。薪资和福利代表了企业从市场上购买劳动力生产要素的价格，是绝大多数劳动者最主要的收入来源，对劳动者及其家庭生活具有不可替代的作用，是劳动者最基本的生存和安全需求。调研结果显示，"对薪酬待遇不满意"是影响广州市轨道交通产业一线人员稳定性的主要因素之一，结合85后、90后群体注重外在回报的心理特征，要提升一线人员稳定性和敬业度，企业首先要解决一线人员的收入和保障问题。

在收入分配方面：首先，企业应根据自身发展战略和发展阶段，选择合适的企业作为市场对标对象，合理确定薪酬对标分位值，确定自身薪酬策略。一般情况下，处于发展稳定期的企业总体薪酬水平应在市场50及以上分位波动，通过提供较有吸引力的薪酬来吸引、保留和稳定人才队伍。其次，要科学确定企业内部不同群体薪酬水平，统筹平衡企业负责人、中层管理人员、一线人员工资分配关系。应秉持向关键岗位、高层次技术技能人才、艰苦和基层岗位倾斜的薪酬分配原则，确保薪酬分配的公平合理。最后，应科学设计岗位基本工资、绩效资金、分红、股权、津贴补贴等要素构成、结构比例和支付方式，增强对一线人员的长期激励，增加对毁约成本的约束力，减少员工的毁约行为，稳定企业与一线人员的劳动关系。如可实行年功序列薪酬，增大一线人员在企业工作年限的薪酬占比，激励一线人员长期留任；可考虑对一线人员实行股权激励制度，绑定个人与组织发展利益，激发一线人员组织公民行为；可实行延期支付制度，对大额奖金等，确定员工在企业留任目标时长，按先少后多原则，分期分批支付，促使一线人员与企业保持稳定合约关系，降低流失率；可针对技术技能人员设置相应津贴补贴，以激励一线人员提升技能、创新科技，同时减少一般性津贴补贴项目，

增强一线人员优越感，提升组织忠诚度。

在福利保障方面，企业首先要遵守国家劳动保护政策法规，为一线人员购买养老保险、失业保险、医疗保险、工伤保险、生育保险和住房公积金等法定福利，保障一线人员的基本权益。在此基础上，企业可根据实际情况为一线人员定制个性化的企业福利，如补充医疗保险、重疾保险、健康管理计划、家庭保健计划、补充养老保险、员工贷款、员工安居计划等，为一线人员创造良好的劳动保护环境，提升员工满意度和敬业度。

二是实施工作和家庭平衡计划。"生活和家庭因素"是广州市轨道交通产业一线人员不稳定最主要的原因，尤其在建设施工、运营维护、增值服务3个领域，一线人员的稳定性受生活和家庭因素影响最大。家庭成员和家庭生活，对员工工作情绪、精力分配、参与程度、敬业程度、稳定性的影响毋庸置疑，实施有效的工作家庭平衡计划，既能帮助员工解决工作和家庭的冲突与困难，又能帮助企业提高劳动生产率、降低流失率和缺勤率、减少管理成本、增强顾客满意度，进而帮助企业达成组织目标。

企业应根据行业特性和岗位特性，结合自身实际为一线人员制定针对性的工作家庭平衡计划。如针对建设施工企业生产流动性，对技能要求相对较低的一线建筑工人可采取项目制本地化用工，在施工项目所在地招工培训，按项目周期签约劳动合同，兼顾一线工人工作与家庭需要，保持队伍稳定性。对关键技术人员，可设计基于外地项目经验的职业发展路径，让外地项目经历成为技术人员职业发展的必由之路，同时可设定年度驻地时间指标，设计技术人员弹性驻地时间，让技术人员能够自主灵活分配本地与外地工作时间，兼顾工作与家庭。针对运营维护企业一线人员长期夜班或倒班问题，对服务类技术岗位，可区分服务时间采取半日制用工或小时用工的灵活用工方式，如针对上下班高峰时段，可招聘小时工缓解高峰服务压力，非全日制工作，较为完美地解决工作与家庭的平衡。对于生产操作技能岗位，强化科学排班和通勤管理，按照员工家庭住址就近安排工作地点，合理安排女员工"三期"、员工育儿期、父母住院看护期等时期的休假与排班，可设计一般员工夜班标准，加大超标激励，给员工提供自主夜班选择，以平衡家庭和工作需要。针对增值服务业行业跨度大、业态分布广对一线人员稳定性带来的影响，可结合企业具体情况采用灵活多样的弹性用工方式，让一线人员能够合理分配工作和家庭时间。在此基础上，企业还应该尽可能地为一线人员提供婚恋交友、子女入学、教育辅导、父母医疗等渠道和便利，解决员工后顾之忧，为员工创造更加愉悦、公正、充满活力的工作环境。

三是打造共享平台，开展参与式管理。鼓励员工参与管理，是企业对员工最大的尊重和认可，也是员工当家作主和自我价值实现的愿望和要求，是激发员工主观能动性、促进组织公民行为，提升归属感、认同感、成就感的重要手段。通过大面积的员工参与，企业能够倾听员工的意见和建议，从而让企业的战略目标、经营决策能够获得员工的理解、支持与执行，同时参与管理，也让员工产生强烈的主人翁意识，与企业同呼吸共命运，从而提高稳定性和忠诚度。

企业应建立让员工掌握和了解经营管理信息的渠道，打造与一线人员沟通的信息共享平台，特别是与一线人员切身利益相关的信息，应及时发布，做好沟通解释。要明确员工参与管理的权利，克服员工参与管理的困难，通过信息公开、适度授权、广开言路，增加企业决策、经营、财务等的公开性和透明度，收集员工对经营管理的意见和建议，激发员工创造力，择优授权提供机会，让员工充分参与到企业的经营管理过程中，感受到信任和认可，避免因信息不对称或不完整对企业产生不满。如针对建设施工企业的生产操作技能人员的不稳定性情况，可建立信息沟通平台，说明企业情况，让更了解一线的一线人员提供建议和意见，择优试点改进优化管理政策。对运营维护企业的服务类技能人员，可提供一定的财务授权，让员工在允许的范围内，创造性为乘客提供更好的服务。

四是建立健全学习发展机制。"觉得个人没发展"是广州市轨道交通产业一线人员不稳定的主要因素之一，尤其以知识型员工为主的设计规划行业最为明显，一线人员离（辞）职最主要的原因就是无法满足个人的发展。学习—成长—发展是人才实现自我价值的基本诉求，尤其对崇尚科学与创新，自我实现动机强烈的知识型员工，企业提供的学习发展机会，对其职业选择与稳定产生重要影响。创建学习型组织，建立学习发展机制，营造自主学习氛围，塑造通畅的能力发展与职业发展通道，是提升员工满意度、敬业度和忠诚度的重要方式。

首先，企业在岗位设计上，应关注工作特性，关注岗位胜任所需技能的多样性、任务的完整性、任务的重要性、工作的自主性以及工作的反馈，让工作本身具有意义和价值，让完成工作具有成就感。其次，应结合企业实际，对岗位分类分层，开展岗位评估，确定岗位等级，形成职位体系，设计任职资格，建立和完善员工全职业周期职业发展通道，合理确定员工等级晋升。一线技术和技能人员职业通道的设计应和管理人员基本相当，确保一线人员发展顺畅。最后，应结合岗位任职资格要求，建立健全培训体系，设计学习地图，配置学习资源，建立健全学习—认证—发展机制，加大对员工的人力资本投资，为员工提供良好的学习环境和学习机会，激发员工学习热情，牵引员工自主学习，实现提升员工能力，稳定人才队伍的组织目标。如广州地铁集团针对一线技能人员建立了资格准入—学习认证—晋升发展机制，对员工队伍的稳定和优化发挥了重要的基础作用。员工在试用期通过培训获得上岗证后与企业确定劳动关系，在岗期间除完成本职工作外，通过培训学习获得上一级岗位资格认证，待有空缺时，通过筛选评价可晋升到上一级岗位，实现职业发展。

3. 建设企业文化，发展和谐劳动关系

建设企业文化，发展和谐劳动关系，能够帮助企业对外树立良好的雇主品牌和整体形象，扩大企业知名度和美誉度，扩大市场影响，对内能够帮助企业统一价值观，规范员工行为，营造良好工作氛围，增强凝聚力，降低管理成本，提高员工满意度，对稳定人才队伍发挥着越来越重要的作用。

企业应及早确立自身核心价值观，通过制度与标准引导和规范员工行为，旗帜鲜明地宣扬价值导向，领导干部应以身作则，带头践行价值理念，公平公正经营管理，关心关爱一线人员，营造和谐友好、积极奋进的组织氛围，让员工感受到工作的美好、尊严和体面，对组织产生强烈的归属感和认同感，从而自觉地促进组织绩效提升和组织目标实现。

（三）积极倡导和鼓励一线人员自我提高和自我发展

企业要积极鼓励和倡导一线人员自我培育和自我提高意识。要营造积极向上的企业文化，促动一线人员群体对自身素质发展的重视和学习能力的提高，立足自身，提高自我认知，树立正确的职业价值观，持续提升综合素质和职业能力，增强敬业精神为自我职业发展和人生成长创造良好条件。

员工是自我成长的第一责任人。一线人员对体面劳动的职业追求和对美好生活的向往，首先应落脚在自身能力和素质的提升上，立志成长为德才兼备的高素质劳动者。一线人员应进一步提高自我认知，强化对自身职业兴趣、职业价值观、性格、能力的认识和了解，明确自己"喜欢干什么""欣赏干什么""适合干什么""能干什么"，确定职业目标和职业路径，开展持续学习和实践，持续提升自身能力和素质。还应树立正确职业价值观，增强敬业意识，

职业不分高低，工作不分贵贱，只有学习才会进步，唯有奋斗方能精彩。珍惜工作，热爱劳动，充分把握广州市轨道交通产业蓬勃发展机遇，认真做好每一件小事，完成每一项任务，履行每一项职责，用好学上进、爱岗敬业的奋斗精神成就事业与人生。

广州市轨道交通产业一线人员群体整体稳定性表现较差，尤其是增值服务领域。传统设计规划、运营维护领域一线人员表现出较高的稳定性。针对造成一线人员不稳定的生活和家庭因素、薪酬和发展因素，需要政府、企业和一线人员自身共同努力，通过持续提升一线人员社会地位，提升企业人力资源管理水平，提高一线人员素质来提升一线人员的稳定性，以支撑广州市轨道交通产业的高速发展。

》》》 作者单位：广州地铁集团有限公司

参考文献：

[1] 卿涛，王婷. 企业一线员工体面劳动研究[M]. 成都：西南财经大学出版社，2020.

[2] 金丽，王琦. 一线万岁：85后、90后一线员工的发动秘籍[M]. 北京：北京联合出版社，2015.

[3] 卫鑫妍. 全面报酬视角下90后员工的工作稳定性研究[D]. 上海：华东政法大学，2022.

以软环境促广州市轨道交通产业队伍高质量发展

耿 丽

人才发展软环境是关于所有能够对人才发展产生积极或阻碍作用的非物质因素的总称。微观到企业层面，就是指企业在生产经营和管理过程中，通过有意识创设和无意识积淀而成的能够对员工心理和行为产生影响的各种非物质条件和特定的建构，包括从建制规章到职场人际关系和工作环境等。总的来说，没有任何企业会肯定和构建不利于企业人才发展的企业软环境。因此，就企业人才发展而言，软环境可以大致归纳为企业内部直接涉及人才发展与进退的有关观念、政策与机制、企业（组织）文化和职业氛围。良好的人才发展软环境有利于人才的健康成长和脱颖而出，有利于企业人才队伍建设和综合实力提升，是企业保持基业长青的秘诀。

2023年，广州市轨道交通产业联盟对广州市轨道交通产业相关企业和单位首次开展了人力资源专项统计调查和调研（以下简称"统计调查调研"），获得了许多宝贵的数据和信息资料。本文以这次统计调查调研相关结果为依据，从人才软环境视角进行专题考察，以期对产业人才发展和企业人才软环境建设有所帮助和启发。

一、企业人才软环境与广州市轨道交通产业人才发展

人才环境是人才赖以生存、得以发展的社会和物质条件的综合体，是影响人才成长的各种外部要素的总和，包括人才硬环境和人才软环境。人才硬环境是影响人才发展的具有物质形态的各种硬件条件的总和，主要包括自然地理条件、基础设施和其他设备等。而相对应的则是人才软环境。从企业来说，人才软环境可分为企业外部软环境和企业内部软环境。企业外部软环境主要包括体制环境、法制环境、政策环境、市场环境、人文环境、人际环境等地域软条件；企业内部软环境则可具体归类为企业的人才观念、人才政策、人才机制、组织文化、组织氛围等。当然，也有人将企业人才软环境仅理解为企业的组织文化和组织氛围。

（一）人才软环境对企业发展的作用

人才与环境，犹如鱼与水、鸟与木的关系。"欲致鱼者先通水，欲求鸟者先树木。水积而鱼聚，木茂而鸟集。"环境与人才相互促进、彼此制约。良好的环境是实现人才集聚、人才辈出、人才荟萃必不可少的条件，是影响企业盛衰成败的关键因素。

人与环境匹配（person–environment fit，P-E fit）理论解释了人才集聚的根本原因，即人才对环境的感知决定了他们流动迁移的决策判断，而人才流动形成人才集聚。该理论关注人与环境之间的相容性、适应性及其前因后果，将人与环境的匹配划分为一致性匹配和补偿性匹配。当环境的文化、气氛、价值观等基本特征与个人的人格、价值观、目标等基本特征有相似之处时，就实现了一致性匹配；如果环境提供了人才所需要的财政、物质、心理资源及发展的机遇，或者人才在努力、承诺、经验、知识、技能等方面能适合环境的要求，就实现了补偿性匹配。人才环境能否与人才实现一致性匹配和补偿性匹配，往往成为决定人才去留的关键因素。一致性匹配意味着人才能够对环境中的氛围产生认同感，能够与环境很好地融合，

从而显著提高人才工作满意度和组织承诺水平，降低离职倾向，增强稳定性；补偿性匹配则意味着人才能够从环境中获取所需资源，也就是说环境能够满足人才需求，从而提高人才流动倾向，增强人才环境吸引力。图1所示为人与环境匹配对人才流动的影响机理。

基于人与环境匹配理论，我们认为，如果企业不能建设良好的人才发展软环境，实现一致性和补偿性两方面与人才的匹配，不能满足人才群体的共性需要，即便企业投入较大的成本，也无法实现人才汇聚、人才辈出的目标。只有持续优化与完善人才发展软环境，才能增强人才吸引力，提高人才队伍稳定性，才能建设人才高地，形成人才竞争优势，促进人才队伍建设高质量发展。

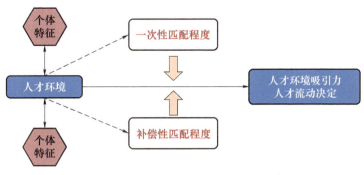

图1　人与环境匹配对人才流动的影响机理

（二）广州市轨道交通产业人力资源发展挑战

广州市轨道交通产业经过多年发展，已初步形成了集规划设计、建设施工、装备制造、运营维护和增值服务于一体的全产业链条。"十四五"期间，广州要建成"全产业链位居前列、若干重点环节最强、创新意识氛围最浓"高质量发展新格局，对产业人力资源队伍的建设和发展提出了更高的要求，也带来了相应的挑战。

一是产业队伍结构年轻化、专业化和职业化特点突出。

队伍结构情况如图2所示，广州市轨道交通产业队伍以中青年为主，高学历人员、中高级技术人员、高技能人员占比高，且逐年优化。

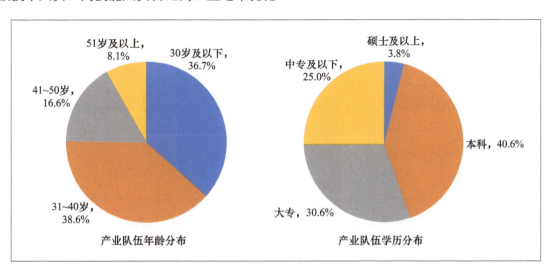

图2　队伍结构情况

在年龄方面：2022 年广州市轨道交通产业从业人员中，30 岁及以下、31～40 岁、41～50 岁、51 岁及以上员工分别占比 36.7%、38.6%、16.6%、8.1%。40 岁及以下员工超过了 75%，85 后、90 后青壮年群体，精力充沛、思维清晰、创造力强，为产业健康发展奠定坚实基础。

在学历方面：2022 年广州市轨道交通产业从业人员中，硕士及以上、本科、大专、中专及以下员工人数占比分别为 3.8%、40.6%、30.6%、25.0%，本科及以上高学历占比高。从近三年趋势来看，2020—2022 年，本科及以上学历员工人数占比分别为 41.0%、42.1%、44.4%，高学历人员比重逐年提升。

在专业方面：广州市轨道交通产业技术人员中，企业高层次人才比重如表 1 所示，2022 年高级职称、中级职称人员占比为 54.2%，与 2021 年持平，较 2020 年提升 0.5 个百分点，其中高级职称人员较 2021 年提升 0.8 个百分点。技能人员中，高级工及以上高技能人员占比为 33.8%，较 2021 年、2020 年分别提升 0.4 个和 0.7 个百分点。其中技师及以上核心人员，占比 9.7%，较 2021 年、2020 年分别提升 0.3 个和 0.9 个百分点，增长明显。此外，享受国务院政府特殊津贴专家、列入广州市及以上高层次人才计划人数分别有 48 人、172 人。产业队伍专业化、职业化特点突出。

表 1　企业高层次人才比重

单位：%

指标		2022 年比重	2021 年比重	2020 年比重
技术人员中：	高级职称	17.2	16.4	16.3
	中级职称	37.0	37.8	37.4
	初级及以下	45.8	45.8	46.3
技能人员中：	技师及以上	9.7	9.4	8.8
	高级工	24.1	24.0	24.3
	中级工	13.8	13.2	12.9
	初级工	14.8	15.6	17.1

二是产业队伍稳定性不佳，员工流失率较高。

统计调查调研数据显示，广州市轨道交通产业队伍整体流失率偏高，且有逐年抬升趋势，队伍稳定性不佳。企业全年自主离（辞）职员工情况如表 2 所示。

表 2　企业全年自主离（辞）职员工情况

单位：%

指标	2022 年	2021 年	2020 年
全员离职率	13.8	12.7	12.0
其中：管理人员	6.8	7.4	6.0
技术人员	6.3	6.7	5.5
技能人员	17.2	15.8	15.6

2022 年，广州市轨道交通产业全年自主离（辞）职员工人数是 2.8 万人，占年末在岗职工总人数比重是 13.8%，较 2021 年、2020 年分别提升 1.1 个和 1.8 个百分点。管理人员、技术人员、技能人员，离职率分别为 6.8%、6.3%、17.2%，技能人员队伍整体流失率高且呈逐年抬升趋势，较 2021 年、2020 年分别上升了 1.4 个和 1.6 个百分点。管理人员、技术人员离职率较 2021 年

分别下降 0.6 个和 0.4 个百分点，两类人员稳定性有所增强，但仍处于较高流动区间。产业规划设计、建设施工、装备制造、运维维护、增值服务 5 个领域，人员离职率分别为 4.9%、7.7%、12.3%、2.1%、32.4%。除运营维护与设计规划领域外，其他领域人员离职率均处于高流失区间，尤其是增值服务领域人员总体离职率显著高于其他轨道交通传统领域，人员队伍稳定性堪忧。

三是招工难问题突出，人才短缺，竞争加剧。

统计调查调研数据显示，广州市轨道交通产业用工需求规模大，招工难问题突出，人才短缺，竞争加剧。

2020—2022 年，广州市轨道交通产业年度招聘计划分别为 17 402 人、19 253 人、17 601 人，同比增速分别为-4.6%、10.6%、-8.6%，年均需求 18 085 人。产业用工需求虽有波动，但总体规模仍保持 1.7 万人以上，总量大。同时伴随着城市轨道交通蓬勃发展，预计未来产业用工需求规模将保持在较高水平。

此外，统计调查调研数据显示，企业认为在生产经营中面临的困难与挑战，集中度最高的前三项为竞争加剧（29.4%）、市场疲软（23.0%）、人才短缺（15.8%）；在人力资源管理中面临的问题与挑战集中度最高的前三项为招工难招工贵（20.7%）、员工考核与激励（19.0%）、一线生产或服务人员保留难（17.8%）。企业对人才短缺与招工难问题感知明显，人才市场竞争加剧。表 3 所示为企业面临的挑战。

表 3　企业面临的挑战

单位：%

排序	生产经营困难与挑战	占比	人力资源管理问题与挑战	占比
1	竞争加剧	29.4	招工难招工贵	20.7
2	市场疲软	23.0	员工考核与激励	19.0
3	人才短缺	15.8	一线生产或服务人员保留难	17.8

四是新技术的应用，对职场生态产生深远的影响。

随着人工智能、大数据、物联网等信息新技术的发展和应用，推动轨道交通产业数字化、智能化转型加速，智慧车站、自动驾驶、智慧工厂、智能检修等，在提高工作效率和质量的同时，对职场生态产生了深远的影响。

首先，新技术对工作岗位带来巨大冲击，新岗位随之出现。如数据分析师、人工智能工程师、网络安全专家等岗位，这些岗位需要从业人员具备相应的技术知识和技能。此外，传统岗位的工作内容、工作方法、工作流程等也得到了优化和升级，如列车驾驶员岗位，操作流程和操作方法发生变化，人员配置下降；站务员岗位则与车站巡检、安检等岗位进行融合，相应岗位缩编。

其次，新技术对人员素质要求也产生巨大了影响。如智能化运营和智慧化管理需要从业人员具备数据分析、人工智能、物联网等领域的技能；票务管理、安检流程等数字化转型，要求员工具备更高的数字化技能和安全意识。从业人员需要具备不断学习和适应新技术变革的能力，同时也需要具备团队协作、沟通协调、安全意识等职业素质，以适应新技术的变革和职业环境的变化。

（三）人才软环境对产业人力资源健康发展的意义

为应对产业人力资源发展的挑战与困难，企业必须实施产业人才战略，强化人才软环境建设，创造人才"引得进、留得住、用得好"的良好氛围，才能获得人才竞争优势，推进产业发展。

首先，人才软环境建设是实施产业人才战略、获得人才竞争优势的内在要求。人才队伍作为推进事业发展的关键因素，其总量、结构、质量在很大程度上决定了产业发展方向、目标与质量。人才软环境的优劣直接影响人才的聚散流动与兴衰成败，是产业引才、育才、用才、留才的关键，是人才战略顺利实施的前提，只有聚焦产业需求，持续不断优化人才软环境，形成人才聚焦、人才辈出、人才荟萃的人才发展环境，才能落地产业人才战略，获得人才竞争优势。

其次，人才软环境建设是激发人才动力活力，促进产业创新的力举之措。能不能发挥和多大程度发挥人才的聪明才智，决定了科技创新与产业发展的水平。良好的人才软环境有利于调动产业发展进程中的一切积极因素，激发人才的积极性、主动性和创造性，使一切有利于科技创新与产业发展的创新愿望得到尊重，创新活动得到支持，创造才能得到发挥，创造成果得到肯定，从而营造浓厚创新意识，激发人才创新热情，促进产业高质量发展。

二、广州市轨道交通产业人才发展软环境建设管窥

结合人才软环境建设的概念与内涵，本文主要从人才观念、人才政策与机制、组织文化与组织氛围三个维度对企业开展分析与评估，折射产业人才发展软环境建设状况。

（一）人才观念

人才观念是企业对人才和人才工作的看法、观念和态度，是企业人才软环境建设的灵魂和指导思想。科学正确的人才观为企业人才政策设计提供方向指导，是企业有效实施人才战略，培育高素质人才队伍的重要保证。

1. 对人力资源工作的看法

广州市轨道交通产业大多数企业都重视企业人力资源工作，对人力资源的基础性作用有一定认知，为企业有效开展人才队伍建设提供重要的思想保证，少数企业对人力资源工作重视不足。统计调查调研数据显示，广州市轨道交通产业中有65%的企业单独设立了人力资源管理部门，认为人力资源工作对于企业长久、可持续发展而言，非常重要、比较重要、一般、不太重要、非常不重要的占比分别为69.6%、25.3%、4.3%、0.3%、0.5%。绝大部分企业都认识到了人力资源对企业发展的作用，仍有5.1%的企业对人力资源的作用认识不足。图3所示为企业对人力资源工作的看法。

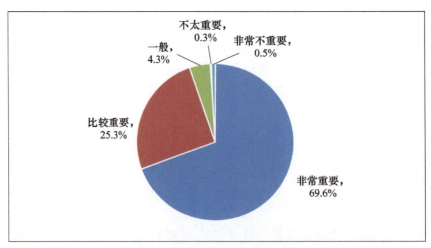

图3　企业对人力资源工作的看法

2. 对软环境建设的观念

广州市轨道交通产业大多数企业能够认识到软环境建设对企业人才队伍建设的重要意义，这为企业强化软环境建设打下了坚实的思想基础，少数企业对企业软环境建设的作用和意义认知不足。统计调查调研数据显示，广州市轨道交通产业，认为企业软环境建设对于吸引和稳定人才，非常重要、比较重要、一般、不太重要、非常不重要的占比分别为45.3%、44.2%、9.4%、0.8%、0.3%。接近九成的企业认可软环境建设对人才吸引和稳定的积极意义，仍有近10%的企业对软环境建设的作用和意义认知不足。图4所示为企业对软环境建设的观念。

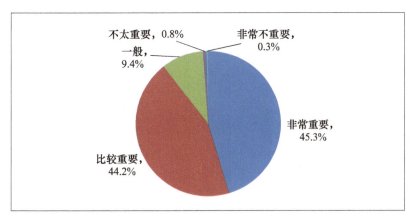

图4　企业对软环境建设的观念

3. 对人才政策的关注度

广州市轨道交通产业大多数企业对政府人才政策的跟进与关注度不足，不利于企业政策与区域政策协同，影响人才队伍建设效果。统计调查调研数据显示，广州市轨道交通产业，企业对于目前广州招才引智的各项人才政策的了解程度，非常熟悉、比较熟悉、一般、不太清楚、非常不清楚的占比分别为5.5%、24.9%、47.3%、20.4%、1.9%，仅有30%左右的企业对政府人才政策比较清楚，绝大多数企业缺乏对人才政策的关注。图5所示为企业对广州人才政策的了解程度。

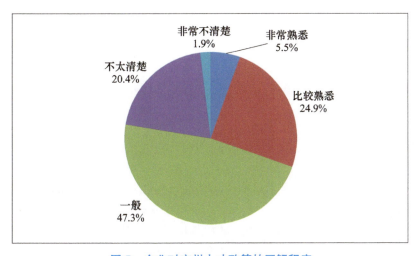

图5　企业对广州人才政策的了解程度

（二）人才政策与机制

人才政策与机制是企业针对人才战略和人才队伍建设目标采取的举措与方法，主要包括人才的选、用、育、留政策及相应的牵引、激励、约束、竞争、淘汰机制。政策与机制通过人力资源管理活动对人力资源管理结果产生直接影响。通过对人力资源管理结果的剖析与评价，可以反观企业人才政策和机制建设效果。

1. 企业人力资源管理机制建设整体效果

广州市轨道交通产业，企业人力资源管理在选、育、用、留方面均存在不同程度的难点和卡点，现行人才政策和机制建设整体效果不尽如人意。

从结果看，如前所述，在人才吸引方面，广州市轨道交通产业用工需求规模大，招工难问题突出，人才短缺，竞争加剧。在人才保留方面，产业队伍整体流失率偏高，且有逐年抬升趋势，队伍稳定性不佳。企业整体人才吸引、激励、保留机制建设效果不佳。

在人才发展方面，统计调查调研数据显示，2022年，广州市轨道交通产业，企业职工教育经费实际支出额为7 167.41万元，同比下降5.9%，人均实际支出额为354.77元，同比下降5.8%，培训投入连续三年保持在工资薪金总额的0.3%左右，产业职工培训情况如表4所示。相对国家会计准则对企业职工教育经费最低1.5%计提比例而言，培训投入度总体不足，人均培训支出少。人均培训学时15.22 h，同比上升7.7%，但相对于国家相关标准（管理人员、专业技术人员不少于90 h，技能人员不少于60 h）而言，培训数量过少，难以满足员工队伍能力发展要求。

表4 产业职工培训情况

指标	2020年	2021年	2022年
职工教育经费实际支出额/万元	6 659.71	7 614.38	7 167.41
占在岗职工工资薪金总额百分比/%	0.33	0.34	0.31
同比/%	−12.3	14.3	−5.9
人均职工教育经费实际支出额/元	353.36	376.8	354.77
同比/%	−15.7	6.6	−5.8
全年开展培训总学时/h	2 599 702	2 854 576	3 074 080
人均培训学时/h	13.79	14.13	15.22
同比/%	51.3	2.4	7.7

2. 企业人才引进机制建设情况

广州市轨道交通产业存在招人难现象，现行人才引进政策和机制设计侧重点和针对性不足，对年轻人缺乏吸引力。研究以青壮年为主体的员工队伍特点，关注人才发展，强化企业文化建设，是优化人才引进机制的方向。

统计调查调研数据显示，广州市轨道交通产业，企业招人难现象的主要原因，集中度最高的前3项是应聘者薪酬要求难以满足（28.6%）、缺乏符合条件的人（28.2%）、年轻人不愿意进入本行业就业（21.6%）。排除相对刚性的薪酬水平和人才市场结构因素，对年轻人缺乏吸引力是企业招人难的核心问题。

企业认为吸引人才的优势，集中度最高的前3项是职业发展机会（25.3%）、公司文化和氛围（21.0%）、薪酬福利（20.2%）。显示，除了合理的薪酬福利，企业人才引进政策的重心应定位在人才的职业发展与组织文化氛围。表5所示为企业人才吸引的困难与优势。

表5　企业人才吸引的困难与优势　　　　　　　　　　　　　　　　　　　单位：%

排序	招人难的主要原因	占比	吸引人才的优势	占比
1	应聘者薪酬要求难以满足	28.6	职业发展机会	25.3
2	缺乏符合条件的人	28.2	公司文化和氛围	21.0
3	年轻人不愿意进入本行业就业	21.6	薪酬福利	20.2

3. 企业人才发展机制建设情况

广州市轨道交通产业，企业现行人才培养政策与员工能力发展机制对提升员工工作能力效果不明显，培训数量不足，缺乏有效手段。加大培训投入、建设员工自主学习机制、优化学习方式、激发学习热情，是下一步人才发展机制优化的方向。

统计调查调研数据显示，广州市轨道交通产业，企业人才培养的问题，集中度最高的前3项是缺乏对培训效果的评价及跟踪（24.3%）、开展的培训数量不够（19.2%）、培训没有针对性（16.2%）。对培训工作重视不够、投入不足、方式不对或许是企业培训效果不佳的主要原因。

企业认为能有效促进员工专业技能的方式，集中度最高的前3项是公司内部培训（26.4%）、校企合作共同培养（23.0%）、鼓励员工自主参加社会培训（20.4%）。显示，企业员工能力发展机制设计应聚焦在员工自主学习机制的建设，强化内训、校企合作和个性化社会培训等有效学习方式，通过机制设计，吸引员工积极参训，激发学习热情，真学实练，促进员工能力发展。表6所示为企业人才培养的问题与有效方式。

表6　企业人才培养的问题与有效方式　　　　　　　　　　　　　　　　　单位：%

排序	人才培养的问题	占比	人才培养的有效方式	占比
1	缺乏对培训效果的评价及跟踪	24.3	公司内部培训	26.4
2	开展的培训数量不够	19.2	校企合作共同培养	23.0
3	培训没有针对性	16.2	鼓励员工自主参加社会培训	20.4

4. 企业人才保留机制建设情况

广州市轨道交通产业，企业现行人才保留机制对人才队伍的稳定效果不佳，过于聚焦薪酬福利，缺乏对员工真实需求的关注。实施工作与家庭平衡计划，关注员工能力与职业发展是人才保留机制优化的方向。

统计调查调研数据显示，广州市轨道交通产业，企业近年来员工离（辞）职原因，集中度最高的前3项是生活和家庭因素（25.5%）、对薪酬待遇不满意（23.2%）、觉得个人没发展（20.2%）。排除相对刚性的薪酬水平，缺乏对人才需求的关注，尤其是家庭生活与职业发展的关注，是产业人才流失率偏高的根本原因。

企业认为能够有效稳定人才队伍的主要手段，集中度最高的前3项是定期绩效奖励（24.1%）、员工福利（21.7%）、公司发展前景（17.7%）。显示，企业现行人才保留机制设计过于聚焦薪酬福利，缺乏对员工其他需求的关注。表7所示为企业人才保留的问题与手段。

表7　企业人才保留的问题与手段　　　　　　　　　　　　　　　　　　　单位：%

排序	人才流失原因	占比	促进队伍稳定的手段	占比
1	生活和家庭因素	25.5	定期绩效奖励	24.1
2	对薪酬待遇不满意	23.2	员工福利	21.7
3	觉得个人没发展	20.2	公司发展前景	17.7

（三）组织文化与组织氛围

1. 组织文化与氛围的功能与作用

组织文化落到企业层面就是企业文化，是组织成员共有的价值和信念体系，是组织区别于其他组织的意义体系。共同的价值观在很大程度上决定了员工的看法及对周围世界的反应，当遇到问题或工作难题时，会以"我们做事的大概方式"影响员工的行为，进而影响他们对问题的解决。

强有力的组织文化能够为组织提供稳定性和高绩效。组织的核心价值观得到员工强烈而广泛的认同，进而对员工行为产生巨大的影响，在组织内部创造一种浓厚的行为控制氛围。让员工清楚组织期望，明白应该做什么，不该做什么，自觉与组织立场保持高度的统一。这种目标一致性造就了凝聚力、忠诚和组织承诺，从而降低员工离职率，提高绩效水平。

组织氛围是员工对组织和工作环境的普遍认知。积极的组织氛围能够提高员工满意度和客户满意度。组织文化就像团队精神，员工对团队精神的普遍认同，让员工对组织工作保持大致相同的感受，从而形成相应的组织氛围。而组织氛围与员工工作满意度、工作投入、组织承诺和动机显著相关，积极的组织氛围通常会带来更高的客户满意度和财务绩效。

2. 组织文化与氛围建设情况

一方面，从企业对组织文化与氛围的认知来看，广州市轨道交通产业大多数企业，能够较为清晰地认识到组织文化与氛围建设等软环境对人员队伍建设的重要作用，为下一步强化组织文化和组织氛围的建设奠定重要的思想基础。

统计调查调研数据显示，在广州市轨道交通产业，企业认为除了薪酬和劳动保障外，有利于人才队伍稳定的企业软环境因素，集中度最高的前3项是员工福利（19.6%）、公司文化（18.3%）、职场氛围和风气（16.4%）。显示，企业对组织文化与组织氛围对促进人才队伍稳定性的作用有一定的认知，但仍有少数企业对组织文化与氛围建设不够重视。图6所示为企业对促进队伍稳定因素的评价。

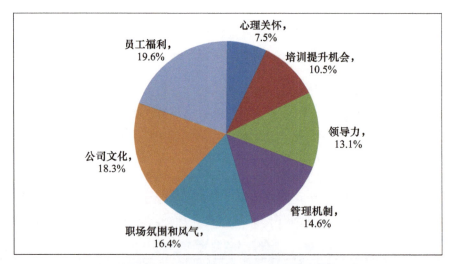

图 6　企业对促进队伍稳定因素的评价

另一方面，从企业经营感受和员工队伍稳定性来看，广州市轨道交通产业，企业现行文化与氛围建设效果不理想，是企业招人难留人难的重要原因之一。切实关注年轻群体，关注员工多层次需求，建设以人为本的组织文化，是企业增强人才吸引力，降低人才流失率，赢得人才优势和竞争的关键。

如前所述，广州市轨道交通产业队伍整体流失率偏高，稳定性不佳，同时用工需求规模大，人才短缺问题突出。招人难、留人难问题已成为制约企业经营发展的关键因素，建设良好人才发展软环境，赢得人才优势，成为企业获得竞争优势的关键。

从原因来看，排除薪酬和人才市场结构因素，对年轻人缺乏吸引力是企业招人难的核心问题。而员工流失的原因则主要聚焦在生活平衡与发展需求上。显示，企业改善招人难留人难核心在于建设以人为本的组织文化，关注年轻群体，关注员工多层次需求，实施工作与家庭平衡计划。表8所示为企业招人难留人难的主要原因。

表8 企业招人难留人难的主要原因

单位：%

排序	招人难的主要原因	占比	留人难的主要原因	占比
1	应聘者薪酬要求难以满足	28.6	生活和家庭因素	25.5
2	缺乏符合条件的人	28.2	对薪酬待遇不满意	23.2
3	年轻人不愿意进入本行业就业	21.6	觉得个人没发展	20.2

三、加强广州市轨道交通产业人才发展软环境建设若干建议

（一）树立科学人才观，关注宏观人才政策，高度重视人力资源工作

人才观是企业人才软环境建设的灵魂和指导思想，树立科学的人才观，关注政府人才政策走向，高度重视人力资源工作，是实施人才战略，建设高素质专业化产业队伍的前提和基础。

必须坚持"人才是第一资源"。功以才成，业由才广。企业要坚定人才优势就是竞争优势，要充分认识人才对企业高质量可持续发展不可替代的基础性、战略性和决定性作用。要"尊重劳动、尊重知识、尊重人才、尊重创造"，高度重视人力资源工作，正确处理人才与企业生产、经营其他要素的相互关系，做到人才开发与企业发展的紧密结合。

必须坚持"以人为本"。人才的数量、质量、结构决定了企业的创新能力、发展质量和综合实力。企业经营管理的核心目标之一就是创造适合人才生存发展的环境。要坚持以人为本，尊重人才个性，关注人才需求，保障人才权益，从有利于人才发展的角度出发，创新创建人才管理机制，营造有利于人才脱颖而出、建功立业的良好环境。

必须坚持实施人才战略。培养造就大批德才兼备的高素质专业化人才是企业高质量发展的长远之计。企业要实施更加积极、开放、有效的人才政策，完善人才战略布局，制定各类人才队伍建设规划，培育规模大、结构好、素质优的人才队伍，形成人才高地和竞争优势。

必须坚持持续人才投资。人才投资是最有效的投资。企业要坚持对人才的持续投资投入，为人才产出提供合理回报，为人才开发建设配套资源，为人才稳定提供生活支持……真心爱才、悉心育才、倾心引才、精心用才，终能收获最大的回报和效益。

必须关注宏观人才政策。关注国家、省、市、行业人才政策走向，跟踪宏观人力资源环境变化，企业人力资源政策机制高效协同，是企业提升人力资源管理效能，建设高素质人才队伍的重要手段。

（二）创新人力资源机制，优化人力资源政策

改革创新是企业管理的永恒主题。创新人力资源管理机制，革除一切不利于人才成长的

弊端，创建适合的人才生存发展、充满生机活力的制度环境，是企业人才软环境建设的核心和重点。

一是要深入研究年轻人职业特征。

85后、90后年轻一代已成为广州市轨道交通产业队伍的中坚和主体。他们的个性特点、爱好、职业价值观、就业心理等群体特征，直接决定了劳动力市场的走向。加强对内外部劳动力市场的关注，深入研究核心群体就业心理和职业特征，动态评估企业人才引进、培养、保留政策机制适配度，创新机制，优化政策，促进产业人才可持续高质量发展。

85后、90后年轻一代，成长于改革开放经济高速发展和信息爆炸互联网高速发展的时代。信息量大且易于获取，使他们能够更加开放地接触和理解各种不同的观点和文化，擅长利用网络和其他数字化工具来获取信息和解决问题。互联网的普及，也让他们更加注重个性和自我表达。所以，他们个性鲜明、追求开放和自由、敢于尝试新事物、接受新观念、创新力强、抗压力强、注重自我实现和自我满足。

在工作上，他们具有较强的自我意识，更加注重自我实现和职业发展，希望在工作中不断学习新技能、提升自我价值，同时也渴望得到认可和尊重。更加关注工作的灵活性和工作生活平衡。在就业心理上，他们更倾向于选择符合自己兴趣和爱好的工作，而非仅仅出于薪资和福利待遇的考虑；选择能够提供更多职业发展机会和挑战性的工作，而不是过于稳定和安逸的工作。

二是要创新人才引进机制，增强人才吸引力。

针对年轻人就业特征，企业应设计针对性人才引进机制，提升企业吸引力。

创新岗位设计，增强趣味性。对传统岗位工作内容、工作方式、工作时间等进行改造优化，如增加工作的科技性、趣味性和社交性等，适度授权工作范围，及时反馈工作效果，增强行业企业对年轻人的吸引。如使用AI虚拟助手、自动化系统等智能、数字化工具进行工作分配、技能培训、流程指导等；引入游戏化机制，开发富有挑战性的趣味性工作任务，通过积分、排名等方式激励员工参与等，增强对人才的吸引力。

创建开放、灵活的工作环境。如根据企业生产、经营特点，可设计远程工作、弹性工作时间、按需工作等弹性工作制度，允许员工灵活安排工作时间，满足年轻人追求自由和灵活性的需求；可建设鼓励开放、透明和双向的沟通渠道，建立扁平化的组织结构，使员工可以自由地表达意见和建议，增强员工的归属感和参与感；可建立内部社交媒体平台、企业微信等开放的社交网络，鼓励员工之间的交流和合作；可通过举办团队活动、兴趣小组、分享会等方式，营造积极向上、充满活力的团队文化，鼓励员工之间的互动和合作。通过建设和提供开放、灵活的工作环境，让年轻人感到自由和舒适，从而增强人才的吸引力。

重视员工的成长和发展。企业应增加对培训的投入，定期为员工提供各种培训和发展机会，如内部培训、外部研讨会、在线课程等，帮助员工不断学习和成长。此外，企业还可以为员工提供职业发展指导，帮助他们制定个人职业发展规划，并提供必要的支持和帮助；应建立健全员工职业发展通道，设计管理、专业、技能多向发展路径，满足不同员工的职业发展需求；应建立健全企业内外部公开招聘机制，定时提供岗位空缺信息，鼓励员工申请竞聘，并提供必要的培训和支持；应建立健全创新激励机制，设立创新实验室或孵化器，提供创业资金或资源支持，奖励创新成果，激励员工积极创新和创业。通过帮助年轻人实现个人价值，增强人才的吸引力。

三是要创新学习发展机制，加大人才开发力度。

建设高素质专业化人才队伍的核心在于人才素质和专业的全面提升。企业应进一步加大人才开发的投资投入，创建以能力和业绩为核心的学习发展机制，建设人才培训培养配套资源，创新人才培养模式与方法，实施人才开发活动，营造人才蓬勃成长的学习发展环境。

明确岗位标准与人才标准，建立健全岗位任职资格体系和人才评价体系。科学开展岗位分析，设计各类人才职业发展通道，明确岗位胜任的知识、能力、经验、业绩等要求，明确职业发展的要求与流程，建立以岗位任职资格为牵引，以能力业绩评价为激励的"学习—认证—评价—发展"学习发展机制。通过岗位胜任标准，牵引人才自主学习，提升能力；通过人才评价，激励人才发挥能力，提升业绩，从而促进人才和企业的共同发展。

加大人才开发资源建设，创建良好学习条件。企业应保证职工教育经费的提取与使用，针对各类人才培训学习标准和要求，加大对人才培训培养的课程、教材、师资、设备、场地场所等资源的投资和建设，为人才创建良好的学习条件。如针对技能人才培训培养，应建设配套的课程体系、讲师体系和认证鉴定体系，开发课程与教材，培育内训师团队，建设职业技能鉴定机构。应结合实际，建设自有实训基地、公共实训基地、技能大师工作室、劳模和工匠人才创新工作室等，创造有利于人才成长的良好条件。

创新人才培养方式，提升培训管理效能。企业应结合各类人才队伍的培养目标、成长规律和学习特点，制定针对性分类人才培养规划和计划，创新人才培养模式和方式，组织实施形式多样的培训培养活动，定期开展效果评估，持续提升培养质量，营造好学奋进的学习氛围，加速人才的成长。如针对领导干部，应坚持"德才兼备、以德为先"的培养标准，注重道德思想与领导力、专业能力的培养，积极拓展渠道和资源，创新培养方式，如与各级党校、行政学院、大学等机构合作培养，内外部专题培训班、基层挂职锻炼、高层影子计划等。定期开展培训效果评估，推动人才能力提升。针对大规模技能人才培养，可拓展校企合作共同培养，充分发挥职业院校教育资源丰富优势，联合院校开设特色专业、共同制定教学计划、共建教学基地、共享师资、共享实训设备等；可强化以工代训、以赛促训等模式与方式提升技能人才的实操能力。应结合5G、AI等新技术，创新员工培训方式，设计数字化、虚拟化、智能化培训工具，增强学习趣味性和自主性，激发员工学习热情，提升培训管理效能。

（三）加强文化氛围建设，营造良好人才环境

组织文化和组织氛围决定了员工共同的价值观，影响着员工的行为方式和对组织环境的共同感知，对提升企业凝聚力、提高员工满意度和敬业度、促进人才队伍稳定发展发挥了重要作用，是企业软环境建设的重要组成部分。

一是要建设效益文化，优化业务环境和人际环境。

企业应强化效益效率文化建设，旗帜鲜明地倡导价值创造与创新高效理念，树立企业生产、经营、发展的核心价值观，通过制度、标准、奖惩、激励等规范员工行为，推动员工自觉与组织目标保持一致，自主学习，积极创新，持续提升工作效率，提高工作质量。通过榜样、标杆、培训、活动等宣传宣贯共同价值理念，引导员工心往一处想，劲儿往一处使，齐心合力推进企业效率与效益提升，实现企业的高质量可持续发展。

高效创新的效益文化，对企业构建高效顺畅的业务沟通系统提出了要求。企业应大力推进信息化、数字化转型，借助5G、AI等先进通信工具，构建高效便捷的OA处理系统、业务管理系统、人力资源管理系统、财务管理系统、设备管理系统等平台，提升工作效率，营造高效的工作环境。同时，高效创新的文化基因，也要求企业中员工与领导、员工与员工之间的沟通以工作效率、效益、质量、创新为中心，形成简单积极的人际沟通环境。企业应努

力创建和积极维护这种良好的人际环境，建设多种形式的员工沟通平台，畅通员工沟通渠道，如开辟员工意见专栏、网络讨论专区、设置领导接待日、定期召开员工沟通会等，公开领导联络方式，公布企业相关信息，认真倾听和积极反馈员工的意见和建议，营造良好的人际沟通环境。

二是要建设人本文化，优化工作环境和生活环境。

企业应强化以人为本的文化建设，树立"人才是第一资源""发展依靠人才"的价值理念，高度重视人力资源管理工作，将企业管理的基础和重心聚焦到高素质专业化人才队伍的培育上，实施人才战略，加大人才投入，努力做好人才培育、人才发展和人才服务工作，持续增强企业对人才的支持能力，为人才的成长与成功提供平台、资源、服务，营造有利于人才脱颖而出、干事创业的工作环境。

同时，企业应重视人才的家庭生活环境。家庭和生活因素对人才的流失和稳定产生重大影响，企业应理解人才家庭和生活的需求和困难，重视解决基本生活需求问题，结合实际，调整和优化人才福利结构和政策，针对关键人才、紧缺人才、高层次人才出台针对性的吸引和保留政策，如子女教育、卫生环境、住房、交通、医疗保健等，解决人才后顾之忧，为人才的稳定与发展提供良好的生活环境。应结合企业实际，提供灵活的工作时间、远程工作机会等弹性工作制，帮助员工更好地平衡工作和生活。

良好的人才软环境有利于企业人才的聚集与发展，有利于人才队伍建设的质量与稳定，有利于企业人才竞争优势的形成。企业应树立科学的人才观，关注宏观人才政策，高度重视人力资源工作，深入研究年轻人职业特征，优化人力资源管理机制，加强组织文化和组织氛围建设，营造有利于人才脱颖而出、干事创业的人才软环境。

》》》作者单位：广州地铁集团有限公司

参考文献：

[1] 黄昱方. 创业创新人才软环境研究[M]. 北京：经济科学出版社，2015.

[2] 朱明达. 人才环境初探[J]. 中国人力资源开发，2001（7）：4-8.

[3] 张东. 西安市人才软环境评价指标研究[D]. 西安：西安理工大学，2009.

[4] 王顺. 中国城市人才环境综合评价研究[D]. 北京：中国农业大学，2005.

广州市轨道交通产业人才培养标准体系现状与发展方向

张春凤

"十四五"是我国乘势而上开启全面建设社会主义现代化国家新征程、向第二个百年奋斗目标进军的第一个五年,城市轨道交通聚焦"安全、便捷、绿色、智慧",迎来高质量发展新阶段,加快智慧轨道交通建设,大力推动轨道交通领域产业基础高级化与产业链现代化,从"城轨大国"向"城轨强国"迈进。

人才是国家发展的第一战略,城市轨道交通人才是国家人才队伍的重要组成,是保证城市轨道交通持续健康发展的重要力量。城市轨道交通涵盖工程咨询、工程建设、运营管理、技术装备、资源经营等多个领域,需要大量优秀的管理人员、技术人员和生产人员,而人才培养是一项长期的系统工程,需要通过完善培养的管理制度、标准规范,加强培训基地、师资队伍、课程体系的建设,才能有效实现行业人才发展的总体目标。

一、广州市轨道交通产业特点与人才培养的挑战

(一)广州市轨道交通产业板块构成企业分布

《广州市发展改革委关于印发广州市轨道交通产业"十四五"发展规划的通知》(穗发改〔2021〕93号)提出"十四五"时期广州市轨道交通产业发展将以"智慧+集群"为发展主线,以智慧化运维、数字化管理、智能化生产等为方向,构建"投资—规划设计—建设施工—装备制造—运营与增值服务"全产业链集群,形成一个龙头牵引、若干骨干企业支撑的"1+N"供应链体系,打造国内轨道交通领域重要的工程建设、智慧运营、轨道交通控制软件等产业集聚地,形成"全产业链位居前列、若干重点环节最强、创新意识氛围最浓"的高质量产业发展新格局,加快打造全市新兴优势产业,塑造世界级轨道交通品牌。

目前,广州市轨道交通产业作为综合性产业,具有自身完整的产业结构和特征,主要由规划设计、建设施工、装备制造、运营维护、增值服务等五大产业板块构成,各产业板块如表1所示。

表1 广州市轨道交通产业板块

序号	产业板块	细分	
1	规划设计	规划	
		设计	
		勘察与测量	
		咨询	

续表

序号	产业板块		细分
2	建设施工	原材料生产	基建原材料
			轨道交通原材料
		基建工程	
3	装备制造	建设施工装备	建设装备
			施工装备
		整车制造	车体
			关键零部件及配件
		配套及机电设备	配套设备
			机电设备
		系统集成	列车自动控制系统
			指挥调度系统
			综合监控系统
			通信系统
			其他
4	运营维护	运营服务	
5	增值服务	认证培训	
		金融	
		商业	地产、广告、商品零售
		标准计量与质检认证	
		科研	

近年来，广州市坚持市场化产业发展思路，依托本地轨道交通市场优势，在做大做强全产业链方面持续发力，已形成涵盖规划设计、建设施工、装备制造、运营维护及增值服务五大领域 20 个细分专业的轨道交通全产业链。

2021 年广州市从事轨道交通产业产品生产（服务）的企业共 744 家（其中四上企业 671 家，高新技术企业 283 家，上市公司 11 家），同比增加 159 家。总体来看，广州市轨道交通企业规模普遍较大，四上企业占比超过 90%，高新技术企业占比超过 38%。

各领域骨干企业分布如表 2 所示，规划设计企业 49 家，建设施工企业 275 家，装备制造企业 262 家，运营维护企业 17 家，增值服务企业 141 家。运营维护和规划设计企业数量虽相对较少，但以广州地铁集团、中国铁路广州局集团和地铁设计院等行业龙头企业已形成集聚发展态势，成为广州市轨道交通细分领域的优势产业。建设施工和装备制造领域产业链条较长、市场空间较大，相关领域企业数量较多，共计 537 家，占比约 72%。

表 2　广州市轨道交通产业各领域骨干企业分布

产业领域	企业情况			2021 年营收	
	数量/家	占比/%	龙头骨干企业	营收/亿元	占比/%
规划设计	49	6.6	广州地铁设计院	35	1.7
建设施工	275	36.9	中铁隧道局、广州地铁监理、中铁（广州）投资、中铁广州工程局、中铁建华南、市盾建、广东华隧等	870	42.3
装备制造	262	35.2	广州中车、广州工控、佳都科技、杰赛科技、白云电气、广州电力机车、广州铁科智控、广电运通、华能机电等	185	9.0
运营维护	17	2.3	广州地铁集团、中铁广州局集团	774	37.7
增值服务	141	19.0		191	9.3
合计	744	100.0		2 055	100.0

（二）广州市轨道交通产业人才培养面临问题

城市轨道交通企业工种大致分为管理类、专业类和生产类，如图 1 所示。根据中国城市轨道交通协会运营企业数据统计，"十三五"期末，管理人员、技术人员和生产操作人员基本形成 6%、9%、85%的比例结构。"十四五"期间，城市轨道交通行业管理人员、技术人员和生产操作人员争取形成 10%、15%、75%的金字塔比例结构，基本消除行业发展人才缺口。广州市轨道交通产业企业工种也分为管理类、专业类和生产类，不同企业根据公司业务特点，其岗位序列和职位族有所差异。

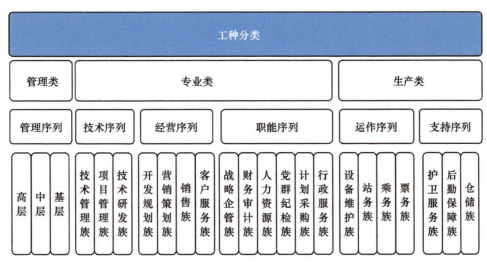

图 1　轨道交通企业工种

伴随着国内城市轨道交通迅猛发展，广州市轨道交通产业运营里程、在建与规划线路规模和投资实现跨越式增长，广州市轨道交通产业关键人才结构如表 3 所示，近年来人才培养方面呈现出如下变化与问题。

表 3　广州市轨道交通产业关键人才结构　　　　　　　　　　　单位：%

关键人才结构	城市轨道交通行业运营企业（2020 年）	广州市轨道交通产业企业（2022 年）
硕士及以上学历占比	3	3.69
本科及以上学历占比	40	42.86
高级及以上职称占比	6	5.62
管理人员占比	5	12.83
技术人员占比	11	32.64
技能人员占比	84	42.51
技师及以上占比	3	1.80
高级工及以上占比	25	7.42
平均年龄（中位数）	25～30 岁	30～40 岁
25～40 岁年龄区间占比	62	75.30

1. 人才总量持续较快增长

根据中国城市轨道交通协会"十三五"期末数据统计，行业人才每年新增从业人员约 3.5 万人，年增速约 11.8%。根据广州市轨道交通产业联盟数据统计，广州市轨道交通产业企业平均每年新招人员约 1.7 万人，同规模递增。

2. 人才队伍学历结构不断优化

城市轨道交通行业高级及以上专业技术人员和高技能人员比例显著提高，行业从业人员平均年龄呈现年轻化、专业化发展趋势。广州市轨道交通产业技能人员、高级工及以上人员有很大成长空间。

3. 人才队伍建设滞后于行业发展需要

从广州市轨道交通产业来看，企业高层次人才紧缺，复合型专业人才、国际化人才存在用人缺口。高技术、高技能人才占比偏低，能力素质不够匹配，人才结构不尽合理。学校教师队伍数量不足、来源单一、校企双向流动不畅、结构性矛盾突出、专业化水平偏低。

4. 人才培养支撑条件与资源建设不足

从广州市轨道交通产业来看，部分工种岗位分类与定义有待进一步统一，在职人员培训认证体系有待完善，企业专职培训师数量较少，教学能力水平有待提升，员工培训尚需统筹规划，参与率有待进一步提高。学校具备理论教学和实践教学能力的"双师型"教师和教学团队短缺，教育实践环节薄弱，与行业企业实际需求脱节。

5. 人才培养环境需进一步优化

从广州市轨道交通产业来看，实训基地建设区域布局、数量、规模有待加强。培训资源存在配置不均、共享程度偏低和重复开发现象。企业技能人才培养、使用、评价、激励制度尚待完善，技能人才职业发展通道设计、薪酬分配制度设计以及高技能领军人才薪酬待遇制度设计等尚需跟上行业发展。校企人员双向流动渠道尚待建设完善，行业"双师型"教师和教学团队数量有待加强，双师结构需要进一步改善。

（三）"十四五"广州市轨道交通产业人才培养挑战

"十四五"期间，广州城市轨道交通进入由"建设"向"运营、经营"并重发展阶段，运营规模、客运量、在建线路长度均创历史新高。表4所示为广州轨道交通线网规模，截至2023年10月，广州已开通运营线路18条，运营里程643.1 km，其中有轨电车线路2条，运营里程22.1 km；在建线路10条（段），总长258.0 km；规划报审线路3条（段），总长59.0 km。

表4 广州轨道交通线网规模

线路	数量/条（段）	里程/km	备注
开通运营	18	643.1	国内第三
在建	10	258.0	2025年前后陆续开通
规划报审	3	59.0	

广州城市轨道交通线网如表5所示，广州地铁日均客运量和客运强度一直位居全国前列，2022年均位居全国第一。2023年上半年，线网日均客运量807.3万人次，位居全国第三；日均客运强度1.3万人次/km，蝉联第一。

表5 广州城市轨道交通线网

线路类别	线路名称		里程/km	运营维修模式
地铁线路	1号线		18.50	自主
	2号线		31.80	自主
	3号线	主线	64.41	自主
		北延段		自主
	4号线		56.25	自主
	5号线		31.90	自主
	6号线		42.00	自主
	7号线		34.50	自主
	8号线		32.90	自主
	9号线		20.10	自主
	13号线		27.00	自主
	14号线	知识城支线	21.90	自主
		主线	54.40	自主
	21号线		61.60	自主
	广佛线		39.83	自主
市域快速轨道交通线路	18号线		58.30	运营自主，维修委外
	22号线		18.20	运营自主，维修委外
旅客自动输送系统线路	APM线		3.94	自主
有轨电车线路	海珠试验段		7.70	自主
	黄埔1号线		14.40	自主

广州地铁集团有限公司作为广州市轨道交通产业链主，负责广州城市轨道交通投融资、建设、运营管理。已开通运营线路中市域快轨 18 号线、22 号线维护维修采用服务外包模式，其他线路采用自主运维模式。近年来，城市轨道交通行业随着远郊与市域线路增加、智能化与社会化（外包）发展、岗位融合与集约化用人，平均每千米人员配置呈持续下降趋势，2015 年约为 60 人/km，2020 年末约为 49 人/km，减少 11 人/km。广州地铁平均每千米人员配置还将呈持续下降趋势。

广州市轨道交通产业随着智慧轨道交通的建设，将更加重视高素质人才、专业化人才的培养和广大员工信息化知识的普及教育。而人才培养是个系统化工程，于企业、院校而言，需要有较完善的管理制度、标准规范，配套的培训基地、师资队伍、课程体系等资源支持条件和培养环境，才能实现培养目标。于行业、产业而言，人才培养需要职业工种岗位统一、职业技能标准规范、培训条件与资源建设支撑有力、培养环境良性循环，才能有效实现人才发展的总体目标。

"十四五"期间是广州市轨道交通产业高质量快速发展的重要时期，产业人才发展需要充分适应如下趋势与挑战。

一是人才队伍结构性变化。广州市轨道交通产业人才将逐渐趋于结构性饱和，职业院校大量开设运营管理、交通工程等专业，招生规模和就业人数不断扩张。运营企业站务、列车司机等相关岗位需求缩减，部分岗位将产生人才过剩现象。伴随着新技术、新设备、智慧化、智能化的广泛应用，企业高层次、复合型、国际化人才需求数量与质量面临短缺。

二是岗位变革步伐加快。制式多样式、市域快轨增长、新技术和新装备应用、降本增效新要求等对广州市轨道交通产业企业的岗位设置、人才需求与人才培养模式产生重大影响。运营企业有些岗位需求缩减、被替代甚至消失（如站务员三岗融合，站务员、值班员将逐渐被车站综合岗取代）。跨专业协作、多岗位融合成为人才发展新趋势，多职能岗位与复合岗位现象增多（如运维一体化的综合检修岗，适应全自动运行系统的行车调度员、司机复合岗位等），员工需要掌握更多专业知识和技能来适应新岗位要求。PPP 项目方式、服务外包模式引入，后运维时代崛起等对产业上下游企业的岗位设置、人才需求与培养模式影响巨大。

三是信息化、数字化转型需求迫切。城市轨道交通迈入规模化、智能化发展新时代，智慧交通覆盖建设、运营、管理、安全、服务等方面，云计算、大数据、BIM 等信息技术广泛应用。以大数据为核心要素的数字力量和数字化工具逐渐成为行业人才培养的底层支撑，线上+线下融合发展需求迫切，智能化维保是行业趋势，数字化工具将得到充分运用，数字化应用场景也将逐步实现，人才培养亟须向信息化、数字化、智慧化转型升级。

二、城市轨道交通人才培养标准规范现状与发展解读

（一）城市轨道交通人才培养政策制度解读

1. 国家职业教育改革积极推进

为适应高质量发展对人才培养的需要，特别是职业教育人才培养，国家相关政策指明了职业教育改革的努力方向和实施内容。国务院印发《国家职业教育改革实施方案》（如表 6 所示国家职业教育改革二十条简介），把职业教育摆在教育改革创新和经济社会发展中更加突出位置。对接科技发展趋势和市场需求，完善职业教育和培训体系，优化学校、专业布局，深化办学体制改革和育人机制改革，以促进就业和适应产业发展需求为导向，鼓励和支持社会各界特别是企业积极支持职业教育，着力培养高素质劳动者和技术技能人才。

表6 国家职业教育改革二十条简介

关键内容分类	主要内容纲要
一、完善国家职业教育制度体系	（一）健全国家职业教育制度框架
	（二）提高中等职业教育发展水平
	（三）推进高等职业教育高质量发展
	（四）完善高层次应用型人才培养体系
二、构建职业教育国家标准	（五）完善教育教学相关标准
	（六）启动1+X证书制度试点工作
	（七）开展高质量职业培训
	（八）实现学习认定、积累和转换
三、促进产教融合校企"双元"育人	（九）坚持知行合一、工学结合
	（十）推动校企全面加强深度合作
	（十一）打造一批高水平实训基地
	（十二）多措并举打造"双师型"教师队伍
四、建设多元办学格局	（十三）推动企业和社会力量举办高质量职业教育
	（十四）做优职业教育培训评价组织
五、完善技术技能人才保障政策	（十五）提高技术技能人才待遇水平
	（十六）健全经费投入机制
六、加强职业教育办学质量督导评价	（十七）建立健全职业教育质量评价和督导评估制度
	（十八）支持组建国家职业教育指导咨询委员会
七、做好改革组织实施工作	（十九）加强党对职业教育工作的全面领导
	（二十）完善国务院职业教育工作部际联席会议制度

2. 产教深度融合，助推人才培养

国务院《关于深化产教融合的若干意见》提出"深化产教融合，促进教育链、人才链与产业链、创新链有机衔接"。国家发展改革委、教育部《建设产教融合型企业实施办法（试行）》促使产教融合制度正在由供给侧延伸到需求侧，成为教育、产业、科技、人才综合性改革的战略举措，进一步激发企业参与产教融合的积极性。

国家职业教育主要发文如表7所示。

表7 国家职业教育主要发文

序号	发文单位	标题	发文字号
1	国务院	国务院关于印发《国家职业教育改革实施方案》的通知	国发〔2019〕4号
2	国家发展改革委、教育部	国家发展改革委 教育部关于印发《建设产教融合型企业实施办法（试行）》的通知	发改社会〔2019〕590号

续表

序号	发文单位	标题	发文字号
3	国务院办公厅	关于印发《职业技能提升行动方案（2019—2021年）》的通知	国办发〔2019〕24号
4	教育部、国家发展改革委、财政部、市场监管总局	教育部等四部门印发《关于在院校实施"学历证书+若干职业技能等级证书"制度试点方案》的通知	教职成〔2019〕6号
5	人力资源社会保障部、教育部	人力资源社会保障部 教育部关于印发《职业技能等级证书监督管理办法（试行）》的通知	人社部发〔2019〕34号
6	教育部办公厅、国家发展改革委办公厅、财政部办公厅	教育部办公厅 国家发展改革委办公厅 财政部办公厅《关于推进1+X证书制度试点工作的指导意见》	教职成厅函〔2019〕19号
7	中共中央办公厅、国务院办公厅	中共中央办公厅 国务院办公厅印发《关于加强新时代高技能人才队伍建设的意见》	国务院公报2022年第29号
8	中共中央办公厅、国务院办公厅	中共中央办公厅 国务院办公厅印发《关于深化现代职业教育体系建设改革的意见》	国务院公报2023年第1号
9	国家发展改革委、教育部、工业和信息化部、财政部、人力资源和社会保障部、自然资源部、中国人民银行、国务院国资委	国家发展改革委等部门关于印发《职业教育产教融合赋能提升行动实施方案（2023—2025年）》的通知	发改社会〔2023〕699号
10	教育部	教育部《关于支持建设国家轨道交通装备行业产教融合共同体的通知》	教职成函〔2023〕8号

这些政策深化加强了职业教育改革，促进各类资金渠道对职业教育的投入，落实推动以教促产、以产助教，延伸教育链、服务产业链、支撑供应链、打造人才链、提升价值链，加快形成产教良性互动、校企优势互补的产教深度融合发展态势，促使产业需求更好融入人才培养全过程，逐步形成教育和产业统筹融合、良性互动的发展格局。

（二）城市轨道交通人才培养标准规范建立

1. 城市轨道交通行业职业标准规范日趋完善

人才培养作为行业、产业、企业持续发展的引擎，需要有科学健全的人才培养体系。人社部先后颁布《国家职业资格目录（2021年版）》《中华人民共和国职业分类大典（2022年版）》，规范和完善了新时代职业分类体系。人社部与交通部联合颁布了《城市轨道交通列车司机》《城市轨道交通信号工》《城市轨道交通服务员》《轨道交通调度员（城市轨道交通调度员）》等国家职业技能标准。中国城市轨道交通协会组织编制了城市轨道交通信号工等多个工种的职业技能、培训和鉴定的团体标准。职业目录、职业资格与职业标准的出台，为城市轨道交通企业开展职业教育培训和人才技能鉴定评价提供了基本依据。

城市轨道交通专业工种职业标准如表8所示。

表 8　城市轨道交通专业工种职业标准

机构	标准规范	类型
人社部	《国家职业资格目录（2021 年版）》	国家标准
人社部	《中华人民共和国职业分类大典（2022 年版）》	国家标准
人社部、交通部	《城市轨道交通列车司机》国家职业技能标准	国家标准
人社部、交通部	《城市轨道交通信号工》国家职业技能标准	国家标准
人社部、交通部	《城市轨道交通服务员》国家职业技能标准	国家标准
人社部、交通部	《轨道交通调度员（城市轨道交通调度员）》国家职业技能标准	国家标准
中国城市轨道交通协会	《城市轨道交通列车司机》职业技能、培训、认证标准	团体标准
中国城市轨道交通协会	《城市轨道交通列车检修工》职业技能、培训、认证标准	团体标准
中国城市轨道交通协会	《城市轨道交通接触网（轨）检修工》职业技能、培训、认证标准	团体标准
中国城市轨道交通协会	《城市轨道交通变电检修工》职业技能、培训、认证标准	团体标准
中国城市轨道交通协会	《城市轨道交通信号工》职业技能、培训、认证标准	团体标准
中国城市轨道交通协会	《城市轨道交通线路工》职业技能、培训、认证	团体标准
中国城市轨道交通协会	《城市轨道交通服务员》职业技能、培训、认证	团体标准
中国城市轨道交通协会	《城市轨道交通自动售检票检修工》职业技能、培训、认证	团体标准

2. 培训评价组织，助力职业技能标准完善

围绕职业教育的 1+X 证书制度试点（如表 9 所示），人社部组织起草标准，借鉴国际先进标准、推介国内优秀企业标准等充实国家职业标准体系，逐步扩大对市场职业类别总量的覆盖面。教育部依据国家职业标准，牵头组织开发教学等相关标准。培训评价组织按有关规定开发职业技能等级标准。人社部、教育部各自遴选多个职业教育培训评价组织，形成多批职业技能等级证书名单，鼓励扶持社会力量积极参与职业教育、职业培训工作。

表 9　职业教育的 1+X 证书制度试点（职业技能等级认证）

序号	证书名称	培训评价组织名称
1	城市轨道交通乘务	广州轨道教育科技股份有限公司
2	城市轨道交通站务	广州轨道教育科技股份有限公司
3	城市轨道交通变电检修	广州轨道教育科技股份有限公司
4	城市轨道交通信号检修	广州轨道教育科技股份有限公司
5	轨道交通车辆检修	神州高铁技术股份有限公司
6	城市轨道交通接触网维护	南京地铁集团有限公司
7	城市轨道交通通信设备维护	南京地铁集团有限公司
8	城市轨道交通线路维护	南京地铁集团有限公司
9	轨道交通车辆机械维护	北京智联友道科技有限公司

续表

序号	证书名称	培训评价组织名称
10	城市轨道交通车辆维护和保养	郑州捷安高科股份有限公司
11	轨道交通自动控制系统装备运营维护	北京全路通信信号研究设计院集团有限公司
12	轨道交通电气设备装调	中国中车集团有限公司
13	轨道交通电气设备焊接	中国中车集团有限公司
14	轨道交通电气设备无损检测	中国中车集团有限公司
15	列车运行控制系统车载设备运用与维护	北京和利时系统工程有限公司
16	列车运行控制系统现场信号设备运用与维护	北京和利时系统工程有限公司
17	建筑工程识图	广州中望龙腾软件股份有限公司
18	装配式建筑构件制作与安装	廊坊市中科建筑产业化创新研究中心
19	建筑装饰装修数字化设计	壹仟零壹艺网络科技（北京）有限公司
20	智能建造设计与集成应用	北京智能装配式建筑研究院有限公司
21	建筑工程施工工艺实施与管理	中铁二十局集团有限公司
22	全断面隧道掘进机操作	盾构及掘进技术国家重点实验室
23	装配式混凝土预制构件质量检验	三一重工股份有限公司
24	测绘地理信息数据获取与处理	广州南方测绘科技股份有限公司
25	测绘地理信息智能应用	广州南方测绘科技股份有限公司
26	土木工程混凝土材料检测	中国水利水电第八工程局有限公司
27	工程造价数字化应用	广联达科技股份有限公司
28	建设工程质量检测	中国建筑科学研究院有限公司
29	多轴数控加工	武汉华中数控股份有限公司
30	制冷空调系统安装与维修	青岛好品海智信息技术有限公司
31	智能仓储装备应用及维护	北京京东乾石科技有限公司
32	工程机械数字化管理和运维	江苏徐工信息技术股份有限公司
33	机械产品三维模型设计	广州中望龙腾软件股份有限公司
34	机械数字化设计与制造	北京机械工业自动化研究所有限公司
35	机械工程制图	北京卓创至诚技术有限公司
36	注塑模具模流分析及工艺调试	海尔智家股份有限公司
37	增材制造模型设计	北京赛育达科教有限责任公司
38	拉延模具数字化设计	武汉益模科技股份有限公司
39	增材制造设备操作与维护	西安增材制造国家研究院有限公司
40	数控设备维护与维修	北京机床研究所有限公司
41	数控车铣加工	武汉华中数控股份有限公司

续表

序号	证书名称	培训评价组织名称
42	精密数控加工	北京精雕科技集团有限公司
43	多工序数控机床操作	北方至信人力资源评价（北京）有限公司
44	数控机床安装与调试	通用技术集团大连机床有限责任公司
45	无人机摄影测量	天水三和数码测绘院有限公司
46	无人机拍摄	中大国飞（北京）航空科技有限公司
47	智能网联电梯维护	杭州市特种设备检测研究院
48	电梯维修保养	杭州西奥电梯有限公司
49	工业数据采集与边缘服务	北京新大陆时代教育科技有限公司
50	智能制造生产线集成应用	沈机（上海）智能系统研发设计有限公司
51	智能制造生产管理与控制	江苏汇博机器人技术股份有限公司
52	智能制造系统集成应用	济南二机床集团有限公司
53	智能制造设备操作与维护	沈阳新松机器人自动化股份有限公司
54	智能制造现场数据采集与应用	联想（北京）有限公司
55	智能线集成与应用	北京赛育达科教有限责任公司
56	智能产线控制与运维	中船舰客教育科技（北京）有限公司
57	智能线运行与维护	北京赛育达科教有限责任公司
58	智能制造设备安装与调试	上海电气自动化设计研究所有限公司
59	物联网智能终端开发与设计	广州粤嵌通信科技股份有限公司
60	物联网单片机应用与开发	国信蓝桥教育科技（北京）股份有限公司
61	智联网（AIoT）应用开发	北京金山云网络技术有限公司
62	物联网安全测评	工业和信息化部电子第五研究所
63	物联网场景设计与开发	海尔智家股份有限公司
64	物联网工程实施与运维	北京新大陆时代教育科技有限公司
65	物联网安装调试与运维	中盈创信（北京）科技有限公司
66	大数据工程化处理与应用	北京新奥时代科技有限责任公司
67	工业数字孪生建模与应用	树根互联技术有限公司
68	数字孪生城市建模与应用	北京智能装配式建筑研究院有限公司
69	虚拟现实工程技术应用	中科泰岳（北京）科技有限公司
70	工业 App 设计与开发	用友网络科技股份有限公司
71	工业互联网 App 应用开发	航天云网科技发展有限责任公司
72	综合安防系统建设与运维	杭州海康威视数字技术股份有限公司
73	档案数字化加工	四川蓝宇档案管理服务有限公司

3. 职业技能大赛助推职业教育高质量发展

人社部、交通部、教育部等主管部门和中国城市轨道交通协会组织了多次职业技能大赛，国家级一、二类职业技能竞赛与行业赛的影响力和覆盖面快速提升，列车司机、信号工、服务员、行车调度员、通信工、接触网检修工等赛项得到行业运营企业和学校的广泛参与，青年优秀技能人才、技术能手脱颖而出。职业技能大赛已是提升技术技能人才培养质量、检验教学成果、引领教育教学改革的重要抓手，已成为职业教育高质量发展的重要助推器。

三、广州市轨道交通产业人才培养标准体系现状与发展建议

（一）广州市轨道交通产业人才培养标准体系现状

广州市轨道交通产业的人才培养主要依托学校、企业两个培养主体的培养规模和质量，其他培训机构等社会组织提供培训服务，建立广州市轨道交通产业规划设计、建设施工、装备制造、运营维护及增值服务五大板块多方位、全链条的人才队伍。企业围绕本公司发展需要搭建人才培养体系，构建岗位能力模型、岗位任职资格、岗位技能标准、培训标准和鉴定标准，开展人才培养。学校根据专业开设，制定教学标准，开展人才培养。针对轨道交通产业各板块涉及的管理、专业技术、生产技能人才培养，尚未形成针对性的、体系化的培养标准与规范，指导产业紧缺人才培养，促进人才结构化比例合理。

1. 广州市轨道交通产业涉及的职业资格现状

人社部2021年颁布的《国家职业资格目录（2021年版）》中，有59项专业技术人员职业资格和13项技能人员职业资格。广州市轨道交通产业涉及29项专业技术人员职业资格，如表10所示（准入类17项，水平评价类12项），涉及6项技能人员职业资格，如表11所示（准入类4项，水平评价类2项）。

表 10 专业技术人员职业资格

序号	职业资格名称		实施部门（单位）	资格类别
1	注册城乡规划师		自然资源部、人力资源和社会保障部、相关行业协会	准入类
2	注册测绘师		自然资源部、人力资源和社会保障部	准入类
3	注册建筑师		全国注册建筑师管理委员会及省级注册建筑师管理委员会	准入类
4	监理工程师		住房城乡建设部、交通运输部、水利部、人力资源和社会保障部	准入类
5	造价工程师		住房城乡建设部、交通运输部、水利部、人力资源和社会保障部	准入类
6	建造师		住房城乡建设部、人力资源和社会保障部	准入类
7	勘察设计注册工程师	注册结构工程师	住房城乡建设部、人力资源和社会保障部	准入类
8		注册土木工程师	住房城乡建设部、交通运输部、水利部、人力资源和社会保障部	准入类
9		注册化工工程师	住房城乡建设部、人力资源和社会保障部	准入类
10		注册电气工程师	住房城乡建设部、人力资源和社会保障部	准入类
11		注册公用设备工程师	住房城乡建设部、人力资源和社会保障部	准入类
12		注册环保工程师	住房城乡建设部、生态环境部、人力资源和社会保障部	准入类

续表

序号	职业资格名称	实施部门（单位）	资格类别
13	注册安全工程师	应急管理部、人力资源和社会保障部	准入类
14	注册消防工程师	应急管理部、人力资源和社会保障部	准入类
15	注册计量师	市场监管总局、人力资源和社会保障部	准入类
16	特种设备检验、检测人员资格	市场监管总局	准入类
17	工程咨询（投资）专业技术人员职业资格	国家发展改革委、人力资源和社会保障部、中国工程咨询协会	水平评价类
18	通信专业技术人员职业资格	工业和信息化部、人力资源和社会保障部	水平评价类
19	设备监理师	市场监管总局、人力资源和社会保障部	水平评价类
20	环境影响评价工程师	生态环境部、人力资源和社会保障部	水平评价类
21	认证人员职业资格	市场监管总局	水平评价类
22	计算机技术与软件专业技术资格	工业和信息化部、人力资源和社会保障部	水平评价类
23	会计专业技术资格	财政部、人力资源和社会保障部	水平评价类
24	房地产估价师	住房城乡建设部、自然资源部	准入类
25	资产评估师	财政部、人力资源和社会保障部、中国资产评估协会	水平评价类
26	经济专业技术资格	人力资源和社会保障部	水平评价类
27	审计专业技术资格	审计署、人力资源和社会保障部	水平评价类
28	税务师	税务总局、人力资源和社会保障部、中国注册税务师协会	水平评价类
29	统计专业技术资格	国家统计局、人力资源和社会保障部	水平评价类

表11 技能人员职业资格

序号	职业资格名称		实施部门（单位）	资格类别
1	消防和应急救援人员	应急救援员	紧急救援行业技能鉴定机构	水平评价类
2	消防设施操作员		消防行业技能鉴定机构	水平评价类
3	轨道交通运输服务人员	轨道列车司机	交通运输主管部门及相关机构	准入类
			国家铁路局	准入类
4	特种作业人员		应急管理部门、矿山安全监管部门	准入类
5	建设施工特种作业人员		住房和城乡建设主管部门及相关机构	准入类
6	特种设备安全管理和作业人员		市场监督管理部门	准入类

2. 广州轨道交通企业参与的职业标准编制

在国家职业资格、职业技能标准编制过程中，企业主要参与专业技术类、生产技能类相关标准编制，学校主要参与相关专业教学标准编制。

表 12 所示为广州轨道交通企业参与编制的国家级职业技能标准（人社部、交通部）。

表 13 所示为广州轨道交通企业参与编制的职业技能等级标准（城市轨道交通协会）。

表 14 所示为广州轨道交通企业参与编制的 1+X 证书（教育部）。

表 12　国家级职业技能标准（人社部、交通部）

序号	类别	标准规范	参与单位
1	准入类	《城市轨道交通列车司机》国家职业技能标准	广州地铁集团有限公司
2	水平评价类	《城市轨道交通信号工》国家职业技能标准	广州地铁集团有限公司
3	水平评价类	《轨道交通调度员（城市轨道交通调度员）》国家职业技能标准	广州地铁集团有限公司
4	水平评价类	《城市轨道交通服务员》国家职业技能标准	广州轨道教育科技股份有限公司

表 13　职业技能等级标准（城市轨道交通协会）

序号	类别	职业技能标准	参与单位
1	水平评价类	《城市轨道交通列车司机》职业技能、培训、认证团体标准	广州地铁集团有限公司
2	水平评价类	《城市轨道交通列车检修工》职业技能、培训、认证团体标准	广州地铁集团有限公司
3	水平评价类	《城市轨道交通接触网（轨）检修工》职业技能、培训、认证团体标准	广州地铁集团有限公司
4	水平评价类	《城市轨道交通变电检修工》职业技能、培训、认证团体标准	广州地铁集团有限公司
5	水平评价类	《城市轨道交通信号工》职业技能、培训、认证团体标准	广州地铁集团有限公司
6	水平评价类	《城市轨道交通线路工》职业技能、培训、认证团体标准	广州地铁集团有限公司
7	水平评价类	《城市轨道交通服务员》职业技能、培训、认证团体标准	广州地铁集团有限公司
8	水平评价类	《城市轨道交通自动售检票检修工》职业技能、培训、认证团体标准	广州地铁集团有限公司

表 14　1+X 证书（教育部）

序号	类别	1+X 职业技能等级证书	参与单位
1	水平评价类	工程造价数字化应用	广联达科技股份有限公司
2	水平评价类	城市轨道交通变电检修	广州轨道教育科技股份有限公司
3	水平评价类	城市轨道交通乘务	广州轨道教育科技股份有限公司
4	水平评价类	城市轨道交通信号检修	广州轨道教育科技股份有限公司
5	水平评价类	城市轨道交通站务	广州轨道教育科技股份有限公司
6	水平评价类	测绘地理信息数据获取与处理	广州南方测绘科技股份有限公司
7	水平评价类	测绘地理信息智能应用	广州南方测绘科技股份有限公司
8	水平评价类	物联网智能终端开发与设计	广州粤嵌通信科技股份有限公司
9	水平评价类	机械产品三维模型设计	广州中望龙腾软件股份有限公司
10	水平评价类	建筑工程识图	广州中望龙腾软件股份有限公司

（二）广州市轨道交通产业人才培养标准体系发展建议

广州市轨道交通产业蓬勃发展，带动了产业链上下游企业的快速发展，要实现产业规划设计、建设施工、装备制造、运营维护及增值服务各板块高质量发展，需要加强对产业发展人力资源状态监测分析，解决好广州市轨道交通产业重点领域人力资源结构性供需矛盾，既要保证人才队伍规模合理增长，又要注重人才素质提升与结构优化。管理、技术、技能型人员分布要符合现代企业金字塔管理模式，比例结构朝 10%、15%、75%（中国城市轨道交通协会提出）的结构发展，优先培养急需紧缺人才和高技能、高层次人才，补齐短板，激发活力，持续创新，消除人才缺口。

广州市轨道交通产业人才发展需要有适配产业结构与发展的人才战略、科学健全的人才培养体系，人才培养标准是人才培养体系的基础，需要重点研究和开展以下工作。

第一，梳理识别广州市轨道交通产业各领域关键岗位和紧缺人才。结合产业发展需要，针对规划设计、建设施工、装备制造、运营维护及增值服务需要的管理、专业技术和技能人才，明确各领域人才缺口与短板，明确急需培养的关键岗位和紧缺人才，结合信息技术应用和产业结构发展态势，明确产业发展受影响的相关岗位和发展趋势变化，为广州市轨道交通产业管理、专业技术、技能人才培养标准迭代完善和人才培养提供指导。

第二，统一广州市轨道交通产业各领域关键岗位人才培养标准。广州市轨道交通产业联盟发挥信息整合、桥梁纽带、人才服务平台作用，牵头做好产业人力资源需求监测分析，深入开展产业人力资源跟踪研究，根据广州市轨道交通产业各板块管理、专业技术、技能关键岗位和紧缺人才，结合相关岗位和发展趋势变化，细化各关键岗位、各层次急需人才的水平要求和培养目标，联合链主、分链主、龙头企业等单位，研究岗位工作内容和发展变化内容，分析岗位胜任能力要求，明确业务模型、能力模型和培养标准构成，细化各层次人才具体培养目标，为产业培训实施主体人才培养提供指导依据。

图 2 所示为技能人才培养标准体系。

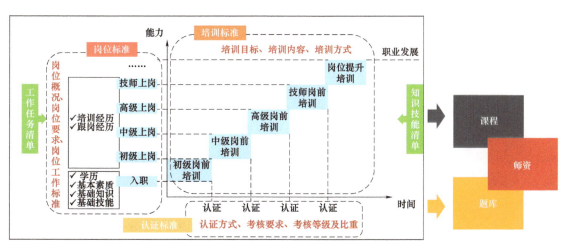

图 2　技能人才培养标准体系

第三，健全广州市轨道交通产业人才培养标准体系。广州市轨道交通产业联盟发挥桥梁纽带、人才服务平台作用，协助政府主管部门细化广州市轨道交通产业各层次人才的职业分类、水平要求和培养目标，推动产业职业分类和职业标准体系健全，加快制定产业相关职业标准（准入类和水平评价类），健全广州市轨道交通产业人才培养标准化体系，规范产业关键岗位人才培训工作。

第四，助推广州市轨道交通产业人才培养数字化转型。广州市轨道交通产业联盟牵头建立产业人才数据库，集合行业优质资源，搭建智慧云学习交流平台。根据产业发展、企业需求，制订年度人才培养指南，定期发布人才需求、教育培训和技能竞赛等信息；建立产业人力资源专家库、师资库及知识库、教材库、案例库等，引导推动校企合作、产教融合、协同育人模式，推广优质教学课程，共享师资、设施等教育资源；各企业单位作为职业培训主体，提供用人标准、人才培养最佳实践经验，培养和推荐专业带头人、管理专家、高技能人才等。院校作为职前培养主体，提供专业课程设置、教学标准、综合素质培养方案等，深度融合衔接企业用人标准。凝心聚力，加强合作，各负其责，共同推进提高广州市轨道交通产业人才培养、实训能力。

》》》作者单位：广州地铁工程咨询有限公司

参考文献：

[1] 国务院. 国务院关于印发国家职业教育改革实施方案的通知[EB/OL]. （2019-01-24）[2023-12-19]. https://www.gov.cn/gongbao/content/2019/content_5368517.htm.

[2] 中国城市轨道交通协会. 城市轨道交通2022年度统计和分析报告[J]. 城市轨道交通，2023（4）：13-15.

[3] 中国城市轨道交通协会. 城市轨道交通"十四五"人才培养规划[J]. 城市轨道交通，2021（12）：18-19.

[4] 中国城市轨道交通协会. 城市轨道交通信号工职业技能标准、培训标准、鉴定标准[M]. 北京：中国铁道出版社有限公司，2020.

产教融合视域下轨道交通专业群建设探索与实践

郭军平

当前推进人力资源供给侧结构性改革迫切需要深化产教融合，促进教育链、人才链与产业链、创新链有机衔接。深化产教融合对新形势下全面提高教育质量、扩大就业创业、推进经济转型升级、培育经济发展新动能具有重要意义。深化职业教育产教融合，要将培育工匠精神作为职业教育的重要内容，以生产性实训为关键环节，探索职业教育人才培养新模式；发挥企业重要主体作用，深度开展校企协同育人改革，推进职业院校与企业建立人才培养联盟，在技术类专业全面推行现代学徒制和企业新型学徒制，统筹解决人才培养和产业发展"两张皮"问题，推动职业教育产教融合高质量发展。笔者所在学校广州市交通技师学院在轨道交通专业群建设过程中就深入开展职业教育产教融合做了一系列探索与实践。

一、基于产教融合建设轨道交通专业群的必要性

随着城市化进程的加速和交通技术的不断发展，轨道交通行业成为现代城市基础设施建设中不可或缺的一部分。为了满足轨道交通行业的人才需求和提高产业竞争力，基于产教融合的轨道交通专业群建设显得尤为重要。主要体现在以下几个方面。

（1）提高人才培养质量的需要。由于人才培养和产业发展"两张皮"问题，企业长期重效益无暇顾及或忽视系统教育培训，导致学校与产业不能有效融合。而轨道交通行业的快速发展对人才的需求不断增长细分，既需要高层次的研发和设计人才，也需要中层次的运营和维护人才以及低层次的施工和安装人才。轨道交通行业对不同层次和类型的人才需求，要求职业院校通过产教融合专业群建设，制定更为精准的人才培养方案。

（2）优化资源配置的需要。教育资源的均衡配置对于推动产业发展、提高人才培养质量具有重要意义。通过产教融合专业群建设，可以将学校的教育资源和企业的工作资源进行有效的整合和利用，提高教育资源配置的效率。同时，通过学校和企业共同参与，可以优化教育机构布局，使教育资源更加贴近产业需求，提高人才培养的针对性和有效性。

（3）推动技术创新的需要。技术创新是推动轨道交通行业发展的重要动力。通过产教融合专业群建设，可以加强学校和企业的紧密合作，促进产学研合作，推动科研成果转化。学校可以与企业合作开展科技研究，共同解决轨道交通行业中的技术难题，提高企业的自主创新能力。

（4）实现职业教育公平的需要。通过产教融合专业群建设，可以使轨道交通专业的教育资源得到更加合理的配置，提高教育普及率。同时，通过学校和企业的合作，可以为学生提供更多的实践机会和发展空间，促进教育机会的均等。此外，通过优化轨道交通专业的人才培养方案，可以提高人才培养质量，使更多学生能够获得优质的教育资源。

（5）提高教育教学质量的需要。教育教学质量是人才培养的关键因素。通过产教融合专

业群建设，可以加强轨道交通专业的教育教学改革，提高教师的素质和能力。同时，通过引进企业的先进技术和设备，可以加强实践教学和技能培训，提高学生的实践能力和职业素养。此外，通过学校和企业的合作，可以建立完善的教育教学质量保障体系，确保人才培养的质量和效果。

总之，基于产教融合轨道交通专业群建设是培养高素质人才、提升产业竞争力、优化资源配置、推动技术创新、增强社会服务能力、促进产教深度融合、实现教育公平和提高教育教学质量的必要手段。应进一步加强政策引导和支持力度，加强行业协会、企业和学校等各方的合作，促进轨道交通行业的健康发展。

二、基于产教融合建设轨道交通专业群的现状分析

推行产教融合政策目的是要实现人才培养目标，职业教育人才培养目标的变化推动着产教融合政策的变化。近年来，国家、省、市高度重视产教融合工作，出台了一系列政策法规，为产教融合提供了法律保障和政策支持，也为专业群建设提供了宝贵的指导和支持。国内一些职业院校在建设轨道交通相关专业时，尝试通过产教融合的方式提高人才培养质量。然而，在实际操作过程中，轨道交通专业群建设产教融合面临着深度、广度和程度等诸多现实困境。行业与学校之间的协同育人机制尚不健全，双方在人才培养目标、课程设置、实践教学等方面缺乏有效沟通和协作，导致人才培养质量无法满足企业的实际需求。同时，行业与学校之间的资源共享和优势互补尚未得到充分发挥，制约了产教融合的深度和广度。主要表现在以下几个方面。

（1）缺乏有效的产教融合平台和机制。轨道交通专业群建设产教融合需要有一个有效的平台和机制来保障其顺利实施。然而，目前许多高校和企业之间缺乏有效的合作平台和机制，企业与学校之间的沟通渠道不畅通、合作项目的管理不到位、合作成果的评估和反馈机制不完善等问题都制约了产教融合的实施效果。

（2）企业参与产教融合的积极性不高。企业作为轨道交通专业群建设产教融合的重要参与方，其积极性直接影响到产教融合的成效。然而，在实际操作过程中，部分企业对参与产教融合的积极性不高：一是企业参与产教融合的成本较高，而政府支持和保障措施不到位；二是企业参与产教融合的收益不确定，难以在短时间内实现收益最大化；三是企业对于产教融合的认识不足，缺乏对于人才培养的责任感和使命感。

（3）对人才培养方案的制定企业参与度不够。在制定人才培养方案时，企业参与度至关重要。我们需要深入分析人才结构、岗位需求、业务发展方向等企业需求。学制较长的人才培养方案每两年需要根据技术的发展、企业的用工需求等进行调整。但企业有自己的生产任务，配合院校进行人才培养，方案的修订，企业的参与意愿、积极性都不够，造成人才培养方案中对人才的要求往往滞后于企业的技术发展用工需求。

（4）对一体化教师的培养企业支持度欠缺。企业参与一体化教师培养的程度较低，这可能直接影响到培养的效果和质量。职业院校大部分教师都是从学校到学校，亟须企业的培养。企业参与培养，可以提供实际的工作场景和实践经验，帮助教师更好地理解和掌握专业知识，提高其实际教学能力。然而，现实中企业参与一体化教师培养的程度并不高，导致一体化教师的培养与实际工作需求脱节。

（5）实训室建设与企业对接问题。在职业教育和培训领域，需要通过将实训室建设与企业需求进行匹配，确保实训室教授的技术技能与企业实际需求保持一致，更好地培养出符合

企业要求的技能人才；同时，需要定期对实训室设备和技术进行更新和升级，以确保实训室能够跟上企业技术更新的步伐。这些都离不开企业和学校间深度的产教融合。

（6）职业院校培养人才的输出问题。企业与学生之间在人才招聘时存在信息不对称的情况。企业在发布招聘信息时，往往不能及时更新或未能全面覆盖所有目标受众，这可能导致一些学生无法及时获取相关信息，从而错过招聘期。而企业通常在亟须用人时才去招聘学生，从而错过职业院校人才的输出期。

（7）企业对于招聘岗位实习学生存在抵触问题。企业需要投入时间和资源来培训实习生，让他们熟悉公司的业务和工作环境，可能会对企业的日常运营造成一些干扰。同时，企业花费时间和资源培养的实习生可能会在短时间内离开，企业会面临人才流失。再者，实习生缺乏足够的工作经验或技能，如果在工作中出现失误或事故，企业可能需要承担相应的责任。对于中职学校来说，岗位实习是人才培养的重要环节，离不开企业的支持。

（8）随着城市轨道交通的快速发展，许多城市选择将轨道设备的维护和保养外包给专业的维保服务提供商，间接减少了学生直接去大企业就业的机会。轨道专业人才进入职场时需要适应服务外包的趋势，并更新自己的观念和技能，调整自己的就业预期，以便更好地适应这个行业的变化。

三、产教融合视域下轨道交通专业群建设的策略

轨道交通类专业的发展与区域经济、城市发展、产业升级等方面密切相关，对接产业链是轨道交通专业群建设的重点和主要思路，还应充分考虑行业发展趋势，跟随产业链的调整与变化，在现有专业群内更新并增加智能互联、大数据、云计算等相关专业，以增强专业群服务产业链的发展需求。

1. 搭建产教融合的信息平台

搭建一个集教育、培训、就业信息于一体的产教融合信息平台，既可为学校和企业提供行业动态、人才需求、技术交流、在线学习等多元化服务，使职业院校和企业能够便捷地获取相关信息和资源，还可以为学校和企业提供合作与交流的渠道，有助于实现轨道交通专业群与产业的紧密对接，促进产教融合深度发展。

2. 加入轨道产业联盟或轨道相关协会

轨道产业联盟或行业协会可以作为企业和教育机构之间的桥梁，提供信息交流平台，帮助双方更好地了解彼此的需求和问题，促进信息流通和共享。轨道产业联盟或行业协会在产教融合方面可以促进信息沟通、推动技术合作、加强人才培养、促进资源共享、推动行业自律和促进国际交流与合作，实现行业的可持续发展和职业院校人才培养的高质量发展。

3. 完善产教融合的评价与激励机制

建立和完善产教融合的评价与激励机制，可以推动轨道交通专业群建设的持续改进。具体措施包括：制定产教融合的评价标准，对职业院校和企业在人才培养、实践教学、科研创新等方面的合作成果进行评价；同时，通过设立奖励制度等激励机制，激发职业院校和企业参与产教融合的积极性和主动性。

4. 发挥政府引导与政策支持作用

学校和大型轨道企业都有政府背景，政府在产教融合视域下轨道交通专业群建设中扮演着重要角色。政府应加大对轨道交通专业群建设的投入，通过政策支持、资金投入、搭建平台、引导资源配置和监督与评估等方式，促进轨道交通专业群与产业的良性互动，引导和推

动产教融合的深入发展。例如，政府可以出台税收优惠、财政补贴等政策，鼓励企业参与职业教育，提高人才培养质量。

5. 专业群建设应注重与产业的对接和融合

学校和企业应积极探索和实践产教融合相关政策，加强合作和交流。首先，专业群建设应注重与产业的对接和融合，通过与企业的合作来增强专业的针对性和实用性。其次，专业群建设应注重实践性和实践性环节，通过校企共建实训基地等方式增强学生的实践能力和就业竞争力。最后，专业群建设应积极探索多元化的合作模式，通过与多个企业或机构开展合作优化人才培养过程。

总之，产教融合视域下轨道交通专业群建设需要政府、学校、企业和行业共同努力，相互支持，协同发展，通过制定产教融合的课程体系、建设高素质的师资队伍、加强实践教学与实习基地建设、促进校企协同创新与科技成果转化、搭建产教融合的信息平台、完善产教融合的评价与激励机制、加强国际合作与交流以及发挥政府引导与政策支持作用，推动轨道交通专业群建设取得更好的发展，培养出符合产业发展需求的高素质人才，实现教育教学的改革与创新，推动经济社会持续健康发展。

四、产教融合视域下轨道交通专业群建设的实践

广州市交通技师学院一直坚持立足大交通发展，城市轨道专业群建设对接粤港澳大湾区城市轨道行业、企业发展需求，通过与广州市轨道交通产业联盟、广州地铁、广州中车、深圳中车、佛山中车、白云电器、佳都科技等行业龙头企业有针对性地开展深度产教融合，建成了集城市轨道交通车辆运用与检修、城市轨道交通通信信号技术、城市轨道交通车辆运输与管理专业"三专一体"的城市轨道交通专业群，打造了产教融合实训基地，推动了专业师资队伍建设，提升了人才培养质量，成为广州市技工院校城市轨道交通类专业群建设的标杆。下面以广州地铁及广州市轨道交通产业联盟产业融合助力轨道交通专业群建设为例进行探讨。

（一）与广州市轨道交通产业联盟的产教融合实践

广州市轨道交通产业联盟是由广州地铁集团有限公司、白云电气集团有限公司、佳都科技集团股份有限公司发起，广州市轨道交通产业有关单位自愿结成的地方性、行业性、非营利性的社会团体，也是全国首个轨道交通领域的全产业链的5A级社会组织，接受市发改委的业务指导和民政局的监督管理。现共有会员246家，涵盖粤港澳大湾区与轨道交通相关的规划设计、建设施工、装备制造、运营维护和增值服务等轨道交通全产业链的单位。广州市交通技师学院积极加入产业联盟，成为会员单位，积极参与产业联盟组织的各项活动、年会等。

广州市轨道交通产业联盟平台对学校人才培养具有重要意义。通过该平台，学校可以与行业企业建立紧密的合作关系，共同培养符合市场需求的高素质人才。首先，平台可以提供实践教学资源。联盟内企业可以为学校提供实习岗位、实践设备、教学案例等实践教学资源，帮助学生更好地理解和掌握专业知识，提高其实践能力和综合素质。其次，平台可以促进产学研一体化。通过参与联盟的各项活动和工作，学校的教学与科研可以更好地与行业企业需求紧密结合。同时，联盟内的企业和专家可以对学校提供指导和支持，帮助学生开展科研活动和创新创业实践，帮助学校开展专业建设、课程建设及师资培养。此外，平台还可以提供岗位实习及就业机会。联盟内企业对于符合要求的学生会给予优先录用，这为学生未来的职业发展提供了更多的选择和保障。最后，平台还可以促进人才培养国际化。通过参与联盟

的国际交流与合作活动，学校可以拓展国际合作渠道，帮助学生了解国际前沿技术和市场需求，提高其国际竞争力。总之，广州市轨道交通产业联盟平台对于学校人才培养具有重要的意义，可以帮助学校提高人才培养质量和就业竞争力，同时也可以促进轨道交通产业的发展和升级。

1. 获取轨道交通产业发展政策信息

广州市轨道交通产业联盟通常会与政府机构和相关部门建立联系，以推动轨道产业发展和政策实施。学院加入联盟，通过参与年会及联盟下各类活动，在产业联盟及广州地铁的相关报告中获得最新的轨道产业发展政策、信息和专业解读，更好地了解市场和行业动态，如学校参与撰写广州市轨道交通产业联盟人力资源发展报告（绿皮书），到全国各地进行行业企业调研，获得轨道人力资源发展报告的第一手资料。

2. 开展技术交流与合作

广州市轨道交通产业联盟会组织技术交流会议和研讨会，促进会员单位之间的技术合作与创新。学院借助这个平台，与行业内的专家和企业进行交流，了解最新的技术趋势和市场需求，推动企业的技术创新和产业升级。学院参加2023年（首届）广州大湾区国际轨道交通产业发展论坛暨展览会，任惠霞院长受邀在发展论坛上作分享报告，学院通过参展和分享报告展示了学院的办学特色成果，了解了行业企业发展；组织学生参加了展会的高校研学团活动，引导学生开拓眼界、增强职业认知。学院发挥技工院校办赛优势与产业联盟、广州地铁集团、广州铁路职业技术学院联合承办2022年度"羊城工匠杯"轨道交通信号技术和车辆技术劳动技能竞赛，轨道交通专业的学生和企业在职员工同台竞技，引导师生了解目前企业的技能技术水平，给学生树立成长的榜样，促进自身水平的提高。通过技能竞赛平台，也让企业提早物色到了优秀的学生，增进相互了解。参加2023年广州市轨道交通产业联盟会员大会，听取联盟大讲堂系列讲座。学院与联盟联合发起成立了粤港澳大湾区（广州）产教融合技能人才培养联盟轨道车辆技术专业分委员。

3. 进行人才培养与招聘

广州市轨道交通产业联盟会充分发挥桥梁纽带作用，积极搭建校企双方人才交流共享平台，组织培训和人才招聘活动，提供优质高效精准的人才对接服务，为会员单位提供人才支持。学院借助该平台，招聘了10名行业内的能工巧匠成为学院的兼职教师，在后续学校的专业建设中发挥着重要作用。企业也可以通过平台招聘学院培养的轨道高技能人才，例如广州市轨道交通产业联盟联合广州市人力资源市场服务中心以及广州市人才集团下属广州南方人才市场有限公司共同举办"轨道上的湾区需要您"——广州市轨道交通产业校企人才对接招聘活动，以更好地匹配企业用工需求，学院组织了80余名轨道专业学生参加。

4. 实现品牌推广

广州市轨道交通产业联盟具有较高的知名度和影响力。通过参与联盟的活动和合作，学校可以提升轨道专业群品牌形象和知名度，吸引更多轨道交通类企业关注，为专业群产教融合建设提供更多的机会和支持。

5. 获得联盟企业支持

联盟为职业院校和企业搭建了合作交流的平台。依托联盟，学院与多家联盟下的轨道企业建立联系，开展深度交流，获得企业支持，如学校在开设城市轨道通信信号技术专业时就依托联盟平台和佳都科技有限公司建立联系，邀请企业专家指导专业的开设。

总之，借助广州市轨道交通产业联盟平台，学校可以获得政策支持、技术交流与合作、业务拓展、人才培养与招聘、资源共享以及品牌推广等机会和优势，在轨道交通产业领域取得更大的发展和成功。

（二）与广州地铁集团有限公司的产教融合实践

为培养具有良好职业道德与创新精神的技术技能人才，建立与企业长期稳定的联系制度，广州市交通技师学院与轨道交通产业链链主企业广州地铁形成多元化的校企合作模式，通过开设订单班、联合承办竞赛、共同开展培训活动等，达成校企共同制定培养标准、完善培养方案、构建课程体系、实施人才培养、组建师资队伍、建设实训基地、开展企业培训、开展招生就业的目标。

1. 进行"广州地铁订单班"人才培养

订单班是校企合作双元育人，践行"促就业、稳就业"战略举措的成果。学院与广州地铁密切合作组建"广州地铁订单班"，共同制定培养标准、完善培养方案、构建课程体系、实施人才培养，为广州市轨道交通输送优秀人才。例如学院在第一届全国职业能力大赛获得轨道车辆技术优胜奖的学生就是订单班学员，后成为工作地铁单位的优秀员工。

2. 联合办赛、参赛加强技术交流

与广州地铁联合承办 2022 年度"羊城工匠杯"轨道交通信号技术和车辆技术劳动技能竞赛，与广州地铁、广东城际等企业共同参加 2022 年广东省行业企业职业技能竞赛轨道交通信号技术职业技能竞赛，校企同台竞技。通过技能竞赛平台，提高师生技能水平，也让企业提早物色到了更加优秀的学生。轨道类竞赛校企相互合作，促进双方共同进步。如 2023 年参加轨道通信信号工项目行业赛，广州地铁参赛选手来广州市交通技师学院集训，与学院选手共同训练；学院邀请企业技术专家对学院参加全国职业技能大赛轨道车辆技术项目比赛的选手进行指导。

3. 多元化相互开展培训

广州市交通技师学院承担广州地铁新型学徒制培训，帮助企业提升电工、钳工技师理论与技能水平，2023 年新型学徒制培训达 100 多人次。广州地铁为学院教师开设专题培训班，培训人次达 50 人次，提升了学院轨道教师专业能力。学院与广州地铁共同开展轨道交通车辆技术专业师资培训班，为全国技工院校提供师资培训平台，如 2023 年全国城市轨道交通车辆技术专业骨干教师实训教学能力提升班，共有 19 名来自全国各省市轨道专业的骨干教师在学院参加培训，培训组织老师前往广州地铁参观，前往广州地铁张重阳创新工作室交流学习。

4. 常态化开展交流互访活动

学校定期邀请广州地铁专家、企业高管来校开展专题讲座，如 2022 年特邀广州轨道教育科技股份有限公司党支部书记开展"新时代城市轨道交通人才培养的思考与实践"专题讲座；定期邀请广州地铁技术专家参与轨道新专业开设论证和旧专业改造会议；校企合作年会邀请广州地铁相关人员参会；邀请广州地铁集团有限公司运营总部人力资源部来校洽谈等。同时，学校每年前往广州地铁、广州轨道教育科技股份有限公司、广州中车等行业企业进行调研；在新生开学的入学专业教育中邀请在广州地铁、广州中车工作的优秀毕业生现身说法，发挥榜样引领作用；组织学生参加广州地铁志愿服务专业实践项目。

在与广州市轨道交通产业联盟或与链主企业广州地铁的合作中，技工院校可以更好地融入轨道交通产业生态圈，了解企业的需求和生产实际，进而调整和优化学院城市轨道交通专业群专业建设。同时，可以促进技工院校与企业的深度融合，推动技工院校的实践教学和企业的发展。总之，加入广州市轨道交通产业联盟或与链主企业广州地铁合作，都是为了最大

化地进行产教融合,促进技工院校的专业建设和人才培养,以实现技工院校培养高质量的高技能人才,满足经济社会发展需求的重要使命和责任。

五、结束语

校企合作和产教融合是技工院校人才培养的重要途径。在技工院校产教融合专业群建设的过程中,学院始终坚持以服务产业需求为目标,以校企合作、工学结合为路径,以立德树人为根本任务,积极推进人才培养模式创新、师资队伍建设、校企合作与资源共享、实践教学与科研成果、社会服务与影响力、政策支持与资金投入等方面的工作。经过行校企共同努力,学院轨道交通专业群建设取得了显著的成效。

>>>> 作者单位:广州市交通技师学院

参考文献:

[1] 陈运生. 产教融合背景下高职院校专业群与产业群协同发展研究[J]. 中国职业技术教育,2017(26):27-32.

[2] 蔡广聪. 产教融合背景下高职院校专业群建设路径探索:以广西交通职业技术学院交通土建专业群为例[J]. 广西教育,2017(15):4-5.

[3] 吴志海. 职业学校专业集群化协同发展研究与实践[J]. 现代职业教育,2016(26):12-13.

[4] 林徐润. 产教融合背景下高水平专业群建设路径研究[J]. 现代职业教育,2020(50):1-3.

[5] 周建松. 高水平专业群建设:政策、理论与实践[J]. 天津职业大学学报,2020(6):3-11.

广州市轨道产业发展的校企合作人才培养模式探索

——基于典型院校和企业的调查分析

刁幸华

一、校企合作人才培养模式类型和要素概述

"千工易寻，一技难求"，在技能人才紧缺的当下，我们要搭建平台，提供舞台，培养更多高技能人才。校企合作人才培养模式是院校与企业搭建共同培养技能人才的桥梁，是实现学校人才培养与企业人才需求相衔接的重要方式。该培养模式类型主要包括订单式人才培养、实习实训基地建设、联合办学、产学研一体化等，培养模式的要素主要包括培养目标、专业设置、课程建设、师资建设等。

校企合作人才培养模式的类型，决定了校企双方的合作层次。订单式人才培养模式主要是企业根据自身岗位需求与院校签订人才培养协议，学校按照企业要求进行课程设置、教学计划制订等，培养符合企业岗位所需的技术技能人才。实习实训基地建设模式主要是企业与学校共同投资建设实习实训基地，提供实践教学场所和设备，培养学生的实践能力和职业素养。联合办学模式主要是企业与学校共同制订教学计划和课程设置，共同进行教学和管理，共同承担教育责任，培养符合企业和学校双重标准的人才。产学研一体化模式主要是企业与学校共同进行科研项目开发和技术创新，同时将研究成果应用于实际生产中，提高产业的整体技术水平。

校企合作人才培养模式的要素，是校企双方合作的重要内容。人才培养目标应聚焦实践能力的提升和综合素质的培养，充分利用政、行、企、校等的资源提升学生的综合能力。专业设置需在国家相关政策的指导下进行，同时应考虑企业岗位相关要求和技能人才发展需要，合理地设置专业。课程建设上，依据培养目标开设理论课程和一体化实训课程，尽可能地将企业实际工作的典型作业内容转化为课程内容，将代表性工作任务转化为学习任务，让学生在学习过程中体验工作情景，掌握工作所需技能，针对性地培养出企业所需要的专业人才。师资队伍的建设对于学校而言是十分重要的，院校正通过校企合作建设"双师型"教师队伍，一方面通过校企合作派教师到企业实践，了解企业最新技术，学习一线工作技能；另一方面可以聘请企业的专业技术人才作为学校的兼职教师，将一线工作岗位技能教授给学生，让学生能够更快将理论运用于实践。

为获取广州市轨道交通类校企合作人才培养模式开展情况，针对以上要素内容，本文借助问卷形式进行了调研。

二、轨道交通类校企合作人才培养模式调查与分析

本文以问卷调查方式,对广州轨道交通类的四所院校①和六家企业②进行调研。对于学校调研,以教师和学生作为调研对象。在教师群体中,因视角不同,将着重调研教学管理者和轨道交通类专业教师。在企业方面,参照学校将人员细分为企业管理者和企业一线工作者。此次调研共发放问卷 600 份,收回有效问卷 552 份,有效率达 92%。现对问卷所获取的信息进行分析。

(一)企业问卷调查与分析

企业调查问卷人员类型分布情况如图 1 所示,其中管理者占比 66.67%,一线人员占比 33.33%。

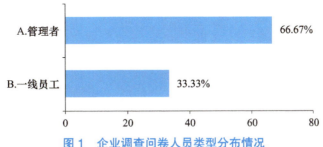

图 1　企业调查问卷人员类型分布情况

如图 2 所示,从企业满意度来看,大部分企业人员认为目前的校企合作人才培养模式一般,满意度较低。这体现在人才培养模式、课程建设、人才培养层次、学生的知识储备与专业技能等企业特别重视的方面。在校企合作人才培养模式发挥的作用上,仅有 16.67% 的企业人员认为发挥的作用非常大,然而超过 50% 的企业人员却认为作用一般。在课程建设方面,有超过 40% 的企业人员认为学校轨道交通类的课程建设不够合理,与现实工作内容所需知识有差距。在人才培养层次上,超过 41% 的企业人员认为学校人才培养层次一般。在实习学生的知识储备、专业技能方面,企业的满意度不高,仅有 42% 的企业人员认为满意。

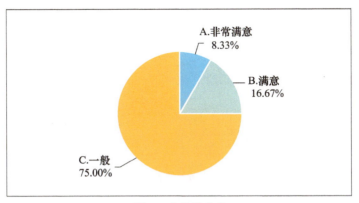

图 2　企业满意度

---

① 四所院校指广东交通职业技术学院、广州铁路职业技术学院、广州市交通技师学院、广州市工贸技师学院,它们都是开设了轨道交通类专业的典型院校。

② 六家企业指广州地铁集团、佳都科技集团股份有限公司、广东华能机电集团有限公司、广州市建筑科学研究院集团有限公司、广州建设工程质量安全检测中心有限公司、广州广检建设工程检测中心有限公司,它们都是轨道交通行业相关典型企业。

如图3所示,从校企合作人才培养模式开展的必要性来看,有75%的企业人员认为校企合作人才培养模式是有必要的。就调研数据来看,超过50%的企业人员表示未参与院校专业建设,超过40%的企业人员在校企合作过程中与院校没有保持良好的沟通。但校企合作人才培养模式有利于企业的自身发展,因此企业渴望参与院校专业建设中专业培养目标制定、课程设置、实训室建设、师资培训等方面的工作,同时也希望与学校保持良好的沟通机制。

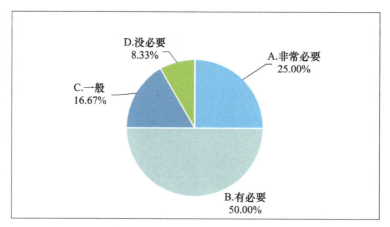

图3　校企合作人才培养模式开展的必要性

从以上调研数据不难看出,在企业看来,校企合作人才培养模式课程建设的合理性认可度并不高。原因可能是学校课程建设不够完善、教学的内容不符合企业岗位工作内容,因此即使修完学校的课程,部分学生依然没有掌握企业岗位所需要的专业知识及技能。在校企合作过程中,企业还表达了学校人才培养目标模糊不够精准、培养模式不够丰富、人才培养层次不高、没有良好的校企沟通机制、学生的综合素质一般等不足。

（二）教师问卷调查与分析

教师调查问卷人员类型分布情况如图4所示,其中教学管理者占比27.59%,轨道交通类专业教师占比72.41%。

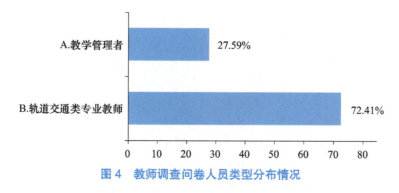

图4　教师调查问卷人员类型分布情况

如图5所示,从校企合作人才培养模式满意度来看,超过76%的教师认为满意,满意度较高。主要体现在校企合作人才培养模式的目的达成、人才培养质量的提升、课程体系的合理性、师资队伍建设等方面。在此次调研中,超过73%的教师认为校企合作人才培养模式的目的能够达成,其中18.97%的教师认为达成效果非常好。人才培养的质量方面,94.82%的教师认为校企合作有效提升了人才培养质量,肯定了校企合作的促进作用。课程体系的合理性方面，超过82%的教师认为设置合理，能够匹配企业用人需求。师资队伍建设方面，有63.80%的教师认为师资队伍是充足的，能够满足日常的教学需求。

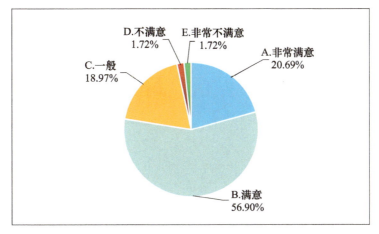

图5　校企合作人才培养模式满意度

如图6所示，在校企合作人才培养模式的必要性方面，超过98%的教师表示有必要开展轨道交通类人才校企合作培养模式，只有不超过2%的教师表示无所谓，这结果并不让人意外，因为轨道交通类专业的毕业生基本上在技术操作岗位上工作，非常需要通过这一模式来获得岗位技能。在此次调研中，超过91%的教师表示企业给学生提供了合适的实习岗位，企业提供的实习机会有效提高了学生的技能水平。

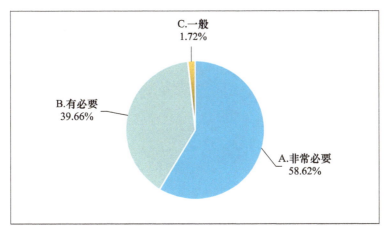

图6　校企合作人才培养模式的必要性

综上所述，学校教师认为非常有必要开展校企合作人才培养这种模式，教师对其满意度也较高，但在校企合作过程中，课程体系建设、教师队伍建设、校企沟通机制仍然有进一步提升和开发空间。

（三）学生问卷调查与分析

如图7所示，从学生对校企合作人才培养模式的内涵了解情况的调查数据来看，学生对校企合作人才培养模式的内涵基本上有一定的认识，知道校企合作对其自身的重要意义。然而，学生对课程内容的有效性整体评价并不高，学生在实习过程中逐步发现学校所学内容无法支撑工作内容,因而只有 67.28% 的学生认为课程内容建设有效。

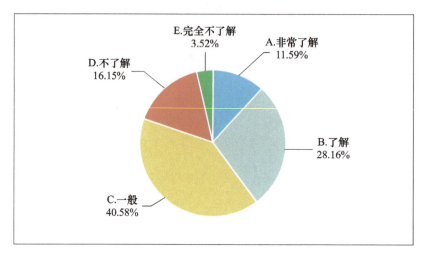

图 7　学生对校企合作人才培养模式的内涵了解情况

如图 8 所示,从校企合作人才培养模式满意度来看,有 57.98% 的同学对校企合作培养模式表示满意。83.65% 的学生肯定了校企合作人才培养模式的必要性,表示这种模式能够方便其快速掌握实践技能,提前进行工作能力的培养,获益良多。

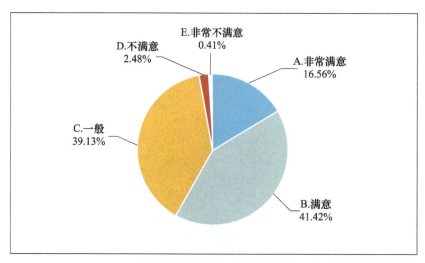

图 8　校企合作人才培养模式满意度

在一定程度上,学生表达了其认可校企合作人才培养模式,然而在实际实施过程中,其效果却与期望效果产生一定程度的偏差,轨道交通类学生能够在企业进行实践的时间并不长,获得的企业指导并不多。

三、校企合作模式下人才培养模式存在的不足分析

以上调研结果反映出校企合作模式下人才培养模式存在校企合作层次浅、产教融合程度不高等问题,主要体现在培养目标不匹配、专业设置不够合理、课程建设不完善、师资建设存在短板等不足。

（一）培养目标不匹配

培养目标作为校企合作人才培养的关键要素，在拥有明确的人才培养目标的前提下，方可开展轨道交通类人才培养方案的制定，设置出轨道交通类专业课程等。如果培养目标不明确，将会使校企合作过程中人才培养不匹配，无法实现预期效果。虽然政策鼓励大力发展职业教育，但由于受到社会观念的影响，职业教育没有得到实质性的重视，因而职业教育无法定位为较高层次教育，致使人才培养标准无法提高。职业院校要积极与企业沟通，获取企业的用人需求，制定符合企业人才需求的培养目标，注重培养企业所需技术技能人才。

（二）专业设置不够合理

专业设置需要综合考虑各方面因素，同时也需要学校和企业充分参与。从调研数据看，企业在校企合作过程中的参与度并不高，无法达到深层次的校企合作，企业没有参与学校的专业设置，仅仅在培养目标、课程设置上有些许涉及，致使学生在学校培养中获得的技术技能与企业岗位所需能力产生偏差。

（三）课程建设不完善

职业院校轨道交通类课程一体化实训课程占比不高，实训场地较为缺乏，学生实际动手操作的时间短，阻碍了学生技术技能的培养。在对课程建设合理性的问卷中，教师觉得较为合理，但企业和学生觉得一般的占比较高，这反映出学校课程体系不够完善。对于课程建设是否合理，企业和学生最有发言权。企业作为用工单位，能够综合考量学生毕业后到岗工作情况。学生则在毕业后到企业工作时，能切身感受到所学知识技能是否能够支撑自己完成工作。

（四）师资建设存在短板

师资建设对于学校来说是非常重要的，高水平的师资队伍能够提升教学质量，培养出高质量的技术技能人才。然而，由于职业院校有很大一部分学生还是未成年人，在校期间需要学校和教师共同进行监护，分散了教师进行教研教改的精力，教师没有足够的时间用于提升自己，打击了教师工作积极性，对师资建设形成了一定的阻碍。此外，学校没有提供足够的师资培训，对提升教师的教学能力、技能水平帮助不大。虽然学校会定期安排教师到企业开展实践活动，但基本上都是安排在假期时间，平时教师已经面对繁重的教学任务，假期时间的企业实践基本上都是碍于学校的安排，无法完全投入精力，使得实践效果大打折扣。

四、校企合作模式下优化人才培养模式思路

校企合作模式下优化人才培养模式思路可从以下方面开展。

（一）共同制定培养方案

学校和企业在校企合作中，应充分考虑学校办学条件、学生特点和企业用人需求，共同制定人才培养方案，确保方案符合行业和企业需求。此外，要考虑学校的教学资源和企业的实际需求，充分利用学校和企业资源，达成共同培养技术技能人才的共识。

（二）共同参与课程设置

学校和企业应共同参与课程设置，要求课程内容与企业行业需求紧密结合，将企业岗位具体工作内容转化为课程内容，使学生在学校所学内容与企业所需工作能力对应起来，毕业到岗后能够尽快熟悉并完成岗位工作。同时还需要考虑学生的职业发展和企业的长远发展，设置延伸拓展课程，为学生职业生涯晋升提供一定的指引。

（三）共同实施实践教学

校企合作过程中，仅有任何一方的教学和实践是不够的，学校和企业应共同实施实践教学。学校仅仅是将工作岗位所需的理论知识和基础操作技能传授给学生，而企业则应将一线岗位经验及所需技能传授予学生，尽可能保证实践教学内容符合行业和企业实际需求。通过校企双方共同施教，能够让学生快速获得实践能力，在企业工作过程中提高工作效率。此外，学校和企业应共同制定考核标准，考核内容符合行业和企业实际需求，设置阶段性考核和终结性考核，保证人才培养质量。

（四）共同参与教学管理

实施教学过程中，企业应积极参与教学管理。通过学校和企业共同参与教学管理，一方面能够对教学质量和教学进度进行把控，保证符合行业和企业实际需求；另一方面能够潜移默化地让学生在平时教学中感受到企业的相关制度，接受企业的相关管理，有利于毕业生将来进入企业工作时更好地服从企业管理，适应企业文化和企业制度。

（五）加强师资队伍建设

学校应加强师资队伍建设，通过校企合作，与企业沟通商定定期派教师到企业参加相关岗位实践，提高教师的实践能力和行业经验。同时学校也应聘请有丰富经验的企业人员到学校为学生授课，建设由学校专职教师与企业兼职教师共同组成的高水平师资队伍，提升教育教学水平，培养出既有丰富理论知识，又有实践能力的技术技能人才。

（六）加强实践教学基地建设

充分利用学校和企业资源，在学校和企业建设实践教学基地。学校应加强实践教学基地建设，以行业企业标准为依据，建设对标企业作业环境和作业设备的实训场所。企业也应提供实践基地，为学生提供尽可能多的实习实训机会，让学生能够到真实的工作岗位学习、实践。通过学校与企业双方实践教学基地建设，能够保证实践教学条件符合行业和企业实际需求，确保毕业生到岗后能够尽快熟悉工作内容。

（七）建立校企合作长效机制

学校和企业应建立校企合作长效机制，保持良好的沟通机制。学校定期向企业反馈学生在校学习情况和技能掌握情况，经企业评估后及时调整培养计划和教学进度。企业定期向学校反馈毕业生在岗工作情况和企业需求变化情况，学校根据反馈及时调整人才培养方案，以适应企业需求的变化。通过校企合作长效机制的建立，有利于校企合作持续稳定发展。

总之，校企合作模式下优化人才培养模式需要学校和企业的共同努力和配合，才能培养出符合行业和企业需求的高素质人才。

>>> 作者单位：广州市交通技师学院

高职院校轨道交通专业人才培养与产业需求对接模式新探

——以广州铁路职业技术学院为例

刘红梅　胡英芹

一、轨道交通行业技术技能人才需求情况

新时代背景下，我国交通强国战略正在加快实施，轨道交通产业向着智能化、数字化、绿色化的方向转型升级。粤港澳大湾区立足交通强国战略，规划打造"轨道上的大湾区"，完善现代综合交通运输体系。根据规划，到 2025 年，大湾区铁路网络运营及在建里程将达到 4 700 km，全面覆盖大湾区中心城市、节点城市和广州、深圳等重点都市圈；到 2035 年，大湾区铁路网络运营及在建里程将达到 5 700 km，100%覆盖县级以上城市。

图 1 所示为"轨道上的大湾区"建设规划图。

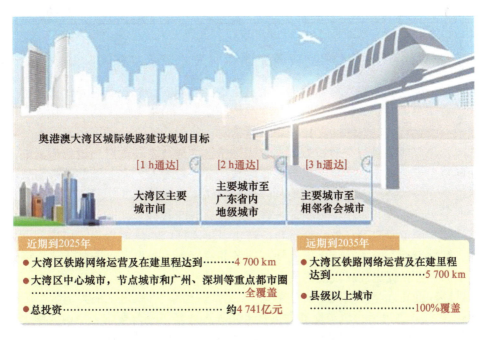

图 1　"轨道上的大湾区"建设规划图

截至 2022 年底，广东地区铁路运营里程达到 5 341 km，其中高铁 2 458 km，位居全国第

一。广州市域内国铁、城际总里程 446 km，形成客货列车基本分线运行的双"人"字形格局。随着《国土空间背景下的广州与周边城市交通互联互通规划》编制完成，广州与周边城市 210 条通道规划（33 条国家骨架对外通道、63 条湾区干线对外通道、114 条同城支线对外通道），加快构建"湾区 1 小时交通圈"和"邻穗地区 1 小时通勤圈"。广州已开通运营地铁 16 条、有轨电车 2 条，总里程达 643.1 km。其中地铁 621 km（排名全国第三位、世界前五位），有轨电车 22.1 km。

依据国家铁路行业人才配备标准，每建设 1 km 普速铁路线路，至少需要 45 名管理及技术人员，每建设 1 km 高铁线路，至少需要 16 名管理及技术人员；依据国际城市轨道交通行业人才配备标准，每建设 1 km 城市轨道交通线路，至少需要 60 名管理及技术人员。根据广州综合交通枢纽总体规划（2018—2035 年）指标推算，随着粤港澳大湾区在城市轨道交通行业产业链不断延伸和拓展，到 2035 年，广州市轨道交通产业人力资源需求将达到 127 860 人。表 1 所示为规划时预计的 2020 年和 2035 年广州市增加的轨道交通技术人员数。

表 1　2020 年和 2035 年广州市预计增加的轨道交通技术人员数　　单位：人

类型	预计增加的技术人员数	
	2020 年	2035 年
高速铁路	912	14 700
普速铁路	4 545	4 560
城际铁路	960	18 600
城市轨道交通	6 540	90 000
合计	12 957	127 860

二、广州铁路职业技术学院轨道交通专业人才培养的探索实践

作为轨道交通产业的人才培养基地，轨道交通类高职院校肩负着培养优秀轨道交通类专业人才的重要使命。为此，轨道交通类高职院校应服务"轨道上的大湾区"和广州世界级铁路枢纽建设，强化科技、人才的支撑作用。紧密对接轨道交通产业发展需求，充分发挥办学基础和优势特色，对接轨道交通智慧运维、先进轨道交通装备等重点领域急需紧缺人才培养要求，面向轨道交通机电、信号、供电、车辆和运营管理等五大产业链的核心岗位群，打造大湾区轨道交通技术技能人才培养高地，铸造具有轨道交通特色的新时代职教教师。协同轨道交通产业链头部企业和专精特新企业，建设轨道交通产教融合联盟、市域产教联合体、产教融合共同体、产业学院等产教融合平台，夯实"集团+联盟+学院"人才培养共同体，铸就轨道交通"智慧运行"技术技能创新高地；服务高铁"走出去"和"一带一路"倡议，构建国内国际双循环互相促进的新发展格局。

广州铁路职业技术学院围绕"交通强国""高铁走出去""轨道上的大湾区"战略及国家"一带一路"倡议，主动适应轨道交通发展新业态、人才新需求，聚焦立德树人根本任务，厚植工匠文化，大力弘扬新时代铁路精神，贯通第一、第二和第三课堂，推动优秀文化浸润，构建"匠人—匠心—匠魂"涵育系统，垒筑五创融合高地，为"轨道上的大湾区"输送具有"家国情怀""铁职特质"的复合型技术技能人才。

（一）对接粤港澳大湾区产业转型升级打造高水平专业群

学校坚持服务"轨道上的大湾区"战略，紧密对接轨道交通产业转型升级需求，按照"做强高端轨道交通装备专业群、做优轨道交通专业群、做精电子信息专业群、做好现代服务专业群"思路，持续深化以产业链建群模式，以"引领+骨干+支撑"模式打造与轨道交通产业结构布局同步的专业集群布局；紧跟产业发展，构建优势引领、特色支撑的专业布局；按照"一群一院一特色"原则，打造特色产业学院；抢抓职教机遇规划职业本科建设。

1. 聚焦产业转型升级重构专业群结构体系

针对产业集群化网格化发展趋势，以共性技术关联、职业岗位相关、专业资源共享为主线逻辑构建高水平专业群，聚焦轨道交通行业上游（轨道交通设计咨询）、中游上部位（工程建设）、中游下部位（装备制造及系统）和下游（运营维护）四大产业链，与高铁、普铁投资建设主体（国铁集团和地方政府）、城市轨道交通投资建设主体（地方政府）和城际铁路投资建设主体（地方为主）三大主体协同，多主体协同对接轨道交通四大产业链集群化发展专业群，发挥资源的协同创新效应。学校服务"轨道上的大湾区"和广州世界级铁路枢纽建设，精准对接轨道交通产业关键领域，建设了具有国际化水平的铁道供电技术专业群；对接轨道交通和高端装备重要产业，建设了具有国家水平的机械制造及自动化专业群、动车组检修技术专业群；对接粤港澳大湾区战略新兴产业和现代服务业，建设了省级城市轨道交通运营管理专业群、计算机应用技术专业群、铁道工程技术专业群、商务英语专业群，打造"1引领+2骨干+4支撑"专业集群（如图2所示）。未来将会与区域内其他高职院校协同打造服务于区域产业集群发展的专业群发展格局，加强校企校合作共办专业机制，以高水平专业群建设驱动高质量人才培养发展，培养复合型技术技能人才。

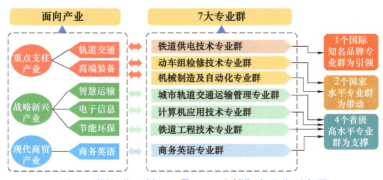

图2　学校"1引领+2骨干+4支撑"专业集群布局

2. 紧跟产业前沿开展新兴专业布局

发挥产教融合合作平台作用，将服务粤港澳大湾区轨道交通产业、技术创新需求、人才培养质量、教育资源条件支撑等作为专业设置评价的关键维度，构建专业设置评价模型，通过"停、开、升"的专业布局模式，打造一批适应粤港澳大湾区轨道交通行业重大、急需、优势突出、特色鲜明的应用型专业，形成面向产业、对接岗位、对标职业、服务区域的特色专业链，提升专业链对接产业链的灵敏性和适应性。学校坚持"依托行业、立足广州、辐射全国、面向世界"的办学定位，主动对接轨道交通行业、对接粤港澳大湾区经济社会发展和"一带一路"倡议，为高铁"走出去"服务，其中有75%以上的专业紧密对接轨道交通产业高端，形成了轨道交通系统的特色专业体系。主动适应轨道交通业走向高端产业、制造业走向全球产业中高端的发展需求，依托国家重大轨道交通行业产教融合共同体、新能源汽车智能制造市域产教联合体等产教融合平台,重点建设铁道供电技术等轨道交通类优势专业;对接新一代信息技术、先进轨道交通装备等产业需求,响应国家《新能源汽车产业发展规划(2021—2035 年)》,加快发展人工智能技术应用、虚拟现实技术应用、工业机器人技术、新能源汽车技术等急需特色专业;融入"云、物、大、智"技术换挡升级传统专业,保证专业群内专业结构与产业的精准、适时对接。

3. 围绕专精特新企业打造特色产业学院

贯彻落实国家关于促进中小企业发展、深化产教融合和推进职业教育改革的重大决策部署,依托学校优势特色专业群,按照"一群一院一特色"原则,联合轨道交通产业链"专精特新"企业和重点龙头企业,构建以轨道交通特色专业为核心的高水平、特色产业学院。学校与国家专精特新"小巨人"企业鼎汉奇辉电子系统工程有限公司合作,构建了以铁道信号自动控制、铁道通信与信息化技术、虚拟现实应用技术、人工智能应用技术、计算机应用技术等特色专业为核心的轨道交通智慧运维产业学院。同时聚焦先进制造装备、智能服务等关键产业,联合轨道交通产业链专精特新企业和重点龙头企业建设了智能制造、智慧交通、广州数控智能装备、现代运输物流、南方高铁、华南跨境电商等 6 个高水平、特色产业学院。

表 2 所示为学校 7 大产业学院服务专业和建设主体。

表 2　学校 7 大产业学院服务专业和建设主体

序号	产业学院名称	服务专业	建设主体
1	智慧交通产业学院	计算机应用技术、铁道通信与信息化技术等	信息工程学院
2	南方高铁产业学院	铁道工程技术、道路桥梁工程技术等	铁道工程学院
3	现代运输物流产业学院	铁道运营、城轨运营、铁路物流等	运输物流学院
3	轨道交通智慧运维产业学院	铁道供电技术、铁道机车、城轨车辆等	电气工程学院 机车车辆学院
5	广州数控智能装备产业学院	机电一体化、数控技术、机械制造与自动化等	机电工程学院
6	华南跨境电商产业学院	商务英语、跨境电商等	外语商贸学院
7	智能制造产业学院	汽车检测与维修、应用电子技术等	机电工程学院

4. 依托职普融通积累本科人才培养经验

抢抓职业教育新机遇,以产业链为载体,以人才链为支撑,围绕轨道交通领域,结合学校的实际发展情况和专业布局,一体化设计"中—高—本"衔接的专业发展通道。学校积极谋划职教本科,与省内本科学校开展常态试点,对照教育部职业本科学校和专业设置标准,在学科建设、团队打造、课程研究、科技研发等方面积累本科人才培养经验。学校面向轨道交通智能化升级、轨道交通智慧运维技术发展,规划电气工程及自动化、轨道交通车辆工程技术、铁道机车智能运用技术等 10 个专业,推进职教本科专业建设。

(二)面向重点领域急需紧缺人才培养要求打造人才培养高地

伴随轨道交通产业技术迭代、装备制造升级、生产组织模式变革以及经营管理模式创新,需要大批紧跟先进装备制造业发展要求,掌握最新产业技术、具备数字化职业能力和信息化思维能力的技术技能人才。与此同时,由于轨道交通行业关系民众出行安全,轨道交通类人才除了具有专业知识和专业技能之外,还应当具备较强的综合素质,有责任心、安全意识、执行能力、应变能力和团队合作能力。为此，轨道交通类高职院校应将人才培养的价值取向与我国交通强国建设要求相对接，与轨道交通产业技术领先、企业市场化发展的现实需求相统一，坚持立德树人、德技并修。广州铁路职业技术学院聚焦学生全面发展，面向先进轨道交通装备等重点领域急需紧缺人才培养要求，发挥粤港澳大湾区国家战略地位、轨道交通行业背景深厚、智能制造等产业前景广阔的优势，铸就服务学生高端发展品牌，打造五育并举成长成才样板，成为华南地区轨道交通等产业技术技能人才培养的"摇篮"。

1. 服务学生全面发展，铸就大湾区轨道交通技术技能人才高端发展品牌

学校把服务学生全面发展作为最高追求，充分发挥粤港澳大湾区国家战略地位、轨道交通行业背景深厚、智能制造等产业前景广阔的优势，联合中国铁路广州局集团、广州地铁、华中数控等龙头企业，深化产教融合、推进职普融通、促进科教融汇，构建具有典型行业特色的现场工程师和高素质技术技能人才培养体系，毕业生呈现高就业率（超98%）、高订单率（超60%）、高对口率（超85%）、高满意度（98%）、高稳定性、高薪酬（7 072元）的"六高"特点，留粤、留穗就业比例超80%、50%。涌现出"全国五一劳动奖章""火车头奖章""全国铁路劳动模范""全国劳动模范"等20余位省级以上劳模，提高了学生职业生涯发展力和职业胜任力，支撑"轨道上的大湾区"和广州世界级铁路枢纽建设。

2. 服务行业发展，创新技术技能人才培养路径

紧扣广州市先进轨道交通装备、节能与新能源汽车等产业高端化、智能化、绿色化发展对技术人才的新要求，构建创新技术技能人才培养体系。以院士领航、以轨道交通行业企业领军人才全方位参与人才培养全过程，以轨道交通产业发展重大需求对创新技术技能人才的要求为导向，重构课程教学内容，形成宽基础、活模块、综合素养多元融通的课程体系，建设国家级专业教学资源库、国家在线精品课程、国家规划教材。通过组建特色订单班，培养"理想信念坚定、专业基础过硬、学科交叉融合、技术技能突出、综合素质全面"的创新技术技能人才。

3. 加强普通教育与职业教育横纵向交叉沟通，树立职普融通协同育人典范

落实构建"纵向贯通、横向融通"现代职业教育体系要求，搭建以中职为基础、高职为主体、职业本科为牵引的"3+2+2"中高本一体化人才培养的"立交桥"。与中职学校开展中高职贯通培养试点项目，携手本科院校实施"三二分段"高本协同育人、专插本联合人才培养及"2+2"本科人才培养，为"轨道上的大湾区"输送"数字+"复合型技术技能人才。

4. 服务"交通强国"战略，畅通急需紧缺人才培养通道

聚焦轨道交通供电、车辆等关键装备智慧运维，联合铁路局开展"2+1"定向培养，协同广州地铁等龙头企业深化订单、学徒制培养。面向粤港澳大湾区产业转型急需的高端装备制造产业，携手头部企业共建"现场工程师学院"，为智能制造产业转型升级提供人才支撑和智力支持。落实高铁"走出去"重大战略，开展中外合作办学项目，成立国际化轨道交通分校，培养国际化轨道交通人才。

5. 德育为先，打造五育并举成长成才样板

突出铁路行业办学特色，汇聚铁路企业文化元素和"劳模工匠"资源，围绕"匠人·匠心·匠魂"培植活性载体，实施核心价值引领、党建固本强基、劳动教育、铁路文化涵育、课程思政"五大工程"，打造全方位多层次的育人体系。与企业共建劳模工作室，聘请全国劳模、能工巧匠授课，开展"劳模工匠进校园"活动；积极推进"课程思政"优质化建设项目，打造"专业+思政"金课堂、"公共课+思政"好课堂、"博雅+思政"示范课堂；建设区域开

放共享技术创新服务平台，实施1+X证书试点，通过生产实训项目、"课赛融合"等形式培育实践技能，实现了立德与树人、育人与育才深度融合，为学生成长赋能增值。

（三）聚焦轨道交通转型升级打造新时代铁路行业院校师资力量

实施"人才强校"战略，完善教师发展中心功能，服务教师职业成长，打造极具轨道交通特色的国内顶尖双师队伍，结成"双向反哺、互惠共生"的校企双师共同体，锻造"教学+科研"双能并进的"职普融通"学科专业团队，构建具有职教品牌、国际视野的国际化师资体系，形成"内育+外引"双轨并行的高水平"双师型"教师队伍建设模式，铸造"实力顶尖、人才冒尖、成果拔尖"的新时代职教"双师型工匠之师"。

图3所示为教师职业成长示意图。

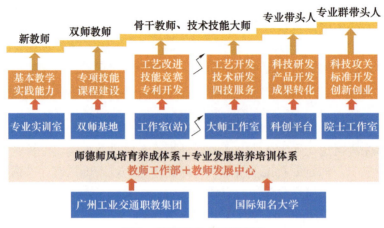

图3　教师职业成长示意图

1. 打造轨道交通特色鲜明的一流双师队伍

紧扣培养轨道交通特有专业人才的鲜明特色，对接服务学生全面成长成才要求，打造一支师德高尚、大师引领、结构合理、高度认同"一训三风"、具有"道钉"精神和国际视野的国内一流双师队伍。

2. 结成双向赋能的校企双师共同体

坚持"用最优秀的人培养更优秀的人"理念，依托广州工业交通职教集团，共享职教集团师资团队，推行校企"双专业带头人、双骨干教师"制，引进国铁集团、香港铁路有限公司等行业企业领军人才，全程参与人才培养方案的制定和实训教学工作，引进广州市轨道交通类企业工程师，担任班级导师，科研、技能大赛和双创项目导师，校企双师双向赋能，共生共长。

3. 锻造"教学+科研"双能并进的学科专业团队

依托学院与大学共建的省级重点实验室（粤港澳高校联合实验室）等创新平台，借力优质本科院校的学术性优势，按学院特色专业方向设立博士工作站，组建"轨道交通安全及智能运维系统"等领域学科专业团队，在"轨道车辆制动摩擦副技术"等领域开展技术攻关。依托高本协同育人项目和专插本联合培养项目的实施，与合作的本科院校教师共同开发课程、教材等，共同实施本科教学，职普共育能胜任本科教学的教师团队。

4. 构建承载中国职教品牌的国际化师资团队

立足中国式现代化的高等教育国际化战略，提升教师国际视野，引进外籍高水平教师团队,共建具有国际先进水平的工程研究中心,协同开展轨道交通高精尖智能运维课题,共同开发铁道交通类专业教学,向世界擦亮中国高铁亮丽名片,向"一带一路"推广铁路特色职教品牌。

5. 形成高层次"双师型"教师队伍的引育模式

实施"领军人才工程、大师名匠工程、海外人才工程、菁苗人才工程、创新人才工程"五大人才引进工程,刚柔并济引进"高精尖缺"专业人才,提升"智慧运维"高素质双师型教师实力。基于教师全生命周期的成长,创新教师培养体系,建立教师数字画像,依托国家级职业教育"双师型"教师培训基地,精准开展差异化培养。

(四)紧跟轨道交通行业发展打造技术技能创新服务平台

围绕服务广州市轨道交通产业智能运维技术创新、服务大湾区创新型企业产学研联合攻关的需求,以服务贡献高端化为目标,对接轨道交通全产业链关键技术,组建跨界技术技能科技创新团队,搭建先进轨道装备关键创新平台,打造校内外多元化产学研用中心,为轨道交通、智能制造等高端产业提供高端化服务,探索行业职业本科教育最新方向,开拓职普融通应用研发高地,形成了行业特色鲜明、服务能力突出、建设效果明显的综合服务平台,为粤港澳大湾区建设及"一带一路"、中国高铁"走出去"提供技术力量。

1. 组建大湾区轨道交通全产业链关键技术创新平台

围绕轨道交通行业"安全、智能、绿色"发展方向,服务轨道交通装备制造技术、工程技术、通信信息等产业转型升级的迫切需求,聚力学科和技术优势,对接中国铁路广州局集团、广州地铁等全产业链龙头企业,解决列车牵引控制安装与调试、智能检修穿戴系统等关键技术难题,开展轨道交通运维作业标准化建设、维修维护工艺改进、运输安全保障等方面的"科创融汇"专项,为企业提升效益。推进企业技术研发与工艺传承,助力高附加值成果转化与产品升级,成功申报并立项国家发改委"十四五"时期教育强国推进工程——广州铁职院轨道交通产教融合实训基地。作为国家轨道交通装备行业产教融合共同体的成员单位,与中车集团等龙头企业共建共享国家级轨道交通产教融合实训基地。服务粤港澳大湾区经济社会发展,助推产业升级转型,解决有轨电车转向架等关键技术问题,与中国国家铁路集团有限公司、广州电力机车有限公司等企业开展高端产业横向项目合作,其中龙首矿膏体自流充填技术及工艺研究、有轨电车转向架设计等项目技术在国内外属于领先地位。

2. 跨界组建轨道交通科技创新团队

为解决轨道交通安全及智能运维系统、新能源高渗透率供电系统等高端技术难题,联合香港城市大学、华南理工大学、法国里昂大学等跨界科技创新团队,发挥董勤喜等院士工作站和行业龙头企业的优势,共建大湾区轨道交通产业技术研究院,建立包括3位院士、23位龙头企业技术骨干在内的百人专家库,为轨道交通、智能制造等企业进行科技攻关咨询125次。对接粤港澳大湾区的发展趋势,共建轨道交通特色的科技攻关平台,成功申报高速铁路与城市轨道交通专业领域国家级职业教育教师教学创新团队1支,轨道交通装备智能制造关键技术协同创新团队、面向轨道交通的智能巡检算法研究及应用创新团队等省级创新团队9支。

3. 搭建先进轨道装备关键创新平台

围绕轨道交通装备运维安全、智能化与节能效率、轨道交通用能效率提升等问题,探讨系统内完整闭环的综合性节能解决方案,搭建轨道交通关键装备智能检修与在线监测等实验测试平台4个,立项轨道交通安全与智能运维等国家级技术协同创新中心3个,立项接触网工等国家级技能大师工作室2个,省级技能大师工作室4个,建立专任教师双师工作室31

个、创新工作室 10 个等教师工作平台，服务企业技术研发，与中国铁路武汉局集团合作，将超高压保鲜等关键技术成果应用于高铁餐饮冷链生产中，获得广东省科学技术成果奖 1 项。

4. 建成行业学科型创新基地

为探索轨道交通车辆健康寿命评估与智能状态检修等核心问题，通过校校强强联合，申报并获批粤港澳现代交通节能控制和智能运维技术联合实验室、广州轨道交通系统装备安全与智能技术重点实验室等省市级实验室 2 个，开展超高速微型电主轴液态金属纳米流体高效传热机理等研究，立项国家自然科学基金项目 3 项，中国高校产学研创新基金项目 2 项，省级以上科技项目 72 项，发表高水平论文 132 篇，获得专利 235 项，其中发明专利 18 项。

5. 建立学生创新创业应用研发平台

对接本科院校科研团队，围绕轨道交通产业链建设，开拓"职普融通"应用型研发平台，建立创新企业研发中心 4 个，指导学生参与技术、工艺开发 1 130 人次。为学生提供创新创业支持，年均培育学生创办企业 30 家以上，毕业生创业率达 5.6% 以上。学生获得中国国际互联网"大学生"创新创业大赛国家级金奖 1 项、银奖 4 项。获评广东省大学生创新创业教育示范学校、广东省创新创业教育实践基地，荣获广东省创新创业教学成果奖 2 项。

（五）服务高铁"走出去"战略打造专业海外办学新局面

对接高铁"走出去"战略，创新国际合作新机制，推进铁路职业教育标准、教学资源和教学装备的"迭代更新"，伴随和服务中车等企业"走出去"，积极参与教育全球治理，践行国际化办学，实施"以数字化建设实现技术赋能，以资源共建共享实现内涵提升，以人才精细培养实现高质量发展，以随企出海实现标准输出"，开展中外校企双主体育人等特色海外办学项目，实现轨道交通类高职院校服务"一带一路"沿线国家和地区经济转型升级的积极应对和跨越发展，传播中国轨道交通职教经验，发出中国声音，擦亮高铁"走出去"国际职教品牌。

1. 形成铁职院特色的国际化人才培养体系

坚持学校"产教融合一体化、服务贡献高端化、教育教学数字化和职教品牌国际化"四化战略，实施"校企双主体育人"和"六分四进"的国际化人才培养模式，开展"引进来"合作办学项目。面向中—老铁路等急需的本土技术技能人才需求，招收老挝留学生，服务中—老铁路建设。

2. 实现轨道交通职业教育的办学"出海"

坚持标准引领，服务铁路企业国际化，形成"企业标准—岗位标准—职业标准"的标准开发和输出模式，开展铁道机车等专科教育海外办学项目，输出课程标准等。坚持校企同行、教随产出，立足服务高端和品牌国际的办学定位，发挥粤港澳大湾区和行业转制高校的天然优势，建设高水平国际化学校，与中航国际、白交大等校企共建埃及等"鲁班工坊"，与中车等"走出去"企业建成生产性实训基地，承担"走出去"企业工艺改造、技术服务、科技成果转化等服务，形成"轨道交通车辆技术+高铁情境汉语"教学资源、高职铁道供电技术专业教学标准以及轨道交通运维技术教学装备开发与推广与粤港澳轨道交通产教融合体系，轨道交通标准、装备、资源和粤港澳融合平台等项目获得了教育部或省级立项。建立校企产能合作培训体系，联合北交大、深铁国际等校企共同承办商务部举办的肯尼亚蒙内铁路、埃及开罗斋月十日城等高铁"走出去"产能合作培训项目，输出培训标准、课程标准、课程资源，开展境外员工培训，提升中国轨道交通职业教育的国际影响力。

3. 传播新时代中国高铁的声音和文化

遵循"专业基础相通、技术领域相近、教学资源共享、协同持续发展"的原则，秉承"坐着高铁看中国、跟着高铁学汉语"的文化传播理念，搭建讲好中国高铁故事、传播好中国声音的重要载体。建设轨道交通在线教育、可视化高铁职业汉语互动教学等平台，依托"轨道交通车辆技术+高铁情境汉语"教学资源和国家"十四五"规划立体化双语教材等数字资源，在线输出双语课程、微课视频、高铁相关知识及APEC高铁绿色技能知识点资源，成为推进"中文+职业技能"和展示中国高铁新形象的亮丽名片。

三、高职院校轨道交通专业人才培养与产业用人需求对接的建议

高职院校轨道交通专业人才培养与产业用人需求之间的有效对接需要政府、高校、行业、企业的共同努力。以政府的政策保障和正确指导为牵引，依托政校行企共同打造的市域产教联合体和行业产教融合共同体为依托，以教促产、以产助教、产教融合、产学合作，教育和产业互补互融、共生共长，满足轨道交通产业发展对于人才的需求，同时也推动我国轨道交通产业的可持续发展。

以政府的政策保障和正确指导为牵引，制定产业发展报告和产教融合实施细则，提供院校高质量发展"新引擎"。为深化产教融合，促进教育链、人才链与产业链、创新链有机衔接，国家发展改革委、教育部等六部门印发《国家产教融合建设试点实施方案》，着力建设产教融合型城市、产教融合型行业、产教融合型企业。但在具体实施过程中，由于缺少产教融合的具体实施细则，"校热企冷"的现象依然存在。以政府的政策保障和正确指导为牵引，搭建国铁集团、中国中车、中国通号、广州地铁、轨道交通院校等交流平台，对轨道交通产业的现状、问题、趋势等进行深入分析，研究制定轨道交通产业发展规划，明确轨道交通产业发展重点领域、重点方向、发展路径、战略举措，形成激励试点的政策导向和改革推力，有利于破解"校企合作，合而不容，容而不深"的发展瓶颈。

以设立轨道交通职教本科为方向，打通产业链的本科层次职业教育专业，打造本土化轨道交通人才"培养摇篮"。高校是人才培养体系创新的主体，也是我国高技术、高技能人才培养的摇篮。鉴于广州市轨道交通产业高技能人才不足的现实，广州市亟须设立一所轨道交通职教本科院校，培养服务于区域经济发展的本土化轨道交通人才。设立轨道交通职教本科院校，开办一批对接轨道交通产业链的本科层次职业教育专业，能够满足国家和地方轨道交通大发展、轨道交通产业转型升级对高层次技术技能人才的迫切需求。同时，对填补广东省本科层次轨道交通职业教育空白、优化高等教育结构布局、完善现代职业教育体系，促进广东省建设教育强省、广州市打造现代化教育高地建设等具有重要的现实意义。

以完善产业人才引进政策为指引，提高高技能人才竞争力，打造轨道交通高技能人才"蓄水池"。轨道交通产业作为广州市八大新兴产业之一，无论是产业的发展，还是人才队伍的建设，打通育才、引才、成才各环节政策壁垒，都是推动轨道交通人才培养、引进、发展的系统集成，建立轨道交通人才全生命周期的政策支持体系的重要一环。针对性解决制约轨道交通产业人才流失的突出问题，只有打通各环节的政策壁垒，建立起全生命周期的政策支持体系，才能有效推动轨道交通产业的发展，培养出更多优秀的轨道交通人才，为广州市的经济社会发展作出积极贡献。

》》》作者单位：广州铁路职业技术学院

四、交流篇

打造多主体产业学院，多元协同培养技能人才

广州铁路职业技术学院

一、实施背景

2017年12月，国务院办公厅印发《关于深化产教融合的若干意见》提出，"支持企业、学校、科研院所围绕产业关键技术、核心工艺和共性问题开展协同创新，加快基础研究成果向产业技术转化"。由此，产教融合开始上升为国家教育改革和人才开发的整体制度安排。

2019年10月，国家发展改革委、教育部等六部门印发《国家产教融合建设试点实施方案》提出，"推动建立城市为节点、行业为支点、企业为重点的改革推进机制，促进教育和产业体系人才、智力、技术、资本、管理、数据等资源要素集聚融合，打造支撑高质量发展的新引擎"。此后，产教融合作为国家理念、国家制度、国家行动，在实践中不断丰富其内涵和外延。

已有研究表明，校企合作资源的匹配度、合作共同体的协作能力及其促进核心要素有序流动、集结共生的机制作为产教融合的内涵特征，反映了校企合作的紧密程度和质量，是产教融合得以顺利发展的内生动力。目前，我国产教融合工作取得了一定育人成效，但校企合作双方匹配度不高、合作融合机制未充分建立，共识之困、共治之困、共赢之困仍然存在。长期以来，产教融合"合而不融"、校企合作"作而不合"，产与教、校与企的"两张皮"的情况比较普遍，成为制约职业教育产教融合治理现代化的重要原因。"人情、关系"成为多数产教融合、校企合作得以维系的重要原因，部分企业参与办学的内生动力不足，政府、企业、学校、行业和社会各负其责、互助提升的有利局面尚未完全形成，多主体协同育人仍处于浅层次、自发式、松散型、低水平状态。究其原因，在于职业教育产教融合"强发展、弱治理"的惯性思维一直存在，多主体高度参与的治理体系尚未根本建立。

产业学院是我国职业教育产教融合的模式创新，是深化职业教育体系机制改革和校企合作的重要抓手，能够促进专业与产业融合发展，全面提升技术技能人才培养能力。产业学院作为一种"舶来品"，这一概念起源于英国的产业大学，是作为连接学习产品与学习个体的中介机构，在终身教育理念下，采用构建网络学习平台的方式，提供现代化网络和通信技术支持的高质量开放式远程学习机会，以提升成年人的就业能力与企业竞争力。与英国的网络产业学院不同，我国的产业学院采用与职业院校等同的实体形式建立。1988年，覃晓航在其题为《广西民族高等教育发展试探》的论文中，首次在我国提出了"产业学院"的概念。近年来，国家有关部门陆续发布的《关于加快发展现代职业教育的决定》《高等职业教育创新发展行动计划（2015—2018年）》《国务院办公厅关于深化产教融合的若干意见》等对产业学院的发展起到了至关重要的作用，它们分别提出鼓励发展混合所有制职业院校、鼓励高职院校联合企业举办混合所有制二级学院、鼓励高职院校和企业设立产业学院，从此产业学院建设成

为学者们研究的焦点。2020年，教育部印发的《现代产业学院建设指南（试行）》（以下简称《指南》）标志着国内产业学院迈入内涵发展的新时代。

在此背景下，广州铁路职业技术学院深入研究职业教育产教融合办学主体高度参与的现代治理体系，整合各办学主体的人才、技术、资本等要素，推动实现由"政府举办为主"向"政府统筹管理、行业企业积极举办、社会力量深度参与"的多元办学格局转变，在打造产教融合命运共同体方面做了一系列探索与实践。为贯彻落实《国家职业教育改革实施方案》等提出的"促进产教融合，校企双元育人"的要求，学校坚持产业发展需要"什么样的人才"，学校就培养"什么样的人才"的办学思路，以"产业学院"载体，搭建多方共赢新平台，构建"产教融合、校企合作"人才培养模式，催生产教融合新动能，实现职业教育内涵式发展。

二、广州铁路职业技术学院现代产业学院建设路径探索与实践

（一）共建"1+N+1"多主体产业学院，探索"政行校企"协同育人机制

2015年，学校率先在广东省高职院校中成立由市领导任名誉理事长、骨干合作企业董事长任理事长、行业企业代表占60%的学校理事会。理事会是学校咨询、协商、审议与监督机构，是学校实现科学决策、民主监督、社会参与的重要组织形式。理事会的成立，为政、校、行、企四方加强沟通与联系、开展深度合作、实现资源共享、优势互补和协同发展提供了更加稳固的平台和更加有效的机制。2012年，学校牵头组建广州工业交通职教集团，建立资源共建共享机制，实现校企资源优势互补。2021年6月，职教集团成功入选全国示范性职教集团培育单位。2018年5月，牵头组建华南"一带一路"轨道交通产教融合联盟，输出专业教学标准，培养培训国际化人才。

围绕轨道交通、智能制造、智能服务等关键产业，依托国家级示范性职业教育集团——广州工业交通职教集团和华南轨道交通"一带一路"产教融合联盟，学校7个高水平专业群按照"一群一院一特色"原则，每个二级学院（专业群）联合N家行业龙头企业和1家知名研究院所，建设了轨道交通智慧运维、智能制造、智慧交通、广州数控智能装备、现代运输物流、南方高铁、华南跨境电商等7个特色产业学院，形成了"1个专业群+N家行业龙头企业+1家专业研究机构"的"1+N+1"多主体协作共同体。

应用管理学组织行为理论，对产教融合视域下产业学院组织的实践与研究增加"共同愿景"内容，凝心聚力，校企共同确立建设"与中国高铁国际地位"相匹配的产业学院目标，破解校企合作中"校热企冷"难题，降低了产业学院运行的"交易成本"。

搭建产业学院组织架构，通过制定章程、成立相关专委会等，规范产业学院的运行、落实校企双方的主体责任，实现"多主体"育人。"1+N+1"多主体产业学院下设理事会、秘书处和4个专门机构。理事会是实现多方投入、资源整合、互利共赢的决策机构，理事长由各企业董事长轮值。秘书处作为日常管理机构，实行理事会领导下院长负责制，在院长（秘书长）的组织下，校企双方在日常教学、运营管理等方面承担责任与义务，形成行业引领、学校组织、企业参与的校企合作日常运行机制。4个专门机构包括人才标准中心、校企协同育人中心、校企人才质量监督与评价中心及智慧技术研究院，共同完成人才培养、科学研究、技术创新、企业服务、学生创业、教科研创用质量评价等任务。

学校构建"协同决策—沟通协调—利益共享—监督约束—持续发展"协作机制，最终建立了共研共建共享共管共赢的"多主体融合、一人吹哨、个个响应"的校企协同新模式，开启了"政行校企"协同育人新范式。

（二）搭建"3个基地+1个工作室"载体，成立"产学研创"综合育人平台

1. 共建就业创业创新示范实践基地

重点关注轨道交通、智能制造、智能服务等领域，围绕创新思维培养、创业能力提升打造"一个空间、两个智库、三个中心、四项任务"，即搭建集人才培养、就业创业、第二课堂、品牌宣传、成果转化、思政融媒体、大数据等于一体的创新型就业创业时间资源空间；聘请企业、行业专家建设创业就业专家智库与产业智库；建设企业就业大数据中心、创新创业孵化中心、第二课堂创新运营中心；承办或参与轨道交通行业创新创业大赛、行业性师资培训、国家级课题申报、品牌宣传，形成"产业—企业—专业—创业"良性循环局面。

2. 共建智慧轨道交通运维产教融合实训基地

适应"轨道四网融通，智慧技术赋能"产业趋势，按照"校企共建、区域共享"的建设思路，构建智慧轨道交通"基本技能—综合技能—创新创业技能—生产应用技能"的产教融合实践教学体系，创新实训校企共同运营模式，建成集实践教学、技术比武、社会培训、科普教育、创新创业功能于一体的智慧轨道交通运维产教融合实训基地，建成智慧车站、高铁调度、设备运维与1+X证书考评等4个实训中心。

3. 共建轨道交通虚拟仿真实训基地

紧密服务国家"一带一路"战略、中国高铁"走出去"以及建设"轨道上的大湾区"发展需求，弥补轨道交通实训设施设备中存在"看不到、进不去、成本高、危险大"的特点，贯彻校企共建共用共赢的理念，依托虚拟现实和人工智能等新一代信息技术，将信息技术和轨道交通实训设施设备深度融合，以实带虚、以虚助实、虚实结合建设多专业高度共享的模块化虚拟仿真实训基地，建设符合产业发展要求，满足培训需求的虚拟仿真实训设备，利用教学管理和分享系统对虚拟仿真实训基地进行整体管理及资源配置。

4. 共建智慧运输技能大师工作室

依托产业技术研究院与广州市粤港澳大湾区产业研究合作平台，围绕技术攻关、技艺传承、科技研发与技术交流，面向轨道交通集装箱运输管理，发挥技能团队优势，进行改造、技术攻关和技术创新，解决生产技术问题，推动企业产业转型升级和科技进步；以技能大师为带头人，传授技艺、为企业和社会培养高技能人才；开发新技术、推广课题研究，总结绝技绝活和技术技能创新；开展技术交流，加快高技术技能人才集聚，形成技术创新团队。

（三）创新"双主体、模块化"教学范式，形成"岗课赛证"融通课程体系

1. 构建双主体人才培养体系

学校联合行业龙头企业，根据产业学院面对的行业企业转型升级的人才要求，全面掌握岗位群的主要社会需求面向，对接行业的新趋势、新业态、新模式，以实践为导向，有机融入职业岗位标准和职业技能等级标准、课程思政等有关内容，优化顶层设计，制订适应专业领域技术技能人才需求研究多类型的人才培养方案，共创双主体专业（群）人才培养体系。

一是面向自主招生、现代学徒制、三二转段、普通高考等不同生源学生特点，分类制订专业（群）人才培养方案。二是持续深化与企业的订单人才培养，动态优化订单人才培养方案。三是联合行业、企业、海内外高校，探索职教本科试点和中外合作办学人才培养方案。四是将职业技能考证、职业技能竞赛、课外志愿服务等纳入学分计算范畴，研究"矩阵式"的系统化学分管理体系。五是优化课程思政教育，将社会主义核心价值观融入人才培养方案。

2. 开发模块化教学内容

引导企业深度参与教材编制和模块化课程建设，适应专业领域转型升级发展特点，着眼

岗位群核心能力、通用能力，以及思想政治等的全面发展，将新技术、新工艺、新材料、新设备融入课程标准和教学内容，实现专业建设与产业布局对接、课程内容与职业标准对接、教学过程与生产过程对接。此外，对接中国技能大赛技能竞赛标准，融入1+X证书考核内容，重构岗课赛证融通、能力四阶递进的"一岗多能"课程体系，实现一阶通识"基础共享"、二阶能力"平台开放"、三阶专项"专业分立"、四阶拓展"互选联动"。

（四）构筑专兼结合师资队伍，实施"分工协作"模块化教学

1. 创新团队协作工作模式

校企专兼职教师团队成员根据专业背景和能力特长，打破团队成员之间的强耦合关系，按照资源开发、标准研制、技术创新、教学改革、国际合作等进行分类定位，根据工作需求动态组合进行模块化课程教学设计和实施。团队全员全过程参与专业建设，包括课程标准开发、教学流程重构、课程结构再造、学习管理与评价等，形成"同课同构""异课同构""同课异构"与"异课异构"等团队协作工作模式。

2. 创新课程教研组织模式

贯彻以学生为中心的教学理念，灵活采取任务驱动、案例教学、小组探究等教学方法，将5G通信技术、云计算、大数据、人工智能等信息化技术融入课程教学，充分利用虚拟仿真、智能实训设施设备，提升教学效能。把企业项目、企业资源、企业设施设备引进课堂，实现双导师（教师+师傅）指导、双课堂（教室+车间）教学、双身份（学生+准员工）学习。

3. 着重创新教学团队提升

围绕"平台建设—人才培养—创新创业—社会服务"核心任务，聚焦不同类型、不同层次教师的发展，分层规划教师发展路径，明确一般成员、骨干成员、带头人的能力标准，实行阶梯式发展。探索"学历教育+专项培训+企业实训+联合攻关"的培养途径，形成国内外交流互访联动平台，以轨道交通行业企业文化为引领，依托校企合作创办的教师发展中心、广东—独联体国际科技合作联盟，联合粤港澳大湾区龙头企业开展教师培训。

三、典型案例1：与广州动车段等合作共建大湾区轨道交通智慧运维产业学院

（一）共建大湾区轨道交通智慧运维产业学院

学校瞄准区域产业发展和综合交通运输体系建设需求，汇聚工程监测技术、运行维护技术等技术领域优势资源，创新构建基于相互利益、产权介入与效益分享的治理机制。依托广州工业交通职业教育集团，以大湾区轨道交通智慧运维产业发展急需为牵引，联动广州动车段等行业领军机构，校企双方共建集人才培养、技术应用研发、创新孵化、标准研制、社会服务于一体的"大湾区轨道交通智慧运维产业学院"。产业学院以"共建、共享、互利、共赢"为理念，以提高人才培养质量为核心，以技术协同创新为引线，深化教育供给侧结构性改革，促进教育链、人才链与产业链、创新链和培训链的有机衔接，实现学校教育资源与企业技术资源的深度融合。

按照"提需求、报课题、育团队、共研制、做试验、真应用"的校企闭环式合作思路，与广州动车段等共建机车车辆应用技术协同创新中心、广州市轨道交通智能运维重点实验室、技能大师工作室等校企合作科研服务平台，对接企业生产需求，引进企业真实项目，共同打造了多元共享的校企教学科研团队。该科研团队开发了新型工艺转向架、动车组检测机器人、CRH1型动车组制动气阀便携式检测仪、主断路器检测仪等具有国内先进水平的项目，并成功运用于企业生产，被认定为省级轨道交通机车车辆检修装备研发创新团队。

（二）形成"工学六融合"产教深度融合的人才培养模式

充分发挥产业学院的资源优势，探索形成了"人才培养与企业需求相融合、专业教师与能工巧匠相融合、理论教学与技能培训相融合、教学内容与工作任务相融合、能力考核与技能鉴定相融合、校园文化与企业文化相融合"的"工学六融合"人才培养模式。与广州动车段等校企合作制订人才培养方案，建设动车组电气设备、制动机等精品课程，编写动车组电气线路等新形态教材13本；教师及时将企业新技术、新工艺、新成果、新规范融入教学，将教学科研成果应用于生产，实现课程和生产流程的再造优化；开展2+1订单培养，将动车组检修工艺标准融入专业课程标准，检修作业流程、工艺纳入课程教学内容，按照动车组机械师作业标准进行实作考核。

（三）创立"双主体"同向同行育人机制

通过科研带动教学的方式，增强校企骨干科研水平。在广州动车段等设立专业教师企业实践流动站，每年派出青年教师赴企业参加岗位实践学习，研讨动车组技术发展，为企业员工开展基础技术理论培训；聘请企业工匠指导学习和跟岗实习，进校开展技能课程教学，实现校企教师的互补，教学团队整体水平迅速提升。广州动车段为学生提供"真刀实枪"的技能训练和实践锻炼环境，学生练就过硬本领；工厂对接课堂，让课堂教学变得鲜活起来。教师和企业技术人员共同参与人才培养，造就了大批"接地气的教授"和"登讲台的技术员"。

（四）打造区域共享型轨道交通综合仿真实训基地

对接大湾区轨道交通产业发展规划，学校联合广州动车段、广州地铁等知名企业，共投入近7 000万元，率先在全国高职院校中建成集调度指挥、列车驾驶、接发列车于一体的"大三角"多工种、具有世界先进水平的轨道交通综合仿真实训基地。该基地以虚拟现实、人工智能等新一代信息技术为基础，将轨道交通真实设备设施与信息技术深度融合，集实训教学、职业培训、技能鉴定、科技服务于一体，充分将企业工作过程融入教学全过程，打造了集高铁、普铁、地铁于一体的多工种联合演练实训平台。该基地于2021年立项为职业教育示范性虚拟仿真实训基地培育项目。

（五）擦亮"一带一路"轨道交通国际合作品牌

面向东南亚、非洲和中欧大陆等"一带一路"沿线国家和地区开展国际轨道交通人才培养培训、标准输出、技术服务等工作，为中国高铁"走出去"提供了技术技能人才和配套服务支撑。联合白俄罗斯国立交通大学、乌克兰国立技术大学共建亚欧高铁合作学院，打造亚欧高铁合作学院，就人才培养、师资共建、科学研究、技术服务四个领域开展合作与交流；对接国家中国高铁"走出去"项目，以轨道交通教育标准输出为导向，培育东南亚职业教育中心，面向东南亚开展职业教育合作项目，实现中国铁路教学标准对外输出；依托职教集团高铁技能培训中心多年来打造的培训资源和精品培训项目，拓展面向东南亚、非洲的服务领域，开发国际化培训项目，拓展高铁技能培训中心职能。

四、典型案例2：与广深铁路广州供电段等合作共建电气化产业学院

（一）携手行业名企共建产业学院，搭建协同育人大平台

学校贯彻落实产教融合、校企合作、工学结合的职业教育发展之路。早在2015年，学校就与广深铁路共建了电气化合作学院，双方秉承"共建共赢"的合作理念，在人才培养、资源开发、学生顶岗实习等方面开展了合作。为进一步调动合作企业的积极性和主动性，引导企业参与到学校人才培养全过程，学校于2020年10月在电气化合作学院基础上，组建了校企"双主体"的电

气化产业学院，由广深铁路、广州地铁以及学校等相关单位代表共同组成产业学院理事会。产业学院实施理事会领导下的院长负责制，以人才培养、职业技能培训、六类技术服务、资源共建共享、师资互聘互派为主要功能，形成了以"电气化产业学院"为产教融合实体的校企双元教学运行机制，实现学校与行业企业、专业与产业、课程设置与职业岗位（群）紧密对接。

（二）紧贴铁道供电智能化发展，校企共定人才培养方案

依托产业学院合作平台，组建了行业企业人员超半数以上的专业建设委员会。校企联合开展人才培养需求调研，根据铁道供电系统智能化、现代化发展对从业人员的新要求，针对企业不同需求，联合国家产教融合型企业广州白云电气等企业，校企双方共同研制支撑订单式、学分制和现代学徒制等不同培养模式的专业人才培养方案，探索并实施了多种人才培养模式，校企双元育人模式呈螺旋式上升，校企合作深度、广度呈网络状延展。从实施1对N、1对1的"2+1""2.5+0.5"等订单人才培养模式，升级到实施"双重身份，学生即学徒；协议管理，合同就业；双重主体，共同培养；弹性学制，生产主导；探索学习，行动导向；多个证书，质量保障"为特色的现代学徒制培养模式。

（三）对接岗位群构建实景基地，校企共同组织实践教学

基于企业真实岗位的能力要求，按照"系统设计、真实环境、先进实用、软硬并重"的原则，校企联合创新了"反向设计，正向实施"实训基地建设方法，校企共同投入1800余万元，率先建成国内先进、功能齐全、配置合理，融学历教育、技能培训、技能鉴定、技术服务于一体的铁道供电教学实景基地，研建了"铁道智能供电综合实训中心"，实现企业"受电—变电—配电—馈电"的生产实景在校内完整呈现，满足400余人同时开展真实的岗位训练，有效化解企业生产设备存在的高压与高速风险。专业教学新环境实现了"五个对接"，拓展了专业教学组织形式，使学生知识获得、能力提升、素质培养和可持续发展有机结合，为情景认知学习理论提供了轨道交通类专业的成功案例。

（四）真实项目引入教学、校企双师推动课堂革命

应用"给我讲，我会忘记；给我看，我会记住；让我做，我会理解！"的教育理念，对接企业岗位作业标准，引入企业典型工作任务与真实案例，融入行业最新规范与标准，与企业工程技术人员共同开发了90个教学项目，构建了知识传授与能力提升的"学训一体"课堂教学模式。同时，校企协同强化师资建设，建立师资互兼互聘长效机制，将企业能工巧匠"引进来"进课堂；让校内专任教师"走出去"，到企业生产一线提高实践技能；校企共同组织"学训一体"课堂，在校内实景基地开展标准化实训，学生课堂手、脑、心都"动"起来，忙起来，有效提高学生专业技能。

五、广州铁路职业技术学院产教融合建设主要成效

（一）打造了华南轨道交通人才"黄埔军校"

依托产教融合平台，深化校企合作，解决了产与教、校与企"两张皮"的问题，实现了高质量发展。学校现有国家"双高计划"高水平专业群1个、国家示范专业点2个、国家重点专业7个。在"金平果"2021高职院校专业竞争力排行榜中，学校铁道供电技术专业和铁道通信与信息化技术专业排名全国第一、城市轨道交通大类专业排名全国第二、交通运输大类专业位列全国前列。产业学院聚焦区域产业发展急需，创新人才培养模式，全方位提升了专业内涵建设水平和育人成效。立项国家级职业教育示范性虚拟仿真实训基地培育项目1项、国家级轨道交通产教融合实训基地1个、国家级技能大师工作室2个、国家级专业教学资源库

2个、国家级精品在线开放课程7门、国家规划教材16本等；校企（学校教师+企业技师）双师2020—2022年连续三年获全国职业院校技能大赛教师教学能力比赛一等奖，培养了一批全国优秀教师、省级教学名师、省级专业领军人才等。

紧紧围绕产业需求，深化订单、"2+1"定向培养、现代学徒制、现场工程师培养，订单比例达60%以上，为广州地铁等轨道交通龙头企业输送高技术技能人才超万人，为我国铁路六次大提速广州局提供了30%的技术技能人才支撑，为广州地铁、广东城际、深圳地铁、佛山地铁等培养了50%的首批员工。人才培养质量呈现"六高"：高就业率（超98%）、高订单率（超60%）、高对口率（超85%）、高满意度（98%）、高稳定性、高薪酬（7 072元）。近五年来，学生获中国国际"互联网+""挑战杯"等国家级奖10项（含金奖1项）、全国职业院校技能大赛国家级奖4项。涌现出中国铁路总公司铁路工匠洪海洋、武广高铁首席司机龙威，"全国铁路劳动模范"赖泽团、"全国五一劳动奖章"获得者徐志标等优秀校友。打造了"当地离不开、行业都认可"的职业教育品牌，誉为华南轨道交通"黄埔军校"。

（二）推动了粤港澳大湾区产业"转型升级"

学校抢抓广州作为"中国动力之都"、珠三角城市群示范引领区、世界一流轨道交通装备智造"加速器"和"助推器"的发展机遇，以技术研发和社会培训服务为突破，扭转了行业企业参与办学内生动力不足、多主体协同育人处于浅层次和低水平的现状，提升了学校服务区域经济社会发展的能力，推动了粤港澳大湾区产业"转型升级"。近五年，为粤港澳大湾区中小微企业提供技术研发、产品升级等技术服务项目112项，技术服务累计到款额1 487万元，其中龙首矿膏体自流充填技术及工艺研究、有轨电车转向架设计等项目技术在国内外属于领先地位；联合香港城市大学、华南理工大学、法国里昂大学等跨界科技创新团队，发挥董勤喜等院士工作站和行业龙头企业的优势，共建大湾区轨道交通产业技术研究院，建立包括3位院士、23位龙头企业技术骨干在内的百人专家库，开展科技研发87项，为轨道交通类企业及中小微企业解决轮装制动盘组装工艺改进、高铁动力齿轮箱箱体设计及工艺改造、网络芯片引脚及表面缺陷检测方法等痛点、难点技术问题120余项，获知识产权授权80余项。

（三）贡献了"一带一路"沿线国家"铁职方案"

围绕粤港澳大湾区经济社会发展以及学校内涵式发展要求，秉承"开放、包容、共生、共赢"理念，主动服务"一带一路"国家战略。通过实施高水平"引进来"、高质量"走出去"、内外兼修"再提升"三大计划，建成了区域性国际职业教育合作平台，拓宽了国际化人才培养渠道，提高了师资队伍国际化程度，打造了职业教育国际化"双向"融通新范式。开展老挝留学生和"中国—白俄罗斯"铁道运营管理专业等"引进来"合作办学项目3个。面向中—老铁路等急需的本土技术技能人才需求，招收老挝留学生157人，服务中—老铁路建设。获得国家、省级标志性成果15项，省级国际化教学成果奖1项，在50余所院校推广"多元协同、分类实施"国际化人才培养模式。与老挝巴巴萨技术学院等签订姊妹院校11个，获得"海外名师"立项13个，引进铁路非正常行车组织等优质课程资源30门。校企共建马来西亚海外办学分校、独联体检测认证中心和中—白院士工作站等产学研实体化运作平台，获《马来西亚南洋商报》《白俄罗斯国家通讯社》等20余家境外主流媒体的报道。被评为"2020亚太职业院校影响力50强"院校，为高素质技术技能人才培养贡献了"国际可交流"的"铁职方案"。

》》》》 执笔：吴月琴、胡英芹

立足长远可持续发展，激活创新人才"蓄水池"

——佳都科技干部人才培养实践

佳都科技集团股份有限公司

引言

佳都科技集团股份有限公司（简称"佳都科技"）是中国专业的人工智能技术产品与服务提供商。公司创立于 1992 年，A 股主板上市企业（股票代码：600728），员工总数超 4 000 人。公司拥有 4 个国家级联合实验室和国家企业技术中心、7 个省级技术和工程中心及省市科研基地，入选广东省新一代人工智能开放创新平台，获国家知识产权示范企业等荣誉。公司发布了全球首个交通行业 AI 大模型，中标承担国家工信部人工智能大模型产业公共服务平台项目。

佳都科技聚焦一个主赛道（智慧大交通）和两大业务场景（智慧城市安全、企业数字化升级），多个领域市场份额居行业前列。轨道交通智能技术方面，在广州、长沙、成都等地有着多个百亿/十亿元规模的智慧轨道交通联合创新示范项目，牵头组建大湾区轨道交通产投集团。

作为广东省首批战略性产业集群重点产业链链主企业、广州市轨道交通和人工智能产业链链主企业，佳都科技带动云从科技、Unity 中国、思必驰等 150 家科技独角兽企业协同发展，聚集企业总市值数千亿规模。

佳都科技已经迈入了创业的"而立之年"，三十多年前一颗科技创业的种子历经风雨，正在成长为硕果累累的参天大树。三十而"励"，佳都科技以不变的创新基因、不畏艰难的创业精神，在时代的变革中始终不移地坚定主业，锚定人工智能科技赛道，一步步朝着持久卓越的世界级智能技术企业的目标迈进。

种好梧桐树，凤凰自然来。佳都科技的长期发展离不开优秀人才的聚集和培养，也正是因为有着优秀的育人、选人、用人机制，让人才资源的价值得到最大发挥。随着公司战略型人才培养项目稳步推进，越来越多的 85 后、90 后已经成为公司的中坚力量，成长为独当一面的技术骨干和管理干部，成为持续而强有力支撑公司创新发展、行稳致远的新兴力量。

"一个企业最大的危机不是来自于外部环境，而是来自于内部。内部来讲，正确的路线确定后，干部是决定因素。"随着科技 3×3 战略规划的落地，佳都科技经历了集团化业务管理、多专业领域深耕、布局全国区域等发展阶段。历经三十多年的商海沉浮，佳都科技深知，每当公司进入新的业务领域，干部的经营能力和领导力都会最先受到考验，作为制定战略决策与指挥决策实行的重要主体，只有高素质的干部队伍才能正确领导和帮助员工明确岗位职责，快速瞄准目标并开展协作。在战略落地阶段，干部的能力与素质不仅影响战略决策的实施效果,也直接关乎企业运作和发展中的执行力。

结合公司战略规划和业务导向的需求,佳都科技人力资源体系也经历了从传统交付型人力资源到经营型人力资源的转变,当前正在向战略型人力资源迭代演进。区别于传统人力资源管理更多是周旋于处理如人员到岗、薪资绩效、员工关系等支持性工作,随着企业战略迭代与人力资源管理的发展,如何让人力资源站在企业战略的高度,为企业生产力和生命力赋能,越来越成为人力资源管理的重要使命,对佳都科技人力资源工作提出了更高的要求。佳都科技结合公司长期可持续发展的实际,将干部培养项目提升到战略高度,强化企业内部干部培养与管理体系建设,激活创新人才干部蓄水池。从标准化选拔、培育新生人才、体系培养提升、定期持续评估等方面出发,佳都科技始终坚持大力推进干部人才培养工作,为公司长期战略执行落地提供有力支撑。

一、制定标准:清晰的干部选拔与使用的标准

为了让有能力、敢作为、有使命感的人才承担更大的责任,成为公司的中坚力量、能独当一面的技术骨干和管理干部,佳都科技建立了一套标准化的干部使用与选拔标准,即品德与作风是资格底线,公司核心价值观(以客户为中心、以奋斗者为本、追求卓越、信赖团队的力量、视变化为机遇)是基础,绩效是必要条件和分水岭,能力与经验是成功关键要素。这 4 个核心内容作为佳都科技选拔任用干部的基本原则,贯穿公司干部选拔、使用、培养的主要脉络,为干部成长提供了清晰的指引。

二、创新培育路径:新生力量激活干部生命力

随着企业发展和规模扩大,高素质人才"抢夺战"必将愈演愈烈。为扩大高素质干部储备通道、根植企业文化,不少大型企业都将管培生项目作为培育未来中高层管理者的路径。佳都科技高度重视未来高素质人才储备,吸收借鉴世界 500 强企业的管培生培育模式,由专人牵头研究制订管培生项目方案,落地"新佳人培训生"项目,利用数字化校园招聘精准选拔高素质毕业生,通过体系化培养跟进打造具有"佳都 DNA"的后备人才梯队。作为公司核心人才招聘与培养项目,佳都科技新佳人培训生培养项目秉承价值观第一、快速成长、专人专班、分阶段培养的原则,皆在培养一批敢闯敢拼、有志有才的新生力量。

新佳人培训生项目根据不同阶段的培养目标匹配不同培养举措,通过集训、轮岗、导师制等方式加速学生成长。为明确每个关键环节的实施要点,特设置专人专班陪伴成长。入职前,班主任建立微信群与培训生们保持互动,提供"衣、食、住、行"全方位入职指引,精心准备针对性的线上职场转身系列课程;入职当日,举办开营仪式,公司董事长及高管团队出席仪式并赠以寄语;入职融合期,打造为期 2 周的专项集训营,培养项目形式多样,涵盖户外拓展、课程集训、文化共创、展厅大比武、结营文艺汇演等内容;在岗培养期,佳都科技通过双导师带教、差异化轮岗、高管座谈、述职汇报、保护期等系列机制为培训生的培养保驾护航。

新佳人培训生项目实施至今,涌现出不少具有创新意识和思维能力的可塑性青年,进一步激发了企业员工队伍的活力,不仅拓展了干部选拔路径,也优化了员工队伍的结构,是佳都科技人才培育方式的创新举措。

三、培养跟进:完善年轻干部培养与提升机制

有效的干部培养需具备前瞻性,不仅须及时响应现实需要,还应符合战略目标和发展方

向。通过对公司重点岗位及岗位人才画像梳理，结合部门团队干部配置情况，佳都科技从年龄、性别、专长和知识结构等方面分类、分梯次实施年轻后备干部成长工程，定制分层分级年轻干部中长期培养规划，对年轻干部制订清晰的培养计划及目标。

（一）加强任前培养，提拔年轻干部担任重要岗位

面对年轻干部，佳都科技全面开放重点空缺岗位的内部提拔通道，同时根据缺岗岗位人才能力画像，推动拟提拔干部对比评估，制订专属的培养计划。根据干部培养方向及特点，配备专属的"导师"，通过主管交流谈话、导师辅导、内部集训、轮岗交流等方式，持续关注年轻干部的成长。

（二）注重任后辅导，配套支持年轻干部快速转身

予以年轻干部更大的展示舞台，更需辅之以完善的资源配套机制。为帮助年轻干部快速实现转身，公司制定了新到岗年轻干部 180 天转身培养计划工作指引，为新到岗的年轻干部配备"转身导师"。业务主管与年轻干部开展任前谈话，帮助其理解职责、重点工作及目标，定期交流，及时协调资源解决干部工作过程中重点、难点问题；转身导师定期与年轻干部交流，提供专业方面指导，传授/分享岗位工作经验，一对一指导年轻干部解决工作中遇到的疑难杂症，及时响应与干部工作相关的求助需求，确保年轻干部快速转身，胜任岗位。

此外，加强与年轻干部开展日常谈话，充分了解年轻干部思想、学习、生活等方面情况，对年轻干部出现的问题在包容的基础上及时指出并加以督促改正，帮助干部及时解决实际困难，关注其身心健康，为优秀年轻干部成长成才创造良好的环境，为选拔高素质、专业化的年轻干部打下坚实的基础。

（三）重视体系训练，打造学习型企业

长期、系统的培训规划匮乏所导致的培训内容分散、培训效果不佳往往是人才培养的一大痛点。为沉淀组织能力，推动持续创新发展，佳都科技人力资源中心成立培训学院，除了公司"新佳人"培训，还针对不同层级员工规划并组织在职干部培训，建立了完善的干部培训体系，为干部适岗及能力提升提供全方位的学习平台。

持续丰富全面的线上学习平台：佳都科技在线上 OA 系统开设学习管理专区，除分享公司最新经营管理经验、业务布局及介绍等学习资料外，还由不同专业部门运营及共享学习板块，比如针对产品与解决方案干部，开设专属的"产品与方案学习门户"，提供公司全面的产品与解决方案的学习专区等，推动提升全体干部作战能力。

坚持打造常态化的线下训练活动：基于干部标准体系，佳都科技特编撰《佳都干部学习手册》工具书，汇集文化战略、经营管理、产品与方案、流程运作、通识管理等方面学习课程，组织全体干部学习，并设置学习专栏，精选和定期发布干部的学习心得；针对干部岗位所需工作技能，常态化开展各种专业培训，提升岗位技能，包括"每周一课"，每月"营销训练营"等。同时，还针对不同的工作场景及干部群体，定制化开展专项的训练活动，如针对公司营销干部开展营销经验分享及技巧实训、业务场景训练考核等。

对于干部培养训练，公司始终予以高度的关注和重视。公司董事长、执行总裁等高管深度参与各项干部训练活动，亲自全程参与训练课程设计、课程讲授、点评辅导、亲身示范等，帮助干部迅速融入公司，有效掌握各项技能，实现助力公司快速发展的使命。

四、持续评估：定期干部成长评估机制

高效的干部管理离不开完善的考核机制，佳都科技对干部的素质及业绩表现坚持全方位

衡量及全过程关注。其中，业务主管、导师与干部沟通确定针对性干部培养期培养计划，明确培养期重点工作与里程碑，需重点掌握的知识及技能；人力资源中心加强过程辅导跟进、落实，组织业务主管、导师对干部阶段性工作成果进行评估，审视工作完成情况，不断改进，及时纠偏，对结果进行综合评估。

通过全方位、多角度、立体式考察识别干部，加大年轻干部培养及提拔力度，不断充实重点岗位干部储备，形成梯次化干部体系，为业务部门持续输送符合岗位画像、能力胜任的年轻干部，提升企业活力，为公司成为持久卓越的世界级智能化技术和服务企业奠定坚实的人才基础。

在干部人才培养的体系化管理实践中，佳都科技坚持耐心沉淀、反复激活，源源不断地对业务拓展和企业转型升级提供重要储备，推进人才队伍高素质、年轻化，满足公司持续、健康发展的需要。佳都科技干部人才培养项目的系列举措对优化公司人才结构、扩大人才梯队储备池、传承企业文化信念起到了重要作用。

如何在企业战略导向下培养符合企业文化价值观的高素质人才，是一个任重道远的漫长过程，人才培养本身也是一项复杂的系统工程，需要高度重视、持续投入与严格践行。作为广州最早成立的民营科技企业之一，佳都科技的转型升级是我国民营科技企业创新自强的缩影，重任千钧，信念如磐；急流勇进，驰而不息。回望来时路，面对复杂多变的市场竞争环境，佳都科技用实践证明，只有始终秉承"人才是核心竞争力"的理念，笃行致远，方能在面临前方希望与挑战时勇往直前，破势而上。

白云电器技能型人才培育经验浅谈

广州白云电器设备股份有限公司

白云电器，位于广州市白云区江高镇神山工业园大岭南路 18 号，从 1979 年打铁创业起步，正式成立于 1989 年，所属行业为输配电及控制设备制造，是上海证券交易所主板上市企业（股票简称：白云电器；股票代码：603861），上市公司员工 1 600 余人。

白云电器是国内领先的电力能源综合解决方案服务商，是集电容器、变压器、成套开关设备、变频器、自动控制、智能元件等产品研发、制造、销售及服务于一体的高新技术企业，是国家电网、南方电网、城市轨道交通、核电及大型工业企业、国家重大工程项目等的核心配电及控制设备供应商，被认定为国家火炬计划重点高新技术企业、国家技术创新示范企业、国家 863 计划 CIMS 应用示范企业、中国制造业 500 强企业、中国机械工业 100 强、广东省装备制造业 50 骨干企业，公司核心技术及产品荣获过国家科技进步特等奖、一等奖、二等奖。白云电器致力于成为领先的电力能源综合解决方案服务商，建造具有国际先进水平、国内领先的配电设备智能化生产基地，支撑公司向数字化智能制造转型升级，已被列为国家工信部智能制造专项立项、广东省智能制造试点示范项目，不断驱动公司改革创新，为客户创造价值。公司是省级 AAA 劳动关系和谐企业，公司创设了白云商学院，2021 年被纳入国家产教融合型企业，2022 年被纳入省产教融合型企业，2023 年入选广州市首批产教融合示范实训基地、广东省产教评技能人才培育评价联盟及广东省首批高端装备制造链主培育单位。

白云电器作为电力装备制造领域龙头企业，高技能人才是公司高质量发展的力量之源。白云电器坚持发扬"打铁还需自身硬"的传统，以"至精、至诚、致新、致远"为核心价值观，一方面通过自主培育匠人传承匠心，另一方面和省内院校大力推进产教融合，多渠道多层次培育高质量技能型人才。

一、技能型人才招聘

白云电器作为一家制造型企业，产业工人占比 45%，由此可见，产业工人是企业生存与发展不可缺少的一股力量。其中技能型人才尤为重要，他们必须具备精湛的专业技能，在关键环节能够解决生产操作的难题，以其过硬的能力为企业发展作贡献。白云电器主要通过自主培养的方式选拔人才，技能型人才招聘主要来源于两方面。

（一）校企合作

围绕公司的主营业务，精准定位院校与专业，白云电器与广州铁路职业技术学院、广东机电职业技术学院、广东省国防科技技师学院、广州城建职业技术学院、广州市工贸技师学院、广州市公用事业技师学院、广东轻工职业技术学院、广州市轻工高级技工学校等 10 所技工院校签订了校企合作协议，每年持续输入百人规模一线技能型人才。

通过校企合作的模式，提高学生对企业的认知度。企业定期到学校为学生开展相关培训课程，包括企业情况介绍、职业生涯规划、专业类课程等，提前让学生对企业的基本情况有一定了解，提升企业在学生心目中的地位，让学生在毕业择业的时候更容易做出选择。

通过校企合作的模式，提高学生与企业的匹配度。企业也会定期邀请学校老师到企业实训，让学校了解行业企业目前对于技能人才的需求定位，为学校提供课程编排迭代更新的基础，从而让学生的专业学习与社会实际需求更贴合，提升学生的岗位匹配率。

（二）内部推荐

白云电器从2019年开始实施内部推荐。企业每年春节放假前会组织各部门一把手与关键岗位人员召开内部推荐动员会，宣贯内部推荐政策与奖励标准，为次年的技能人才招聘打下来源基础。每年通过内部推荐进入企业的人才超过200人，其中技能型人才占比75%。

通过内部推荐的模式，缓解了技能人才来源的瓶颈。企业利用春节前后人员大规模流动的契机，通过内部推荐的激励措施，让企业人人争做"招聘官"，春节期间走访亲戚都可以转发推荐，增加招聘影响力。

通过内部推荐的模式，提高了技能人才的匹配性。一般应聘者与"熟人"员工之间存在一定的关联相似性，其基本素质较为可靠，可以快速找到与现有员工素质技能相近的员工，节省了HR进行筛选的时间，提高了招聘的匹配率。

通过内部推荐的模式，提升了技能人才的稳定性。通过"熟人"宣传企业，天然地节省了HR对于企业情况介绍的环节，且可信度会更高；通过"熟人"的亲身经历介绍工作环境与岗位工作内容，好比给应聘者吃了一颗"定心丸"，使其安全感直线上升。

当然，内部推荐也会存在一些弊端，容易造成拉帮结派。因此，企业通过实施亲属回避原则，让关联性较强的人员不在同一个工作部门，规避上下属关系，营造一个和谐的工作氛围。

二、人才培训阵地——白云商学院

白云电器企业大学白云商学院，在社会上产生了极大的影响力。2016年起，白云商学院不仅针对公司内部员工进行技能、知识方面的培训，更是积极履行社会责任，为园区内乃至社会各界提供学习交流的平台。在广州民营科技园管委会的指导下，白云商学院承办广州民营科技园企业大学堂正式开班，于2019年3月被列入中央统战部重点项目，积极提供社会化服务。

针对一线实用型人才及储备类人才，白云商学院分别设置了"BD20筑基者"项目、"致远之星"特训营、"岗位技能可视化"项目等项目，课程采取课堂教学、师徒制等方式，既提高了参训人员的专业知识理论水平，更增强了民营企业的发展动力。

（一）BD20筑基者项目

在充满挑战和竞争的商业环境中，公司意识到基层管理的重要性，为适应不断变化的外部环境和公司的战略需求，公司实施了一系列事业部变革。这些变革提出了更高的要求，特别是对车间主任、基层班组长和后备基层管理者，由此"BD20筑基者"项目应运而生。该项目通过三年的持续培养和培训，提升基层管理人员的核心能力，包括角色认知、带教辅导、计划达成、标准作业、团队沟通管理、目视化管理以及生产设计与效率改进等，以夯实公司的发展基础，使其能够有效地承接各项管理体系的落地。

通过"BD20筑基者"项目培训，基层管理人员的现场改善和效率改进能力有了显著提升，试点工序的效率提高了20%；基层管理人员学习了如何实施标准作业和问题解决技巧，使试点课题的品质不良率下降了20%，提高了产品品质，降低了不良成本。项目不仅提高了基层管理人员的能力，还产生了一系列实用手册，如班组长工作教导手册、现场效率改善手册、问题解决案例汇编等，这些手册为员工提供了实用的工具和指南，以应对不同的管理和生产挑战。

（二）"致远之星"训练营

白云电器自主培养人才已经经历了20多年时间，通过"致远之星"训练营，从源头打造企业文化认同，系统化培养模式的深耕，加速应届生适应企业文化、提升职业素养、胜任岗位。

"致远之星"训练营中，项目目标明确，即为公司培养一支认同企业文化、职业化、专业化的新生代技术/业务/管理生力军。应届生入职即迎来为期一周的集训融入期，通过"星星相识""起航仪式""园区参观""白云溯源之旅""白云光荣与梦想""前辈面对面"等系列课程和活动，结合其职业发展规划，大家逐渐与白云企业文化产生共鸣。这不仅增强了员工的忠诚度，也确保了他们能够在工作中更好地传达和实践公司的打铁精神与核心价值观。"致远之星"训练营已持续发展20多年，在长达半年的培养周期中，应届生有足够的时间逐渐理解和应用他们所学的知识和技能，而不是匆忙肤浅的学习。致远之星课程体系也贯彻了"认知过程由低阶到高阶"的设计理念，帮助应届毕业生在认知、理解、应用、分析、评价、创新上不断突破，在行动、感受、观察、思考中学习，项目涵盖了30余门课程和8场活动，并由多名导师亲自指导。这种深耕模式确保了培养出的人才具有更高的综合素质，可以更好地应对公司的需求，应届生半年留存率也可达95%。

（三）岗位技能可视化项目

"岗位技能可视化"项目，将复杂的工序操作书面说明转为直观的视觉表现，降低带教成本、提升培训效率，规范操作流程，目前已为各事业部开发约70门课程。

该项目开发了一系列直观的视觉课程，用于新员工的培训。这些课程用视觉影像取代了烦琐的书面说明，使新员工更容易理解和掌握复杂的操作流程。新员工的岗位学习时间明显缩短，使之更快地适应了工作环境，从而提高生产效率。这一成效同时也降低了培训成本，培训时间的减少也意味着员工花更少的工时用于培训；针对员工闲暇时，相应岗位人员可以通过自主学习课程，提升一线操作能力，在富余时可以及时开展支援协同，提升整体产能。

（四）"千知百韵"线上平台

白云商学院自主开发"千知百韵"提供一站式的线上学习平台，平台内设置有课程、活动、游戏、商城、排行榜、考场等栏目，满足员工的不同学习需求，目前平台自主开发课程已有130多门。

"千知百韵"平台已全面应用于新员工培训。新员工可以自行安排时间，并于入职一周内完成新员工系列课程，助力他们快速适应工作环境。此外，平台上的排行榜和考场功能激发了员工之间的友好竞争，提高了学习动力。这种个性化和有趣的学习方式使新员工更容易吸收知识，同时也提高了他们的互动性。平台鼓励大家积极创享，新老员工可随时使用平台的课程资源来提高自己的技能水平，同时也可分享他们的知识，助力营造学习型文化，鼓励员工不断提升自己的技能。员工能够轻松地在平台获取所需的信息，提高了工作效率和准确性。

三、开展产教融合项目

白云电器依托国家产教融合型企业、广东省产业就业培训基地、广东机电职业教育集团、广州市轨道交通产业联盟、广东省电气行业协会等技能生态圈,作为广东省首批高端装备制造链主企业,将立足于粤港澳大湾区,致力于成为粤港澳大湾区轨道交通产业人才蓄水池。

(一)打造"广东技工"产教融合实训基地

公司依托智能制造数字化工厂基地,提供"智能电气产教融合实训基地",实训基地建设面积不低于 10 000 m^2、实习实训工位不低于 500 个。通过与学校开展中国特色企业新型学徒制、技培生、现代学徒制等项目,初步实现教学与生产同步、实习与就业联体,最后做到招生即招工,成功保障学生入职第一年留存率高达 85%;同时,实训基地也作为教师及学生实践实训,员工双向流动的重要基地,实现学校与企业优势互补、文化植入、资源共享等。近三年,订单培养产业储备人才超过 600 人,为产业人才提升学历 20 人,为 50 余名技工院校教师提供实训场景。

(二)建设智慧轨交领域电力装备产业就业培训基地

白云电器联合广东省国防科技技术学院共同建设智慧轨交领域电力装备产业就业培训基地,计划基地将落成在国防技师学院。国防技师学院以师资培训为引领、以技工教育为支撑,白云电器以产业优势为依托,由白云电器为学校设计一套智慧轨交领域人才全生命周期培养方案。方案围绕聚焦智能电气高端装备产业,以培养轨道交通、智能电网领域的从事运维服务高技能人才和从事智能电气高端装备生产的技能人才,建设招生培训、评价认证、就业创业一体化的职业技能培训与评价体系新模式,实现通过共同招工招生、共同开发课程、共同培训、共同评价、共同激励、共同管理、共同制定培养标准、共同制定评价标准,从供给侧上解决"教育与就业"两张皮问题,实现真正的产教融合。

十年磨一剑，打造盾构施工专业队伍

粤水电轨道交通建设有限公司

为做大做强做优轨道交通施工，整合资源，形成"拳头"力量，2013年11月，粤水电在前期近20年轨道交通行业施工经验的基础上，整合旗下原承建轨道交通项目的三个分公司和一个直属大项目部，组建了粤水电轨道交通建设有限公司，注册资金5亿元。粤水电轨道交通建设有限公司致力于城市基础建设及轨道交通建设，具有市政公用工程施工总承包一级、房屋建筑、地基与基础、城市道路照明、环保等相关专业承包资质及施工劳务资质，是集基础设施建设、地下空间开发、专业咨询服务于一体的国有综合建设施工企业，配备了盾构机36台（套）。截至2022年，承建地铁、城轨车站工程共计50余座，区间施工总长度超200 km。

一、传承匠心，整合资源，探索发展新方向

自1993年广州地铁1号线试验段起，经过20年的精耕细耘，"粤水电"稳固广州地铁市场并树立了品牌，站稳广州地铁建设第一梯队的位置。同时以广州市场为基点的轨道交通建设业务向珠三角市场辐射，先后参与了省内广州、深圳、佛山、东莞等地铁线网建设，并依托城市轨道建设的业绩和影响，进入城际轨道市场。至2010年走出省门，分别进入南昌、无锡、杭州、重庆、宁波五个城市，"粤水电"完成了由广州到珠三角、到省外，由城市轨道建设到城际轨道建设的市场开拓历程。

在20余载的磨砺当中，公司从开拓拼搏到硕果累累，一步一个脚印，诚信做事、踏实服务，逐步培养了一支经验丰富、技术全面、设备精良、善打硬仗的盾构施工专业队伍。

2013年，粤水电轨道交通建设有限公司应运而生，在重组公司管理架构的基础上，明确了企业专业化发展道路，率先进行了项目管理体系改革，成立了专门的盾构施工管理部门——盾构部，专注于项目盾构施工生产的全过程管控，从技术、进度、设备、安全等方面对盾构掘进进行系统性管理，迈出了建强专业团队、"专业人做专业事"的坚定步伐。

二、顺势而为，抢抓先机，畅通发展通路

"十二五"期间，我国大力推进基础设施建设，5年间开通的线路里程较过去45年翻了一番，载客量逐年攀升；建设规模持续增长，累计投资过万亿元；地铁、轻轨系统的自主化水平不断提升，同时还开始了现代有轨电车、磁浮交通、跨座式单轨、市域快轨等四种新制式车辆的研发，并着手产业化，部分关键核心技术实现自主创新，城市轨道交通已成为居民出行的重要交通工具。环渤海京津冀地区、长江三角洲地区、珠江三角洲地区，中原城市群、武汉城市群、长株潭城市群、山东半岛城市群、浙中城市群等轨道交通都进入快速发展期，为城市轨道交通发展拓展了更广阔的空间。

机遇与挑战并存，为抓住机遇，实现更有市场竞争力和专业化的产业链发展，公司围绕

盾构施工核心业务，进行职业发展通道体系改革，于2015年底，初步建立打通盾构施工技术技能岗位的专业职业发展通路。公司在原有行政管理岗位序列之外，新增设了专业技术和职业技能两个职系，为盾构施工相关岗位人员提供了包括掘进类、机械类（含液压）、电气类三类专业技术职系岗位发展通道，以及起重类、电机车类、电工类、电焊类四类职业技能职系岗位发展通道——为专注在盾构施工专业技术领域的员工提供了从副主任工程师、主任工程师、资深工程师直至首席工程师的岗位上升空间；为沉淀在盾构施工实操生产一线的员工，提供了副主任技师、主任技师、资深技师的岗位发展平台；同时形成了配套的职业发展管理规定，对盾构施工专业技术及职业技能骨干职业发展管理的各个方面及环节，包括两个新职系各类别各职级的发展路径、任职标准、选拔条件、选拔程序及方法、评定原则、考核要求、薪资待遇、聘任管理及退出机制等进行了明确。

2016年底，公司完成首次专业技术职系及职业技能职系各类别及各职级岗位的评定工作，聘任了一批盾构施工技术骨干和技能能手，突破传统行政管理发展通道各类局限对技术技能人才发展的桎梏，为"专业人做专业事"提供实实在在的政策指引和保障。

三、趁势而上，深化改革，大力推进人才梯队分层建设

随着公司人员队伍壮大，深化人才梯队分层建设工作势在必行。为更好地识别公司人员队伍结构，建设强有力的人才梯队，助力核心业务可持续运营发展，公司于2017年开展了全面的人才盘点工作。一是完成基本人员构成的盘点，完善人员基础档案资料，梳理清晰公司各类人员构成情况；二是对在册人员静态材料进行标准化整理工作，并形成内部人才数据库；三是提取公司中层及以上管理人才和技术技能核心人才进行细化盘整，并针对部分具有代表性的核心人才开展一对一结构化访谈工作，梳理核心人才发展履历、培训、异动成长及资质记录，了解员工职业发展现状及问题，鉴别形成人才画像。通过有目的性、有针对性的人才盘点，形成核心人才和潜力候选人资料库，使公司了解和掌握了自身对核心人才的需求，为优化人才配置模式、加强人才培养和保育提供了方向指导。

2018年，公司为进一步优化人才队伍结构，继续拓宽员工职业发展平台，从核心业务梯队建设开始，花费近三年时间，逐步建成包括行政管理、专业技术、项目管理、生产操作及生产辅助五个序列，共计33个专业类别的三维职业发展通道。

其中，从事盾构施工相关岗位的人员进入公司后，可根据自身专业特长和能力特点，选择深耕生产操作类的盾构机手、盾构机械（液压）维保、盾构电气维保、盾构土建技术、检修、电工，从一星见习生成长至五星工匠。也可以在积累到四星及以上阶段，具备较为完整的生产操作及现场管理经验后，或转向专业技术序列发展，以实践论证理论，从经验中总结提升技术，专攻科研创新及应用；或转向项目管理序列发展，以现场实际生产操作经历为积累，总结经验，思考优化，从一线执行走向管理组织。

三维职业发展通道力求为公司核心业务团队提供实现自身价值的空间，拥有"纵向可深耕，横向有拓展"的多元化职业发展平台，享受对应价值贡献的具有市场竞争力的薪资待遇。"星级"人才梯队的建设，进一步促进了公司盾构施工专业高素质人员队伍的培养与发展，让"专业人做专业事"的道路越走越宽，蓬勃向上。

四、集成管控，凝聚合力，全面打造盾构专业团队

近年来，盾构施工行业竞争越发激烈，为了实现更规范、更高效、更专业的盾构施工管

理，公司做了许多尝试和探索。比如，在项目试行模拟股份制管理，推进盾构精细化管控，实现下设的盾构基地独立核算等工作。

经过长期酝酿，2021 年 8 月，为打造企业专业品牌，进一步统筹盾构施工专业管理和技术力量，公司正式将原有的"盾构基地"转型升级为"盾构产业中心"，致力于提供盾构施工全过程服务和解决方案。盾构产业中心围绕盾构施工上下游产业链开展相关研发、设计、生产制造、维修、租赁、技术咨询等综合服务，以发挥专业优势、管控优势、成本优势为抓手，强化盾构施工专业队伍管理，做好专业技能人才和管理人才的分类、分级管控。目前，盾构产业中心已逐步成长成熟，拥有盾构一站式维保平台、仓储租赁平台、技术咨询服务平台、专业分包平台、耗材生产平台和标准件加工平台，掌握了丰富的专业人才、设备、物资资源和强大的供应链调配能力，是项目盾构施工生产的技术支持中心和人才输送中心。

盾构产业中心下设的五中心（盾构掘进中心、盾构维修中心、资产租赁中心、金结制作中心、耗材生产中心）和六部室（技术质量部、安全部、生产部、设备物资部、财务部、综合部），在公司的部署安排下，逐步建章立制，制定内部管理办法，明确工作范围、工作职责、组织架构、岗位职责、考核和激励办法，细化了巡检值日、设备日常保养、盾构掘进专业团队等管理制度，形成了较为完善的管理体系。盾构产业中心对公司 200 余名盾构施工现场管理、专业技术和生产操作人员进行集中管理、统一调配，多渠道开展盾构施工专业技术培训和交流，提升公司整体的盾构施工技术水平。

在技术上看，专业化发展道路清晰。盾构产业中心统筹掘进，可集中资源，加强项目的前期准备、装机和调试等工作，节约大量项目前期人员筹备成本。由于掘进队人员配置固定、岗位职责明确，可进行复制管理。同时掘进队还可根据各种地层、各种工况，快速调配内部具备相关相似经验的人员，实现资源共享。各项目部盾构施工生产不需要反复探索试掘进和磨合，可快速进入施工正常流程，能有效提升掘进效率。

从管理上看，团队力量逐步凝聚。2022 年，盾构产业中心根据公司工作安排，组织梳理了盾构技术专业人才队伍，除公司职工外，还扩大至劳务派遣人员，全面开展盾构专业人才梯队"评星定级"，从专业知识考核、实践操作以及现实表现等方面进行考量，整合人才资源，专业团队建设工作初见成效。不但成功组建近 10 支专业盾构掘进队，整合形成涵盖掘进、机械、液压、电气、后配套等盾构施工相关各环节的专家技术团队。更成功为公司全年完成 8 台盾构始发、12 次盾构贯通，安全穿越大金山、西江、瘦狗岭断裂带、思贤村建筑群、莞深高速等重大风险源 64 次等艰巨任务保驾护航。多个项目凭借在施工进度、安全质量等方面取得的显著成效，在业主单位考核中取得优异成绩。

放眼未来，粤水电轨道交通建设有限公司将在专注轨道交通建设施工的基础上，站在基础设施建设、地下空间开发以及市政基础建设前沿，不断向市政道路、城市供排水管网、城市碧道、水环境综合整治等专业拓展，以盾构施工专业为基石，以专业队伍打造为抓手，逐步实现以地下空间综合开发为主、以城市基础建设为辅的一体多翼发展格局，成为有实力、有贡献的综合型国有控股企业。

"产业需求侧引领，全过程协同互动"培养轨道交通产业人才的探索与实践

广东南方职业学院

轨道交通以其运行速度快、安全性能好、运输能力强、环境影响小等特点和优势得到了各个国家越来越广泛的重视和推崇，在现代经济社会中发挥出了越来越重要的作用。经过二十多年的建设，我国已经发展成为世界轨道交通大国，并逐步向世界轨道交通强国迈进。实现从轨道交通大国向轨道交通强国的转变是一个系统工程，除基于现代信息技术的大数据、物联网、人工智能等关键核心技术的应用和推广外，高素质技术技能人才的培养也是实现轨道交通大国向轨道交通强国转变的关键因素。

为了满足我国快速发展的轨道交通产业对高素质技术技能人才的需求，为国家特别是粤港澳大湾区轨道交通产业提供有力的人才支撑，广东南方职业学院于2020年创办了高速铁路综合维修技术、城市轨道交通运营管理两个轨道交通类专业。在专业建设过程中我们始终坚持产教融合、校企合作，在人才培养过程中我们全面落实"工学结合、知行合一"，依托广州市轨道交通产业联盟（由广州地铁集团有限公司、白云电气集团有限公司、佳都科技集团股份有限公司等210余家单位组建）和青岛中邦轨道交通有限公司、佳都科技集团股份有限公司、广州中车轨道交通装备有限公司等多家校企合作紧密型企业，组建了"轨道交通专业人才培养共同体"，构建了轨道交通专业"产业需求侧引领，全过程协同互动"的人才培养模式，促进了人才培养质量的提高和专业建设整体水平的提升。

一、产业需求侧引领，确定人才培养目标

科学的人才培养目标定位是专业人才培养的基础，明确的目标、准确的定位是解决人才培养供给侧和产业需求侧"两张皮"问题的关键，轨道交通专业人才培养目标即培养什么样的人，必须由轨道交通产业来主导确定，由产业根据产业发展和就业岗位的实际需求来确定，并根据产业发展对人才需求的变化进行适时调整。

学校高度重视产教融合工作，成立了产教融合领导小组，设立校、院、专业三级产教融合委员会，研究指导校企合作和产教融合工作，激发各学院主动积极对接轨道类制造、运用企业。先后制定了《产教融合2025行动计划》《现代学徒制工程实施方案》，使产教融合、校企合作机制更加健全，现代学徒制办学育人质量持续提高。全面推进"一企对一专"的产教创新实践合作模式，推动校企合作。在学校产教融合领导小组指导下，实行"一企对一专"的产教创新实践合作模式，青岛中邦轨道交通有限公司对接"高铁综合维修技术"专业，深圳地铁对接"城市轨道交通运营管理"专业。在学院、专业产教融合委员会指导下，建立专业建设委员会，以企业为主导，专业负责人协作，并依据省教育厅发布的高铁综合维修技术

专业和城市轨道交通运营管理专业教学标准，共同制定了高铁综合维修技术专业和城市轨道交通运营管理专业的人才培养目标，使人才培养目标紧密与企业新技术、新设备、新规章、新工艺的发展相连，提高人才培养的竞争力。

二、产业需求侧引领，精选人才培养内容

轨道交通产业科技水平高，技术更新快，尤其是近年来，新材料、新技术、新工艺的更新换代越来越快。为了彻底转变人才培养内容陈旧、与企业生产实际脱节、落后于企业生产实际、难以满足产业需求侧需要的现象，我们全面依靠产业的力量，发挥产业的引领、主导作用，让产业全程参与人才培养内容的遴选优化和课程体系的改革重构。

学校高度重视学生的职业生涯发展，新增轨道类高速铁路综合维修技术、城市轨道交通运营管理专业。同时，现代学徒制专业同校企合作尤为紧密，学校对应相关企业需求，在相关专业增加了轨道交通制动系统、轨道交通供电等专业课程，由过去的2门专业课程拓展到8门专业课程，为广大学生提供了更广阔的学习平台，有利于学生在就业时具有更多的选择权，同时也有利于学校更好地吸纳人才、培养人才。

紧密对接轨道类企业现场需求，与青岛中邦公司合作开设了机车车辆检修专业方向。目前校企共建线上课程达16门，各类平台学习人数创新高，并为检修机车的天津公司和大同公司等企业实现远程培训和教学技术支持。

三、产业需求侧引领，加强培养过程管理

在人才培养过程管理中要充分突出产业的主导作用和主体地位，尤其是企业实践教学阶段人才培养过程的管理必须全面依靠企业的力量。在人才培养过程中，充分发挥了产业的管理职能，充分调动了产业参与人才培养过程管理的积极性。让企业按照员工管理的标准、制度和程序对顶岗实习学生进行严格管理，这样就保障了实践教学质量，从根本上解决了顶岗实习阶段普遍存在的"放羊"和"廉价劳动力"现象。

学校紧密贴合产业需求，通过校企合作、双师互通等方式，创新现代学徒制、2+1订单式培养等人才培养方式，引入企业新知识、新技术、新工艺、新方法，采用案例教学、互动教学、引导式教学等教学方法，形成"校内理论+案例""企业实际+实训"两个阶段的实践培养模式，激发学生的学习内在动力。

轨道专业每年毕业生300余人，98.4%在轨道交通装备制造、运用、维护保障企业中的生产制造、技术管理等工作岗位上就业。近几年，我校为行业输送了约480名高素质的综合型轨道类人才，其中，不少毕业生已成为企业发展的骨干力量。调研数据表示，企业对我校毕业生综合认可度达100%。

四、产业需求侧引领，优化人才培养条件

在人才培养条件建设方面，我们全面依靠产业的力量，体现产业的主体地位，发挥产业的引领作用。师资队伍建设中兼职教师队伍建设、专任教师队伍的实践培养都有赖于产业的大力支持。实验实训基地建设中校内实训基地的设计和运行，校外实训基地的建设和管理更是依靠产业的全程参与和主导。专业教学资源建设中企业实践教学资源、企业生产实际案例都发挥出了产业的重要力量。

学校建立的双师互通型的校企师资互聘模式，打通了校企师资流动和访问通道。学校专

业教师来自轨道行业知名企业的技术人员、劳动模范，双师教师比例达70%。与青岛中邦轨道交通有限公司、广州铁路配件厂及部分中车配套企业驻广州售后服务基地等十几家行业标杆企业，共建"双师型"企业实训基地。同时，学校落实在职专业教师进现场学习的要求，2023年暑假，学校共派出2名专业教师到广铁集团、青岛四方、中车广州等6家标杆企业开展生产实践和学习培训，培养和造就了一批高水平工匠型教师队伍。

根据轨道交通行业需求的变化，学校建成课程教学、实习实训所需的专业教室、实训室和实训基地。校内实训建设有站台屏蔽门、受电弓、转向架实训室、轨道交通CBTC信号控制及运营管理仿真沙盘、维修电工技能实训室、计算机辅助设计实训室、光机电一体化实训室、钳工实验室、数控加工制造生产车间、工业4.0智能制造生产车间等，能满足金属工艺、数控加工、维修电工、自动控制等方面的教学需要。高铁综合维修专业在广东省排名名列前茅。同时，学校与青岛中邦轨道交通有限公司合作，重点聚焦核心机车电气系统、转向架系统的生产和检修工艺、技术攻关创新等重要领域校企合作。紧密对接轨道类企业现场需求，与青岛中邦公司合作开设了机车车辆检修专业方向。

五、产业需求侧引领，评价人才培养质量

建立和完善科学合理的人才培养质量评价体系是不断提高人才培养质量、不断深化教育教学改革的基础和保障，人才培养质量评价的理论、方法、途径很多，但最可靠、最直接、最科学的质量评价应该是用人单位即产业需求侧对人才培养质量的评价。所以，我们建立以产业需求侧为主体的人才培养质量评价机制，发挥出产业需求侧在人才培养质量评价中的引领作用。

由企业班主任、企业师傅、企业导师、企业员工和校内导师组成的以企业为主导评价组，制定了规范的实习生岗位实习表现标准，对学生在企业实习期间的表现，从五个维度——学生的平时表现、职业岗位的态度、职业岗位的素养、职业岗位技能的掌握、职业岗位胜任能力进行综合评价，反映学生在实习岗位所具备的知识、能力和素质，客观地反映了人才培养质量。

》》》 执笔：李春炫

中国建筑轨道交通建设领域多元化人才队伍建设经验分享

中建八局轨道交通建设有限公司　中建华南建设投资有限公司

习近平总书记在党的二十大报告中指出，必须坚持科技是第一生产力、人才是第一资源、创新是第一动力。这为我们指出了人才的重要性，也为人才培养工作的开展提供了根本依据。轨道交通建设事关国计民生，是国家基础建设的重中之重，是建立城市立体化多元化公共交通网络的重要部分，是政治工程，也是民生工程，必须时刻贯彻落实习近平新时代中国特色社会主义思想和习近平总书记关于建设领域重要指示批示精神，时刻以高度的政治责任感、使命感，精心设计、精细管理、精益生产，优化资源统筹，加强安全质量管控，强化过程生产组织管理，铸造让党和人民放心的精品工程。

中国建筑集团有限公司是国内较早从事轨道交通等基础设施建设的大型央企单位。轨道交通建设已成为中国建筑转型发展和高质量发展的新名片，先后承接了北京地铁、上海地铁、广州地铁、深圳地铁、长春地铁、大连地铁、南京地铁、天津地铁、乌鲁木齐地铁、西安地铁、重庆地铁、徐州地铁、绍兴地铁、长沙地铁、南宁地铁等多个城市轨道交通工程。中建集团大力投身基础设施领域建设，不仅完善了集团业务生态，也为城市建设发展提供了中建方案、中建智慧和中建力量，也是中建人时刻胸怀"国之大者"的具体体现。为全景展示中建在轨道交通建设领域人才队伍建设的经验，特选取中建系统内轨道建设领域的专业公司中建八局轨道公司作为案例，分享其具体的人才队伍建设经验。

一、注重顶层设计，畅通职业晋升渠道

公司成立之初，面临用工形式多样、产业工人占比较高、岗位晋升如"千军万马过独木桥"，尤其是轨道交通专业人才，如盾构设备维保、司机、调度等，而原有的岗位制很大程度上限制了这些技能人才的成长和积极性，导致一些优秀的专业技能人才流失。

公司从顶层设计出发，结合上级单位人才制度和公司实际情况，建立了人人皆可成才的职业生涯体系、营造人人渴望成长的向上氛围，破除求全责备、论资排辈观念，建立M-TOP职级序列人才模型，即M职级——管理序列人才、T职级——专业序列人才、O职级——产业工人技能序列人才、P职级——专家顾问序列人才。对于产业工人自身来讲，纵向可以通过自身业绩实现职级、薪酬的不断提升。M-TOP职级序列人才模型如图1所示。从横向来说，各序列人才在达到一定要求和标准后可转换"赛道"，转岗到其他序列人才，从而实现技能型人才向专业型人才、专业型人才向通才型人才的转换，扩展了人才的晋升渠道宽度，彻底打通四类人员的晋升通道。目前，公司已陆续为30余位连续两年绩效考核A及以上优秀O序列人员转为T序列人员，极大激发人员工作热情。M-TOP职级序列人

才转换对位模型如图 2 所示。

图 1 M-TOP 职级序列人才模型

数字职级	管理序列M		专业序列T		技能序列O		顾问序列P	
27	B	B1	T7	T7-1			P3	P3-2
26		B2		T6-1				P3-1
25		C1	T6	T5-3				P2-3
24	C	C2	T5	T5-2			P2	P2-2
23		C3		T5-1				P2-1
22	D	D1	T4	T4-3	O6	O6-3	P1	P1-3
21		D2		T4-2		O6-2		P1-2
20		D3		T4-1		O6-1		P1-1
19	E	E1	T3	T3-3	O5	O5-3		
18		E2		T3-2		O5-2		
17		E3		T3-1		O5-1		
16			T2	T2-3	O4	O4-3		
15				T2-2		O4-2		
14				T2-1		O4-1		
13			T1	T1-3	O3	O3-3		
12				T1-2		O3-2		
11				T1-1		O3-1		
10					O2	O2-3		
9						O2-2		
8						O2-1		
7					O1	O1-3		
6						O1-2		
5						O1-1		
1–4								

图 2 M-TOP 职级序列人才转换对位模型

数字职级	序列大类						
	管理(M)	对应岗位	专业(T)	对应现岗位		技能(O)	对应岗位
22	D1	总部三总师副职	T4-3	公司级专家3		O6-3	首席技师
21	D2	总部部门正职、分公司正职	T4-2	公司级专家2		O6-2	
20	D3	总部部门副职、分公司副职	T4-1	公司级专家1		O6-1	
19	E1	分公司三总师副职	T3-3	项目经理		O5-3	高级技师
18	E2	/	T3-2	项目副经理		O5-2	
17	E3	分公司部门经理	T3-1	项目总监		O5-1	
16			T2-3		项目部门负责人、工区技术负责人	O4-3	技师
15			T2-2	业务经理	值班调度	O4-2	产业工人高级
14			T2-1		专业工程师	O4-1	
13			T1-3	业务主办	硕士见习生、十一大员	O3-3	产业工人中级
12			T1-2		本科见习生	O3-2	产业工人初级
11			T1-1		大专见习生	O3-1	

二、完善培育机制，实现全周期培养

牢固树立人才是第一资源的战略理念，优化人才发展生态，引入现代化人才管理工具，构建规模、质量、结构与企业发展高度匹配的人才队伍。

伴随着近年轨道公司经营规模增长，公司人才出现了人才需求紧张、成熟型人才稀释、人才储备不足等问题。同时，受当前具有一定轨交经验的成熟人才稀缺、社会招聘难度加大的不利因素影响，公司及时改变人才培养策略，坚持自力更生，发挥企业在人才培养方面的主动性，坚持以内部培养为主，外部引进为辅，创建"穗稻人才培育工程"，包含"青苗计划"

"青穗计划""金穗计划"等系列培训，立足自主培养，建立一支支撑企业未来事业发展的青年骨干人才队伍。图3所示为"穗稻人才培育工程"品牌Logo。

"青苗计划"为绿色禾苗，代表着企业生机盎然的新生力量，主要针对毕业5年内的青年员工，以制度规范、业务流程和团队合作等为主要培训内容，培养独立开展工作和管理业务的能力。图4所示为青年骨干培训班实训，图5所示为"青苗计划"暨"新砼人"实训营。

"青穗计划"为绿色稻穗，代表即将收获的果实，主要针对项目班子成员、铁三角、分公司部门经理及总监级岗位等人才，以团队建设、目标管理和沟通协调等为主要培训内容。

"金穗计划"为金色稻穗，代表企业核心管理团队，主要针对分公司正副职、总部部门正副职和三总师副职，以战略规划、管人用人和创新引领等为主要培训内容，做到人才培养全周期覆盖。随着"穗稻人才培育工程"的不断实施，目前公司"青穗计划"人才入库率比同期提高26%，中层人才稀释现象得到极大扭转，公司人才梯队结构不断优化。

图3 "穗稻人才培育工程"品牌Logo

图4 青年骨干培训班实训

图 5 "青苗计划"暨"新砼人"实训营

三、坚持市场化导向，完善人才成长激励机制

牢固树立"工资是挣出来的"的核心理念，坚持薪酬与发展业绩正相关，强化工资效益联动，实现薪酬与业绩"双对标"。公司实施更加激励、开放、有效的人才激励政策，深化人才发展体制机制改革，健全完善由市场评价人力资本贡献，按贡献和成效、业绩决定报酬的机制，形成自由竞争、动态匹配、优胜劣汰、正向发展的良好氛围，逐步完善以"三维六指法"（规模效益、人均创效、投入产出水平三个维度，涵盖营业收入、利润总额、人均产值、人均利润、工资产值率、工资利润率等六个指标）的人力资源价值指数评估模型，持续提升人才资源投资回报率、人才成才率。

四、党建引领多系统联动，营造崇技尚能氛围

坚持党管干部、党管人才的原则，充分发挥党的思想政治优势、组织优势和密切联系群众优势。公司以党建为引领，多个公司业务系统联动支撑，通过组织多种形式的技能大赛，发掘发现优秀人才，不断创新优化技能竞赛模式，优化技能竞赛结果应用，通过以赛促训、以赛强兵，为技能竞赛中表现优异的人才提供人才入库、评优评先、职级晋升、劳动合同形式转变等利好政策，不断激发全公司管理人员崇技尚能、争先进位的激情，大力营造公司尊重人才、崇尚技术的浓厚氛围，确保轨道公司人才能够薪火相传、生生不息，全力激活公司人才培养的造血"永动机"。公司首届产业工人技能大赛个人第一名储文杰被推选为中建八局"质量工匠之星"，并顺利实现职级晋升和劳动合同形式转变，完美实现了从一名产业工人转变为公司管理人员的过程。

图 6 所示为产业工人创新工作室揭牌。

图 7 所示为盾构产业工人技能竞赛。

图 8 所示为施工技能竞赛。

图6 产业工人创新工作室揭牌

图7 盾构产业工人技能竞赛

图8 施工技能竞赛

立足新发展阶段，构建新发展格局，中建八局轨道公司将不断提升人才队伍治理能力，提高人才配置与人才结构效能，创新人才培养与发展模式，加速高质量人才梯队建设，充分激发人才活力，营造人人皆可成才、人人尽展其才的良好环境，做好人才的吸引、培养和使用，立足企业本身实力，深耕人才优势，为集团实现"一创五强"战略目标贡献力量。

》》》执笔：王世伟、王章敏

技以载道，匠心筑梦

——广交特色轨道交通类专业课程思政育人模式探索与实践

广东交通职业技术学院

一、实施背景

广东交通职业技术学院（以下简称"广交"）创建于 1959 年，是国家首批骨干高职院校、国家优质高等专科学校、广东省首批省域高水平院校，建设有广东省高水平专业群 7 个、广东省品牌专业 16 个。学校作为粤港澳大湾区综合交通运输体系建设的排头兵，"航标灯精神和铺路石品格"激励一代代广交人发扬爱国爱岗、无私奉献和吃苦耐劳大国工匠精神，为南粤大地逢山开路、遇水架桥、缩短出行时空贡献力量。

学院城市轨道交通类专业紧密对接粤港澳大湾区轨道交通产业链，秉承数十年广交特色大国工匠培养理念，不断推动轨道交通专业教育与思政教育、价值塑造（铺路石品格、航标灯精神）有机融合的育人新格局。通过学校、企业、社区、家庭四方联动，将价值塑造、知识传授和能力培养全面融入城市轨道交通类专业人才培养目标、融入课程体系、融入课程标准、融入教学过程、融入质量评价。通过"校内校外+线上线下"全方位培养，为学生系统塑造价值、认知、行为、品质螺旋式素质提升通道，"家国情怀、宽广视野、铺路石品格、航标灯精神"的广交学生特质进一步凸显。近十年来，广交培养出大批适应和引领综合交通行业发展的复合型、创新型、发展型、国际化技术技能人才，为粤港澳大湾区轨道交通产业和区域企业培养近万名技兼修德的高素质人才，成为中国粤港澳大湾区"轨道工匠"培养摇篮。

二、广东交通职业技术学院课程思政育人的路径探索与实践

（一）推动"三大工程"，课程思政育人理念融入各专业人才培养全过程

在学校已有课程思政教学指南的基础上，按照"公路、水路、轨道三路引领，机电信息、经济管理两翼发展"的学校专业整体布局，对所有专业群全面启动课程思政人才培养方案标准研制，以专业群为基础单位，根据学校理工类、文管类等不同专业课程的特点，重点对公共基础课、专业教育课、实践类课程建设提出针对性的要求，出台课程思政人才培养方案制定的指导性意见，建立课程思政操作规范。

1. 推动核心价值引领工程

以"德智体美劳五育并举"统领人才培养体系，立足以家国情怀教育为引领，着力培养建设交通强国的时代新人，将社会主义核心价值观、家国情怀的"铺路石品格、航标灯精神"融入授课计划和教案；产教深度融合，将企业文化和职业道德融入人才培养全过程。

2. 推动匠心素养锤炼工程

落实劳动教育融入课堂教学、技能大赛践行工匠精神、劳模工匠进校园等任务，引导学生养成严谨专注、敬业专业、精益求精和追求卓越的品质。强化以实习实训课为主要载体开展劳动教育，依托实习实训，学生参与真实的生产劳动和服务性劳动，培育不断探索、精益求精、追求卓越的工匠精神和爱岗敬业的劳动态度。强化技能大赛项目与专业教学的融合，将大赛元素嵌入课程开发和课堂教学；以"劳模工匠进校园"为载体，丰富第二课堂。

3. 推动创新素养提升工程

以双创教育作为教育教学改革的总抓手，构建"精神、意识、能力"三位一体的学生双创教育体系，促进双创教育与专业教育的深度融合。将"创的精神、新的意识、强的技能"特质要求融入专业人才培养方案，突出培养人才的岗位适用性、技术复合性、思维创新性，提高学生对工作岗位的技术迁移和可持续发展能力。

（二）拓宽课堂教学"主渠道"，"四场景、两空间、三阶段"推动课程思政课堂立体化改造

高质量构建课程思政育人四场景：实训基地场景（侧重劳动教育、吃苦耐劳等）、智慧教室场景（侧重文化浸润、爱国主义和理想信念教育）、企业工作场景（侧重劳模工匠精神、职业道德等）、社会实践场景（侧重人文关怀、奉献精神等）。灵活运用两空间：在线学习空间和线下体验空间。数字赋能教学组织三阶段：优质课程思政资源、虚拟仿真和在线课程平台等贯通课前、课中和课后三个阶段，反复熏陶，体验感知。通过课程思政课堂的立体化升级，助力学生在学校人—职业人—社会人的角色转换和衔接。

1. 产教深度融合，高标准打造课程思政育人场景

挖掘企业优秀文化和岗位思政元素，联合企业导师重塑校内实训基地环境，打造了三个交通特色主题场馆和科普基地；依托轨道、汽车和土木三大优势专业群，与行业龙头企业共建具有思政教育功能的大师工作室、现场工程师培训基地、校外课程思政教育基地；与贵州交通职业技术学院等交通类院校协同，共建东西部课程思政协同育人平台。

2. 数字赋能教学，开拓线上课程思政育人阵地

搭建课程思政数字化交流展示平台，将思想政治教育全面融入原创性虚拟仿真资源、微课、视频课等教学软资源，通过在线课程和资源库打造课程思政颗粒化资源建设（原创微课、题库、资源），实现课程思政教育的"云端指间"。

3. 推进课堂革命，改革线上线下混合式课程思政教学模式

实施"线上+线下"混合式课程思政教学模式改革，打造"价值塑造+高阶思维培养+个性深度学习"在线课堂，创新性推进"线下课堂教学+线上课堂教学"的全面试点，充分融入思政元素，深入实施并落实落细到授课计划，纳入督导教学质量评价体系，引导专任教师将思政元素融入教学目标设计、教学大纲编写、教案课件制作、课堂授课教学评价、实训实习等全过程。

（三）强化教师队伍"主力军"，名师引领提升教师课程思政能力

1. 强化激励保障，营造浓郁氛围

将课程思政建设列入考核，完善激励机制。把教师开展课程思政建设情况和教学效果作为教师考核评价、选拔聘用、评优奖励的重要内容。人力资源部、教务部将课程思政建设成效纳入二级教学部门和教师个人绩效考核范围；人力资源部将课程思政主题纳入教师培训内容；组织宣传部把教师党支部推进课程思政建设情况纳入教师党支部考核指标体系和"双带

头人"教师党支部书记工作室建设内容。在教学成果奖、教材奖等各类成果的表彰奖励工作中，突出课程思政内容考核，加大对课程思政建设优秀成果的支持力度。

2. 建立常态化课程思政培训和能力提升机制

一是完善教师培训制度，依托教师发展中心等，把课程思政培训纳入学校岗前培训、在岗培训和师德师风、教学能力专题培训等学校培育项目。二是搭建课程思政建设交流平台，在学校、二级教学部门以及教研室等多个层面持续开展技能培训、教学沙龙、集体备课、交流观摩等教研活动，提升教师课程思政能力。三是定期开展课程思政教学能力比赛、课程思政教学设计比赛、课程思政课堂微视频比赛等，培养一批课程思政教学名师。

3. 建立"课程思政合作研修"团队

发挥马克思主义学院思政课教师学科视野和专业背景的优势，建立思政课教师与专业课教师"同心同向、聚智聚力"的合作研修团队，充分发挥思政课教师和专业课教师的各自优势，开展课程思政集体研讨教研活动，破解教学改革中的难点、痛点问题，同时打造跨学校合作团队，实现资源共享。

（四）打造课程思政"示范点"，构建全员全程全方位育人大格局

将课程思政建设作为学校教育教学改革长期性、基础性工作，持之以恒地抓好，通过示范团队、示范课和示范专业群打造课程思政示范体系，以点带面，不断完善，逐步形成高水平的思政育人体系。着力培育、打造一批课程思政示范项目，推动学校构建全员全程全方位育人大格局。通过经费投入、研究课题立项等方面加大对课程思政建设优秀成果的支持力度。

1. **打造课程思政示范教学团队**

充分利用教学名师、技能大师工作室、双带头人等资源，打造课程思政示范教学团队。培育一批德育骨干管理人员、思政课专任教学名师，分级培育思想政治课教学创新团队、课程思政示范教学团队，不断提升教师课程思政的意识和能力。

2. **打造课程思政示范课程、课堂**

开展课程思政教学改革和教研活动，分类分层建成一批省级课程思政示范课程、校级课程思政示范课，打造系列省级思想政治课示范课堂、课程思政教育案例。

3. **协同打造课程思政示范专业群**

以专业群为单位，发挥专业群资源共享优势和不同类别专业、不同类型课程的各自特色，协同推进课程思政，建成课程思政示范专业群，持续深入抓典型、树标杆、推经验、上规模、形成范式。

（五）弘扬交通精神"指南针"，打造"行走的思政课"

（1）丰富新时代交通精神内涵，继承和发扬以"两路"精神、青藏铁路精神、港珠澳大桥建设者精神、救捞精神、"中国民航英雄机组"精神、邮政精神等为代表的新时代交通精神，为交通运输事业注入新的内涵活力。

（2）推进新时代交通文化建设，把学校"小课堂"延伸到新时代轨道、公路、水运等交通一线"大课堂"，将鲜活的实践作为教学素材，在体验式、沉浸式的实景教学中，充分感受到交通强国建设的无穷魅力和现实意义。

（3）凝聚学校、家庭、社会协同育人合力，完善学校与地方党委、交通行业党组织之间的协同机制，形成党委统一领导、部门各负其责、家庭学校共育、全社会协同配合的格局。在教学过程中，有计划地邀请交通行业专家院士、劳动模范、青年榜样等，走进青年学子视野、走入教学课堂，全方位、多角度地讲好新时代交通建设的创新理论和伟大实践。

（4）推进新时代交通文化虚拟仿真基地建设。加强行业优秀传统文化的创造性传承和转化，将文化理念贯穿于虚拟仿真技术建设全过程，深入挖掘、宣传现代交通运输重大工程蕴含的思想理念、人文精神，加大对交通运输领域文化教育基地、博物馆、展览馆、纪念馆的数字化建设，用交通发展典型案例的虚实仿真、3D展示、情景交互等优化教学内容和教学方法，丰富新时代交通精神的内涵。

三、广交特色轨道交通类专业课程思政育人案例

1. 探索和实践"四维五解六步法"课程思政实施路径，推动课程思政在城市轨道交通类专业全面落地

以专业为载体，挖掘专业课思政元素，把"立德树人"作为根本任务，坚持以学生为中心，以城市轨道交通类专业典型岗位工作过程为导向，构建模块化课程思政教学体系。从"思政统领、教法多用、模块专攻、专兼协作"四个维度高效、高质量开展模块化教学组织，实现思政元素融入专业课程各项工作任务，不断探索深化项目式教学、情景式教学、工作过程导向教学等新教法改革，优化课程思政教学设计，推动信息技术与课程思政教学融合创新。

在职业能力分析法的基础上发展出"四维五解六步法"课程思政实施路径，即从完成岗位工作任务所需要的技能、工具、方法和知识四个维度，从习近平新时代中国特色社会主义思想、社会主义核心价值观、中华优秀传统文化、宪法法治教育和职业理想道德教育五个重点方面解析思政元素，通过课程思政团队构建、岗位思政元素调研、召开课程思政元素分析会、课程思政教学设计、课程思政教学资源开发和课程思政教学评价六个步骤推进课程思政实施的一种实施路径。

遵循上述课程思政实施路径，学院轨道交通类专业近年来在课程思政育人方面树立了典范，先后立项国家级课程思政示范课程、教学名师和教学团队1项，入选教育部高校思想政治工作精品项目1项，入选教育部供需对接就业育人项目5项，立项省级课程思政示范团队1个、省级课程思政示范课程1门、省级课程思政育人案例2个。

2. 产教深度融合共建5个轨道特色育人项目，拓展课程思政育人环境

（1）轨道文化节。一直以来，团队注重校企文化营造和建设，结合轨道专业群学生工作资源，以服务交通强国、培养大国工匠为目标，形成"大文化节"概念，打造品牌活动——轨道文化节。每年5月举办，文化节是社团展示的舞台、学生第二课堂实践的主要平台。不仅包括如轨道知识竞赛、地铁活地图竞赛、行车值班员竞赛等专业、课程类技能竞赛，也包括教你玩转挑战杯、沿着轨道去旅行等创新型活动。轨道文化节连续8年举办，参与学生800人次/年，举办学生活动16～20场/次，企业组织订单专场招聘3～5场/次，一次性实现应届毕业生60%订单企业就业率。

（2）灯塔工程。每年邀请广州地铁、深圳地铁等轨道交通企业优秀劳模、技术能手、服务之星等为学生开展专题讲座8～12场，协同指导参与技能竞赛等，让学生悟思想、学先进。

（3）红色基地。与校企合作企业共建红色教育基地，将专业技能、知识与党建、团建融为一体，已与广州地铁火车站中心站建立了校外红色基地，双方联合开展了地铁志愿者服务、地铁知识进社区、地铁安全教育巡讲等活动。

（4）轨道交通青少年科普基地。依托轨道交通省级青少年科普基地，通过在学生中发起"我是轨道科普讲解员""轨道交通发展历史宣讲""轨道知识进校园"等活动，推广轨道先进技术、理念，培养学生敬业精神。

（5）三下乡社会实践。为落实劳动教育课程，培养学生吃苦耐劳的品格，项目将课程向外延伸，每年组织轨道专业群学生参与三下乡社会实践活动，学生将课程优质资源带入社区、农村，让更多人了解轨道交通，让学生在实践中体验课程思政元素。

3. 培养敬畏生命意识，急救教育融入轨道交通类人才培养体系

学校高度重视学生的安全教育，将急救知识和技能贯穿于日常轨道交通类专业的全过程。在学校教务部组织制定轨道交通领域专业人才培养方案时，明确将具备应急急救技能作为学生的基本素质要求。在实践性课程中，强调对安全防护和应急处理的重视，特别关注可能在轨道交通领域出现的不安全情况，提出相应的安全注意事项和防范措施。

轨道交通领域的专业课程设置更是注重急救教育。例如，学校轨道交通专业群的各专业都设置了"城市轨道交通安全管理"课程，该课程指导学生在工作现场遇到突发情况时如何有效自救和救人。此外，城市轨道交通运营管理等专业也专门设置了"应急管理及急救技能综合实训"课程，培训学生正确应对地铁车站火灾应急逃生、乘客意外受伤止血包扎、心肺复苏和现场抢救等方面的急救技能，其中该专业学生95%以上都通过了急救技能考核。

同时，为了全面提升学生的急救能力，学校在校医务室的指导下组建了学生团体校红十字会，与广东省红十字会等专业急救培训机构展开多样形式的急救知识普及。每年，超过2 000名在校学生参与心肺复苏、快速止血和骨折包扎等急救技能培训。此外，学校还定期开展多个批次的急救技能现场实操培训，鼓励学生将所学的急救知识和技能应用于社会实践活动中，如参与暑期三下乡、广州地铁志愿者等项目，向社会宣传急救知识。

此外，学校采用多元化的急救教育模式，通过线上线下、课内课外的方式，将急救知识融入相关专业课程，激发学生学习兴趣。通过急救知识竞赛、参加全国应急技能竞赛等形式，引导学生更主动地参与急救教育。在过去的疫情期间，学校成功实施了线上线下急救教育，使大部分学生在特殊时期仍能掌握急救技能。

》》》 执笔：李俊辉